小野 譲司／小川 孔輔 編著
青山学院大学教授　　法政大学経営大学院教授

森川 秀樹 著
JCSI利用推進パートナー・インテージ

JCSI（日本版顧客満足度指数）ガイドブック

サービスエクセレンス

CSI診断による顧客経験[CX]の可視化

生産性出版

研究者が取り組むテーマやその成果は、思いの外に、時代の雰囲気やそのとき
どきの経済活動と連動しているものである。本書のテーマでもある CSI（顧客満足
度指数）の変動も、サービス産業の動向や個別企業の業績と緩やかにリンクしてい
るように見える。

　JCSI（日本版顧客満足度指数）の開発開始から実用に至る15年間（2007～2021年）
で、日本のサービス産業は、リーマンショック（2008年）、東日本大震災（2011年）、
新型コロナウイルスの感染拡大（2020年）という3度の困難に直面している。3番
目のコロナ禍のインパクトは、前2回の危機とは性格が異なっている。従来のよう
に店舗依存度が高く、接客サービスを中心としたサービス産業のあり方に、コロ
ナ禍は根本的な変革を要求している。個人のサービスに対する評価も大きく変わ
りつつある。

　本書で取り上げる JCSI（日本版顧客満足度指数）の調査・診断システムは、経済
産業省の支援を得て、2007年度から2009年度までの3年間、サービス産業生産
性向上支援調査事業の中の一つのサブプロジェクトとしてスタートした。全体の
組織運営主体は、SPRING（サービス産業生産性協議会）で、編著者の2人は、CSI
開発ワーキンググループの委員長（小川）と主査（小野）を担当することになった。

　幾多の困難はあったものの、3年間で調査設計を終えて、JCSIは事業として独
立することになった。2009年春からはデータサービスの提供がはじまり、2019
年度（コロナ禍前）までは、JCSIのサービスを利用する企業数も増えて、業績も順
調に推移して今日に至っている。

　なお、開発期間の3年間は、編著者のふたりの他に、「開発ワーキンググループ」
として、6人の研究者の方に、初期の調査設計とその後のシステム改善に携わって
いただいた（以下、在籍と職位は2007年当時）。

朝野 熙彦氏（首都大学東京大学院社会科学研究科・教授）

酒井 麻衣子氏（多摩大学経営情報学部・准教授）

鈴木 督久氏（株式会社日経リサーチ取締役、早稲田大学／筑波大学大学院・非常勤講師）

藤川 佳則氏（一橋大学大学院国際企業戦略研究科・准教授）

南 知惠子氏（神戸大学大学院経営学研究科・教授）

余田 拓郎氏（慶應義塾大学大学院経営管理研究科・教授）

また、JCSIの調査設計と事業化にあたっては、日本の主たるサービス企業から

実務家の協力を仰ぐことになった。サービス産業生産性協議会・CSI委員会の下に CSI企業アドバイザリーグループを置いて、実務的な観点から企業側の視点やニーズをとりいれて調査を設計することにした。アドバイザリーグループは、以下のメンバー企業で構成されていた。

　　株式会社セブン-イレブン・ジャパン
　　セントラルスポーツ株式会社
　　全日本空輸株式会社
　　株式会社ロイヤルパークホテル
　　株式会社ジェイティービー
　　株式会社三越伊勢丹ホールディングス
　　株式会社エヌ・ティ・ティ・ドコモ
　　イオン株式会社
　　株式会社日本航空インターナショナル

　以上、開発ワーキンググループのメンバーと企業アドバイザリーグループには、JCSIの開発と改善ならびに事業化への貢献に対して、この場を借りて感謝の意を表しておきたい。

　ところで、本書の構想は、2013年から4年間にわたってJCSI利用推進パートナーであるインテージ社内で開催された顧客マーケティング共同研究会からはじまっている。編著者の3人は、そのときに組織された研究会のコアメンバーであった。研究会には、JCSIのサービスを利用している企業から多くのメンバーが参加していたが、研究会を組織する中で、取り上げた事例や分析手法を世に問うことにしたいと、筆者らは考えるようになった。研究会のコンテンツを整理して、具体的な構成案を作成したのが2018年の夏頃のことである。

　出版に至るもう一つの動機は、JCSIのサービス開始後に利用者は増えてはいたものの、データの利活用や企業が提供するサービスを診断するために、JCSIのベーシックな解説書が存在しないことだった。調査・診断システムとデータをプロモーションするためには、ガイドブック（概説書）が必要だという認識は、JCSIの事業運営組織の中にもあった。

　そこで、JCSIの事業統括責任者でもある野沢清部長（日本生産性本部 顧客価値創造センター）に協力をいただき、生産性出版からの刊行を打診していただいた。編著者のひとり（小川）と仕事をした経験があった生産性出版の村上直子氏を紹介し

ていただき、出版の方向性が定まった。そこから3年の準備期間を経て、本書を世に問うことができた。研究会の発足からすでに8年間が経過している。本書の出版については、実に感慨深い思いがある。

　本書は、3人の共同執筆による著作である。構想段階から内容や構成については3人で相談のうえで執筆を進めてきた。執筆作業をはじめてからも、お互いにメールを通して意見交換をしてきた。ただし、実際の執筆担当部分は、次のようになっている。はじめにと序章を小川が、第1章～第9章を小野が、第10章、第11章を森川が担当している。なお、本書の一部については、文部科学省の科学研究費助成金「サービス産業の顧客満足度がサービスの生産性に与える影響の実証的研究」（基盤研究（B）：2015年度～2017年度）から研究上の支援を受けている。また、研究会は、日本マーケティング学会リサーチプロジェクトのサービスマーケティング研究会（2018～2020年度）に引き継がれ、本書にはそこでの研究成果が反映されている。

　サービス品質と顧客経験（CX）の改善を、生産性向上とあわせて取り組んでいる企業人と、サービスマーケティングをテーマに研究している大学院生と学部生に、本書が届くこと祈念して、はじめにを終えたい。

編著者を代表して（小川孔輔）

2021年5月吉日

目次
Contents

第2章 ──── **JCSI(日本版顧客満足度指数)とは何か** …………… 65
顧客経験(CX)を可視化する業種・業態横断の診断システム

序章
CHAPTER 0

「ガイドブック」発刊の目的

　本書は、JCSI（日本版顧客満足度指数）の活用ガイドブックである。JCSI（Japanese Customer Satisfaction Index）は、サービス業が自社の顧客満足度（CSI）を高めて、長期的な事業成長と収益向上に資するために開発されたデータ活用の仕組みである。2007年の開発段階から13年間、著者たちはJCSIの調査設計と事業運営に携わってきた。開発の狙いは、JCSIの仕組みを経営に取り入れることで、各社が効率の良い優れたサービスを提供できるようになることをデータ分析と戦略立案の側面から支援することである。

　そのために、今回のようなデータ活用のための「ガイドブック（概説書）」を世に問うことにしたわけである。しかし、JCSIデータの利活用と普及という主たる目的以外に、本書の刊行には隠れた3つの狙いがある。

　1番目に、日本のサービス業の実像を、読者に正しく伝えることである。想定している読者層は、サービス業に従事している社会人（ビジネスマン）と学生（学部・大学院）である。日本の優れたおもてなしの事例や、海外のエクセレントなサービス実践については、たくさんの書籍が刊行されている。実務に役立ちそうな事例を紹介した記事を目にすることも多い。一方、客観的な事実やデータを用いて、サービス業の全体を俯瞰した書籍は、これまで存在していない。本書の中で、日本のサービス業のいまの姿が、客観的なデータと事実（利用者の意識と行動）を用いて記述されている。これは、サービス研究者や実務家が挑戦してこなかったことである。

　2番目に、12年間という短い期間ではあるが、サービス業の競争戦略と顧客からの反応がこの間（2009～2020年）、業界を超えてどのように変化してきたのかを知ることができることである。それを可能にしているのは、JCSIの調査デザインが、3つの際立った特徴を有しているからである。

・小売サービス業を広くカバーしていること（代表的な30業種〈約400社・ブランド〉を含む）。
・12年間の継続調査で基本的な質問項目を変えていないこと。
・基本調査項目（CSなど主要10項目／6指標＋感動＋失望＋CSR＋スイッチングバリア）などが業種・業態を超えて比較できるよう設計されていることである。

　3番目の隠れた狙いは、日本のサービス業について、通説を覆すような事実や発見を随所に盛り込んでいることである。たとえば、高い市場シェアを有するトップ企業の顧客満足度がニッチな低シェア企業のCSと比べて必ずしも高くないという意外な事実がその代表的なものである。本書では、その理由を解説している（第

2章、第3章参照)。

　なお、本書の使い方としては、企画戦略部門のマネジメント層に向けては、サービス経営の改善に役立つ枠組みとしての役割を期待されるだろう。現場で分析や業務に近い担当者に向けては、分析ツールの組み合わせを提供することを企図している。

JCSIの開発経緯と提供されるサービス

　ここで、JCSIのデータを有効に活用していただくために、著者らがJCSIの開発と運営に携わることになった経緯を簡単に述べてみたい[1]。

　日本経済が光り輝いていた1980年代において、日本の製造業では品質改善の仕組みがうまく機能していた。製造現場の生産性向上と継続的な改善努力が寄与して、日本企業の業績は好調だった。自動車・家電を中心に、日本の大手製造業がグローバルに通用する競争力のある高品質の製品を生み出すことができたからである。それに対して小規模な業種業態がメインの日本のサービス業の現場では、業務の標準化などが進展していないなどの理由から、サービス業で生産性の改善が遅れていた。欧米のサービス先進諸国と比べて、人時生産性が20～30%ほど低い水準にとどまっているという研究結果もあるほどである。

　2006年当時（第一次安倍内閣の時代）、国際的に生産性の改善が遅れているサービス業に焦点を当て、サービス業の生産性を高めるためのプロジェクトがスタートした。略称でSPRINGと呼ばれるサービス産業生産性協議会である。現在も協議会の活動は継続しており、その後（2016年）に開始された「日本サービス大賞」の表彰制度などの実施主体でもある。

　発足当初の協議会（SPRING）には、6つのサブプロジェクトが存在していた。その中の一つが、サービス業の生産性向上を促すための科学的指標づくり、つまり、日本版顧客満足度指数（JCSI）の開発プロジェクトだった。本書の共著者たちを中心に、マーケティング関連の大学・大学院で構成される中核メンバー8名と大手民間サービス企業（百貨店、コンビニエンスストア、エアライン、フィットネスなど8社）の委員から構成されるプロジェクトチームが、3年間の開発期間を経て、JCSIの測定システムを完成させた。

　JCSIの開発は、開始当初、経済産業省の支援を受けた国家プロジェクトとして

図表0-1　各社広報における調査結果の活用

■ 株式会社あきんどスシロー

■ 株式会社スターフライヤー

スタートした。調査設計にあたっては、海外の手法をベンチマークする中で、韓国やシンガポールに倣って、ミシガン大学のフォーネル教授らが開発した米国モデル（ACSI：American Customer Satisfaction Index）のわが国へのライセンシングも視野に入れていた。しかし、ACSIは日本の調査環境にそぐわないと判断し、日本では独自開発を決断した。

　3年の開発期間を終えた2010年からJCSIは、SPRING（サービス産業生産性協議会）の独立事業として運営されている。調査システムのリリースから10年が経過して、調査対象企業は32業種（約400社・ブランド）におよんでいる。この間、複数の大手サービス企業で、CS調査システムの設計とサービス改善活動にJCSIは活用されるようになってきている。

　なお、企業プロモーションのツールとしては、産業界に対しては「商標」をサービス提供している。自社のブランド価値の向上努力をしている企業、つまり、JCSIのスコアが上位の企業に対して、「顧客満足度（CS）、No.1」などの形で、ブランド商標を提供している（図表0‐1）。また、その後は、ネクスコ中日本、ローソンなどが、中期経営計画にJCSIの指数を経営目標値として組み入れるようになってきている。

　本書は、ローソンのように、CSを企業活動の中心にすえてサービス経営を推進している企業の経営者や中堅幹部、現場のマネジャーをターゲットに想定しており、彼らに戦略立案のための羅針盤とCS改善の体系的なツールを提供することを目指している。本書を読了すれば、具体的なデータ分析の手法やサービス改善の活動のヒントを学習できるはずである。

経営課題としての CS経営とは？

CSブームの15年サイクル説

　CS経営の考え方は、デビッド・アーカー氏（元カリフォルニア大学バークレイ校教授）が提唱したブランド・エクイティ概念と同様に、比較的新しいマーケティング概念である[2]。ここで、経営課題としてCSが重視された時代について、歴史を振り返ってみたい。

　企業経営の中で、CSがどの程度の重みをもって受け止められているかは、時代によってかなり違っている。CS経営が重んじられる時代と、それほど重視されないときがある。日本では、CSブームのサイクルはおよそ15年周期で巡ってきてい

るようで、この30年間で2回のCSブームが到来している。

　最初のCSブームの波は、バブル崩壊から5年後の1995年に到来した。ブームを象徴するできごとは、慶應ビジネススクールの嶋口充輝教授（当時）が『顧客満足型マーケティングの構図』（有斐閣）を著したことである。嶋口教授は、本書の編著者でもある小野譲司（青山学院大学）の指導教授であった。嶋口教授の著作は、顧客満足に関する古典的な理論書で、いまでもオンデマンド書籍として売れている[3]。出版社のHPから紹介文を引用してみる。

　　「90年代に入って、〈顧客満足〉が現代経営の重要なキーワードになっている。成長下の競争戦略の時代は終わり、いま顧客創造を真の企業成長の源泉にする新しいマーケティング・パラダイムが求められている。21世紀へ向けて、本源的ビジネス活動のあり方を問う注目の書！」（有斐閣HPから）。

　紹介文から、CS経営が隆盛を極める時代の雰囲気を読み解くことができる。価格破壊による成長の時代が終わると、CS重視やブランドマネジメントに経営の焦点が移っていく。その様子がよく理解できる。

マクドナルドのディスカウント旋風

　おもしろいことに、嶋口教授が1994年にマーケティングにおけるCSの重要性を取り上げたのと前後して、日本マクドナルドがディスカウント路線で成長をはじめている。マクドナルドの急成長は1995年がスタートで、成長が止まったのが2000年である。この5年間がCSの最初のブームと重なっている。マクドナルドの売上高推移を（図表0-2）で確認することができる。

　2回目のCS経営ブームは、リーマンショック（2009年）が世界経済を震撼させた後の5年間である。顧客満足の概念に関する代表的な著作は、嶋口の学問的継承者である小野が2010年に著した『CSの知識』（日経文庫）である[4]。なお、この時期に、編著者のひとり（小川）が、JCSIのデータを活用した事例による実証分析（『マクドナルド　失敗の本質』と『CSは女子力で決まる』）を発表している[5]。

　2度目のCS経営の波と同期するように、JCSIのデータサービスがスタートしている。くわしくは第2章（「JCSIとは何か」）に譲ることにするが、30業種を横断して、約400社のCSを共通の尺度（CSI）で測定するシステムを準備していたのが2008

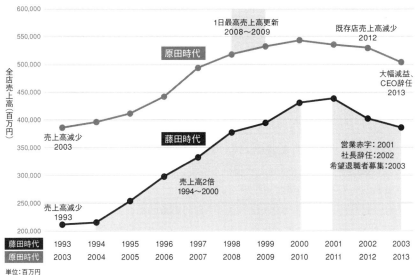

図表0-2　日本マクドナルドの売上高推移(1990〜2015年)

出典:全店売上高の数値は、日本マクドナルド(2001)『Challenging Spirits 1971-2001 日本マクドナルド30周年記念誌』および日本マクドナルドHD『有価証券報告書』(各年)

年である。ちょうどこの頃、社長を退任した藤田田社長の後任として、2004年に原田泳幸氏が日本マクドナルドの3代目社長に就任する。原田改革によって、日本マクドナルドは2006年頃から2011年まで2度目の急成長を遂げることになる。

　日本経済全体も、株価変動やマクロ経済指標でみると、マクドナルドの業績浮沈とビジネスサイクルが一致していることがわかる。偶然とは思えない。ファストフード業界のトップ企業が急成長して沈んでいく。そのサイクルと呼応するかのように、日本のサービス産業では2度のCSブームを経験したことがわかる。バブルがはじけてしぼんだ時期が最初のブームで、2回目はリーマンショックから経済が少し上向いてきた局面で、CSへの関心が高まったのである。

　この時期に、コールセンターでの優れたサービス対応に注目が行くようになった。たとえば化粧品メーカーの、ポーラ・オルビス・ホールディングスのセカンドブランドであるオルビスが、高いCSを獲得できているビジネスモデルの事例などが、その典型である6。

事実とデータをもとに経営の実相を伝える

　2度にわたるCS経営ブームのサイクルの違いはどこにあるのだろうか?

　最初の CSブームのサイクルでは、CS経営の概念とサービス経営の基本的な枠組みが提示された。嶋口教授の著書は、その意味では CSについての優れた啓蒙書の役割を果たしたことになる。エッセンスは、サービス・マーケティングの視点から、サービス業と顧客の関係性に着目し、サービス品質を高く維持するためのポイントを整理したことである。

　狙いは、①サービス企業が目指すべき上位目標として CSを位置づけることであり、②サービス提供の相互作用という特性に注目し、顧客と良好な関係性を築くことが高い CSをもたらすことを概念化したことだった。ただし、関係性の質をデータとして把握する包括的な調査システムが設計できていたわけではなかった。従業員の意識改善とマネジメントの心得として、顧客満足の枠組みを提示したことが、第1次のブームの特徴だった。

　これに対して、筆者らが2007年頃から取り組み始めた CS経営の仕組みづくりは、大規模な調査データを前提にしている。データは、経営の羅針盤である。データを元に CSの基礎的な指標をデータとして把握して、現場のオペレーションまでを含めたマーケティング戦略立案に利用することを目指した。

　繰り返しになるが、CSを単なる概念紹介や経営者の心構えとして重視するのではなく、実践的な CS研究のニーズに応えるために、CSを企業戦略に組込むことにしたのである。そのためには、業界内・業界横断的な指標が比較可能で、時系列的にも指標の変化を追えるデータの存在が大前提になる。つまり、第2の CSブームの根底には、理論構築だけでなく、CSを測定したうえで経営にどう役立てるかという活用の視点と問題意識があった。

　なお、2010年を過ぎたあたりから、顧客を分析する概念として、CX（カスタマーエクスペリエンス）の考え方や CJM（カスタマージャーニーマップ）といったツールが実務で用いられるようになった。その時点で、オリジナルの CS経営は、CXや CJMを取り入れて、単なる CSからより広い概念となった。そのため本書では、以降は CS経営という用語は使用せず、「顧客中心主義の経営（理論）」という言葉を用いることにしている。

　本書を企画した2018年ごろから、顧客経験の流れをカスタマージャーニーマップとして分析するワークショップやシンポジウムが人気になっていた。いまは、CXや CJMが進化を遂げて、正しく枠組みを理解し適切に分析を遂行することが求められている。先進的な企業には、顧客とのインタラクションの中で、より良い顧客経験を提供できるサービスプロセスをデザインすることが重要な課題である。第3部では、優先課題に応えるために、「CX戦略の組織的推進」を準備するこ

とにした。

本書の構成と概要

当初の企画案と改訂

　本書は、JCSIの「ガイドブック」としての活用を念頭において、全体を3部構成としている。企画当初の構成案では、第1部を定期健康診断、第2部を問診力（精密検査）、第3部を推進力（治療）とする枠組みを構想していた。

　JCSIでは、各社の顧客満足度などを年1回調査している。顧客分析の中心となるCSI（顧客満足度指数）やSQI（サービス品質指数）は、企業が提供しているサービスの健康度指標である。第1部を定期健康診断としたのは、年1回の健康診断で、視力や聴力、血糖値などの変化を見て、自らの健康を定期的にチェックするのと似ていると考えたからである。第2部の問診力では、健康診断のデータが正常値から外れた場合、精密検査でくわしく状態を診断するフェーズに進むことになる。そして、第3部推進力では、診断された病状に対して、治療や手術で健康を回復させるプロセスを頭に置いてのことだった。

　しかし、実際の執筆が進んでいく段階で、健康診断と治療のアナロジーはいったん捨てることにした。執筆された原稿の内容が、健康診断の比喩とややそぐわなくなってきたからである。

　著者たちで相談した結果、次のような3部構成とすることにした。第1部「CSIのコンセプトと方法論」、第2部「顧客満足-利益連鎖の診断」、第3部「CX戦略の組織的推進」にモデルチェンジすることに決めた。もちろん、当初の枠組みを放棄したわけではない。健康診断のアイデアは随所に残してある。たとえば、第2部で登場するCSI診断やSQI診断などのコンセプトは、健康診断（CSI）や精密検査（SQI）としてデータの使い方を彷彿とさせるものではある。

　以下では、本書の内容を3部に分けて要約することにする。

第1部 CSIのコンセプトと方法論

　第1部「CSIのコンセプトと方法論」では、JCSI（日本版顧客満足度指数）の基本的な考え方と方法論を紹介する。

　第1章「顧客視点のサービスエクセレンス」では、CSIのコンセプトが、従来のブランド調査やCS調査とはどのように異なっているかを説明する（第1節）。CSIは、ブランドイメージでも、格付けでもない。CSIの際立った特徴は、企業が顧客の理解と共感を得られる卓越したサービスが提供できているかどうかを、定量的に測定・診断できる指標という点である。そのために、顧客マネジメントの課題を、タイプⅠ：不満と苦情への対応からタイプⅤ：多様な顧客体験とエンゲージメントまで5つに類型化する（第2節）。

　顧客中心主義の達成度は、企業にとって重要な2つの経営指標に反映される。2つの指標とは、市場シェアと企業業績（売上高、利益、客数など）である。われわれの発見は、概して「CSIと市場シェアは逆相関する」というものであった。CSIとシェアが逆相関するという関係がなぜ観察されるのかは、市場のジンクスという概念で説明することができる（第3節）。もう一つの発見は、「CSIと業績の動きが時系列的に連動している」という分析結果だった（第4節）。その証拠となる3つの事例（マクドナルドのⅤ字回復、エアライン業界の経営破綻、テーマパークの混雑度と業績の関係性）を章の最後で取り上げる。

　第2章「JCSIとは何か」では、JCSIの枠組みと活用上の留意点を解説する。JCSIには、3つの大きな特徴がある。基本コンセプトとして、①累積的な顧客満足を測定していること、②共通な顧客満足度指標で業界横断的に比較できること、③顧客満足の原因と結果を分析することができる因果モデルを想定していることである（第1節）。

　続いて、調査の方法論が述べられる（第2節）。JCSIは、サービス産業の約30業種・業態の企業・ブランド（約400社）を対象とした日本最大の消費者調査である。年4〜6回のインターネット調査で、サンプルは調査会社のモニターパネルを用いて2段階（スクリーニング調査と本調査）で抽出される。回答者に対する質問は、主要6指標（顧客期待〜ロイヤルティ）とSQI（サービス品質指標）などに関連した多くの項目におよぶ。

　顧客満足度などの主要6指標（顧客期待、知覚品質、知覚価値、顧客満足、推奨意向、ロイヤルティ）は、調査項目を統計的に処理して100点満点に変換される。章の最後に、JCSIの活用に向けての課題が議論される（第3節）。

第3章「顧客満足の理論」では、JCSIモデルの仕組みを理解するために、手掛かりとなる先行研究をレビューする。全体の枠組みは、「顧客満足-利益連鎖」と呼ばれるフレームワークに依拠している。顧客満足が財務的な成果に結びつく連鎖には、3つのルートがあることが想定される（第1節）。1番目のルート（顧客が企業の利益を拡大する経路）を細かく分割して、その中から2つのモジュールをくわしく取り上げる。

　最初のモジュール（原因系）では、企業が提供するサービスが満足を生み出す心理的メカニズムを評価ルールとして定式化する。着想の手掛かりとなった理論は、期待不一致理論である（第2節）。続いて、知覚品質と知覚価値が顧客満足を生み出すメカニズムを概説する（第3節）。2番目のモジュール（結果系）では、顧客満足がロイヤルティにつながる経路が説明される。ロイヤルティの高低を説明する基礎理論は、離脱・発言理論である（第4節）。ここでは同時に、行動ロイヤルティを促進・低減させる要因として、スイッチング・コストとクチコミが媒介する役割も議論される。

　最後に、需要と供給に異質性が存在することの意味を論じる（第5節）。異質な顧客に対応するため、企業は戦略的に顧客を選択する。それとは逆に、顧客の行動（離脱・発言）が企業の対応を変えてしまうこともある。市場の両側にある異質性が市場にダイナミズムをもたらすメカニズムが説明される。第3章で取り上げるさまざまな理論は、第2部で詳しく説明がなされる分析・診断技法（CSI診断とSQI診断）の理解を促進させるための伏線になっている。

　第4章「顧客フィードバックのエコシステム」では、顧客から得られたデータをマネジメントにどのように活用するかが議論の焦点になる。本書を通して、顧客の心理と行動に関するデータを顧客フィードバックデータと呼ぶことにする。その狙いは、分析者がデータを読み取る視点と、データをマネジメントに活用する方法論を獲得できるためである。

　最初に、顧客から得られるデータを分類する（第1節）。データの種類によって活用の仕方が違うからである。顧客から収集されるデータは、企業が顧客に依頼して集めたサーベイデータと、顧客の行動を蓄積した行動データに大きく分類できる。その他に、分析に役立つ定性データとしては、VOC（顧客の声）と観察データがある。

　基本的には、定性データで仮説を発見し、定量データで仮説を検証するアプローチを採用する（第2節）。データの分析から診断情報を導き出すためには、データを見る視点が重要になる。本書では、4つの視点から顧客データを眺めることを推

奨している（第3節）。

　最初の視点は、鳥の目である。自社が業界内や業種を超えてどのようなポジションにあるのかを大局的に見る。2番目が魚の目である。水の中を流れに沿って泳ぐ魚のごとく、自社のCSIが時間とともにどのように変化しているかを見る。3番目は、アリの目である。顧客の体験を詳細なデータから眺める。最後は複眼を兼ね備えたトンボの目である。複数指標の関連性を同時に観察し、CSIが業績にどのように影響しているのかを見る。

　最後に、顧客フィードバックデータを活用して現状を分析し、マネジメントの課題解決に向けたプロセスを紹介する（第4節）。このフローは、5つのステップからなるPDCAサイクルである。なお、顧客データの収集・分析・活用の段階を、課題の難易度によって5つのステージに分類する。この概念は、第3部で具体的かつ詳細に解説される。

第2部　顧客満足−利益連鎖の診断

　第2部「顧客満足−利益連鎖の診断」は、5つの章から構成される。全体は目的とテーマにしたがって、3つのサブブロックに分かれている。最初は、CSI（主要6指標）を用いて診断を行う第5章（経験則の発見）と第6章（バラツキの分析）のブロックである。2番目は、SQI（サービス品質指標）を用いて診断を行う第7章（継続的な改善）と第8章（戦略的投資）の部分である。3番目は、顧客データから戦略ロジックを練る第9章（価値創造による顧客基盤の維持）のブロックで構成される。

　第5章「CSI診断(1)」では、JCSIの枠組みの中で、顧客満足とロイヤルティの源泉を探ることになる。顧客満足の主たる源泉は、知覚品質と知覚価値、顧客期待の3つである（第1節）。3つの指標の顧客満足への影響度は、直接効果と間接効果で表すことができる。直接効果は、因果モデルから推定されたパス係数（影響度指数）を用いて推定する。

　結論からいえば、顧客満足度（CS）の高低を決定づけるのは、以下の3つの要因になる。①品質の効果、②コストパフォーマンス（価値と品質の直接効果比）、③顧客期待の効果の3つである。3つの効果を業界別に比較することで、各業界の際立った特性やトレンドを把握できる。また、産業全体を俯瞰してみることで、日本のサービス産業の特徴を3つの経験則としてまとめている。①品質駆動型から価値駆動型の顧客満足形成に移行する企業が増えていること、②オンライン専業の

方がコストパフォーマンスに優れていること、③顧客期待の影響度合いは業種によって大きく異なることが紹介されている。

　ロイヤルティの主たる源泉は、顧客満足、推奨意向、スイッチング・コストの3つである（第2節）。顧客満足と推奨意向の影響は、業界ごとに差は認められるが、ロイヤルティ（再購買意図）にポジティブな影響を与えている。その逆のパターンになるのが、スイッチング・コストの存在である。ここでも、3つの要因のロイヤルティへの直接・間接効果の大きさを見ることで、業界の特性が明らかにされる。

　章の最後に、CSR（企業の社会的責任）がロイヤルティに与える影響を分析した結果が報告されている。興味深いのは、社会に良いことをしているイメージが、顧客のロイヤルティを高めることに貢献しているという事実である。CSR活動は単なるお題目ではなく、エンタテインメントなどの業界では、実質的に企業のロイヤルティを高める効果がある。

　第6章「CSI診断(2) CSIのバラツキを探る」では、CSIの顧客別のバラツキや時間的な変動をデータで分析し、その原因を追究する。企業・ブランド別にCSIのバラツキを分析することで、自社の業界内でのポジションや異業種との違いを把握できるからである（第1節）。

　顧客のデモグラフィックスの違いが、顧客満足度やロイヤルティに与える影響については、常識的な結論を導く場合と、必ずしも通説通りにはならない場合がある（第2節）。年齢や男女の違いなど、7つの経験則が導かれている。興味深い発見を一つだけ挙げてみる。一般的に、関西人は関東人より評価が厳しい傾向があるので、顧客満足は低くなると考えられている。ところが、データを分析してみると、関東と関西で有意な差は認められなかった。むしろ都市部に比べて地方の方が、CSや再購買意図が高く出る傾向がある。

　購買履歴がCSIの変動に与える効果についても、興味深い知見が得られている（第3節）。経験則をいくつか紹介する。①購買年数が一定期間を過ぎるとCSIは低下する。②購買・利用頻度が大きい顧客は満足度とロイヤルティが高い。③購入・利用経験が広い顧客ほど満足度とロイヤルティが高くなる。データ分析から経験則が導かれる背景には、顧客のサービスに対する学習効果と、企業側のサービス提供方法の違いが関係している。最後に、顧客のサービス経験を、①プレ・ステージ（入り口）、②コア・ステージ（利用・消費の場面）、③ポスト・ステージ（決済・苦情行動などの出口）に分けて、CSIとの関係を法則化する（第4節）。

　第7章「サービス品質診断（1）」では、SQI（サービス品質指標）を用いて、サービスを継続的に改善する枠組みを提示する。SQIは顧客経験のステージ別に知覚品

質を分解した詳細な項目からなる。ただし、診断にあたっては、SQIのように顧客が評価した主観的な品質指標に加えて、交通機関の定時到着率のような客観的な品質指標を用いる（第1節）。

SQI診断は、3つのステップからなる（第2節）。順番に、①テコ入れが必要な品質属性を特定する段階、②属性に優先順位をつける段階、③顧客セグメント別に違いを識別する段階である。改善すべき品質を特定する段階（①）では、2つの準備作業が必要になる。まずは、本部管轄の品質属性と現場のオペレーションで改善すべき属性を、事前に仕分けしておくことである。2番目に、どの品質を改善すべきかを見極めるために、SQIのバラツキを知ることである。次に判断基準となる「品質レンズ」を準備する。3種類の品質レンズが利用できる。知覚マップ、カスタマージャーニーマップ、品質の次元（知覚構造）の3つである（第3節）。

属性に優先順位をつけるステップ（②）では、SQIがCSI（顧客満足やロイヤルティ）に与える影響度を統計的に測定する。テコ入れすべき属性を識別するために、「重み付けされたスコア」を用いる。そのための代表的手法が、重要度・パフォーマンス分析（IPA）である（第4節）。IPAでは、縦軸にサービス品質のスコア（パフォーマンス）を横軸に属性のCSIへの影響度（インパクト係数）をとる。品質属性を2次元のマップに布置して、改善すべき品質の優先順位を判断する。また、追加的に、セグメント別の違いを見るステップ（③）が説明されている。最後に、SQI診断をマネジメントする際の留意点が述べられる（第5節）。

第8章「サービス品質診断(2)」では、品質への投資を決定する枠組みが提示される。投資すべき品質（SQI）を選択する場合、攻撃と防御の2つの側面がある（第1節）。攻撃戦略では、新規顧客の獲得や他社からのブランド・スイッチを誘発できるSQIを識別する。それに対して、防御戦略では、未然に顧客の離脱を防止し、離脱しそうな顧客を上手にリカバリーする方法が提示される。

JCSIで調査する約40個のSQIには、顧客満足と非線形の関係をもつ2種類の因子があることが知られている。最低条件の品質属性は、一定水準を下回ると満足度が急降下する因子である。感動因子の属性は、ある閾値を超えると急激に満足度が高まる因子である。7点法で測定したSQIをダミー変数（0 - 1）に変換して、感動と失望の源泉となる品質（SQI）を特定できることが、エアラインの例で紹介されている。

攻撃・防御戦略に関係する一組の重要な指標が、感動指数と失望指数である。JCSIでは両指数がオプションデータとして提供されている。JCSIデータから3つの経験則が明らかにされる。①感動指数は顧客満足と正の相関をもつ、②失望指

数は顧客満足と負の相関をもつ、③感動指数と失望指数は相関が小さく、独立した指標であると考えられる（第2節）。

感動体験には、世代的な特徴が見られる（第3節）。どの業種でも、若い世代（20～30代）と年寄り世代（60～70代）の感動指数が高い。また、利用頻度の違いで、ライトからヘビー／ロイヤルのユーザーになるにしたがって、感動の源泉となるSQI項目が変わることが経験則としてわかっている。最後に、サービスの失敗を上手にリカバーするとロイヤルティが逆に高まる事象「リカバリー・パラドクス仮説」が、リカバリー品質のデータを用いて実証される（第4節）。

第9章「戦略ロジックを構築する」は、第2部の総括になっている。CSI診断（第5・6章）とSQI診断（第7・8章）から得られた知見を用いて、自社の顧客基盤を維持・強化するための戦略を練る枠組みを提供する。戦略構築のステップは、①顧客基盤の診断マップを作成する段階と、②サービス価値設計の基本方針を定める段階に分かれる（第1節）。

顧客基盤の大きさは、量的な指標（客数／会員数、客単価）で表すことができる。一方で、顧客基盤の強さを表すために、顧客のサービス評価スコア（CSI、SQI）を用いることもできる。また、自社の顧客基盤がどのような顧客セグメントから構成されているのかを見ることも重要である（第2節）。本書では、顧客基盤の特徴を識別するために、独自に開発した顧客診断マップを活用する。最初のステップ（①）では、自社の顧客基盤に対して、顧客満足を高めるのに強い影響力をもつ価値ドライバーを識別する。手掛かりとなるのが、CSI診断とSQI診断からの情報とインサイトである。

後半のサービス価値設計の段階（②）では、どのような顧客価値をどのセグメントに提供すべきかを戦略的に決定する（第3節）。ここで留意すべきは、提供する価値が企業にとって経済合理的かどうかと、提供価値が企業の理念に沿っているかどうかの視点である。課題となるのが、価値設計の方向性である。4つの方向性（対概念）が示唆される。①総合化か専門化か、②足し算か引き算か（属性の付加か削除か）、③継続性か新規性か、④単一ブランドかマルチブランドか。

章の残りの部分では、戦略構築に必要な3つの考慮事項を整理する。第1に、戦略の策定にあたって、過度なデータ依存はリスクがある。企業のコアバリューや組織文化を考慮すべきである（第4節）。第2に、顧客価値を生み出すプロセスには、パートナー企業が関与する場合もあること留意すべきである（第5節）。3番目に、コロナ後の変化を見据えて、サービスの自動化（ハイテクによる効率化）と、技術で代替できないハイタッチなサービスの重要性を見極めるべきことが示唆される。

第3部　CX戦略の組織的推進

　第3部「CX戦略への組織的推進」は、関連する2つの章から構成される。第3部のメインテーマは、著者の実践的なコンサルティング経験を踏まえて、顧客中心主義の経営を遂行するための組織的な対応を議論することである。

　第10章「組織の壁を克服する」では、CX戦略を推進するための活動プロセス（①戦略と目標設定～⑥評価システムの体系化）が実際には実現が困難な理由として、組織的なハードルが存在することが述べられる（第1節）。推進力とは、組織的な障壁を乗り越えるための知識とスキルの体系を指す概念である。CX戦略を上手に機能させるために、5つの課題領域を構造化する。解決が必要な問題領域は、前半の評価と実行プロセス（①～③）に関する部分と、後半の「組織的な対応」（④と⑤）に関係する部分に分けることができる。

　前半の課題領域は、3つの質問で表現できる（第2節）。すなわち、①顧客満足向上の成果として何を想定するか（成果の定義）、②顧客の評価に関して何をどのように測定するか（可視化の問題）、③測定結果を社内で活用して実際の行動にどのようにつなげているか（活用・接続の問題）。3つの領域の中で重きが置かれているのは、③可視化の課題である。自社の基幹調査データとVOCを外部の顧客フィードバックデータと統合的に接続する枠組みが紹介されている。

　後半部分の組織的な課題は、2つの質問で表すことができる（第3節）。すなわち、④顧客満足を高めるために誰がどのような役割と責任を担うのか（役割と責任の問題）、⑤顧客のロイヤルティを効果的かつ効率的に遂行する仕組みは整っているか（仕組み化の問題）。役割と責任に関わる部分（④）では、保険会社で担当者が変わったために顧客経験が断絶し、離脱が起こった事例が紹介されている。また、仕組みづくり（⑤）に関しては、組織内で情報を共有する場を設定したり、社員のスキルアップを促すためのプログラムや支援ツールの提供などが例示されている。

　第11章「ハードル克服のモデルケース」は、前章で提示された解決課題を、コンサルティング事例に落とし込んだ事例集になっている。モデルケースに共通な枠組みは、組織的な推進力を根付かせるための3つの基本ステップと、推進力を具体化するための9つの具体的な活動から構成される。それぞれのステップに、9つの活動が割り当てられている（第1節）。

　ステップ1には、3つの活動が含まれる。すなわち、活動①健全な危機意識の喚起、活動②ありたい姿（ビジョン）の可視化、活動③グランドデザイン（推進の設計図）の検討からなる。ステップ1は、なぜその課題に取り組むのか（Reason Why）が

わかるようにする意識づけに関する活動を包含している。

　ステップ2では、4つの具体的な活動が含まれている。活動④顧客価値の計画と可視化、活動⑤カスタマー KPIの体系化、活動⑥顧客タイプ別のサービスデザインの立案、活動⑦アクションプランの開発と顧客接点への接続から構成される。ステップ2の目指すところは、顧客に提供する価値を洗い出し、それを施策化して具体的な活動に落とし込むことである（How to Act）。

　ステップ3では、関係者を巻き込んで、具体的な活動を設計し実行する。ここでの活動は2種類ある。活動⑧は、フィードバック活動をデザインすることである。活動⑨では、フィードバックループを設計する。ステップ3の2つの活動は、PDCAサイクルのC（チェック）とA（アクション）に関わるフィードバックループを形成する（Analysis & Evaluation）。

　第11章で提示された活動を説明するために、具体的な事例が引用されている。活動②ビジョンの可視化については、高速道路のサービスエリア・パーキングエリアのケース（中日本エクシス株式会社）が、活動⑤のカスタマー KPIの体系化については、ある B2B企業の事例が引用されている。また、活動⑧フィードバック活動のデザインと活動⑨フィードバックループの設計に関して、コンサルテーションの枠組みが紹介されている。

本書の活用にあたって

　本書は、JCSIの解説本である。したがって、内容の記述は、JCSIの主要6指標やサービス品質項目、感動・失望指数などに紙幅の多くが割かれている。しかし、顧客データの分析に当たっては、JCSIの調査データに活用を限定する必要はない。それどころか、自社の基幹調査データや外部のデータを顧客フィードバックデータとして組み合わせて、JCSIの分析と診断を実行することで有益なインサイトを発見できるだろう。その点については、第4章「顧客フィードバックのエコシステム」でも言及した通りである。

　本書は、JCSIの手引書という役割もあるので、包括的でかつ網羅的なコンテンツを盛り込むことになった。そのため、当初の計画では250頁程度のボリュームを想定していたが、結果として400頁を超える分厚さになった。読み応えのある本に仕上がっていることは間違いない。

　全体を読み進めるにあたって、序章にやや長めの概観を加えたのは、全体を俯瞰するために、羅針盤となる簡単な要約が必要だと感じたからである。本の読み方としては、場合によっては、要約を読んだ後で、読者が必要と思われるパート

（部・章）から読み始めてもかまわない。本書の記述は、そのような顧客のニーズ
にも対応できるように全体を設計してある。

PART 1

CSIのコンセプトと方法論

第1章
CHAPTER 1

顧客視点の
サービスエクセレンス

中心とすべき顧客は誰か

　コストパフォーマンスの良さが重視される昨今、どのブランドのサービスが顧客に高く評価されているか。サービスが優れているかどうかを顧客視点で評価する指標が、顧客満足度である。満足度の高さは、サービスがどれくらい優れているか（エクセレントか）を顧客の視点で表す代表格である。

　顧客の視点や意見を取り入れつつ、企業は優れたサービスをいかにして提供することができるか。CSIはこのような考え方、すなわち、顧客中心主義（Customer Centricity)をベースとしている。顧客中心主義のカギとなるのは、中心とすべき「顧客」は誰かである。

1. 顧客満足とブランド力

　最も顧客満足度が高いサービスを提供している企業はどこか。JCSI（Japanese Customer Satisfaction Index）は、日本のサービス産業約30業種、約400企業・ブランドの延べ約12万人の利用者に対して、2009年から毎年、継続している国内最大級の顧客満足度調査である。

　図表1－1には、左側にJCSI調査の2017～2018年度の上位企業・ブランドと100点満点で示されるCSI（顧客満足度）を示している。一方、右側には日経BPコンサルティングが毎年実施しているブランド・ジャパンの2017～2018年の上位ブランド（B to C）を掲載している。企業名と商品ブランド名を幅広く調査対象にしているブランド・ジャパンに対して、JCSIはサービス産業における各業種の売上高上位の企業・ブランドのみを調査対象としている。

　そのため、ブランド・ランキング2018年のトップランキングに入っているブランドで、CSI（顧客満足度）も極めて高いブランドはなく、セブン-イレブン、ユニクロ、無印良品、楽天市場も、CSIの上位ブランドには入っていない。

　CSIの上位は、2017年度調査では、宝塚歌劇団や劇団四季といったエンタテインメント2社が前年に続いてCSI頂点にある。ランキングには入っていないが、特別調査として実施したプロ野球（パ・リーグ）から福岡ソフトバンクホークスも80点で高いスコアを得ている。こうしたエンタテインメントのほか、ホテル、旅行、そしてオンラインを含む通信販売も上位を占めるのがCSIの特徴である。

　小売業の中でも、オンラインショッピングサイトやカタログ販売などの通信販売のCSIが高いのは、例年の傾向である。ヨドバシ.comやJoshin Webといった

図表1-1　「顧客満足度」と「ブランド・ジャパン」のランキング

JCSI					ブランド・ジャパン				
ランキング		顧客満足度			ランキング		総合力		
2018	2017	ブランド名	2018	2017	2018	2017	ブランド名(B to C)	2018	2017
1	1	宝塚歌劇団	87.8	87.2	1	8	Google	89.4	80.4
-	2	劇団四季	87.3	86.8	2	1	スタジオジブリ	86.8	92.8
3	4	帝国ホテル	84.6	82.1	3	3	アマゾン	83.5	85.5
4	3	ヨドバシ.com	84.1	83.0	4	10	セブン‐イレブン	82.9	79.3
5	6	都道府県民共済	83.6	81.7	5	17	コカ・コーラ	80.4	77.2
6	8	コープ共済	82.2	81.1	5	15	サントリー	80.4	77.6
7	7	リッチモンドホテル	81.8	81.2	7	6	日清食品	80.2	81.7
8	36	東京ディズニーリゾート	81.1	77.1	8	19	パナソニック	80.1	75.3
9	5	レクサス店	80.5	81.8	9	27	カルビー	79.6	73.6
10	14	オルビス	80.2	79.8	10	9	ハーゲンダッツ	79.4	80.1
11	33	コスモス薬品	80.0	79.4	11	2	YouTube	78.6	86.1
11	12	ドーミーイン	80.0	79.2	12	4	ディズニー	77.4	82.4
13	30	スターフライヤー	79.2	77.6	13	62	任天堂	76.8	67.7
14	45	コンフォートホテル	79.0	76.6	14	34	ソニー	76.1	71.8
15	-	リーガロイヤル	78.7	75.6	15	30	ユニクロ	76.0	72.7
16	16	日本旅行	78.4	78.6	16	20	明治	75.3	74.8
17	9	スーパーホテル	78.3	80.7	17	48	無印良品	75.0	68.8
17	36	FANCL online	78.3	77.1	18	12	ダイソン	74.9	78.5
17	25	ヨドバシカメラ	78.3	78.0	19	42	楽天市場	74.8	70.5
20	18	Joshin web	78.2	78.5	20	11	ダイソー	74.4	78.9
21	36	通販生活	78.1	77.1	20	7	ヒートテック	74.4	81.4

出所：日経BPコンサルティング「ブランド・ジャパン」ホームページより2018年調査結果。SPRING（サービス産業生産性協議会）「JCSI調査結果2017-2018年度」

　家電量販のオンラインサイトは、近年、アマゾンをしのぐほど高いスコアを得ており、オルビスやファンケルオンラインといった専門通販も同様である。

　一方、スーパーマーケット、コンビニエンスストア、ドラッグストア、百貨店といった市場規模が大きい総合的な広い品揃えをする小売業態は、専門業態よりも満足度が低く、なおかつ、上位ブランドと下位ブランドの差が比較的大きい。この点は、飲食業にも見られることである。総じて、総合的に品揃えしているファミリーレストランよりも、回転ずし、讃岐うどん、ちゃんぽんといった専門業態が高いスコアを得ている。「総合と専門」は、この調査結果を見るうえでの重要な切り口の一つである。

　オンラインの波は、サービス産業の至るところに押し寄せている。JCSI調査の対象業種では、とくに、旅行、銀行、証券、保険が代表例である。OTA（オンライン旅行代理店）は、人を介さない仲介サービスでありながら、リアル店舗とオンラインを並行して運営する伝統的な旅行会社に匹敵するほどCSI（顧客満足）が高い。「オフラインとオンライン」は、最近10年のサービス産業を見るうえで、依然として重要な切り口の一つであり、「団体旅行と個人旅行」「旅慣れた人と旅慣れしていない人」「宿泊と交通をまとめて予約したい人と個別に予約したい人」の

ようにターゲットとする顧客セグメントも異なる。

　さらに、JCSIの上位企業・ブランドを見るうえでもう一つの切り口は、「伝統と新興」である。帝国ホテル、ホテルオークラなど、その業界において歴史が長いブランドが伝統である。それに対してオンライン専業や低価格などで市場に新奇性をもたらす顧客価値を提供するのが進行である（第9章3節を参照）。ビジネスでいえば、リッチモンドホテル、スーパーホテル、ダイワロイネットホテルといった比較的最近に市場参入した、宿泊特化のビジネスホテルは、安定した高いコストパフォーマンスを背景として高い顧客満足を得ている。

　伝統的なブランドは多くの人々に認知されているのに対して、新興ブランドは必ずしも広く認知されていない。ブランド力の基本的な条件であるブランド認知は低いにもかかわらず、なぜ、顧客満足度が高いのか。この現実をどう考えれば良いのだろうか？

CSIとブランドイメージは違う

　CSIとブランドイメージは顧客視点でブランドを評価しているので、似たものと取られやすい。しかし、指標として両者を比べるとかなりの違いがある。たとえば、東京に暮らす多くの人々は、スターフライヤーやコスモス薬品といった、高い顧客満足度を得ているブランドを利用したこともなければ、名前すら知らないだろう。

　コンビニのブランド認知度は、セブン‐イレブンの方が高いが、顧客満足度ではセイコーマートは同水準である。北海道民にとって生活に欠かせない「セコマ」は、本土の人々には、ほとんど馴染みがないコンビニである。このような現象を不思議に思う人もいるだろうが、そのカラクリは簡単である。

　ブランド・ランキングで上位に挙がるのは、幅広い人々に知られ、好ましいイメージをもつブランドである。CSI上位は必ずしもそうではない。知名度は低いが、サービスの価値が高く評されている企業・ブランドが高いスコアを得る傾向がある。図表1－2にあるように、顧客満足度調査はサービスの利用経験がある既存客のみを対象としている。これは競合ブランドの顧客から潜在客までも調査対象とするブランド調査と異なる点である。ブランド・ランキングは、経年変動が大きいのに対して、CSIはそれほど大きな変動はしにくい。調査対象者の違いは、2つの調査結果を読み解くうえでのカギでもあり、顧客満足とブランド力の違いは何

図表1-2 顧客満足度とブランド力の顧客基盤

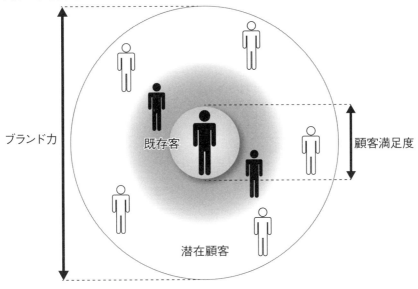

かの明確な基準となる。それとともに、既存客に軸足を置いた顧客中心主義を反映する指標の代表格が CSIなのである。

CSIは格付けではない

　CSIのランキング上位には、帝国ホテルやホテルオークラといった高級ホテルと、リッチモンドホテルやスーパーホテルなどといった宿泊特化のビジネスホテルが5ポイントの差で並んでいる。シティホテルとビジネスホテルは、ジャンルが違うので、横並びで比較すべきではないという専門家もいる。

　宿泊施設という点では同じだが、レストラン、宴会施設、プールやフィットネスなどのアメニティが揃っているかどうかで両者は分けられる。業界団体も違えば、予約サイトのカテゴリーが区別されていることもある。それゆえ、帝国ホテルとスーパーホテルを比較することは、そもそもナンセンスだという意見は、格付けの観点からすれば一理ある。

　しかし、なぜ1泊5000円以下で泊まれるビジネスホテルの顧客満足度が、10倍

近くの宿泊料の高級ホテルと同じ程度なのか不思議に思う人もいるだろう。

　CSIは格付けと何が違うのか。それはホテルの品質をあらわす方法の違いに寄因する。すなわち、ホテルやレストランの専門家による審査、部屋の広さや立地条件などの客観的品質、顧客が回答するアンケートや自由回答に基づく評価といった方法が挙げられる。また、旅行予約サイトでのユーザー評価による「☆印」「レイティング」「クチコミ」として記載される自由記述のテキストも一般の利用者には、馴染み深い方法である。顧客満足度調査は、実際に宿泊や食事でホテルを利用した顧客が自らの経験に照らして回答する。それはホテルのプロの視点でつけた格付けとは違い、ユーザーの目線でどれくらい優れているかを数値化する方法である。

　顧客視点の評価とは、顧客がホテルの宿泊に何を求め、それがどれくらい満たされたか、ホテルの良し悪しを何で評価し、判断したか、自らが経験したサービスから得られた効用が、どの程度かを数値で表すものである。得られた効用に対して、支払ったコストがどれくらい見合っていたかも評価のモノサシの一つとなる。それがコストパフォーマンス、つまり、「コスパの良さ」である。

　したがって、料金が高い高級ホテルであろうと、リーズナブルな料金のビジネスホテルであろうと、顧客がそれぞれのホテルに期待するサービスを受けて対価に納得感があれば、顧客満足度はどちらも高くなるわけである。顧客が感じる満足・不満足は相対的なものであり、絶対的な評価を与える格付けと食い違うこともある。

相対的位置付けと2つのバラツキ

　CSIはこうした顧客満足度を含めた6つの主要指標で構成されるサービスエクセレンスを評価する診断システムである。すなわち、ある企業のサービスがどの程度、顧客に評価されているかを「顧客期待74点、顧客満足度78点、ロイヤルティ71点」のように100点満点の指数で表す。顧客満足度をどのような経営指標として活用するかは第4章で詳細に取り扱うが、たとえば、「お客様満足度95%」のように全顧客のなかで満足した人々の比率を%（パーセント）で示す方法は、直感的にわかりやすいこともあって広告などでもよく用いられる。それらは、7段階評定で6点以上を「満足」、5点以下を「不満」として、6点以上をつけた割合で満足度○%と表すのである。それに対してCSIは100点満点方式でスコアを算出する。こ

図表1-3　CSIによる企業・ブランドの相対的位置付け

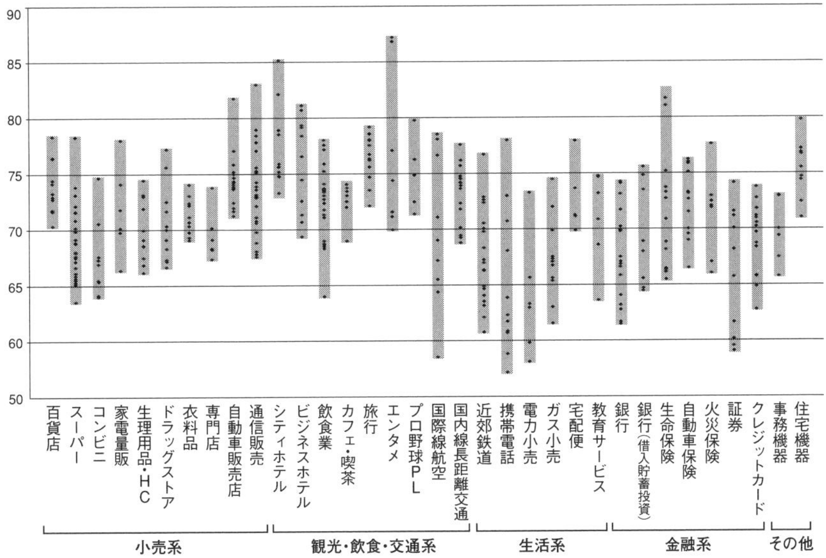

れは学校のテストで、馴染み深い点数表示である。

　ただCSIの100点満点は、学校でのテストの100点満点とは意味合いが異なる。学校でのテストの0点は、全問不正解や未解答の絶対的な点数である。それに対してCSIは、すべての業種に共通質問を10段階評定で測定したデータを標準化した値に、因子負荷量もとに計算した係数をかけて因子得点を推定する。その最低点を0とし、最高点を100として算出される相対的なスコアである。

　多くの業界では、各社がさまざまなイノベーションを行い新しいサービスを導入することで、サービス水準が上昇する。業界全体としてのサービスレベルが上がった場合、自社だけが何ら変化がないまま事業を継続していると、相対的には遅れをとって低い位置に置いていかれる可能性がある。CSIスコアには、そうした意味合いがある。これは各社が自社調査として実施しているCS調査とCSIの違いである。

　図表1－3は、100点方式で算出されたJCSIの顧客満足度であり、各業界・業種における主要企業の相対的な位置付けを示している。縦に並んだ帯の頂点にあるのが、各業界で最も満足度が高い企業・ブランドである。図表1－1のランキング上位にある企業は、ここに位置している。あわせてこのグラフからは、業界比

図表1-4　顧客中心主義のコンセプト

	タイプⅠ	タイプⅡ	タイプⅢ
コンセプト	顧客不満と苦情対応	VOCと顧客経験	CSとロイヤルカスタマー
中心となる顧客像	不満や問題を企業に伝えた顧客	"静かな大衆" (何らかの問題を認知しているが声を上げない顧客)	リピーター ロイヤルカスタマー
課題	製品・サービスの欠陥 高圧的販売の抑制 謝罪、原因説明 欠陥の修正や補償 顧客苦情へのリカバリー対応	"苦情の氷山" VOCのリスニング 顧客経験の全体把握 真実の瞬間MOT 品質ギャップ	普通の満足と極端な満足 感動(デライト)、NPS クチコミ、推奨、紹介 ロイヤルティ ラダー
示唆	適合品質を満たすサービスの優秀さ リカバリー対応によって顧客維持を図る 企業の社会責任として、サービスの問題・欠陥をなくす	顧客経験におけるトータルの品質管理 事後対応と事前対策 CS推進室/調査/研修	魅力品質による顧客感動と極端な満足の創造 ロイヤルティを促進するサービスの優秀さ ベストプラクティスからの学習

較もできる。たとえば、エンタテインメントは国際線航空よりも満足度が高いところに位置しているが、上位2ブランドが突出していることもわかる。それに対して、衣料品小売、カフェ・喫茶は、上位と下位の差が10ポイント以内であり、どのブランドの顧客も同じレベルで満足している。

　以上のように、顧客満足度を一定の方法論に基づいて指標化したCSIは、ブランド力のスコアとも、サービスの格付けとも、さらには一般的に行われているCS調査の「○%が満足」と異なる特徴をもっている。このCSIをもとに日本のサービスエクセレンスを評価・診断するのがJCSIである。

2. 顧客中心主義のコンセプト

　CSIのような顧客視点でのサービス評価を重視する経営思想は、顧客中心主義(Customer Centricity)というコンセプトに置き換えることができる。顧客中心主義は、古くて新しい要素を含んでいる。それは財務志向や技術志向と比べられたり、

タイプⅣ	タイプⅤ
優良客とCRM	多様な顧客経験とエンゲージメント
優良客 顧客資産（カスタマーエクイティ）	優良客、インフルエンサー、イノベーター、 プロモーター、アンバサダー
RFM／LTVと顧客資産 マルチチャネル／オムニチャネルによる顧客経験 ロイヤルティマーケティング、アフィリエイト	360°顧客中心 パーソナライズ カスタマージャーニー エンゲージメント、クチコミ、共創、 カスタマーサクセス
LTVが高い優良客を育成するサービスエクセレンス データによる経験則の裏付け 新規獲得と既存客の維持・育成のバランス	顧客 顧客の推奨、紹介 知識フィードバックを引き出す 顧客のプライバシーの尊重と保護

顧客志向や顧客本位と称されたりすることもある。市場・顧客のニーズや情報を収集し、組織内で共有して顧客ニーズを満たす製品・サービスと価値ある経験を顧客に提供する企業の理念・組織体制である。顧客中心主義は、すべての顧客を満足させることを志向している理念ではない。むしろ中心とすべき顧客セグメントを特定し、そこに重点を置いて、サービスの設計や提供を行うという戦略的な意思決定をともなう考え方でもある（Fader 2020）。

こうした考え方は、従来から指摘されてきたものである、重点の置き方が違うタイプに分けることができる。これらは時代とともに変化してきたことでもあり、サービスエクセレンスを読み解くヒントとなる。

🔵 顧客中心主義のマネジメントが抱える課題

顧客中心主義のコンセプトを、ここでは5つに分類して大局的に整理する（図表1-4）。タイプⅠからタイプⅤでは、中心となる顧客セグメントと取り組む課題にそれぞれ特徴がある。

タイプⅠ　不満を解消し、苦情に対応する

　タイプⅠは、製品・サービスを消費して何らかの問題を経験した顧客から出された報告やクレームにいかに対応するか、という顧客不満と苦情対応にフォーカスしたものである。サービスで何らかの問題を経験した人のうち、それを企業に報告する人は、それほど多くはない。タイプⅠは、クレームで声をあげた顧客に対して企業がどう対応するかである。VOC（Voice of Customer）には、コールセンターへの問い合わせ電話やメール、チャットやSNSへの書き込み投稿、現場スタッフと交わした会話内容が含まれる。企業の中には声を聴くだけで、すぐに何らかの対策を講じることができないことも少なくない。

　しかし、企業に伝えた問題点が解決された顧客と未解決の顧客とでは、再購買意図や実際の購買行動に大きな違いが出る可能性がある。不満を抱えていた顧客が適切なリカバリーを経ることによって、逆にロイヤルティが高くなることをリカバリー・パラドクスという（第8章を参照）。

タイプⅡ　VOC（顧客の声）を積極的に聴く

　リカバリー・パラドクスは、何らかのサービスの問題に事後的に対処することの重要性を示唆している。それに対して問題が発生する可能性があることを察知し、戦略的に未然防止をしていくアプローチがタイプⅡである。「苦情の氷山」というメタファーがある。海面に浮かぶ氷山は、頂上部分だけ姿を現し、大半は水面下に沈んでいる。不満を感じた顧客のうち、実際に苦情を表明するのはごくわずかにすぎず、大半は水面下に沈んでいる氷山のようなものだという話である。これは米国TARP（1979,1986）の調査結果に基づいている[1]。

・不満はあるが苦情を出さなかった顧客の再購買意図は9〜37%（製品差がある）。
・苦情を申し立てた顧客の顧客維持率は、苦情を出さないと9%なのに対して、もし苦情を申し立てて企業が最終的に解決できなかったとしても19%に増加する。
・苦情が解決されて顧客が最終的に満足すると、顧客維持率は54%に増加し、さらに問題が即座に解決されると、顧客維持率は82%となる。

　第4章（図表4-2）では日本の各業種において、氷山がどのようなかたちになっているかをJCSIデータで紹介する。

　タイプⅠとⅡは、既存客が抱える問題や不満を解消することが課題である。も

し、不満を解決できれば、顧客維持率の上昇を通して企業収益に貢献する、というロジックに基づいている。そのため顧客満足度調査だけでなく、電話、メール、チャット、SNS、コミュニティサイトなどを通してVOCを積極的に聴取し、対策を講じることが目指される。VOCは膨大な量になることもあるため、大企業ではCS推進室、お客様サービス部、コンタクトセンターといった専門部署で対応する。近年では、顧客経験をトータルに把握し、管理する狙いからCX戦略推進などの横串の組織を設けるケースもある。

　これはカスタマージャーニーマップ（顧客が商品の購買にいたるまでの流れを描くために作成するフレームワーク）を描き、顧客が苦痛を感じやすいペインポイントを特定するアプローチも似ている。

タイプⅢ　極端な満足でロイヤルカスタマーを創造する

　タイプⅢの顧客中心主義は、さらに一歩踏み込んで、既存客の中でとくに、クレームになるような不満や問題を経験してはいない「普通に良かった」と思っている顧客にもフォーカスを当てる。サービスに関して何らかの問題を経験した顧客は、企業に何らかの不満を告げたり、クレームを出したりした群と、何もいわずに「泣き寝入り」した群に分かれる。これらは、タイプⅠとⅡで中心となる顧客に相当する。それに対して、タイプⅢはとくに不満を感じる問題を経験していない顧客が中心である。この顧客セグメントにおいては普通に満足するだけでなく、極端な満足を経験してロイヤルティラダー（梯子を登る）を上り、リピーターからロイヤルカスタマーへの顧客育成が課題である。

　市場成熟期において製品・サービスは、総じて品質がよく、しかも同業者間で同質化していることが多い。企業が発信する情報だけでなく、SNSで入手するリアルな体験情報も検討材料として豊富であり、顧客はさまざまなブランドを経験して、それらを賢く買い、利用する方法にも長けてくる。

　このような中での顧客中心主義は、「マイナスをゼロにする」から「ゼロからプラス」の状態をいかにつくるかという課題にシフトする（嶋口 1994）。すなわち、「顧客の期待を超える」特別の体験を提供できるかどうか、顧客の「感動（デライト）」をいかに創造できるかに焦点が向けられる。タイプⅢのポイントは満足してもらうだけでなく、顧客に次回もリピートしてもらい、ロイヤルカスタマーになってもらう、という結果が得られるかどうかである。言い換えれば、リピーターを創造するために必要なサービスエクセレンスとは何か、どのレベルまで満足度を高める必要があるかが問われるのである。

　タイプⅠ〜Ⅲは、かつて「CS経営」と呼ばれる経営思想が説かれた際、組織メンバーがいかに顧客を向いた経営の舵取りや活動を行うべきかを動機づけるテーマである。それに対して、タイプⅣ・Ⅴは、顧客満足とロイヤルティを連鎖させて、企業利益にどう結びつけるかに焦点を当て、啓蒙としての「CS経営」から、データに基づいたマネジメント手法としての顧客中心主義を目指すタイプである。それゆえ、カスタマーエクスペリエンスやエンゲージメントといった概念が、より具体的な顧客データと分析・診断方法をともなって重視される。

タイプⅣ　優良客を見極め、カスタマーエクイティを最適化する

　タイプⅣは、顧客データを駆使して、企業に利益をもたらす優良客を創造するCRM（顧客関係管理）が課題である。ここでロイヤルカスタマーと優良客は、区別する必要がある。なぜなら購買頻度が高く、長年利用し続けている顧客であっても、単価や粗利が低い商品ばかりを購入している顧客を「優良客」と判定して良いとは限らないからである。また、現時点の優良客は今後、何年に渡ってもロイヤルであり続けるとは限らない。逆に、将来の優良客予備軍になるような新規客を開拓し、育成することで顧客ポートフォリオを最適化することも必要である。

　あるいは要求が厳しく、価格交渉をする常連客に比べて、一見客は交渉の手間がかからない、などの理由から、むしろ収益性が高い顧客セグメントであることも少なくないこともある。そこで、カスタマーエクイティ（顧客自体が資産価値〈エクイティ〉をもつという発想で計算された顧客生涯価値）や顧客資産という考え方に基づいて、新規客と既存客のバランスをどう構成するか、顧客生涯価値を基準とした顧客ピラミッドをどう最適化するか、といった課題が生まれる[2]。自社に対して利益をもたらす顧客は、長いつきあいの常連客以外にも多様にあることを顧客データベースで裏付けるのがタイプⅣの顧客中心主義である。

　顧客がロイヤルティラダーをどれだけ登ったかを把握するために、顧客ID付きの購買履歴データが必要である。このデータからRFM（R：直近購入日、F：購買頻度、M：金額価値）やLTV（生涯価値）を計算して、購買基準によるセグメンテーションを行うといった手順でターゲティングを行う。すなわち、顧客を自社に利益をもたらす大きさなどでランク付けし、限られた資源をどの顧客ターゲットに向けるかの判断材料とする。

　たとえば、LTVを高めるために、購買履歴や検索・閲覧履歴などの行動データと個人属性をIDで紐付けた顧客データベースを活用して、プロモーションやレコメンデーション（おすすめ）を個人単位で最適化したパーソナライゼーションを行

う。

　ダイレクトマーケティングを行うオンライン専業の小売、金融、旅行、通信といった業態だけでなく、実在店舗を展開する小売やサービス業、製造企業までもがダイレクトで顧客関係を構築しようとしている。こうしたタイプⅣにおけるサービスエクセレンスは、個別化されたサービスやオファーをどれだけきめ細かく実行することができるかが課題である。

タイプⅤ　多様な顧客経験とエンゲージメントを巻き込む

　自社をお客様が儲けさせてくれるかどうかだけで見ることは、むしろ財務中心主義ではないかと思う人もいるだろう。デジタル経済が進むことで、こうした優良客の見方について、さらに発展的に考える必要が出てきた（Kumar,2019）。

　第1は、無料で使えるサービスも多くなり、対価を支払わずにサービスを利用する無料顧客の価値をどう評価するかである。日常生活で使用するSNSのユーザーは、そのほとんどが基本的に料金無料でSNSを使っており、一部を有償のプレミアムサービス課金でお金を支払うフリーミアムモデルで動いている。無料でサービスを利用する多数のユーザーと、それらに対して有料で広告配信する広告主を相手にするツーサードプラットフォーム型のビジネスモデルである。無償と有償の顧客で構成される顧客基盤では、どこに重心を置いた顧客中心主義を進めれば良いのかが焦点となる。

　第2に、情報を発信する人の影響力は、その発信者が優良客であるかどうかとは切り離して考える。一見客であっても、その人の影響力が強い投稿や発言によって、良い意味でも悪い意味でも情報が拡散し、新規客の獲得や評判の形成に影響するからである。それゆえ、中心とすべき顧客をLTVのランク付けだけで見極めるのには限界がある。

　そこでクチコミ、推奨、紹介を通して、周囲の不特定多数の人々にまで影響を与えるインフルエンサー、プロモーター、アンバサダーなどと呼ばれる顧客に脚光が集まる。クチコミ、推奨、紹介、苦情といったクチコミの連鎖のような消費者どうしのネットワークを通してどのような経済的価値を生み出すかを推定し、顧客が企業にもたらす価値として評価する仕組みが必要とされる。

　タイプⅤの顧客中心主義では、ブランドの価値観やアイデンティティに一致、ないしは共鳴する価値観をもった顧客かどうか、すなわち、顧客のエンゲージメントがカギとなる。エンゲージメントとは、顧客が企業にどれくらい深くかかわろうとしているかである。

　エンゲージメントは顧客の心理的な絆としてとらえることもできる一方、実際に顧客が企業とのかかわりをどのような行動で示しているかという観点からもとらえられる。一つは、SNSのアカウントをフォローする、いいね！ボタンを押す、投稿するといったいわゆるエンゲージメント指標で示される行動である。加えて、アンケートに回答することも、ブログに書き込むことも、イベントに参加することも、クチコミや推奨、さらにはあえて批判的なコメントを述べることも顧客が何らかのかたちで企業と関わろうとするエンゲージメント行動である。企業としては、品質やコストパフォーマンスを磨く一方、サービス経験を通して顧客が如何にエンゲージメントを高め、既存客の維持・育成と新規客の創造につなげるかが、タイプⅤの課題となる。

🌸 顧客中心主義の重心をどこにおくか？

　顧客中心主義をの5つのタイプでは、ターゲットとする顧客も、課題も、目指す目標や成果も違うが、現実的には、どの企業もいくつか、あるいは、すべての課題に直面している。問題は、これらの課題に直面した場合、どこに優先順位を置いて解決していくかである。

　第1は、最優先で解決すべきことは何か。多くの企業では、実現可能性の観点も加味して、短期的課題と中長期的課題で仕分けしている。優先順位が高いのは、タイプⅠに関わる、安全性をはじめとした最低条件のサービス品質や、緊急性が高い案件である。

　第2は、製品・サービスの改善活動において継続的に伸ばしていくことは何か（継続的改善）、そして戦略的に投資すべきことは何か（戦略的投資）である（第7章・8章）。この見極めを誤ると、本来はそれ以上強化しても効果が出にくいことなのに、継続的改善を続けてしまい、効果が出ないこともある。逆に、ある程度の投資リスクをかけて取り組まなければならない課題について、わずかの投資や日々の改善努力だけで乗り越えようとするのも効果が出にくいこともあるだろう。

　第3は、顧客ターゲティングにかかわる。顧客中心主義は、タイプⅠ、Ⅱでは不満客を主たるターゲットとするのに対して、タイプⅢからⅤでは既存客と新規客、さらには潜在客もカバーする可能性がある。ニーズが対立するような2つの顧客セグメントがあった場合、どちらに重心を置くかを企業は選択しなければならない（顧客選択）。一つは本部で企画立案にかかわるマーケティング、営業企画、あるい

は経営層であり、もう一つは顧客にサービスを提供する現場担当である。組織的なルールが明確に定められていない限り、現場は「お客様を選んでサービスをする」という行為をとりにくい。それゆえ現場のオペレーションで守るべき組織のルールをどう設定するかは、本部が選択すべき意思決定の課題でもある。

第4は、追求すべき顧客中心主義のタイプにおいて、必要となる顧客データは何かである。苦情の氷山に限らず顧客の声の収集は、ポジティブであれネガティブであれ "声の大きい少数派"（Noisy Minority）のサンプルに偏る傾向にある。逆に、"静かな大衆"（Silent Majority）から困りごとや言葉にできない潜在的不満が引き出す可能性をどう見出すか。顧客からのフィードバックを企業がどう収集する体制を作るかが問われる。さらにタイプⅣやⅤにおいては、企業が収集したデータと、購買や利用の行動履歴データをどの程度のカバー率でIDをつなげることができるかがカギとなる（第4章）。

3. CSIと市場シェアは関係あるか

顧客中心主義をどの程度、実現できているかを反映するCSIは、市場シェアや企業業績にはどのような関係があるのだろうか。この問いについて、当然関係があるという人もいれば、それほど単純ではない（関係がない）という人もいるだろう。懐疑的な意見は次のような主張に基づいている。すなわち、顧客満足を高めるために、企業は製品・サービスの改善活動、新しい機能に追加的なコストを費やすため、顧客満足が高くなっても生産性が低下し、収益を圧迫しかない、というものである。

以降では、CSIと市場シェアにはどのような関係があるか、そして、CSIと業績の推移にはどのような関連が見られるか、日本のいくつかの業界や企業について、JCSIデータを用いて考察する。

市場のジンクスと戦略

市場シェアが高いのは、その会社が提供する製品・サービスをより多くの人々が支持している証であり、顧客満足度も高いはずと考える人は少なくない。しかし、

CSIデータを見ると、それとは反する傾向が見られ、市場シェアと顧客満足度にはトレードオフの関係がある[3]。こうした知見は米国ACSIでも指摘されているが、JCSI調査によって日本でも同じ現象が存在することが明らかになっている。JCSIの10年間の調査結果を見るかぎり日本のサービス産業においても、CSIと市場シェアの間には、業種による強弱はあるが、おおむね負の相関関係が見られる。なぜそのような現象が起こるのか[4]。

新しい市場カテゴリーの台頭

　サービスを提供する企業が成長する場合、店舗や拠点の数を増やす、ネットワークを拡充する、標的顧客セグメントを広げる、地理的な市場拡大を図る、といった市場戦略がとられる。結果的に市場シェアが広がると、多様な価値観やニーズをもった顧客を取り込むことになるが、これが負の関係が生じる原因となる。たとえば、宿泊に特化したビジネスホテル各社は低価格で全国展開を図り、しのぎを削っている。低価格でありながら高評価が得られると、それまで男性の出張ビジネスパーソンが中心であったところに、観光旅行客や女性客がやってくるようになる。すると、簡素なサービスを訴求していたはずが、それらの新規客のニーズに対応すべきかという、課題に直面する。

　同じブランドで同じサービスを行いながら、多様な顧客セグメントを取り込もうとすると、自社のサービスに満足しない顧客も現れ、それが顧客満足度を低下させることになってしまう。これは成長企業が直面するジレンマである。市場シェアが高い企業は、市場シェアが低い企業よりもCSが低くなる、という逆転現象はこのようなかたちで発生する。図表1−5には、2017年度における2つの業界の市場シェア（縦軸）と顧客満足度（横軸）によって、各業界の主要企業をプロットしている。

　携帯電話市場は、JCSI調査対象としている約30業種の中で、2009年の調査開始以来、業界全体としてCSIが最も低かった。通信サービス品質が良くない、料金が高い、という理由だけではその現実を説明しきれない。先の説明にしたがえば、大手3社が市場の大半を占め、1社あたり数千万単位の顧客を抱えている寡占市場では、ユーザーに与えられた選択肢は3社のどれかに限られるため、不満をもつ人々が多く存在した、ということになる。

　機能が限られて通信スピードが多少遅くても、料金を安く抑えたいと思っているユーザーにとっては、高機能・高付加価値のサービスは過剰品質であり、自分のニーズに合っていないということになる。いわゆる格安携帯と呼ばれる3社は、

図表1-5 顧客満足度(CSI)と市場シェアの関係(1)

■ 携帯電話 (2017)

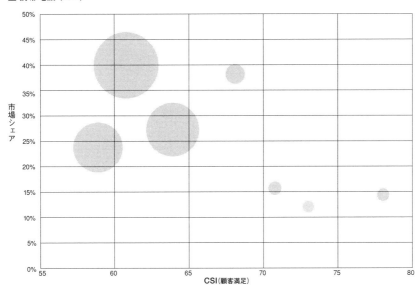

■国内線航空 (2017)

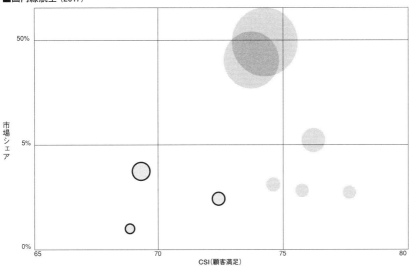

注1：携帯電話市場に関して、縦軸の市場シェアは、契約件数（2017年12月時点）のシェア、横軸の顧客満足度（JCSI2017年）は100点満点、円の大きさは契約件数を表す。契約件数は、各社公開情報を使用。

注2：国内線航空に関して、縦軸の市場シェアは、輸送収入のシェアを対数変換して表記、横軸の顧客満足度（JCSI2017年）は100点満点、円の大きさは輸送収入を表す（単位：百万円）。輸送収入は国土交通省「平成29年度国内輸送実績：特定本邦航空運送事業者に係る情報」を使用。

右下に位置しているが、これら3社は市場シェアは低いが、顧客満足度が高く、そうしたサービス水準は限られているが料金を低く抑えたいという需要を満たしている。

2017年のJCSI調査では、携帯電話業界のCSIは、銀行や証券を超えて向上した。大手3社の取り組みが実を結んだ結果、評価が上がったという見方もできるが、格安携帯の参入によって、消費者の選択肢が増えたことが市場全体として良い方向に働いた、と考えられる。つまり、格安携帯というサブカテゴリー市場が確立したことによって、市場全体のCSIが上昇したのである。これは大手3社で市場の大半をカバーするよりも、低価格市場向けのキャリアが棲み分ける方が、市場全体にとってはニーズにあったサービスが提供されることを示唆している。

しかし、新規参入業者が常に既存業者よりも、高いCSIを得ているとは限らない。図表1-5の下の散布図は国内旅客航空である。左下の点線枠で囲まれた3つはLCC（ローコストキャリア）である。格安航空会社と称される低料金と限定的なサービスで知られるLCCは、日本国内では2012年からはじまった。LCCは、日本航空や全日空といったフルサービスキャリア（複数の座席クラスを提供し、機内食、飲料などのサービスを運賃に含めてある航空会社）とは異なる業態である。

図表1-5にあるように、LCCとフルサービスキャリアのCSIは違う領域で棲み分けられ、顧客層や用途も違う独立したサブカテゴリーとみなすほうが適切と考えられる。

LCCに対して、10年連続国内線の顧客満足度1位のスターフライヤーをはじめとした新興航空会社をみると、市場シェアはLCCと同水準である一方、CSIは10ポイントほど高く、大手2社と同水準かそれ以上である。2000年代に市場参入したスカイマーク、エア・ドゥ、スターフライヤー、ソラシドエア（旧スカイネットアジア）は東京や大阪といった大都市と、北海道や九州といった地方都市を結ぶ路線に就航している。路線数が限られているため市場シェアは小さいがCSIは高い、という経験則は国内旅客航空にほぼ当てはまる。

🔵 なぜ市場シェアとCSIは連動しないのか？

市場シェアとCSIは、正ではなく、負の関係にある。小売企業やサービス企業が出店地域を増やして多店舗展開をはかると、売上高は拡大するが顧客満足度は低下する。もちろん、こうした市場のジンクスには例外もあるが総じて、しかし、

顧客満足度と市場シェアが両立するのは稀である[5]。なぜなのか。

第1に、先述したように、顧客ニーズの異質性という需要サイドの問題がある。市場シェアが大きいブランドは、幅広い顧客層を相手にしていることが多い。特定の地域だけで展開しているローカルチェーンとは異なり、全国チェーンのブランドは、東西南北、都市部から郊外まで多様な顧客ニーズに対応する必要がある。標準的なサービスとオペレーション体制は、スケールメリットを出すために必要である反面、多様な顧客ニーズとのズレが生じてしまうため、結果的に顧客の期待を満たせなくなってしまう。

第2に、供給サイドの問題として、品質管理が行き届かないことが挙げられる。たとえば、外食企業が出店地域を広げて店舗数を増やし、地理的な市場拡大を図るとき、この問題は顕在化する。店舗間でのサービスや品質のバラツキが発生すると、顧客のサービス品質評価が低下し、失望させる可能性が出てくる。とくに、労働集約性が強いサービスは、こうした成長戦略のジレンマを抱えやすい[6]。

こうした需要サイドと供給サイドの問題が相まって、市場は拡大するが、顧客満足が低下するジレンマに直面するのである。それゆえ本部が標準フォーマットを作成し、新市場へとチェーンオペレーションで展開していく業態のCSIは、品質のバラツキが大きくなっていないかを診断することがポイントとなるだろう。

🔵 ダイレクトの強み

先述したように、顧客満足度が高い業態として通信販売やオンラインといったダイレクトの業態がある。通販にはネット、カタログ、テレビ、それらを併用した通販が含まれる他、リアル店舗とオンラインサイトを併用しているものある。さらに銀行、保険、証券、旅行もオンライン専門業者のほうが満足度は高い。このようなダイレクト専業のCSIが高いのはなぜだろうか。

一つは、価格の安さが挙げられる。確かに、多くのオンラインショッピングサイトは、中間マージンや店舗運営コストが省かれることで実現する価格の安さを訴求する。オンライン証券は手数料の安さ、旅行サイトは客室料の安さで、競争している。価格の安さはコストパフォーマンスを原動力として顧客満足を駆動する。

もう一つは、顧客とダイレクトにつながる通信販売は、「その通販業者から買いたい」と思う人が主要な顧客である。それに対してリアル店舗は、「その店だから

利用する」という人以外に、「近所にあるから利用する」という、打算的な理由で
訪れる人もいる。その店のコンセプトや品揃えにあったニーズではない顧客が増
えるということは、カバーする顧客ニーズの裾野が広くなり、ニーズが満たされ
ない顧客も増えるため、結果的に、満足度が高い人から低い人までバラツキが大
きくなる。リアル店舗に対するCSIが、オンライン販売に比べて相対的に低くな
りやすいのは、そうしたメカニズムが働くからである。

　それに対して、カタログ通販やオンラインショッピングサイトを利用する人は、
そこでモノを買う目的がなければ、サイトを訪れることも、商品を購入すること
も少ない。逆にいえば、あえてそこで購入する目的や理由を見出した人を中心と
して主要な客層がつくられる。結果的に、市場規模は限られるかもしれないが、
顧客ニーズとのズレが小さい、CSIが高いブランドになると考えられるのでる。

ジンクスを破り、飛び抜ける戦略

　サービス分野において、確立したオペレーションとブランドを武器にした多店
舗展開は、市場シェアを拡大するための常套手段である。それは飲食店やホテル
のように直営店とフランチャイズ店を次々と展開し、全国市場へと広げるやり方
である。

　図表1−6では、小売業態の市場シェアとCSIの関係の例として、家電量販店と
ドラッグストアを示している。どちらの小売業態も近年、M&Aなどを通した業界
再編が行われている。近年、コンビニエンスストアに迫る勢いの成長著しいドラッ
グストアは、業界再編によって全国規模での競争が行われている。

　ドラッグストア市場の散布図でも、左上から右肩下がりで企業・ブランドが列
島をなすように連なっている。しかし、右上の領域に、市場シェアも顧客満足も
高い企業がある。これはドラッグストア業界で8年連続顧客満足度1位のコスモス
薬品である。九州を中心にディスカウントドラッグコスモスを展開する同社は、
人口1万人程度の小規模都市に出店し、ローコストオペレーションと医薬品や化粧
品以外の食品分野の品揃えを強化することで、高いCSIと市場シェアを両立して
いる。

　一方、家電量販において左上から右下へ並んでいる中で、一つだけ右上に飛び
出ているのはヨドバシカメラである。東京、大阪、名古屋、京都などターミナル
駅近くに大型店舗を構えるヨドバシカメラは、豊富な品揃えと商品知識豊かな販
売スタッフの接客で都市部の顧客を中心に高い評価を得ている。同社のオンライ
ンサイトでは実在店舗での在庫情報が表示され、いつまでに商品を受け取れるか

図表1-6　顧客満足度（CSI）と市場シェアの関係（2）
■ 家電量販店（2016）

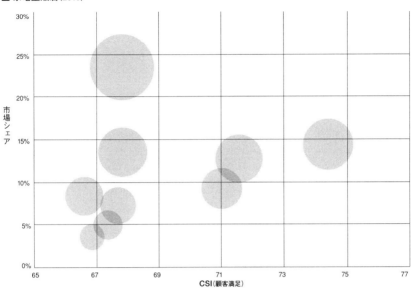

■ドラッグストア（2017）

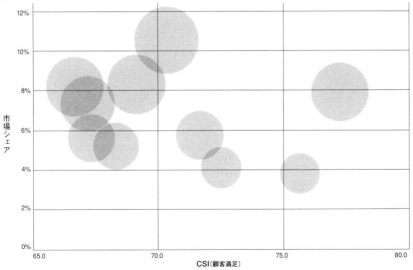

注1：縦軸は、売上高基準の市場シェア、横軸の顧客満足度は100点満点、円の大きさは売上高規模を表す。
注2：売上高はEUROMONITORのデータベースから、顧客満足度はJCSI調査から、それぞれ家電量販店は2016年、ドラッグストアは2017年を用いた。

といったオンラインとオフラインの情報を統合し、迅速な配送体制を含めたトータルの顧客サービスに活かされている。

　図表1 - 5と1 - 6では、列島のように連なる形が、市場のジンクスを物語っている。だが、そのジンクスに当てはまらないのが右上と左下に飛び出た企業である。図表1 - 6において左下の領域は、市場シェアもCSIも低い二重苦のブランドであり、利益を獲得するための双発エンジンが劣位にある。

　LCCのように、サービスや料金も異なるサブカテゴリー市場が確立されないかぎり、左下の領域で生き残るのは困難と予想される。それに対して右上の領域は、顧客にとってユニークなポジションである。ここに布置される両社とも利益率が高く、ライバルが容易に模倣しにくい競争優位にある。これらは市場のジンクスから外れた類い稀な存在である。小商圏だけに集中出店してサービスを限定的に行い、ローコストオペレーションに徹しながら、薬品・化粧品以外の品揃えを拡充するコスモス薬品は、独自の戦略を展開している、と見ることができる。

4. CSIと業績は連動するか

　顧客中心主義に基づいた経営を行えば、自ずと企業業績に結果がついてくるはずである。しかし、市場シェアとCSIのジレンマに見られるように、それほど話は単純ではない。このことから推察すると、顧客が満足すれば、リピーターが増え、業績が高くなるという利益連鎖は、楽観的かもしれない。

　以降ではこの問題を業績とCSIとの間にどのような関連性があるのかを業績の低迷と回復という、いわゆるV字回復に成功した企業のケーススタディを通して考える。

業績 V字回復と CSIの関係性

　最初に取り上げるのは、客数や売上高といった業績の変化が絶えず起き、新規参入と退出が活発な飲食市場である。メニューの品揃えが広いファミリーレストランのような総合型から特定のメニューに特化した専門型まで幅広い多数乱戦市場であり、しかも朝食、昼食、夕食といった各時間帯においても、飲食業にとどまらずコンビニエンスストアのような小売業も含めた異業種・異業態間の競争が

激しい。

　飲食店はセルフサービス方式のファストフードと、フルサービスに近いレストランタイプに分けられる。2009年以降の10年間で業績の低下と回復を果たした外食チェーンとして最も有名なのは、日本マクドナルドである。同社はフードサービス市場だけでなく、多数の店舗や拠点を全国に展開するセルフサービス方式の典型である。

　業績を表す指標として、ここでは既存店の客数と売上高の対前年比を示している。これら2つに客単価を加えた3つの指標は、フードサービス各社が公表している数字である。新規出店による純増の売上高が加わると、CSIの測定対象である既存店の業績との関連だけを見るうえで誤差が生じてしまうため、全店ではなく既存店の売上高と客数を業績として用いる。

　ファストフードは購買頻度が高く、来店間隔が短いことから、CSの変化が業績に反映するサイクルも早く、業績の変化までのタイムラグが小さい、と考えられる。

　日本マクドナルドは、2013年後半頃から業績が低下しはじめ、2015年には既存店対前年同月比の業績だけでなく、全店舗の業績が悪化した[7]。2015年以降の経営改革は、経営不振店を閉めるなど抜本的なものであった。新商品導入とそれにともなう積極的なプロモーションなどによって、売上高をはじめとした業績は2016年以降、V字を描いて回復した。図表1－7にあるように、業績が悪化した既存店が閉鎖されたことも寄与して、対前年同月比の業績は急速に上向いた。同社と各店舗の経営努力に加えて、優良店だけが厳選されたことによる効果も見逃せない。

　CSIに関しては、顧客満足度とロイヤルティがともに業績と並行してV字を描いて回復した。CSIは年1回の調査であり、全店を集計した指標であるため、個店別、月別といった短期的な業績推移を説明することはできない。しかし、年度単位もしくは2年移動平均でその推移を見ていくと、CSIと業績の推移に強い相関があることがわかる。つまり、CSIが低下しはじめると、既存店の業績は上昇しにくく、逆に、CSIが上昇しはじめると業績が上向く兆候の一つと見ることができる。

🟣 業績バロメータとしての CSI

　飲食業や小売業では、一つのビジネスフォーマットをパッケージ化して、多数の店舗や拠点に"コピー＆ペースト"する成長方式が採用される。本部を中心と

図表1-7　ファストフードのCSIと業績推移

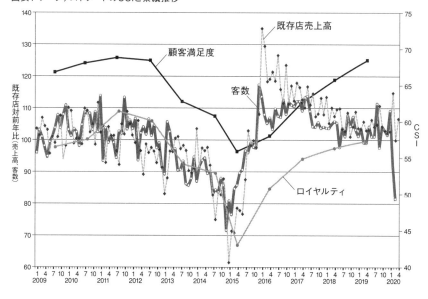

したチェーンオペレーションを行いつつ、各拠点で適切にサービスと顧客戦略を実施することがカギとなる。

　それに対して航空や鉄道は、機材・車両、駅や線路、整備工場など莫大な設備投資を行い、ネットワーク全体の稼働率をいかに高めるか、ネットワーク全体で顧客に提供するサービス品質を管理し、いかに顧客に優れた価値を提供するかがカギとなる。

　大手2社の寡占市場である国内線航空市場では、2000年代後半の新興航空会社の新規参入、2011年の日本航空の経営破綻、2012年からのローコストキャリア（LCC）の新規参入といった大きな出来事があった。2015年には、国内3位の搭乗客数が利用していたスカイマークが経営破綻し、ANAホールディングスの出資を仰いで経営再建を行なった。さらに2020年、新型コロナウイルスの世界的な感染拡大にともない東京オリンピックが延期され、国際線・国内線ともに、航空各社は突然の歴史的な苦境に陥った。

　ここでは日本航空のケースで、経営破綻後の経営再建により、業績V字回復した軌跡をCSIと重ね合わせて見てみよう。図表1－8では、有償座席搭乗率（L/F：ロードファクター）と呼ばれる座席稼働率を業績指標として、日本航空（JAL）の国際

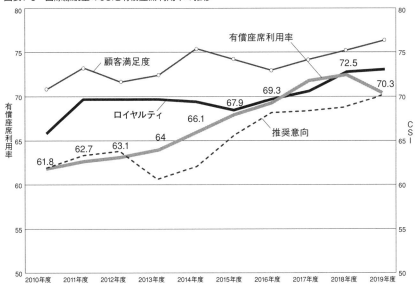

図表1-8　国際線航空のCSIと有償座席利用率の推移

線における L/F、CSI3指標の推移を示している。

　航空各社の業績指標を L/Fとしているのは、次の理由からである。政治・経済の情勢、為替や石油価格の変化といった外部環境の変化が、航空会社の売上高や営業利益に影響を与えやすい。各社は需要予測を基にして座席数や価格をコントロールする一方、有償提供する座席数のキャパシティをコントロールして、需給調整を行なっている。それゆえ予測に基づいて提供された座席数がどれくらい稼働したかで業績を見ているのである。

　また、ここでは10年間分の L/F と CSIの指標を単年度ではなく、2年間移動平均で示すことで、トレンドを見やすくしている。これはファストフードや小売と異なり利用頻度が低く、需要のサイクルが比較的長いことを考慮している。図表1－8で CSIは顧客満足度、ロイヤルティ、推奨意向の3指標を示した。日本航空は経営再建に際して、不採算路線を廃止した。不採算の資産がなくなることで、さしあたり顧客満足とは関係なく、稼働率が上がったとも解釈できる[8]。

集客力は高いのになぜ満足度が低下する？

　図表1－9は、首都圏のテーマパークにおける年度単位の来場者数と CSIの推移

を示している。2012〜2014年度にかけて入場者数が急増し、年間3000万人を超えたが、それをピークにそれ以降は緩やかに低下した。グラフからわかるように、この間、2013年を境に早くも顧客満足度、ロイヤルティ、推奨意向のスコアは、来場者数に先立って低下している。

　単年および2年間移動平均で見て、来場者数と最も強い関連性が見られたのは顧客満足度ではなく、推奨意向である。さらに興味深いことに、JCSI6指標のうち、過去の顧客経験を表す知覚品質、知覚価値、顧客満足といった指標は、来場者数と負の相関関係にあるが、将来の行動意図を表す推奨意向は正の関係にある。来場者数が多いと園内が混雑し、アトラクション、レストラン、トイレの待ち時間、接客の品質に影響するため顧客経験は悪化する一方、将来の行動意図は高い、という傾向が見られたのである。なぜ、このような関係が見られるのだろうか。

　第1に、収容人数のキャパシティに制約があるテーマパークでは、しばしば入場制限がかけられ、客数が増加しすぎるとパーク内での安全性、待ち時間、サービス、顧客経験に好ましくない影響を与えかねない。入場制限がかかっていなくても、客数が一定の数を超えると、顧客経験についての評価は低下するため、来場者数と顧客満足度は負の関係を示すと考えられる。

　第2に、顧客満足度、推奨意向、ロイヤルティは並行して推移していない。図表1−9にあるように、来客数が急上昇しはじめた2011〜2014年にかけて3つの指標が揃って上昇し、天井を打ったのも2013年であるが、他の2つに先立って、再び上昇しはじめるのは推奨意向である。

　業績が低下している企業の多くは新製品・サービスの導入やキャンペーン・プロモーションなど何らかのテコ入れ策を図る。満足度がそれに反応するのには一定の時間がかかるのに対して、誰かに話したくなるような話題づくりや新しさは、推奨意向に反応しやすいのではないかと推測できる。

　第3に、来場者数と負の関係を示すなら、業績を予測するバロメータとしてCSIの6指標のうちどの指標を使えばよいだろうか。このテーマパークの場合、業績回復に先行して推奨意向が一足早く上昇しはじめたことから結果的に同社の推奨意向は業績回復の予兆となっていたことになる。

　しかし、同じように推奨意向が上昇したにもかかわらず、業績がなかなか回復しない企業もある。推奨意向やNPS（正味推奨者比率）は、顧客が経験したサービスについての冷静な全体的評価というよりは、話題性や目新しさに影響されやすい面もある。それゆえ推奨意向は業績向上を狙ったプロモーション施策に反応しやすいが、客数や売上高といった将来の業績に結びつくかどうかは、別の問題で

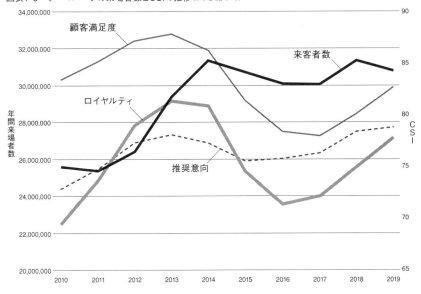

図表1-9　テーマパークの来場者数とCSIの推移（2年移動平均）

ある。人々の目に触れ、話題を呼びさえすれば業績が上向くとは限らないのである。

CSIと負の関係にある業績

　航空会社やホテル、テーマパークなどのようにキャパシティが限られているサービスの場合、利用客が増えることによってCSIが伸び悩むことがある。一見すると、負の関係にあるのは不思議に思えるかもしれない。なぜそのようなことが起きるのだろうか。

　利用客が増えすぎると、予約が取りにくくなったり、混雑したりする。顧客数や稼働率が上がると、混雑して利用しにくくなり、業務が忙しくなるためサービス品質が低下しやすくなるのである。顧客数が増えることによって、サービス品質や顧客満足度が低下する逆転現象は珍しいことではなく、経営者や現場マネジャーが常に注視しておかなければならないことである。業績が回復していく過程において、業績が一定水準を超えてくるとこのようなジレンマに直面するリスクがある。

　しかし、サービス品質や満足度の評価は低くとも、ロイヤルティや推奨意向といった将来の行動意図は違った働きをする。それゆえ、あらゆる可能性を視野に

入れて、複数の指標をダッシュボードに並べて追跡する必要がある。CSIは、これらの指標を単独で測定するだけでなく、6つの主要指標で捉え、それらどうしの関連性を読み解く因果モデルとして構築されているのである。

🖐 CSIは業績の予兆か？ 結果か？

　CSIと業績が連動することは、ACSIデータを用いた先行研究で指摘されてきた。業績には売上高、株式価格、トービンq（投資理論で、株式総額を企業の保有する資本ストックの総量を再投資する資本財価格で割った指標）、企業価値といった財務指標、顧客数、顧客維持率、顧客離脱率／チャーンといったマーケティング指標が用いられ、単年、2年ないし3年間の移動平均や伸び率で検証が行われる。このような研究上の関心だけでなく、実務的な関心についてもCSIは、業績を予測するバロメータになりうるのだろうか。

　先述したようにCSIの他にも業績バロメータの候補となりうる顧客フィードバック情報はいくつかあるが、どれを用いれば良いかについて決定的な証拠や一般的な結論があるわけではない。控えめに言えば、業績を予測する絶対的な指標はない、ということだけは明らかになっている。そのためJCSIでは顧客満足度をはじめ6つの指標をセットにしたダッシュボート的な顧客満足診断システムとして構築しているのである。

CSIとは何か

　本章では、CSIとは何か、についてコンセプト、背景となる顧客中心主義の理念と課題、市場シェアや業績推移といった他の指標との関連性という3つの観点から解説した。それぞれのポイントを振り返ると以下の通りである。

① CSIはブランド調査とも、従来型のCS調査とも違う指標であり、独自のコンセプトと方法論に基づいた測定・診断システムである。

　ブランド調査は潜在客から既存客に至るまであらゆる顧客層を対象にしているのに対して、CSIや従来型のCS調査は既存客をベースとしている。さらに、1回ごとの購買・利用経験を問う取引特定的満足とは異なり、一定期間内の累積的満足をとらえるCSIは、ロイヤルティや推奨意向も含めた多次元の指標である。

　CSIは業種・業態横断的かつ継続的に調査を行うことで相対的位置付けを示し、それによって市場全体のトレンドと個別企業のトレンドに分解して、サービスエクセレンスの変化をとらえることができる。

②組織における顧客中心主義が、どれくらい顧客に理解と共感を得ているかを定量的に反映した指標がCSIである。

　顧客中心主義にはいくつかのマネジメントのタイプがあり、それぞれ異なったターゲット顧客と課題がある。不満客の解消、普通の満足から極端な満足と感動によるロイヤルカスタマーの創造という課題は、優良客を特定し、育成する顧客関係管理をさらに前進させたカスタマーエクイティを最適化する問題へと進化した。さらに、直接的な収益には結びつかない顧客のエンゲージメント行動を踏まえた顧客中心主義へと進化している。

③顧客の心理状態を反映したCSIは、市場シェアや業績指標といった市場ないし企業の客観的指標と何らかの関連性が見られる。

　CSIを単独の指標としてだけでなく、他の指標との関連性のパターンを特定し、予測できるようになれば、経営指標としての活用領域が広がる。ただし、単に統計的なパターンとして特定するだけでなく、なぜ、そのような関連性が生じるのかを理論的に理解することで、自社のビジネスとのかかわりと意味を知ることになるだろう。

　これを踏まえて日本のサービス企業が顧客からどのように評価されているかを

CSI を用いて読み解くと、次のようなことが見出された。

① CSIでサービス産業を業種・業態間で比較すると、業種平均の水準だけでなく、業界内でのバラツキの大きさが違う。

顧客からすると大手のサービス企業ならば、ほぼ同じだけの満足度を得られる業種と、どのブランドを選ぶかによって満足度に違いがある業種がある。

② CSI（顧客満足度）と市場シェアは、負の相関関係にある。

市場シェアが高い企業・ブランドは、さまざまなニーズをもった幅広い顧客層を対象にしている可能性が高い。すると、対象とする顧客層すべてを満足させることがむずかしくなるため市場シェアと CSI が負の関係になる。

日本のサービス市場においては、市場シェアはそれほど高くないオンラインチャネルや特定のサービスに特化した企業の CSI が高い。

③ CSIと企業業績の間には、時系列推移において連動する関係が見られる。

CSIの変化は、業績推移の先行指標になる可能性がある。業績の向上や低下に先立ち、顧客満足度、ロイヤルティ、推奨意向のいずれか、もしくはすべてに有意な関係が見られる。

しかし、先行指標としてどれが優れているかは業種や企業にとって異なるため見極めが必要である。経営者やマネジャーにとって、自社のサービスと顧客基盤の状態を診断し、将来に向けた施策を構築するための情報源の一つとして CSIの意義がある。

本書の第Ⅰ部では、日本で開発された CSI（顧客満足度指数）—— JCSIのコンセプトと方法論 —— についてくわしく説明する。技術的な方法論だけでなく、その理論的背景については第3章で、顧客フィードバック情報の体系として CSIをどう位置付けたら良いかは第4章で取り上げる。

1. TARP(1979), Consumer Complaint Handling in America : Final Report, Washington DC:The Office of Consumer Affairs. TARP(1986), Consumer Complaint Handling in America:An Update Study, Part Ⅱ, Washington DC:TARP and US Office of Consumer Affairs.

2. カスタマーエクイティの概念、測定手法、マネジメントに関しては、Blattberg and Deighton (2000)、Blattberg et al(2001)、Rust, Zeithaml, and Lemon(2000)、Gupta and Lehman(2005)を参照。

3. Anderson, Eugene W., Claes Fornell, and Roland T. Rust(1997)

4. この関連性を確かめるために用いるデータセットは、JCSI調査対象であり、なおかつ売上高などの財務情報がデータベースから取得できるブランドのデータで構成される。実際のところ、この条件を満たすデータを揃えるのは意外と厳しい。複数のブランドを傘下に置く企業に関しては、分析に必要なセグメント情報を揃えることができない。結果的に、JCSI調査対象業種の全ブランドを網羅することはデータの制約から不可能である。それに対して米国のACSIは企業単位でCSIを集計しているため、財務情報と対応したデータセットを作りやすい。市場シェアの算出は以下のデータを用いている。携帯電話は、契約件数(2017年12月時点)で市場シェアを算出した(各社公開情報を使用)。国内旅客航空は、輸送収入で市場シェアを算出した(単位:百万円、輸送収入は国土交通省「平成29年度国内輸送実績:特定本邦航空運送事業者に係る情報」を使用。グラフでは市場シェアを対数変換している)。家電量販店とドラッグストアの売上高は、EUROMONITORのデータベースを用いた。顧客満足度は、JCSI調査の2016年度もしくは2017年度のデータを用いた。図1の散布図において、縦軸は売上高基準の市場シェア、横軸は顧客満足度(JCSI2017年)を100点満点方式で、そして、円の大きさは売上高規模を表している。

5. Mittal, et al. (2005).

6. Sasser et al. (1978)は、この経営現象をバミューダトライアングルになぞられている。北アメリカ大陸の南東海洋にあるバミューダ諸島付近には、航空機が原因不明の遭難事故に遭遇する魔の三角地帯があり、バミューダトライアングルと呼ばれている。成長軌道にあるサービス企業が多店舗展開を進めていく過程で、オペレーション効率や顧客満足が低下するなどの事態に見舞われ、成長が鈍化し、大きな負債を抱えるリスクがある。このジレンマをいかに克服するかが、成長戦略のうえで重要な経営課題であることは、サービスマネジメントにおけるバミューダトライアングルということになる。

7. 有識者やメディアによって指摘されたことを要約すると、3つに分けられる。詳細は小川(2015)を参照されたい。①消費者の信頼を失墜させる事件が発生し、事態の回復が遅れたことが業績悪化を招いた。②同社の経営方針と改革に関するもの。直営店とフランチャイズ店の構成比が約5年間で逆転し、フランチャイズ中心となった。24時間営業、モバイルクーポンやレジの待ち時間の短縮化をはじめとしたスピード重視の店舗オペレーションなどの施策は、短期的には資産回転率を高めたが、スタッフの過重労働や離職率に悪影響をおよぼし、中長期的にみてサービス品質の低下を招いた。日本市場におけるオリジナル商品の投入が減った。③ファストフード市場全体を取り巻く長期的な市場環境、特に食に対する健康志向、安全志向、本物志向などといった嗜好の変化はファストフードには逆風となった。

8. CSIとL/Fの関連性を日本航空以外の国内航空会社における3年間移動平均の相関係数で表すと、顧客満足度は0.7〜0.9、ロイヤルティは0.6〜0.8、0.6〜0.9である(ANAの国際線、国内線のエアドゥは相関が弱い)。

第2章
CHAPTER 2

JCSI（日本版顧客満足度指数）とは何か

顧客経験（CX）を可視化する
業種・業態横断の診断システム

1. JCSIのコンセプト

　CS（顧客満足度）調査は、自社の商品・サービスの利用経験がある人々を対象にしたサーベイデータ（調査）を収集し、商品・サービスが顧客にどう評価されているかを把握するものである。CS調査の多くは、来店客や会員向けに実施される。それに対してCSI（顧客満足度指数）は、独自のコンセプトに基づいた方法論であり、従来のCS調査とは似て非なるものである。

　JCSIは経済産業省の委託事業として、産学官で構成されるSPRING（サービス産業生産性協議会）の開発委員会が、2007年から2年間をかけて米国ACSIをベースにして（Fornell et al.,1996）、開発が行われ、2009年度から調査、結果公表、そして活用が行われている（補論「CSIの発展とJCSIの開発経緯」を参照）。

　日本のサービス産業の生産性を高め、発展を目指すには、コスト削減や効率化といった量的な側面だけでなく、サービスの質的側面が担保されなければならない。この大命題のもと、顧客視点で質的側面を数値化し、産業の発展を支援する目的で開発・運営されているのがJCSI（Japanese Customer Satisfaction Index／日本版顧客満足度指数）である（南・小川 2010）。CSIは単年度の結果をみるだけでなく、同じ指標、同じ方法で調査し続けることにも意義がある。実際、本格導入して以来、11年にわたって調査を継続したことによって、初めて見えてきたことも多い。本章では、3つの柱からなる特徴と方法論を詳しく解説する。

①累積的な顧客満足度を測る

　JCSIは文字通り顧客満足を中核としているが、顧客満足度だけでサービスエクセレンスを診断するものではない。調査回答者にはサービスに満足したかどうかに加えて、なぜ、満足・不満足が高い（低い）のかを説明する原因と、それがどのような結果をもたらすかを推測し、説明するための構成概念を含めて設計されている。この診断システムによって、顧客満足の原因と結果を含めたメカニズムを構造的に把握するのが、第1の特徴である。

　顧客満足は取引特定的満足と累積的満足に分けられる（図表2-1）。一般的に従来型のCS調査における顧客満足は、前者を想定していることが多く、1回ごとの購買経験についての事後評価として満足度を測定する質問項目である。たとえば、ホテルや飲食店で行われるお客様アンケート（CS調査）は、「今回のご利用に満足したかどうか」を尋ねる取引特定的満足（Transaction Specific Satisfaction）の質問項目が使われることが多い。この取引特定的満足は、利用した直後に、モバイ

図表2-1 「満足」のとらえ方

	取引特定的満足	累積的満足
質問	今回ご利用になったXYZについて、あなたはどの程度、満足しましたか？	これまでのXYZの利用経験を振り返って、あなたはどの程度満足していますか？
特徴	満足／不満足は短期的で、持続しない。直近の利用経験における感動、怒り、驚き、予想外の体験の影響を受ける。	満足／不満足の状態は持続する。過去の経験が評価の拠りどころになる。
用途	再購入意図 行動との関係を予測する 時間、場所、商品を特定した診断 サービス、価格、チャネル、取引条件などの改善	再利用、継続 更新、推奨など将来の行動意図 行動指標との関連性 企業業績との関連性

ルアドレスへのメール、手配りのハガキやQRコードから読み取る形式のアンケート調査で測定する。それによって利用直後の記憶が鮮明なうちに特定の日や時間帯でのサービス経験について、満足度とそれに関連するサービス品質評価を測定できる点に特徴がある。また、それは時間、場所、商品・サービスを特定してピンポイントで、いつ、どこで、何が高く評価されているか、あるいは何に問題があるかを品質診断するのに優れている。たとえば、天気が悪い週末にレストランA店を訪れた3人連れの家族客は、何に満足し、何に不満を感じたか、平日と比べて違いがあるか、といった具体的な診断情報を得ることができる。

それに対して、後者の累積的満足（Cumulative Satisfaction）は過去数カ月から1年といった、より長い期間での当該ブランドの経験を踏まえた満足度を測定するものである。CSIでは累積的満足を用いており、「過去○○カ月の利用経験を振り返って、どの程度満足していますか」などの3つの質問項目で、複数の利用経験を踏まえて現在、どの程度満足しているかを測定する。

2010年度のJCSI調査で収集したサンプルで取引特定的満足と累積的満足の相関係数を計算したところ、おおむね正の相関が見られた（r=.64〜.78）。しかし、業種によって相関は異なり、ドラッグストアやエンターテインメントは相関がや

や低く、証券、フィットネス、国際線航空は高い。2つの顧客満足度は似ているように見えるが、概念的な違いだけでなく、実際に測定したスコアにも違いが出るのである。こうした違いを踏まえてCSIで累積的満足を用いる理由は、以下の通りである。

　　・短期的な顧客経験に影響する状況要因を取り除く。
　　・ロイヤルティを説明するための安定的な指標を作る。
　　・人の幸福や生活の質（QOL）に顧客経験がどう貢献しているかを反映させる。

　第1に、サービスの顧客経験には良い意味でも、悪い意味でも、さまざまな状況要因が影響する。天気、気温、曜日、時間帯、混雑状況などが状況要因の代表例である。たとえば、快晴の連休にテーマパークへ行き、アトラクションやレストランだけでなくトイレまで長く待つ羽目になった人の満足度は低くなるだろう。しかし、過去1年間に同じパークを訪れた経験を振り返ると、「非常に満足」ということもある。

　広島カープやソフトバンクホークスの観客は、全業種トップの宝塚歌劇や劇団四季に近いほど満足している一方、失望経験も比較的高い（失望経験については第8章を参照）。観戦した試合で贔屓のチームが負けた日はがっかりし、その日の取引特定的満足は低いだろう。しかし、最終的にリーグ優勝や日本シリーズ優勝をすれば1年間の累積的満足は高い、という結果になる。

　たまたま混雑した日にサービスが悪かった場合、取引特定的満足では低いスコアになる。それに対して、累積的満足はそれまでの経験を振り返って全体的に満足できるかどうかを測定しているため、サービスを利用した際に起こるあらゆる状況要因を含んだかたちで満足度をとらえるのである。それゆえ、CSIは状況要因を取り除いて、より安定したスコアとして測定するため業績指標と関連づけた分析には、異業種満足度の方が向いているのである。

　図表2-2は、取引特定的満足と累積的満足がどの時点で、どの顧客を反映しているかの違いを示している。来店客向けのCS調査は、×印がつけられたその時点で経験したサービスを評価する。さまざまな短期的な要因が働くため、良いときもあれば悪いときもある。それに対して累積的満足は、評価する現時点から過去を振り返り、そのブランドで経験したサービスを総合的に評価する。それゆえ点線は回答者が心の中で思い描いた"主観的な平均値"と考えられる。

　第2に、CSIはそれ自体のスコアの高さだけでなく、顧客のロイヤルティを説明

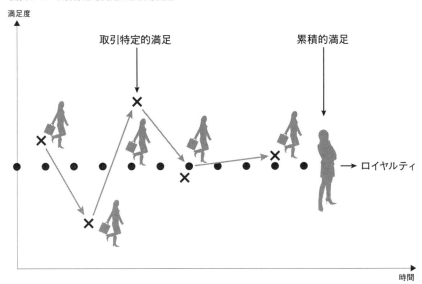

図表2-2　取引特定的満足と累積的満足

満足度

取引特定的満足

累積的満足

ロイヤルティ

時間

することを視野に入れている。JCSIデータを用いて、ロイヤルティを表す再購買意図との相関係数をみると、取引特定的満足よりも累積的満足（r=.66）の方が強い関係がある。取引特定的満足（r=.51）と再購買意図と相関は、エンタテインメント（r=.42）からフィットネス（r=.59）まで幅がある。また、前回の利用経験で満足したかどうかが再購買意図にどの程度、影響するかを分析すると、累積的満足よりも影響力は弱い。「顧客満足度では将来のロイヤルティを予測できない」という批判があるとすれば、それは取引特定的満足で測定した指標を指している可能性が高く、累積的満足のCSIとは別のものと考えたほうが良いだろう。

　第3に、JCSIの累積的満足を測定する3つの質問項目の一つには、「自分の生活を豊かにすることにそのブランドがどれくらい貢献したと思うか」を入れている。これは累積的満足の概念が経済心理学における消費者満足をルーツにしている点に関わる。人間の幸福感やQOL（生活の質：Quality of Life）の構成要素として、経済的幸福（well-being）がある。経済的幸福は、仕事、所得、そして消費の満足の3つを柱として概念化される。累積的満足は短期的な状況要因を取り除く一方、自分の人生、生活、価値観、なりたい自己イメージに照らして、そのブランドがどう貢献しているかを反映させているのである。

②業種・業態横断的に共通の満足度指標

　CSIの第2の特徴は、業種・業態横断比較である。企業が実施するCS調査は3つの視点で結果を比較する。図表2-3には、国内航空5社とテーマパーク、都市ホテル、ビジネスホテルの各企業・ブランドのCSI（顧客満足度）の箱ヒゲ図を示している。自社調査では、自社の顧客のみを対象としCS調査で経年変化を見るとともに、顧客セグメント別、地域別、拠点別、路線別などで社内比較を行う。同業他社比較は、業態が似ているAとBの競合比較、CやDのような中堅規模の航空会社、ローコストキャリアのEを含めて比較を行う。図表2-3では各企業・ブランドの顧客満足度を箱ヒゲ図で表している。

　箱ヒゲ図の第3四分位の上部をみると、どの企業も最高点100点をつけている人がいる。他方、最下部の第1四分位の下部の最低点がどこまで裾野が伸びているかに注目していただきたい。LCCやUSJの標準偏差は19点を超え、スコアが同業他社よりも相対的に低いのは、この長い裾野に入る評価をした顧客の不満をはじめとした評価のバラツキの大きさを反映している。

　このように業界横断比較が可能な共通指標を用いることで、業界単位で相対的に顧客がどの程度満足しているか。それぞれの業界のブランド間でどの程度、差があるかを把握できる。CSIのスコアは、満足度を測る3つの質問から因子得点を推定し、最小値を0、最大値を100とした指数として計算するがそれは次のことを意味している。

　「満足したか」を尋ねる10点満点の質問について、ある企業の直近5年間のスコアが7.0点で変わらなかったとする。ただし、それは素点に過ぎない。5年前は6.0点だったB社が同水準の7.0点に、7.0点だったC社が8.0点になったとする。この場合、7.0点で変化がないA社は、CSIスコアでは低下する。CSIは満足度を測る3つの質問項目を標準化した値から計算する。そのため、ライバルのBやCがグレードアップし、市場全体の満足度がレベルアップすると、A社のCSIは相対的に低下する。これは業界横断の共通指標でCSIを算出すると、同一業種内ないしは異業種も含めた相対的な位置がスコアで表示される、ということである。

🔵 CSIによるベンチマーキング

　業種・業態横断で比較することには、実務者から疑問の声が寄せられることもある。「異業種と比べられても意味がない」「同じ価格、似たようなジャンルの市

図表2-3　CSIによる業種内・異業種間比較（JCSI 2019年度）

	国内線航空					テーマパーク		都市ホテル		ビジネスホテル	
	A	B	C	D	E	F	G	H	I	J	K
CSI	76.4	75.0	80.1	81.6	72.3	81.9	75.9	79.3	82.6	78.5	81.0
標準偏差	17.3	16.8	16.8	15.8	19.6	18.0	19.4	16.6	15.6	15.7	14.3
標準誤差	1.0	0.9	0.9	0.9	1.1	1.0	1.1	0.9	0.9	0.9	0.8

場で比較しないと意味がない」「あの（上位の）ブランドは、ビジネスモデルが違うので、この業界に含めない方が良い」といったものである。経営業績やブランド・ランキングと同じように、CSIは顧客満足度を共通指標で比較することに意義がある。逆に、似たものどうしで比較するだけでは見えてこないことは何かを推察することが、自社内や業界内だけで考えていては見えにくい、気づきを得る機会になる。

　図表2-4の（a）小売系のグラフには、主要な小売業態における顧客満足度の業態平均の推移を示している。コンビニエンスストアに迫る勢いで市場が成長しているドラッグストア各社は、医薬品や化粧品といった従来型の主力商品に加えて、購買頻度が高い加工商品や日用雑貨の取り扱いを増やす動きをしている。消費者にとって加工食品や日用雑貨を購入する小売チャネルは、スーパーやコンビニのほか、商店街の中小小売店やディスカウントストアなどもある。ドラッグストアはその中に割って入り、来店頻度と顧客シェアを拡大し、顧客に寄り添った存在になろうとしている。

　さらに、リアル店舗に行かずにモバイルやパソコンで手軽に検索し、注文できるオンライン通販は、総じて高い満足度を維持している。共働き世帯や単独世帯、

図表2-4　業態別のCSI（顧客満足度）推移

（a）小売系

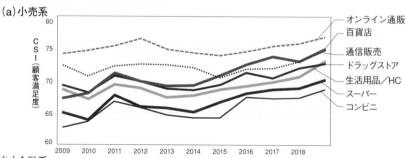

凡例：
オンライン通販
百貨店
通信販売
ドラッグストア
生活用品／HC
スーパー
コンビニ

（b）金融系

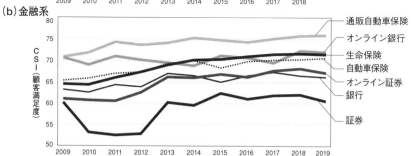

凡例：
通販自動車保険
オンライン銀行
生命保険
自動車保険
オンライン証券
銀行
証券

（c）旅行系

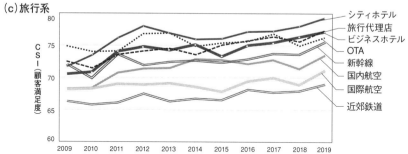

凡例：
シティホテル
旅行代理店
ビジネスホテル
OTA
新幹線
国内航空
国際航空
近郊鉄道

（d）生活関連

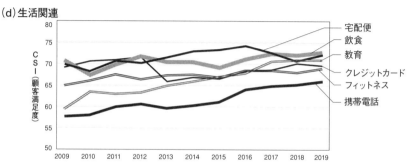

凡例：
宅配便
飲食
教育
クレジットカード
フィットネス
携帯電話

買い物に行くのが困難な人たちにとっても、業態を超えて利便性が高いチャネルへの期待にどこが応えられるかが問題である。

　銀行にはメガバンクや地方銀行のほか、オンライン専業や決済サービスに特化した銀行といった多様な業態がある。メガバンクどうしの競争もさることながら、保険や証券といった異業種など競争相手は多岐にわたる。(b)金融系グラフにあるように、銀行、自動車保険、証券とも従来型の業態よりも、オンライン専業の方が、それらを利用する特定の顧客セグメントの高い満足を維持している。顧客は、自らの金融資産をどこに預けて資産運用するかを考えた場合、どの金融機関が良いか、何をどこに任せたら良いかを検討する。

　確かに横並びで比較にそぐわない組み合わせもある。地下鉄とビジネスホテルを横串で比較しても、両社にとって直接的な示唆はないかもしれない。しかし、必ずしも直接的な競合関係である必要はなく、機能的に比較することも可能である。たとえば、利便性の高さや接客の丁寧さは、業種・業態を問わない。

　カスタマージャーニーという考え方がある。これは、顧客が製品やサービスとどのような関わりをもち、どのような考えや感情を抱くかなどを知るために、顧客の視点を意識し、時系列を追って顧客体験を分析する手法を意味するマーケティングの考え方である。カスタマージャーニーを考えると、まず、地下鉄やJR山手線に乗って品川駅で新幹線に乗り継ぎ、京都駅に到着してからタクシーやバスでホテルへ向かう。その途中、旅行代理店や地図アプリでホテルの場所などを確認することもあるだろう。(C)旅行や (d)生活関連のグラフにあるように、私たちが旅行で接点をもつ業種のCSIは、シティホテルから近郊鉄道まで幅が広い。旅行先の近郊鉄道を利用する際、SuicaのようなICカードを使えるのかからはじまり、入札から乗車、降車に至るまでサービスの利便性をどう高めるかは、他業種の実践にヒントがあるかもしれない。複雑なプロセスがない（面倒くさくない）、イライラしない、という顧客経験を実現する企業が増えれば増えるほど、自社へのサービス改善へのプレッシャーが強くなる。

　フリマアプリで気軽に、タンスに眠っていた洋服を出品するサービスの手軽さを経験している人にとって、他業種の面倒な手続きは余計に面倒に感じるかもしれない。なぜ、銀行の窓口はこんなに待たせるのか、手続きが面倒なのか（スマホでもっと簡単で、スピーディーにできないの？）と感じはじめるのは、サービスに対する理想や期待のハードルが上がったことを示唆する（第3章2節を参照）。

　配送時間のスピードや正確さ、店舗や施設のWi-Fi環境、バリアフリー対策、トイレの清潔さ、個人情報保護、キャッシュレス対応、感染症対策のための非接触

対応などは異業種でも比較評価しやすい要素である。直接の競合でなくとも、異業種・異業態は比較対象となり、機能的なベンチマークと想定することができるだろう。

③累積的満足を中核とした因果モデル

　第3の特徴は顧客満足度指数を算出するだけでなく、累積的満足に影響する原因と、満足がもたらす結果を結びつけたJCSIモデルを用いて推定することである。因果モデルでは、品質が満足に影響し、満足がロイヤルティ（再購買の行動意図）に影響する、と考える。顧客満足を高めることは、企業やブランドに対するロイヤルティを向上し、その過程を通して、成長性と収益性をはじめとした競争力を強くする、という顧客の考え方を根底にしている（南・小川 2010；小野譲司 2010）。

　この連鎖に関わる因果関係を特定することによって、単に点数の高さやランキングの順位をみて一喜一憂するのではなく、なぜそのようなスコアになったのか、それが今後、どのような結果をもたらしそうかを洞察する手がかりとなる。

顧客満足の源泉

　JCSIモデルの左半分は、顧客満足がどのような要因で決まるかを表している。カギとなるのは品質とコストパフォーマンス、そして顧客期待である。

　第1のカギである品質とは顧客に提供する製品・サービスならびにそれを提供するプロセスや環境がどの程度、優れているかである。ここでは品質を顧客が知覚して、品質評価が行われることから知覚品質（Perceived Quality）という。

　たとえば、飲食サービスの品質は、料理や飲み物のおいしさだけでないことは、誰しも想像できるだろう。料理の注文から提供に至るまでのサービス、店の雰囲気、衛生や安全性の管理体制などもサービス品質の要素である。新型コロナ感染防止という観点からすれば、消毒、換気、非接触、飛沫防止などの対策が適切に行われているかどうかもサービス品質の要素となる。

　ホテルの格付けを行う基準は国や機関によってさまざまであるが、規模と歴史、部屋の広さ（面積）、施設や設備の有無、ルームサービス、バスルーム、タオル交換、セキュリティボックス、Wi-Fiなどの有無が品質の良し悪しを見るときの基準として挙げられる。鉄道や航空においては、時刻表通りに出発や到着をしているかという定時性が、安全性と並んで優れたサービス品質の必要条件であり、客観的指標で計測することができる。オンラインショッピングでは、サイトやアプリの使

い勝手（ユーザビリティ）から配達の速さや正確さ（フルフィルメント）が重視される。

　知覚品質は、必ずしもこのような客観的な品質や格付けと一致するとはかぎらない。たとえば、あるエリアでのスマートフォンの通信回線の平均速度が一定の標準値を上回っていたとしても、ユーザーが遅いと感じていれば、通信速度の知覚品質は低いことになる。一流のシェフが創意工夫のうえで作った料理であっても、おいしさの品質評価が100点とはかぎらず、人によって評価が分かれるのが普通である。

　料理のおいしさを訴求しても、顧客それぞれで味覚に好みがあるため、専門家や開発者の意図した通りの評価がもらえないこともあるだろう。さらに味覚にはブランド・イメージが影響している可能性もある。人間が行う品質評価は、人による違いがあり、とらえどころがない。しかし、それが顧客満足やロイヤルティの形成にまで影響するため、CSIでは顧客満足を規定する源泉として重視しているのである。

　第2のカギは、コストパフォーマンスの良さである。優れたサービス品質を経験した人の顧客満足は相対的に高くなる一方、自分が支払った対価に見合うサービスであるかどうかも、顧客は評価している。このコストパフォーマンスのことを学術用語では、知覚価値（Perceived Value）という（Zeithaml 1988）。価値という言葉はいろいろな意味があるので、正確に定義しておく必要がある。

　CSIでいう価値とは、顧客が支払ったコストに対して得られたベネフィット（製品・サービスを利用することで消費者が手に入る有形と無形の価値）の相対比であり、コストパフォーマンスやバリューフォーマネーともいう。日常会話で「コスパが良い」という場合、多くの人はコストを価格と結びつけるだろう。加えて、サービスを購入し、利用するための手間暇も、人がサービスを利用するために払うコストと考える。つまり、手間隙やそれに費やす時間を含めたサービスを利用するために顧客が費やす犠牲を非金銭的なコストとしてとらえる。手続きが煩雑、むずかしい、時間がかかる、待ち時間が長いと感じるとき、人々は非金銭的なコストを思い浮かべながら、そのサービスの価値を見定めているのである。

　知覚価値ないしコストパフォーマンスは、品質と並ぶ顧客満足の源泉である。デフレ経済が長引いた日本サービス市場では、コストパフォーマンスの重要性が高まり、知覚価値スコアが高いブランドほど顧客満足度が高い傾向が見られた。

　以上の知覚品質と知覚価値が顧客満足におよぼす効果は、図表2−5において、原因系の因果経路として矢印（パス）で示されている。

　第3のカギとして、顧客期待も直接ないし間接に顧客満足に影響を与えることが、

図表2-5 JCSIモデル

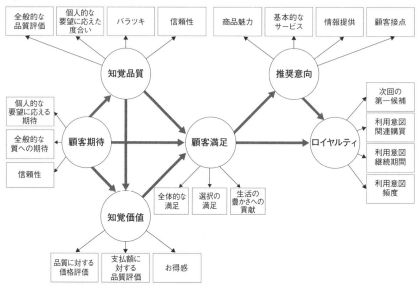

JCSIモデルの原因系の左端に描かれている。まず、顧客がそのブランドに何を期待しているかは、品質や価値の評価において参照点としての役割をもつ。しかも、特定のブランドを何度も経験すると、期待と満足は一致しやすくなる。それゆえ、顧客期待のスコアが低下すると、CSI全体に波及的な影響をあたえる予兆とみなすことができる。

顧客満足の結果

　JCSモデルの右半分は、顧客満足がどのような顧客心理に影響を与えるか結果系の因果経路を表している。カギとなるのは、ロイヤルティと推奨意向である。

　第1のカギとして、顧客満足が影響すると主たる結果は、企業やブランドに対するロイヤルティである。人は過去に満足した経験があるブランドについて、次回も利用したときも同じもしくは、それ以上の経験を味わえると予想する。その予想に基づいて、ロイヤルティが形成され、リピート購入や継続利用へと連鎖する、と考える。

　ここでロイヤルティを定義しておくことにしたい。ロイヤルティ（loyalty）は忠誠と訳されるが、厳密には3つの意味があり、厳密に定義しておかないと、測定

を行なっても指標のスコアだけが一人歩きしてしまいかねない。

①心理的（態度的）な意味での忠誠。そのブランドに忠誠を誓うという意味で、好意をもっていることである。
②そのブランドを購入・再購入する行動意図という意味。
③実際の再購買（リピート）という行動。

　3つのロイヤルティは、さしあたりそのブランドを好きかどうかに関わらず、継続的に利用していれば、ロイヤルティがあるとみなすことができる。JCSIにおけるロイヤルティは、②行動意図─特に、再購買意図でロイヤルティをとらえている。これは「好きだから利用したい」という意味での行動意図だけではない。普段から利用しているから（習慣）、他に選択肢がないから（惰性）、流行っているので話題作りに、といった理由であっても、行動意図が形成されることがある。それゆえACSIの再購買見込み（likelihood of repurchase）という今後の予想、ないし見込みという意味も含んだ行動意図と、とらえることもできる。

　顧客満足が影響する結果となる第2のカギは、推奨意向である。周囲の人に自分が経験したことを話したい、自慢したい、勧めたい、といった行動意図である。InstagramやTwitterに写真やコメントを投稿するような行為も、これに含まれる。良い経験をしたブランドについて、良い話題として話したいかどうかが、JCSIでの推奨意向である[1]。

　推奨意向は、顧客満足から影響を受けるだけでなく、ロイヤルティを促進する効果もあることが因果モデルの矢印で示されている。他人にそのブランドのことを勧め、良い話題として伝えようとすればするほど、その人のブランドに対するロイヤルティ、すなわち再購買意図がより一層強化される、というのがこの矢印の意味である。

　図中のJCSIモデルには示されていないが、ロイヤルティに影響する第3の要因として、スイッチング・コスト（切り替えコスト）がある。スマートフォンの通信キャリアや給与振込の銀行口座を変更するのには、手間暇がかかる。エアラインや小売店ならば、ブランドを変えてしまうと、蓄積してきたマイレージやショッピングポイントを使えなくなってしまう。ブランドをスイッチすることにともなう金銭的・非金銭的なコストを感じると、人は同じブランドを使い続けた方が得なのではないか、と頭の中で皮算用をはじめる。

　あえてリスクを冒して他ブランドを探し、切り替えるよりも同じブランドを使

い続けた方が良い、という打算的な理由でありながらも、ロイヤルティは形成される。

　JCSI調査では結果を公開してはいないが、6指標とあわせてスイッチング・コストも測定し続けている（酒井 2010）。第5章では、スイッチング・コストをロイヤルティの源泉として含めた拡張版のJCSIモデルを紹介し、スイッチング・コストがどの程度、ロイヤルティに効果があるか、業種・業態間の比較を示す。

2. JCSIの方法論

調査対象：業種、企業・ブランド

　JCSI調査は2009年以降、年間6回（2014年度までは4回ないし5回）に分けて、サービス産業の主要な企業/ブランドのユーザーに対して実施される。調査対象は、約30業種をカバーしており、各業種・業態における売上高が上位の企業・ブランドである。調査対象となる企業・ブランドは、原則として前年度の業績や市場シェアをもとに選定しているため、年次ごとに入れ替わることがある。また、有効回答のサンプルサイズが300件を超えることを基準としているため、たとえ調査を実施したとしても、それに満たない場合は指標算出対象から除外する。

ブランド単位の調査対象

　調査対象とするのは、企業単位ではなくブランド単位である。たとえば、小売や外食では、親会社ないしは持ち株会社の傘下でマルチブランド、つまり、複数のブランドを展開している企業グループが多い。たとえば、イオングループに関しては、GMS（総合量販店）のイオンと、コンビニエンスストアのミニストップを別々の調査対象として集計する。ただ、そのルールを厳密にサブブランドにまで適用すると調査対象が増えすぎてしまうため、原則として親ブランドで測定し、集計している（調査対象の詳細は、巻末の付属資料1を参照）。

　JCSIが調査対象をブランド単位に設定している点は、企業単位で測定・集計を行うACSIと異なる。企業単位で集計するメリットは、サンプルを回収しやすいことと、企業単位での業績指標との関連性を検証しやすくなることである。つまり、売上高や利益だけでなく、株価や企業価値といった指標との関連性も分析できる

わけである。

　逆に、ブランド単位で測定・集計するのは、ブランドごとのコンセプトや事業展開の方法の違いを踏まえてサービス品質や顧客セグメントの分析を行うことができる点にある。JCSIはこのメリットを重視して、ブランド単位を採用しているのである。

調査対象業種と事業展開のタイプ

　調査対象の業種区分は、サービス産業の約30業種・業態であり、営利企業だけを対象としている。JCSIはサービス産業を対象にして開発されたが、一部の製造業にも適用範囲を広げている。ただし、製造業そのものではなく、自動車販売店、OA機器リースサービス、住宅設備サービスである。業種区分は、基本的には標準産業分類に基づいているが、業態区分については調査開始以来、小売業態や生活関連サービスの区分けを何度か変更している。

　図表2-6では、サービス事業者がどのような顧客接点をもち、サービス提供を行なっているかに鑑みて、調査対象を4つのタイプに分類している。横軸は顧客接点が複数拠点なのか一拠点なのかであり、縦軸はサービスをそれぞれの拠点で完結させるのか、それともネットワークとして成立するのかである。

　JCSI調査対象の多くは、多拠点展開のビジネスに分類される。小売業や飲食業は、本部が開発したフォーマットを多数の店舗に展開し、それぞれで集客を行う。CSI診断での焦点は、全国ブランドで築いた信頼とイメージを顧客に対して、適切に遂行できたかどうかを顧客がどのように評価しているかである。顧客は、あるコンビニやファストフードについて近隣の1店だけではなく、職場や外出先の複数の店舗を利用している可能性がある。CSIは、こうした複数店舗での経験を踏まえた評価である。

　ネットワークで結ぶことによって価値を提供するサービスにおいては、顧客は各拠点でのサービスだけでなく、ネットワークがどれだけ行き渡っているか、ネットワーク上をスムーズに動くことができるかについて評価する。鉄道やエアラインといった交通サービスは、出発地と目的地という拠点をどれだけ適切に張り巡らせて、その間のネットワークを円滑に結ぶかが、サービス品質の根幹をなしている。

　一拠点集中とツーサイドプラットフォームは、これらとは異なる性格をもつ。前者において顧客は、商品・サービスを有償で購入するのに対して、後者は必ずしも有償とは限らず、無償で検索サービスやオンラインサービスを利用できる。

図表2-6　顧客接点（サービス・エンカウンター）の展開図

多拠点展開

小売：百貨店，スーパー、コンビニ、ドラッグストア、家電量販、衣料品、各種専門店、飲食、カフェ・喫茶、生活関連サービス、自動車販売店、映画館、シティホテル、ビジネスホテル、旅行代理店、銀行、生命保険、損害保険、証券、教育サービス

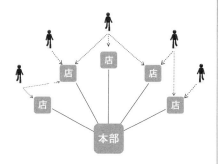

一拠点集中

エンタテインメント（観劇、テーマパーク、プロ野球観戦）オンライン通販、通信販売、オンライン旅行代理店 ネット銀行、ネット証券、ネット保険、通信制教育サービス

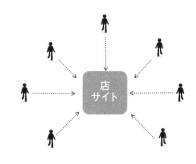

ネットワーク

近郊鉄道、国内長距離交通、国際航空、宅配便、携帯電話

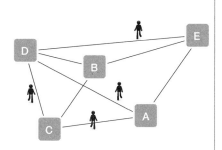

プラットフォーム

ショッピングモール、インターネットサービス、クレジットカード

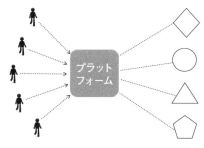

また、楽天市場やZOZOタウンのようなショッピングモールにおいて、ユーザーはモールにはお金を払わず、そのモールに参加するテナントと取引を行なっている。

　一拠点集中のサービスは、テーマパークやプロ野球観戦の球場のように、多数の顧客が一拠点に集まってくるビジネスであり、とくに稼働率をいかに高めて、客単価を上げることができるかが課題となる。客席やサーバー容量のようなキャパシティの制約を超えて混雑状態が続くと、顧客の不満が高まる可能性もある。

　ツーサイドプラットフォームは、先述したように、ショッピングモールやインターネットサービスに見られるサービスを提供する基盤である。また、顧客はこのプラットフォームを通して、さまざまなサービスを提供するサプライヤーを利用することができる。ツーサイドとは、片方にはユーザーが、もう片方にはサプライヤーが、プラットフォームの顧客として存在する2つの市場という意味である。このビジネスは他のタイプと異なり、ユーザー側が無償でこのプラットフォームを利用することができる点である。

　これら4つのタイプで分類された業種・企業の中においても、優れた実践（ベストプラクティス）を相互に学ぶ機会にもなる。また、多店舗展開が一般的だった旅行や金融では、オンライン専業のOTAやネット銀行が台頭している。顧客のサービス経験と評価は、単にオフラインがオンラインに変わったという技術的な視点だけでなく、顧客接点自体が変わったと見ることもできる。

🌑 サンプリング

　JCSI調査は、調査会社のモニターパネルを用いて、2段階の抽出を行う[2]。第一次抽出では、全国の性別、年代、地域の人口構成比に応じて割付を行い、約17〜24万人に対して、各業種・業態で設定しているスクリーニング条件を満たすかどうか利用経験の有無について回答を得る。

　第二次抽出では、スクリーニング条件[3]を満たした利用経験者（約400〜800人程度）に対して本調査画面への回答依頼を行い、有効回答が300件を超えるまで回答を受ける。実査はすべてオンラインであり、パソコン画面およびモバイル画面にあわせて回答者属性などのフェイス項目を含めた約110問で調査画面を設計している。

CS調査の偏った回答分布

　一般に、CS調査の回答は、高得点側に偏った分布になりやすいことが指摘されている（Fornell 1992）。高得点に偏る原因の一つとして、回答者の選択性バイアスが働いていることが考えられる。とくに、サンプルの収集しやすさを重視して、店頭で調査依頼をしたり、会員名簿に対してメール依頼をしたりすると、利用頻度が高い人や好意的な意見をもっている人が回答に協力しやすいため、結果的に回答傾向が好意的なものとなりやすい。

　図表2－7は、5段階評価で満足度を測定した場合、棒グラフをなぞったβの分布になる傾向を示している。βの高得点に偏った回答分布のもとで「平均値4.16の高い満足度が得られた」という調査報告が行われることになる。実際、企業が独自に行うCS調査では、これに当てはまるケースが極めて多い。これは、高評価の満足層のサンプルばかりが集まり、企業が改善を検討しなくてはならない不満層の様子がわからないことをも意味する。βが真の分布であれば問題はないが、真の分布は、低評価から高評価までがαのように左右対称の正規性のある分布になる場合、ミスリードをおかす可能性が高く、問題は深刻である。

　JCSI調査では、調査会社に登録されている一定のスクリーニング条件を満たしているモニターを対象としているため、自社調査では回答拒否されやすい不満層の回答も収集できている。実際、ほぼすべての調査対象企業・ブランドで、分布の偏り具合を表す歪度は低く、CSI上位の企業・ブランドでさえも、正規性のあるαに近い分布となっている。正規性を前提にするSEM（構造方程式モデリング）で推定するJCSIモデルにおいて、この点は極めて重要である。

　参考までに、βの分布となるデータになった場合、代案としてトップボックス分析という方法が用いられる。つまり、TOP1ボックスの5点ないしはTOP2ボックスの4と5点の回答を集計して、TOP1比率ないしTOP2比率を満足度の指標とするものである。それに対して5段階の点数をそのまま用いて平均値や標準偏差を計算するフルスケールの方法が、JCSIで採用している方法である（第4章「指標をどう表すか」も参照）。

　JCSIだけでなく、サーベイデータの分析目的は市場や顧客基盤を広く把握し、製品・サービスの新規開発や既存サービスの改善への指針を導くことにある。もし、高い評価をした顧客の意見ばかりに偏ったサンプルになると、よりリピートをしてもらいたい顧客セグメントの意見が反映されず、特定のヘビーユーザーの好みに合わせたサービスになりかねない。それゆえサンプリングの偏りは、スコアだけでなく、データを活用する段階で思わぬ落とし穴になることがある。

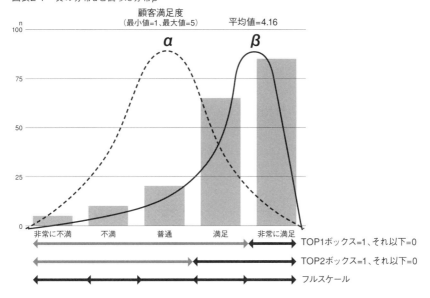

図表2-7　真の分布αと偏った分布β

重み付けしないユニークユーザー

　一般に、企業が年間に複数回実施すると、ある1人の顧客が何度か回答することがある。すると、サンプル全体において特定ユーザーの回答が多数を占めるため、偏った結果が出る原因になる。JCSI調査は年間1回の実施のため、1人の回答者が同一年度内で複数回にわたって同じ企業・ブランドについて回答することはない[4]。

　回答依頼は、1人につき1企業・ブランドのみ行う。同一業界に調査対象企業・ブランドが4つある場合、300件以上×4ブランド=1,200人以上から回答を得ていることになる。そのためすべてのサンプルはユニークユーザー（あるWebサイトを特定に期間のうちに訪れた人の数）とみなすことができる。

　また、CSI算出にあたっては個々のサンプルに対して重み付けはしていない。利用頻度や購入金額が高いヘビーユーザーのサンプルには、一定の重み付けを行なったうえで集計を行う考え方もあるが、JCSIでは重み付けを業種・業態横断で共通ルールで行うことができないため、分析者の恣意性を排除するという理由から重み付けはしていない。

日本人ないし国内居住者

　調査票の言語表記は日本語のみであり、市場調査会社のモニター登録をしている国内居住者からサンプルが抽出されている。したがって、スクリーニングの利用条件を満たしていたとしても、日本のサービスを利用した訪日旅行者の回答が含まれることはない。しかしながら、訪日旅行者を調査対象にできない点は、JCSI調査の課題でもある。

　たとえば、外国人客比率が50％を超えるホテルでも、回答者のほぼすべてが日本人ないし国内在住者ということになる。そのため現状のサンプリング方法とスクリーニング条件では、訪日外国人の商業施設、宿泊施設、レストラン、交通機関についての顧客満足度を測定することはできない。加えて、CSIを累積的満足で測定するため、回答者のスクリーニング条件として一定期間において複数の利用回数が前提となるが、一回だけ日本を訪れた訪日客は、この基準をクリアできない。訪日客を調査対象とするには、現実的に解決すべき課題があり、別途の調査方法が必要となる。

「顧客」としての回答者はだれか？

　顧客満足度調査の回答者は、商品・サービスの既存顧客であることが基本である。ここで、既存顧客とは誰かを定義しておく必要がある。一般的に私たちが「顧客」という場合、実際にサービスを消費するユーザーだけでなく、商品・サービスの購入を決定するバイヤーと、お金を払うペイヤー（代金を支払う人）という3つの役割がある[5]。一人で食事し、新幹線で旅行し、温泉旅館に泊まり、テーマパークに遊びに行くなら、これら3つのすべてを担っているので、調査対象は一人を想定すれば良い。

　しかし、複数で食事し、家族で旅行に出かけ、友達同士やカップルでテーマパークに行くケースについては、誰が同行者であり、誰が"幹事役"となって店を決め、予約をしているか、というようにグループ内での役割分担が多様である。

　この役割関係を慎重に見極める必要があるサービスは、外食やホテル以外にもある。そのため、出張に関わる宿泊と交通の手配に関しては、本人が選んだか予約価格をみたかどうかなどのスクリーニング条件を設けている（付属資料1「スクリーニング条件」を参照）。

　また、教育サービスの多くはユーザーが子どもであり、バイヤーないしはペイヤーは保護者であり、顧客は誰かという問題がもっとも顕著となる。JCSI調査では教育サービスの調査対象を保護者としている[6]。さらに、宅配便は、荷物の依頼

者と送り先という2つの顧客がいる。両者ともユーザーであり、依頼主はバイヤーでもありペイヤーでもある（オンラインショッピングで、購入者が配送業者を選択する場合は、バイヤーも兼ねることになる）。

💧 調査方法

　実査の調査方法は、すべてインターネット調査である。2007〜2008年の開発当時、日本では家庭への高速回線が普及していた。その当時、ACSIが用いた調査手法は電話法であり、電話でのインタビュー形式で回答するものであった。日本では、在宅率の低さと回答拒否の高さから電話法を採用せず、一律、インターネット調査を用いた。オンライン画面で回答する方式にしたことによって、主要6指標だけでなく、サービス品質、感動・失望、利用経験など多様な調査項目を揃えることが可能となった。

　2009年当時、インターネット調査にはデジタル機器を使える人と使えない人では回答傾向が異なるのではないか、というデジタルデバイトを憂慮する質問や議論が学界や実務界から寄せられた。JCSI開発委員会では、留置法とインターネット調査法で回答傾向に有意な差が生じるかを比較検証する作業を行なったところ、そうした傾向は見られなかった。

　時代が変わり、新たな展開が訪れた。回答者が回答する際に用いるデバイスは、近年、パソコンが大部分を占めるが、年々、スマートフォン／タブレットのモバイル機器を用いた回答が大半を占めるようになった。そこで、2016年度からスマートフォン回答において、回答画面のスクロールやページ切り替わり、戻るボタンの有無などの操作仕様が回答に与える影響を最小限にするための研究開発を重ねるなどの修正を行なった。

　JCSI調査は全業種を1回で調査することはできない。調査は年間5回ないし6回に分けて、各回6業種前後を調査している。原則として、業種の繁忙期と閑散期に応じて調査時期を設定し、調査日程の関係で時期をずらす場合でも、年度によって大きく時期が異ならないよう配慮している。

🌓 CSIの誤差

　CSIの調査結果はスコアより順位に注目が集まることが多い。それは経営者やCS推進部のスタッフ、あるいは経済ジャーナリストも同様である。しかし、標本調査のスコアには必ず誤差がともなうため、結果を読む側にも誤差についてのリテラシーが必要である。

　たとえば、A社のCSI＝79.19とは、A社について回答した306人の平均値である。さらに、その標準誤差は0.93である。これは平均値に±どれくらいの誤差があるかを表しており、95％の確率（信頼区間）で下限77.36～上限81.03にA社のCSIが入る、という意味である。JCSIのスコアの誤差の範囲は1ポイント前後なので、1点差以内で並んでいる2つのブランドの順位は誤差の範囲である。

🌗 測定尺度

　JCSI主要6指標の作成においては、いくつかのルールを定めることによって、信頼性と妥当性を損なわないかたちで継続的に行われるように設計されている。尺度の妥当性（より正確には内的妥当性）とは、満足度を適切に測定できているかである。ダーツの矢が1本の場合と3本の場合で考えてみよう。ダーツの中心に1本の矢が命中すれば良いが、それが外れることもある。一つの質問項目で満足度を測定すると、回答誤差によって尺度の妥当性が疑問視される。それに対して、多項目で測定した場合はどうだろうか。1本の矢が外れても、残りの2本の矢が中心に近いところに当たっていれば、3つの測定尺度から推定した真の満足度に近い値が得られる。

　一方、信頼性とは、3つの測定尺度を用いて測定を繰り返した場合、安定して同じ結果が出るかどうかである。信頼性はしばしば時計の正確さにたとえられる。毎日10分進んでいる時計は、時計が時刻表示についての妥当性はないが、毎日10分進んでいるということは、安定して10分進んでいることでもあり、信頼性は高いと言える。JCSIの主要6指標は、こうしたことを踏まえて、次のような方法で妥当性と信頼性の高い尺度を作成している。

多項目の心理尺度：主要6指標による多次元評価

　累積的満足の測定は、過去の購買・利用経験を振り返って製品・サービスにど

の程度、満足したかどうかに関わる質問項目に対して、10段階のリッカート尺度で回答する（図表2-8を参照）。3つの質問項目とは、全体的な満足、選択の妥当性、生活満足への貢献であり、購買・利用経験を振り返ってみた全体的な評価と、選択局面と消費局面に分けたかたちでの評価で構成される。

生活満足とは、QOL（Quality of Life：生活の質）に対して、当該製品・サービスがどの程度貢献したかである。たとえば、ファストフードやコンビニエンスストアは、食事をするという消費目的に対して、利便性が高いサービスを提供する。ところが、健康面や余裕のある生活という意味において、自分の生活の質を良くすることにつながっているか、疑問に感じる人もいるかもしれない。逆に、利便性が高いサービスを利用できることで、忙しさや煩わしさから少しでも解放される、という意味で生活の質を高めている、と感じる人もいるだろう。このような考え方をもとに、累積的満足の測定尺度が複数で設定されている[7]。

顧客満足に加えて、原因系の顧客期待、知覚品質、知覚価値、そして、結果系の推奨意向、ロイヤルティ、スイッチング・コストも同じく多項目尺度で測定する。顧客期待と知覚品質は、全体的な期待や評価の項目に加えて、バラツキ、信頼性、ニーズへの一致といった質問項目で構成される。同じブランドで提供されたサービスであっても、店舗ごと、スタッフごと、あるいは季節や時間帯によっても、顧客にとっても、サービスの内容やプロセスが異なり、サービス品質にバラツキが生じる。したがって、顧客期待と知覚品質の測定においては、サービスのバラツキや信頼性といった角度から測定尺度が設けられている。

サービスの異質性は、品質のバラツキというネガティブなことだけではない。顧客の対して個別対応するカスタマイズやパーソナライズは、顧客のニーズや様子に合わせてサービスやオファーを適応させる、というポジティブな意味での高い品質を示唆する。このことを踏まえて、品質管理の目的からの標準化と、個別対応という意味のカスタマイズという両面でサービスに対する顧客期待と知覚品質を測定しているのである。

知覚価値（コストパフォーマンス）は、顧客が支払った金額や手間暇といったトータルのコストに対して、それに見合ったサービスの質が得られたかを、品質対価格ならびに価格対品質の表裏で尋ねる質問項目となっている[8]。

推奨意向は、商品の魅力、サービス、情報提供、カスタマーサポートの4つに分けて、他者に好ましい話題として話すか、好ましくない話題とするか、という質問項目で測定している。ロイヤルティは再利用意図として測定している。再利用やリピート購買には、いくつか意味合いの異なる再利用行動の側面がある。関連

図表2-8　JCSI主要6指標の質問項目

主要6指標	質問項目	尺度
顧客期待	1. 全体期待：×××などの様々な点から見て、○○○の総合的な質について、以前はどれくらい期待していましたか。 2. ニーズへの期待：あなたの個人的な要望に対して、○○○はどの程度、応えてくれると思っていましたか。 3. 信頼性：×××など様々な点から見て、△△として不可欠なものがなかったり、サービスが利用できなかったりすることが、○○○でどの程度起きると思っていましたか。	10段階
知覚品質	1. 全体評価：過去1年間にあなたが利用した経験から判断して、○○○はどの程度優れていると思いますか。 2. バラツキ：過去1年の利用経験を振り返って、○○○の商品、サービスは、いつも問題なく安心して利用できましたか。 3. ニーズへの合致：○○○はあなたの個人的な要望にどの程度応えていますか。 4. 信頼性：×××など様々な点から見て、△△として不可欠なものがなかったり、サービスが利用できなかったりしたことが○○○でどれくらいありましたか。	10段階
知覚価値 （コスト・パフォーマンス）	1. 品質対価格：あなたが○○○で支払った金額を考えた場合、×××など様々な点から見た○○○の総合的な質をどのように評価しますか。 2. 価格対品質：○○○の総合的な質を考えた場合、あなたがかけた金額や手間ひまに見合っていましたか。 3. お得感：他の△△と比べて、○○○の方がお得感がありましたか。	10段階
顧客満足	1. 全体満足：過去1年間の利用経験を踏まえて、○○○にどの程度満足していますか。 2. 選択満足：過去1年を振り返って、○○○を利用したことはあなたにとって良い選択だったと思いますか。 3. 生活満足：○○○を利用することは、あなたの生活を豊かにすることに、どの程度役立っていると思いますか。	10段階
推奨意向	あなたが○○○について友人や知人と話すことを仮定した場合、以下の点を好ましい話題としますか、それとも好ましくない話題として話そうと思いますか。 1. 商品の魅力 2. 会社としてのサービス 3. 適切な情報提供 4. 従業員・窓口対応	10段階
ロイヤルティ （再利用意図）	1. 関連購買：今後1年間で、これまでよりも幅広い目的で○○○を利用したい。 2. 第一候補：次回、△△を利用する場合、○○○を第一候補にすると思う。 3. 頻度拡大：これから1年間に今までより頻繁に利用したい。 4. 持続期間：これからも○○○を利用し続けたい。	7段階
スイッチング・コスト	1. 経済的損失：他に乗り換えると、金銭的にはかえって高くつきそうだ 2. ベネフィット損失：他に乗り換えると、今まで○円○で積み上げてきたポイントなどが無くなってしまうだろう 3. 学習コスト：もし○○○を乗り換えたら、新たに利用する【業種名】のしくみに慣れるのが大変だろう	7段階

図表2-9　JCSI調査の設問構成

調査項目	設問	定量・定性
CSI主要6指標	21問	定量
スイッチング・コスト	8問	定量(7段階尺度)
ＣＳＲ指数	6問	定量(7段階尺度)
感動・失望指数	快・不快感情20問	定量(7段階尺度)
クチコミ・推奨の経験		定量
苦情行動の経験		定性
自由回答	良い点・悪い点	
SQI(サービス品質指標)	30〜50問	定量(7段階尺度)
カテゴリー利用履歴(頻度、平均購買金額)	2問	定量
ブランド利用履歴 (頻度、期間、平均購買金額、利用品目、利用状況など)	約10問(業種ごとに設定)	定量
次回利用候補	業種ごとに設定	定性
回答者属性		定量および定性

購買するかどうか、選択肢の第一候補とするかどうか、利用頻度を増やすか、より長く利用し続けたいか、という4つの質問項目を設定している（測定尺度の背景にある理論的含意については第3章を参照）。

　多項目尺度で測定した観測値から6つの指標を作成する手続きは2通りある。一つは、JCSIモデルから潜在変数のスコアを推定する方法である。もう一つは、6指標のそれぞれについて因子分析を行い、抽出された因子得点を推定する方法である。JCSIのスコア算出では後者を採っている。因子得点を推定するための因子得点係数行列は、当該年度を含めて3年分のデータをプールして計算する。年度ごとに係数を計算すると、その年度の調査対象企業の影響を受けやすいため、3年間のデータをプールして毎年、係数を更新していくのである。

🌐 指標化：100点方式の CSI

　推定された6指標の因子得点は、100点方式で表すための指標化の計算を ACSI 方式に準拠した以下の計算式で行う（American Society for Quality Control 1995）。

$$CSI=(E[\xi]-Min[\xi])/(Max[\xi]-Min[\xi])\times100$$

　式中のE［ξ］は回答者サンプルの因子得点（ξ）、Max［ξ］は因子得点の最大値、Min［ξ］は因子得点の最小値を表している。回答者が顧客満足に関する3つの測定尺度に10点満点で回答した観測値から、因子得点（ξ）を推定する。全サンプルの因子得点の最大値と最小値の区間でCSIスコアを定義し、それを100点方式で表す。各企業・ブランドのCSIスコアは、回答者に付与されたCSIスコアの平均値である[9]。

3. JCSI開発・改善の課題

　2009年の本格導入時からJCSIには、いくつかの開発・改善課題がある。主な課題は、調査対象業種、調査対象サンプル、データ収集方法、データの結合と活用に分けられる。

調査対象業種と企業をどこに設定するか

　先述したように、JCSIはサービス産業に特化した調査であり、製造業を調査対象に含んでいない。したがって、サービス産業のCSIが相対的にどのレベルにあるかを自動車、機械、鉄鋼、医薬品などの製造業との比較から評価することはできない。その点でJCSIの調査対象に含まれる自動車ディーラーは一つの目安となるだろう。また、インターネットサービスのほか、過去に調査していた業種がいくつかある。最も大きな分野としては、医療・介護がある。病院は経営規模が小さく、JCSI基準で十分なサンプルサイズを確保するのが困難である。また、日本の医療サービスは、チェーンオペレーションで経営されている事例が少ない。仮に同じ系列の病院であったとしても、標準化されたサービスが提供されているわけではないため、調査結果の意味を解釈するのが困難である。

　調査対象業種・企業については他にも課題がある。すなわち、第1は、調査対象となる業種をどこまで広げられるかであり、特に以下が懸案となる。

・無償サービス
・金銭的対価をともなわない無償サービス
・B2B（法人向け）事業所サービス
・中小企業のサービス事業者

　ユーザーが対価を支払わずに利用できる無償サービスは、検索サービス、SNS、オンラインゲームサイト、価格比較サイトなどをはじめ、さまざまある。

　これまで、インターネットサービスというカテゴリーを設けて実査を行なった（2013〜2016年度）。ユーザーはサービスを無償で利用できることから、コストパフォーマンス（知覚価値）をどう取り扱うかが一つの論点であった。コストパフォーマンスを単に金銭的対価だけでなく、そのサービスを利用するうえでの「手間暇」も含めて定義しているため、質問項目で特に調整をする必要性はなかった。実際のところ、JCSIの調査方法ならびに因果モデルを無償サービスに適用することは、十分に可能である。

　B2Bサービスに関しては、リース方式で利用されている事務機器のみを調査対象としている。JCSIを法人向けの B2Bサービスに適用できないかという問い合わせやリクエストは常にある。法人サービスの CS調査が個人向け（B2C）よりも難易度が高いのは、誰が顧客かを特定しにくいため、回答者のサンプル収集が困難だからである。すなわち、B2Bサービスでは、誰を回答者として想定するかが焦点となる。B2Bにおける顧客が、サービスの購買を決定する調達担当者なのか、実際にサービスを利用するユーザーなのか、回答者を特定する必要がある。中小企業向けの金融サービスであれば経営者で特定できるが、企業規模が大きくなると、誰が意思決定のキーパーソンであり、誰がユーザーなのかを特定するのが困難である。そうしたこともあって、B2Bをカバーするには克服すべき問題として残されている。

　中小企業のサービスに関しては、JCSIをベースにした「SES（サービス評価診断システム）」という簡易版の調査システムの開発と商品化が行われた。JCSIの調査対象企業は、一定のスクリーニング条件を満たした回答者を回答者モニターの中から300サンプル以上を集められることが条件となるため、出現率が低い中小企業・ブランドを含めることがむずかしい。それゆえ、質問項目を減らした簡易版の質問票を用いて、店頭などで調査依頼を行い、スマートフォンで回答する調査方式として SESは位置づけられる[10]。

調査対象者のサンプリング

訪日外国人客の回答をどうやって集めるか

　第2の課題は、調査対象となる回答者である。先述したように、JCSI調査は、調査会社のモニターからサンプルを収集している。すなわち、そのほとんどは国内在住の日本人である。小売、飲食、ホテルをはじめとして、訪日外国人客が、日本のサービスについて、どの程度満足しているかをJCSI調査で把握することが現状ではできない。それは言語対応の問題というよりも、先述したJCSIのコンセプトのほうが重要な論点になりそうだ。

　すなわち、累積的満足は、複数に渡る利用経験があることを前提とした顧客満足である。また、ロイヤルティは再び日本を訪れる予定がないかぎり、再利用意図はない、ということを意味する。もし、訪日外国人客を含めた調査を行うならば、回答者のスクリーニング条件を緩和し、取引特定的な満足度を測定することを検討しなければならない。それとともに、サンプリングと調査方法も、空港や宿泊施設などでランダムに調査依頼をするなど、JCSI調査とは異なった方法が必要となるだろう。

　さらに回答者の国籍、人種、文化が異なると、回答分布にも明らかな違いとして現れる。たとえば、アメリカ人やインド人は、極端な回答をする傾向が強いが、日本人は中心化傾向がある、といったものである。これは国際比較、異文化間比較における重要な技術的課題であり、国籍で平均値の比較を行うと、回答傾向の違いに影響された結果を導きやすくなる。

PC調査からモバイル調査へ

　先述した通り、スマートフォンが普及するにつれて、回答者が使用する端末に占めるモバイル端末の割合が増加し、2018年度において約30％に達し、2020年度では60％を超えることもある。この傾向を受けてJCSI調査では、スマートフォン画面での回答が、パソコン画面での回答と比較して、系統的な歪みが生じる問題を解決するべく、一つのページ画面での質問数、画面スクロール、戻るボタンなどのパラメータを変えた各種の実証実験を行った。

　今後、スマートフォン自体がどう進化するか、入力インターフェイスがどのように変化するかなど、調査環境の変化にあわせた対応が必要となるだろう。

 JCSIをどう活用するか

　本章では JCSI のコンセプトと方法論を説明した。もちろん、それぞれの業種・業態の中にも多様性がある。業種・業態としての特徴は、平均像に過ぎず、その中で突出した業績を上げている企業・ブランドは、"型破り"の特徴をもっているかもしれない。それを発見するために、スコアと因果モデルを用いて自社顧客を診断する第2部の顧客満足-利益連鎖の診断は、次のステップを想定している。

ステップ 1	業界全体のトレンドと現状の把握
ステップ 2	自社のサービス、顧客、市場ポジションの診断
ステップ 3	より具体的な課題の特定と戦略方針の決定
ステップ 4	戦術と改善プランの策定と実行

データの統合とエコシステムの構築

　JCSI調査は、それ単独で実践活用できるとは限らない。300余りのサンプルサイズを年1回調査しただけでは、全体の傾向を知ることはできるが、具体的にどの事業所のサービスを改善するかまでの情報は得られない。その意味で、JCSIは、毎年行われる定期健康診断と位置づけ、必要に応じて、より詳細な精密検査とセットで、顧客基盤の健康状態を診断するデータのエコシステムを構築する必要があるだろう。CSI以外の顧客フィードバックデータのエコシステムの構築に関しては、第4章で取り扱う。

補論 CSIモデルの発展とJCSI開発経緯

CSI モデルの発展

　JCSI は米国 ACSI をベースとして開発された。国民経済のレベルで消費者便益がどの程度の水準にあるかを定量的に把握するものであり、産業、セクター（部門）、企業、事業、ブランドのレベルで集計し、業種内比較と業種間比較、そして時系列推移を追跡することを可能にする方法論である。

　CSIの歴史は1980年代後半にスウェーデンのSCSB（Swedish Customer Satis

faction Barometer）を起源としている。SCSBを開発した Claes Fornellは、米国で ACSI（American Customer Satisfaction Index）を開発した。ACSIは、ミシガン大学で運営されている（Fornell et al., 1996）。ACSIは製造業からサービス産業までのすべての営利セクターと、行政や消防署などの非営利セクターを調査対象としている。

　ACSI方法論は欧州、東アジア、南米などにもライセンス提供の形で展開され、たとえば、シンガポールの CSISG、韓国の NCSIがこの方法論で実施されている。ACSIのコンセプトや方法論の流れを汲みつつも、欧州 EPSIやノルウェー NCSBのように、各国・地域の状況や問題意識に対応したかたちでローカライズされたCSIもある。

　複数の CSIが存在する欧州では、EPSI（Eklöf and Westlund 2002 ）やノルウェーのNCSB（Andreassen and Lindestad 1998 ; Andreasen and Lervik 1999）も ACSIの方法論の延長線上で独自のモデルを構築している。JCSI開発委員会は当初、ACSIのライセンスを受ける方式を検討し、実証実験を行なったが、結果的に、日本の実情にあった JCSIを独自開発する道を選択した。開発当初の両者の違いを図表2-10で整理した。

🟣 JCSI モデルの主要指標と推定方法

　ACSI をはじめとした CSI の方法論には、因果モデルの構成概念と構造方程式にバリエーションがある。もっとも顕著なのは企業イメージと苦情行動を入れるかどうかである。欧州の EPSI と NCSBは、企業イメージが顧客期待や満足におよぼす影響を重視して、モデルに取り入れている。苦情行動は ACSI において、顧客満足から影響を受け、ロイヤルティに影響を与える要因と位置付けられている。それに対して、JCSI では、苦情行動の経験の代わりに、推奨意向を入れている。それは、日本の実証実験において、日本人の回答では苦情行動の発生頻度が低く、欠損値が多数発生したからである。そこで苦情の代わりに、他者への推奨意向を顧客満足の結果変数としたのである[11]。

　JCSI モデルは、6つの主要指標で構成される。これらは質問項目の回答で得られた観測データから推定される潜在変数である。潜在変数の測定と因果関係を推定するために、SEM（構造方程式 Structural Equation Modeling）を用いるため、観測変数データが正規分布していることが前提となる。しかしながら、顧客満足

	JCSI／日本版顧客満足度指数	ACSI／米国顧客満足度指数
実施主体	サービス産業生産性協議会 JCSI開発グループ	ミシガン大学
対象業種	サービス産業(=第3次産業)の 27業種250社以上。	製造業やサービス業などの10分野44業種 200社以上、連邦・州の行政機関を含む。
調査単位	ブランド	企業
顧客満足度の 観測変数	(1)全体的な累積満足 (2)選択に対する満足度 (3)生活の豊かさへの貢献	(1)全体的な累積満足 (2)事前期待との一致 (3)理想との比較
構成概念	顧客期待、知覚品質、知覚価値、 顧客満足、推奨意向、 ロイヤルティ(再購買意図)	顧客期待、知覚品質、知覚価値、 顧客満足、苦情行動、 ロイヤルティ(再購買見込み)
調査法	インターネット調査のみ	電話調査※一部の分野ではネット調査
1企業あたりの 必要サンプルサイズ	300サンプル	250サンプル
モデル推進法	ML(最尤法)による 構造方程式モデル(SEM)	PLS(部分最小自乗法)
他の経営指標との リンク	サービス品質や顧客価値を 通した付加価値と生産性の改善	ROI、企業価値、市場シェア、 マクロ経済指標などの予測

(注)調査対象業種と調査方法については2009年当時。

度は高い評価点に偏る傾向があり、その問題がどの推定方法を用いるかと関係している。ACSIがPLSを用いているのはそうした背景がある。JCSIでは調査会社の調査モニターを対象としたインターネット調査によって、正規分布したデータを収集できることもSEMを用いることができる背景の一つである。

🟢 JCSIの開発経緯

日本のCSI開発は、サービス産業の生産性向上と国際競争力の強化を目的とした産業政策のもと2007年、経済産業省の委託事業で産学官連携プロジェクトとして組織されたサービス産業生産性協議会(SPRING)のCSI開発委員会によって着手し、JCSIは2009年に本格導入して以降、SPRING事務局(公益財団法人日本生産性本部内に設置)[12]が実査と公表を行い、調査方法の改善にアカデミックアドバイザリーグループが携わるかたちで運営されている。また、これにJCSIデータを活用したコンサルティングなどを行う利用推進パートナーと、データの販売を行う協力パートナーを加えたコンソーシアムで運営されている(図表2-11を参照)。

図表2-11　JCSIの運営体制

JCSIを活用したリサーチ・コンサルティング

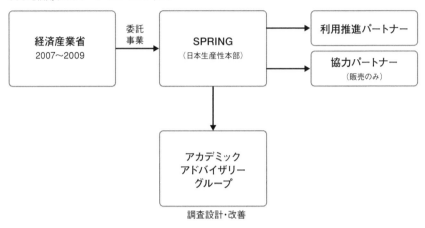

　CSI開発委員会は当初、米国ACSIのライセンスを受けて、日本市場の調査を行うことを視野に入れていた。ACSIの調査項目を用いて日本でテスト調査を行うに際して、電話調査を前提とした調査方法や質問項目のステートメントをはじめとして、ACSI方式を日本で実施するには問題が多かった。開発過程では、大学のマーケティング研究者を中心として、統計学や調査の専門家が加わり検討作業を行なった。

　また、企業アドバイザリグループを設置して、実務家からの意見聴取と議論を繰り返した。結果的にACSIが掲げたコンセプトは踏襲しつつ、日本独自の方法論を構築することとなった。当時、ブロードバンド普及率が70%を超え、電話調査の応答率が低くなっている日本の調査環境を踏まえて全面的にインターネット調査を採用した。質問項目についても、ACSIにある6つの潜在変数のうち、顧客苦情以外は踏襲したが、顧客満足、知覚価値、ロイヤルティの観測変数に関しては、その分野の学術研究に依拠しながら独自に開発した。

JCSIのコンセプトと方法論

本章では、サービスエクセレンスの診断システムであるJCSIのコンセプトと方法論を解説した。顧客視点でのサービス評価の指標には万能なものはなく、目的に応じて最適化された指標を用いる必要がある。

①コンセプトの柱となる特徴

JCSIのコンセプトは、業種・業態横断のサービス診断システムであり、それは、以下の3つの特徴をもつ。

- CSIは、従来のCS調査のような1回ごとの満足度（取引特定的満足）ではなく、過去のサービス経験を振り返ってどれだけ満足したかを尋ねる累積的満足度で測定する。これは、1回ごとの状況要因に左右されにくい、安定的な満足度として、業種・業態横断での比較や業績指標との関連性を見るのに最適化されている。
- CSIは、あらゆる業種・業態のサービス評価を測定できるように標準化された、業種・業態を超えた横断的な比較を可能とする指標である。
- CSIは、顧客満足度を中核とする主要6指標で構成され、顧客満足とロイヤルティの原因を探る診断システムである。

②方法論の特徴

第1章で経験則として示したような、CSIと市場シェアないしは業績との関連性や業種横断の比較を行うために、JCSI診断システムでは以下の技術的な工夫をしている。

- CS調査は右偏向した分布になる傾向がある。この問題に対処するため、一定のスクリーニング条件を満たした調査モニターに対する二段階抽出のサンプリングを行う。また、回答誤差を最小化し、妥当性と信頼性のある指標とするために、多項目の測定尺度を10段階ないし7段階で測定している。結果的にJCSIのデータは、上位企業・ブランドでも正規性のある分布となっている。
- JCSI調査は全てインターネット調査で実施するが、近年のデバイスの変化に合わせてスマートフォン画面での回答でも系統的な偏りが出ないよう工夫している。

・CSIは100点方式のスコアで表される相対的な指標である。ある企業・ブランドのサービスが改善されて測定した素点が上がったとしても、市場全体でサービスがレベルアップすると、CSIには変化がない、もしくは低下することもある。同業種内および異業種・異業態との相対的位置付けを表すのがCSIである。

③JCSI診断システムの活用に向けて

　JCSIは原則としてブランド単位で測定・集計しているが、これは単に顧客満足度を測定するだけでなく、その原因と結果を診断し、サービス改善への指針を導くことを目的としているからである。それに対して企業単位で集計するACSIは、財務業績、株価や企業価値といった投資情報を提供することに向いている（もちろん、JCSI調査対象の中には、企業ブランドも含まれるため、本書では「企業・ブランド」という表記をしている）。

・JCSIは、企業・ブランドの健康状態を顧客満足度だけでなく、ロイヤルティや推奨意向をはじめとした6指標で評価する診断システムである。企業・ブランドによって、KPIを顧客満足度にした方が良い場合もあれば、ロイヤルティにおいた方が良い場合もある。人の健康状態をさまざまな指標で測るように、顧客基盤の健康状態を6つの指標で表していると考えて良い。
・主要6指標だけでなく、それらの因果関係をモデル化し、顧客満足とロイヤルティの源泉を探る診断システムである。
・主要6指標以外にスイッチング・コスト、CSRイメージ、感動・失望指数、サービス品質指標（SQI）、リカバリー品質指標といった関連指標をオプションとして装備して、企業・ブランドごとの問題発見・解決に活用する体系となっている。

　第3章では、JCSIのスコアや因果関係の基礎となる理論を解説する。それは顧客満足やロイヤルティの変化や原因を読み解くための理論でもある。

Notes

1. ACSIではこの部分を「苦情行動」としているが、日本人の苦情発生率が米国よりも低く、データの欠損値が多数発生するため、JCSIでは他者への推奨意向とした。
2. JCSI調査の概要に関しては、サービス産業生産性協議会（www.service-js.jp）を参照。
3. 各業種のスクリーニング条件は、巻末の付属資料もしくは、巻末の付属資料もしくは、SPRINGのホームページを参照。
4. 利用機会ごとに満足度調査を実施すると、同一人物が複数回答するため、それらを集計すると、結果的に利用頻度が高い人の回答者比率が大きいため、スコアの平均値が高くなる可能性が高い。
5. Sheth, Mittal, and Newman (1999).
6. 以前JCSIの調査対象としていた介護サービスは、被介護者はユーザーであり、バイヤーとペイヤーである家族が回答するかたちとした。
7. ACSIでは累積的満足の測定尺度として、全体的満足のほかに、「期待との一致・不一致の程度」「理想水準との一致・不一致」で構成される。
8. JCSI調査では、有償で商品・サービスを販売する企業・ブランドだけでなく、ユーザーからは代金を取らず無償でサービスを提供するビジネスも調査対象とした（〜2016年度）。すなわち、SNS、Google検索サービスやZoomミーティングのように、ユーザーが無料で利用できるサービスを顧客はどう評価しているかである。無償で利用できるサービスについて、顧客は金銭的な対価を支払っていないため、コストパフォーマンス評価をどう扱えば良いかが問題となる。しかしながら、知覚価値は、金銭的コストだけでなく、非金銭的コストも含めて「コスト」と捉えているため、実査に問題はない。
9. JCSIスコアの計算方法は、基本的にはACSIと同じである。ただ、ACSI では企業単位のCSIスコアを算出する過程で、企業の売上規模で重み付けをしたうえで、CSIを計算している。ACSIは企業単位で算出するため、財務報告書から企業規模を特定することができる。JCSIはブランド単位でCSIを算出するため、セグメント情報を正確に特定できない企業も少なくないため、ウエイト付けを行わない。
10. SESに関しては、インテージ社ホームページを参照されたい。
11. Johnson et al.(2001)は、苦情行動ではなく、苦情処理という変数に変えたモデルを提示している。不満を感じた顧客が苦情を申し立てた場合、問題が解決した人と未解決の人がいるはずだ。すると、苦情行動からロイヤルティへのパスは、プラスにもマイナスにもなるためACSIではあらかじめ仮説を立てていない。そこで、苦情処理が適切にいったかどうかを変数として、ロイヤルティに対する効果をクリアにすることが彼らが提示した発展的なモデルの趣旨である。
12. サービス産業生産性協議会（SPRING：Service PRoductivity & INnovation for Growth）は、サービス産業の生産性向上を通じ、日本経済の持続的な成長を図ることを目的として、2007年に公益財団法人日本生産性本部が設立した組織である。

第 3 章
CHAPTER 3

顧客満足の理論

なぜ、顧客の品質評価や
満足度に違いが出るのか

　顧客満足やロイヤルティが財務成果に結びつくかどうかは、研究者だけでなく、企業経営陣はじめ実務においても大きな関心事であろう。研究者はこうした大きな問題に対して、いくつかの小さな問題に分けて、カギとなる媒介変数や調整変数を特定しながら、「なぜ」を探求している。

　なぜ、同じサービスに対する顧客の品質評価や満足度に違いが出るのか。満足度の変化がなぜ、顧客のロイヤルティを強化することもあれば何も影響しないことがあるのか。顧客のロイヤルティが高まれば企業はより多くの利益を獲得できるのか。こうした細かな問題の連鎖を、先行研究の呼び方にならって「顧客満足・利益連鎖」と呼ぶ（Frennea, et al. 2014；Mittal et al. 2005）。

　顧客満足-利益連鎖は、企業が提供するサービスが顧客視点の評価を通して企業収益に至るまでの連鎖である。どこかにボトルネックがあると、この連鎖は利益に結びつかない。第3章の目的は、顧客満足が利益に直結するのではなく、どのようなルートを辿って結びつくのか（あるいは、なぜ結びつかないのか）を先行研究の知見を通して理解する理論的基盤を示すことである。

1. 顧客満足は利益に連鎖するか

　図表3-1の顧客満足-利益連鎖のフレームワークでは、顧客満足と行動意図を中核にして、顧客が評価するサービスエクセレンスがいかに財務成果に結びつくかを図式化している。

　企業はターゲットとする顧客セグメントに対して、サービス・コンセプトに基づいてサービスを設計・実行する。サービス商品やメニューの設計、プライシング、プロモーション、オペレーション、チャネルなどの施策がミックスされて、顧客に提供される。

　ここで企業が提供するサービスが財務成果に結びつくルートとして3つを想定する。サービスエクセレンスとは、サービス品質、価値、満足という顧客評価を総称した、広い意味での顧客のサービス評価である。財務成果へのルートは、（α）顧客が企業にもたらす収益をいかに拡大するか、（β）サービスをいかに低コストで効率的に提供するか、（γ）それらをいかに同時達成するビジネスシステムと戦略を実現するかである（Mittal and Frennea 2010）。このうち、JCSIモデルはαルートのAとBを取り扱っている。

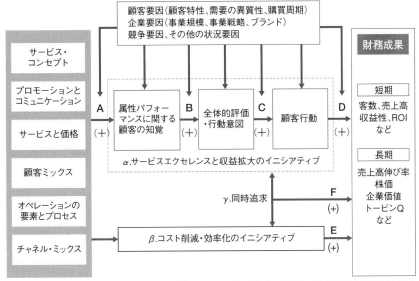

図表3-1　顧客満足-利益連鎖のフレームワーク

参考：Frennea, Mittal, and Westbrook(2014), p.186., Mittal et al.(2005)をもとに作成。

　αルートは、顧客がサービスをどう知覚・評価するか、その結果としての顧客満足と行動意図、顧客行動の3つ要因に分けられる。新サービスの導入、キャンペーンの実施、価格変更、サービスの改善などの企業の施策を顧客がどう評価するかは、顧客期待、知覚品質、知覚価値に反映される。これらの要因をつなぐAからDのパスは相互の影響力の強さを表しており、このパスが弱いとαルートからの財務成果への貢献は小さい。AからDの関係は理論的には合意があるものの、一般化できるほどの確証はない。そこで、研究者たちの関心は業種や市場環境などの外的要因による違いに向けられる。すなわち、顧客、企業、その他の状況要因といった要因が調整変数としてどう効いているかである。

　βルートは、収益を拡大する取り組みにおけるコスト削減・効率化のイニシアチブ（取り組み）である。αとβはしばしばトレードオフの関係にある。サービス品質の改善には、人件費などの追加的コストが発生しやすい。それらを両立するビジネスシステムを構築し、いかに独自のポジションを確立するかが同時追求のγルートである[1]。

どの業績指標が関係あるか？

　顧客行動から企業にもたらされる財務的な価値は、売上高や営業利益といった本業に関わる財務指標だけではない。その影響は株式市場にまで波及し、株価や企業価値に顧客満足度が影響する、という仮説に基づいて、米国の研究者たちを中心に、ACSI（米国版顧客満足度指数）が株価や企業価値に与える効果に関する実証研究が行われている。

　先行研究では、企業ないしブランド単位でCSIを算出し、客数や顧客維持率といった集計レベルの指標との関連性を見るものと、非集計レベルの個人の満足度と購買実績をみたものがある。前者の場合、会計年度の年次業績に対して、顧客満足度がどう推移しているかが分析されるが、両者にはタイムラグ（時間差）があるのが通常である。

　以降では、αルートのAとBの理論的基盤を顧客満足とロイヤルティの形成メカニズムに分けて紹介する。

2. 顧客満足の心理メカニズムを知る

　人がなぜリピートしたかの理由を知るには、顧客の心理的な側面にメスを入れる必要がある。そこでのカギとなるのが、顧客満足とロイヤルティの形成メカニズムである。図表3-1のAとBの形成メカニズムについて、次の例をもとに考える。

　クチコミサイトで投稿されたレビューや写真を見てレストランを予約したAさんがいる。店先の長蛇の列を見て、Aさんらは来店前に予約をしておいたことに安堵し、その便利さを実感する。席について注文した料理は写真映えする凝った盛り付けで、写真を撮ってSNSに投稿。気になることもあった。人気店のせいか店内はざわついていて、注文をしてから料理が出てくるまでが思いのほか、時間がかかった。しかし、全般的には満足でき、Aさんはクチコミサイトに星3つ（5つ中）の点数をつけた。

足し算と掛け算による評価

　人が感じる満足や不満足の形成には、少なくとも2つの評価メカニズムが関係し

ている。第1は、料理がおいしいやサービスが良かったなど複数の要素を評価した点数を足し合わせた合計点であり、頭の中で足し算や掛け算をしている、と想定される。第2は、それぞれの要素について期待したいたことが、実際どれくらい満たされたかである。

　Aさんは予約の取りやすさ5点、料理5点、店の雰囲気3点、サービス 3点と回答したとする。第1の評価点を計算すると、次のようになる。

足し算：5+5+3+3＝16 ／ 20点 ＝0.80

掛け算：5×5×3×3＝225 ／ 625点 ＝0.36

　足し算の評価ルールであれば、8割の高評価で満足度は高い。逆に、掛け算の評価であれば、3.6で満足度は低い。つまり、個別要素の評価点が同じでも、評価ルールの違いによって総合評価は変わることになる。そのため、顧客がどのような評価ルールでサービスを評価しているかに注目する必要がある。前者は代償型評価（ないしは補償型評価）と呼ばれ、何かが劣っていても他の要素で補える評価ルールである。それに対して後者は、連結型評価という非補償型評価の一つである。人は非補償型でサービスを評価すると、いずれかの要素が劣っていると、厳しめの総合点をつけてしまう。

　サービス業の現場で語られる経験則「100－1＝0」はこの連結型の評価ルールに基づいた顧客の〝厳しい目〟を示唆している。料理や接客まですべて素晴らしくとも、店内にネズミが出たら（清潔さ0点）、そのレストランの満足度は一気に低下する。こうした経験則は経営理念としては正しいかもしれない。しかし、実際、そうした評価をする人ばかりではない。料理の味にはうるさいが、接客や店の雰囲気にはこだわらない人もいれば、その逆もいる。人による好みやこだわりの違いはそうしたところにも現れる。

　また、代償型であれ補償型であれ、個別要素が全体評価においてもつウェイトが違う。ある人は料理のおいしさを重視するが、ある人は写真映えするかどうかを重視するかもしれない。したがって、個別要素がどれくらいのウェイトで満足度に影響するかを、定量的リサーチに基づいて見極める必要がある（ウェイトをどう推定するかは、第7章の SQI診断で取り扱う）。

引き算の評価　期待不一致モデルと、そこから派生すること

　人は製品・サービスについて、個別要素のパフォーマンスの高さを評価するだ

けでなく、それらに対して抱いていた期待やニーズをどれくらい満たしたかという観点からも評価している。それが第2の評価メカニズムであり、比較対象を上回っているか、下回っているかという引き算の評価である。満足・不満足について個人のニーズや期待がどの程度満たされたか、という評価に基づいた心理状態を説明する際、期待水準、知覚水準、それらの一致・不一致の度合い（disconfirmation）という概念を用いて理論化したのが、期待不一致モデルである。

　「お客様のご期待に添えるサービス」「ご期待を超えるサービス」「期待はずれでがっかり」というフレーズは、このモデルで説明される評価のメカニズムであり、顧客満足を理論的に説明する際、最もよく知られた古典的なモデルである（Oliver 1980,2014；Churchill and Surprenant 1982）。

　先のレストランの例で、Aさんは待ち時間、料理、盛り付け、店の雰囲気についてある程度予想していた。この予想のことを（予測的）期待水準という。予想とほぼ一致しているか、下回っているか、上回っているかが問題である。実際にAさんが体験したサービスのパフォーマンスのことを知覚水準という。10分の待ち時間を15分に感じたり、5分程度に感じたりすることもある。待ち時間に関するこの知覚は、あくまでも体感である。期待不一致モデルでは、期待水準から知覚水準を引き算した不一致の大きさが満足・不満足を決める主要な要因と考える。

$$知覚水準 \geq 期待水準：予想通りないし、予想以上 \rightarrow 満足$$
$$知覚水準 < 期待水準：予想未満 \rightarrow 不満足$$

　このように顧客の期待水準を超えたかどうかで、満足・不満を説明するロジックはわかりやすい。しかし、期待不一致モデルを古典的と称したのは、続きの話があるからである。マーケティング研究者たちは、その後、より発展的なモデルを提示した。

予測的期待以外にある多様な参照基準

　先述したように、人はサービスを評価する際に、何らかの参照点を拠り所としており、累積的満足はそれらが反映された総合的な評価と考えられている（Fornell et al. 1996）。サービスを評価するときに、人がもつ判断基準を比較基準、あるいは参照点という。期待は満足・不満足を評価する際の比較基準であるが、その期待には多様な意味がある[2]。

　期待を超えるサービス、想定外のできごとへの驚き、期待通りと期待外れといっ

た、顧客の満足や不満を語る際のキーワードは、期待をはじめとした比較基準に照らしたサービス評価である。また、「以前に来たときよりも、サービスが良くなった（低下した）」という感想も、前回までの記憶に残っている経験を思い描いたうえでのものであろう。

　比較基準の多様性は、何を参照するかだけでなく、そのレベルの違いにもあらわれる。故障したスマートフォンが修理サービスを終えて手元に戻るまでを例にして考えてみよう（図表3-2）。

・理想的期待：できれば2日後に戻して欲しい
・規範的期待：（昨今の相場観から見て）5日以内に戻ってくるべき
・予測的期待：たぶん3〜7日はかかるだろう（最高から最低の予想）
・最低許容水準：いくらなんでも10日が限度（我慢の限界）
・最悪の可能性：2週間待たされて修理不可能の通知を受ける

　人が評価の拠りどころとする比較基準は、そのブランド以外の同業他社や異業種にもおよぶ（Cadotte et al. 1987）。たとえば、国際線エアラインで提供される機内食やサービスを経験した人が、今までに乗った経験が、あるエアラインと比較して「やっぱりS航空は、A航空よりも機内食がおいしい」と評価したとする。それはS航空に対する予測的期待ではなく、競合ブランドのA航空を比較基準として、S航空を評価していることを示唆する。

　もう一つは、異業種・異業態ブランドである。オンライン通販では、翌日配送や即日配送のサービス競争が活発に行われている。翌日配送を経験した人にとって、オンライン通販で購入した商品がいつ届けられるかのハードルが上がる。しばしば業界のリーダー企業や革新的企業は比較基準のハードルを塗り替える。予約、注文、決済、受け取りに至るまでオンラインやモバイルで手軽に行えることを知った人は、小売、銀行、ホテル、交通などのサービスを評価する際、モバイルに非対応で、24時間対応でないことに不満を感じるかもしれない。

　第2章で説明したように、CSIが同一業種・業態内だけでなく、異業種・業態との相対的な位置付けを表す指標であるのは、このような消費者の比較のメカニズムを反映しているともいえる。この議論に基づけば、他業種の企業がサービスをレベルアップすると、自社はサービスを何も変えていないのに、「いつのまにか品質が低下してしまった」という事態に陥りかねないことの説明がつく。

図表3-2　顧客満足の形成メカニズム

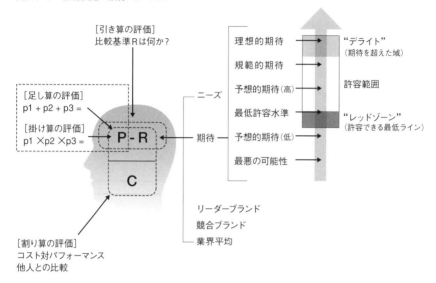

参考：Miller(1977), Boulding et al.(1993), Zeithaml,Berry, and Parasuraman(1993)などを参考に作成。

個人の価値観とニーズの一致の度合いを整理する

　期待不一致モデルは、顧客が選択した企業・ブランドがどの程度のベネフィットをもつのかについて予想した顧客期待である。たとえ予測的期待通りのパフォーマンスを得られたからといって、それは顧客本人が本源的に望んでいるニーズと一致しているとはかぎらない。それゆえ、ニーズと一致しないサービスには不満が残るかもしれない。

　そこで人がサービスの満足・不満足を評価する際のもう一つの比較基準として、個人がもつ価値観、ニーズ、ウォンツ、要望がある（Westbrook and Reilly 1983）。ニーズや要望とは、個人の消費者選好に近いものである。

　JCSIにおける顧客期待は、期待不一致モデルが想定する取引特定的で、短期的に形成される予測的期待ではない。つまり、その企業・ブランドが提供するサービスが、どれくらい信頼性があるのかとともに、顧客個人の個人的要求に応えられるかどうか、という観点から観測する質問項目を設けているのは、ニーズとの一致を部分的に反映しているからである。

👆 割り算の評価：公平性はあるか

　足し算と引き算の評価ルールに加えて、人が支払ったものに対して、何が得られたかの割合が満足・不満足を決めるのではないかという割り算の評価がある。公平性（equity）の議論がそれである。公平性とは「現実のものか想像上のものか、個人か集合か、人であるかないかに関わらず、他のものとの比較において公平であり、適正であり、それに値すること」（Oliver 1980, p.197）と定義される。

　　得られる効用とコストの対比 ＝（効用 ／ 対価）≧ 1.0 → 満足

　　他人との公平性：（効用 ／ 対価（自分））＜（効用 ／ 対価（他人））→ 不満足

　公平性の定義は広いが、自分が支払った対価や努力に対して獲得する利得が見合っているか、他人と比べてより良いか劣っているか、という観点から満足が評価されると考えられる。支払った対価に対して得られた利得や効用は、知覚価値あるいはコストパフォーマンスである。

　次のような例で考えてみよう。

　接客サービスにおいて、自分はマニュアル通りに扱われているが、他のお客さんには親しげに会話して対応しているのは不公平だ、という感覚がそれに近い。その店に支払っている対価は同じでありながら、得られるサービスが違うと知覚すれば不満の原因となる。グリーン車と普通車の乗客は受けるサービスが違うが、鉄道会社に支払っている対価が違うため公平性の観点からすれば、お互いにそれ相応のサービスを得ているのであって、不満の原因にはなりにくいと考えられる。

　加えて、サービスとして得られる利得や効用だけでなく、それを得るために費やした対価や手間暇といった犠牲の側面にも目を向ける必要がある（Zeithaml 1988）。こうした背景から顧客満足モデルでは、コストパフォーマンス、または知覚価値を取り入れたものが採用される。

顧客満足の心理メカニズムを式で表わす

　これまで説明した足し算、掛け算、引き算、割り算の評価ルールをまとめると、顧客満足（CS）の形成メカニズムは次式のように表される。ここでは、比較基準を顧客期待（EXPi）としているが、競合ブランドや過去の経験に置き換えてもよい。また、n番目までで構成される品質属性 i のすべてが予測的期待ともかぎらない。

$$CS = \frac{\Sigma(EXP_i - SQ_i)w_i}{Cm + Cn}$$

EXPi:品質属性i(i=1~n)の顧客期待、SQi:品質属性iの知覚品質、w:品質属性iの重要度、Cm:金銭的コスト、Cn:非金銭的コスト

　右辺の分子は、当該ブランドの知覚品質を品質属性の総和で表している。つまり、n個の品質属性iについての期待と品質の差分に重要度でウェイトづけした値の総和である。JCSIの知覚品質はこれに相当する。

　式中の品質属性iの重要度wiは、①各品質属性について「どの程度重要か」という質問項目を設けて直接測定する方法と、②顧客満足度や知覚品質を従属変数とする回帰分析により推定されたパラメータを重要度とみなす方法がある。前者は、顧客のニーズに近い重視度であり、実際に経験したサービス評価と満足度の関係とは異なるものと解釈される（詳細は第7章「サービス品質診断(1)SQIによる継続的改善」を参照）。

　右辺の分母には、当該ブランドを購入・利用するために顧客が費やしたコストを金銭的コストと非金銭的コストに分解している。もちろん、これは概念的なコストであり、直接観測できるものではない。JCSIでは知覚価値を「得られた品質に対して、対価や手間暇が見合っていたか」「支払った対価や手間暇に対して、品質が見合っていたか」という質問項目で測定している。

🌑 顧客期待の効果とは？

　顧客期待は、サービス評価の際の比較基準としてだけでなく、満足・不満足に直接影響を与えることも知られている。

　日常生活の一部として同じサービスを利用している人は、よほどの事態が起きないかぎり、期待と知覚は一致する。予想した通りのサービスを経験しているからである。ある人はそれらを比較することなく、おそらく満足／不満足かどうかも意識していないかもしれない。これは企業がどのようなサービスを提供しているかについて、各自の経験に基づいて予測しつくしているかのようでもある。

　期待効果は、直接効果と間接効果に分けられる。直接効果とは期待がそのまま満足／不満足に影響を与えることである。来店頻度が多く、長年、慣れ親しんだ小売店や飲食店について、常連客はどのような品揃えやメニューがあるか、接客

やサービスにはどのような特徴があるか、といった知識と経験をある程度、保有している。実体験に基づいた顧客期待は実際の経験と一致しやすい。そのため品質やコストパフォーマンス評価を経由せず、直接、顧客満足を予想できてしまう。それが直接効果の解釈である。

　一方、間接効果は品質やコストパフォーマンス評価を経由する。つまり、実際に経験したサービスを評価したうえで、満足／不満足が形成されるのである。こうした直接効果と間接効果を合計したものが総合効果であり、JCSIモデルでは、SEM（構造方程式モデリング）で推定した標準化総合効果で表すことができる[3]。実際のJCSIデータを用いた推定結果は、第5章で紹介する。

3. サービスの知覚品質と知覚価値の見方

サービス品質の標準化と個客対応

　企業が提供するサービスが、どの程度優れているかを品質とここでは呼んでいる。

　サービス品質は、製造段階で品質管理が行われて出荷される工業製品とは異なり、実際に顧客にサービスが行われた際、バラツキが発生することが多い。たとえば、スマートフォンの通信品質はエリアや建物の構造によって標準値よりも遅いことがある。エアラインの定時性は、気象条件やネットワークの混雑度合いなどの要因が働き、時間帯や路線によってバラツキが出る。

　小売や飲食において、全国展開のチェーン・オペレーションは各店舗で提供されるサービスが均一的であることを基本とする。いつでも、どこでも、誰がサービスを行なっても、顧客が誰であっても均質な、信頼性のあるサービス品質であることが求められる。一方、サービス品質には、標準化とは逆方向の顧客対応や臨機応変な対応が求められる。「杓子定規でマニュアル通りのサービスである」とは反対に、優れたサービスとは、顧客の個人的な要望に適切に応えられるかどうかが問われるのである。顧客が要望を口にする前に、ニーズや様子を先読み・先回りした接客が好まれるシーンもあるだろう。個客対応という品質は工業製品にはない特徴である。

　標準化は決められたスペックに沿った適合品質を実現するサービスであり、顧客ごとにスペックを変えるカスタマイズとは対極である。チェーン・オペレーションは、客観的に測定しやすい品質属性を標準化することに優れたオペレーション体制をもつが、臨機応変な個別対応を追求するのが困難である。

　しかし、顧客一人ひとりに対応したサービスが、誰にとっても好ましいものとはかぎらない。日本におけるサービス、おもてなし、ホスピタリティの議論では、きめ細かな、痒いところに手が届く、親身な接客をよしとする傾向がある。ビジネス・セミナーで紹介される企業事例も、そうしたテーマにそったものが選ばれがちである。逆にパーソナルな対応を「自分から頼んでもいないのにお節介である」「出過ぎた行為だ」と受け止める人もいるだろう。

　JCSIモデルにおける知覚品質は、標準化と信頼性、顧客の要求にどれだけ応えられたかを総合的に捉えた品質指標である。

　品質は、サービス全体としてどの程度、優れているかという全体的品質で見ることもできるが、具体的な品質属性（ないしは、より抽象的な品質次元）に分解してとらえることもできる。JCSI診断のシステムでは、全体的品質を知覚品質として表し、それを分解した具体的な品質属性の評価を SQI診断で取り扱っている。

　誰が、いつ、どこで、どのようなサービス経験をしたかを具体的に特定するには、現場担当者やリサーチャーによるオブザベーションや、顧客からフィードバックされる生の声（VOC）も有益である。JCSIでは SQI（Service Quality Index）というサービス品質指標を業種ごとに設定し、全体的な評価の知覚品質を分解し、どこに問題があるか、何が高く評価されているかを特定する設計となっている（詳細は第7章「サービス品質診断(1)SQIによる継続的改善」を参照）。

🔵 知覚価値（コストパフォーマンス）とは何か

　知覚品質と並んで、顧客満足のもう一つのドライバーと想定されるのが知覚価値（Perceived Value）である。先述したように知覚価値は、得られたサービスの品質ないし便益が、そのサービスを得るために顧客が費やしたコスト（犠牲）に見合っているかどうかで定義される（Zeithaml 1988）。その定義からすれば、品質からコストを差し引く（価値＝品質－コスト）、もしくは品質をコストで割る（価値＝品質／コスト）ことで規定される。知覚価値はコストパフォーマンス、費用対効果、バリュフォーマネーなどと言い換えることもできるが、いくつか注意が必要であ

る。

　第1は、先に式で表したように、コストには金銭的コストだけでなく、手間暇や心理的負担といった非金銭的コストも含まれることである。オンライン証券やオンライン銀行は24時間365日利用でき、利便性が高いうえに、手数料も安く、費用対効果に優れている。しかし、パソコンやスマートフォンの操作に慣れていない人にとっては、口座開設の手続きからアプリのセットアップまでの手間暇がかかり、面倒だと感じるだろう。すると手数料の安さにもかかわらず、知覚価値は低いと評価されることもある。それゆえ経済的価値だけで見たコストではなく、顧客が主観的に知覚した効用という意味でのコストパフォーマンスなのである。

　第2は、顧客にとって品質と価格の関係は、必ずしも合理的に評価されるとは限らないことである。品質—価格連想の概念がそれを表している（Dodds et al. 1991）。すなわち、品質判断力がない消費者にとって、価格は品質水準を類推する手掛かりとなる。価格が高ければ品質が良いだろう、安ければ品質は悪かろう、という類推である。もし、消費者が品質と価格が見合っているかどうかを正確に評価できないのであれば、知覚価値が高いということはたんに価格情報に影響された評価にすぎない、ということになる。

　高級ワインのおいしさを鑑定できない人は、品質バロメータとしてワイン価格を手がかりとするため、結果的にそのワインに対する知覚品質の評価も高くなる。ただし、高級ワインとおいしい料理とともに楽しい時間が過ごせたのであれば（ワインの味にかかわらず）、値段が高いわりに良い買い物ができた、といったような評価もされるだろう。

　そのサービスの購入手続き、セットアップ、実際の使用や調整といった一連の手間暇も含めた消費にともなうコストも加えた総合的なコストが品質に見合っているかも重要な評価軸となる。その主観的な評価を、顧客満足を規定するドライバーと捉えるのである。

4.顧客満足からロイヤルティへ

離脱・発言理論：顧客行動が企業を変える

　JCSIモデルの右半分は、ロイヤルティへの効果を表す結果系である。顧客満足

から企業利益へのルートは、この結果系のどこかで目詰まりがあると効果が低くなる。顧客ロイヤルティについては、すでにさまざまな研究知見とともに、CRMやブランド戦略に関連した実践的なマネジメント手法も提案されており、いささか専門的すぎて森の全貌を見失いかけている印象もある。

　JCSIで結果系のモデルは、離脱・発言理論を基礎としてロイヤルティを扱う。この理論はシンプルな論理から人間行動を説明しながら、ロイヤルティをどのようにとらえられるかを示唆する。以降では、この理論を紐解きながら、JCSIモデルにおけるロイヤルティの形成メカニズムと、その周辺についての理解を深める。

　日常的に利用するサービスで、人々はいつもと同じように問題なく商品やサービスを購入しているが、ときに次のような経験をすることもある。

・年に数回使う職場近くのレストランは、以前より料理がおいしくないと感じた。
・西日本の天候不良の影響で使用機材の到着が遅れたため、羽田空港で1時間待たされた。結局、2時間近く遅れて目的地の札幌に着いた。
・月会費8000円で通っているフィットネスクラブで、更衣室や風呂場で大きな声で話す常連客のマナーに不快感を感じることが多くなった。
・通販サイトで購入した商品が、お届け見込みの予定日を過ぎても届かないため、コンタクトセンターに電話して問い合わせた。

　これらの状況に直面した人はどのような行動をするだろうか。ある人は、同じサービスを利用する回数を減らすか、別の業者に乗り換える。また、ほかの人は、配送の遅れを問い合わせたように、店主やマネジャーに問い合わせたり、SNSに投稿したりする人もいるだろう。

　Hirschman（1970）は離脱・発言理論で、サービス品質低下という事態に遭遇した従業員や顧客がどのような行動をとるかを組織から離脱（退出）するか、内部にとどまって改善や改革をしようと発言（告発）をするか、という2つの概念で説明している。その店に行くのをやめて近くにある別の店に行くか（離脱）、店の人に「まずい」という素振りでそれとなく訴えるか、あるいは直接クレームを告げるか（発言）である。

　このように離脱・発言理論は、衰退しはじめた組織における人間の社会的行為を離脱（exit）と発言（voice）という2つの概念を用いて説明する[4]。CSIモデルは、こうした離脱、発言、忠誠（ロイヤルティ）が起こるメカニズムを、経済心理学の

累積的満足と、マーケティング研究の期待不一致モデルとその派生モデルを組み合わせて、複雑な現象を解き明かすモデルなのである（図表3‐3）5。

2つのオプションとロイヤルティ（忠誠）の意味とは？

　離脱発言理論によれば、企業が提供するサービスは、不特定の偶発的な原因によって品質が低下し、その結果、業績が低下に直面した経営陣は、離脱と発言という顧客の反応によって、サービスを改善する回復メカニズムで対応する（同訳書、p.4）。離脱オプションとは、再購入の中止、解約、他社への切り替えであり、企業にとっては短期的に収益源が失われるリスクの源泉である。顧客は離脱ないしは、離脱の脅しをかけることによって、間接的に企業経営陣に回復メカニズムを起動させることができる。

　一方、発言オプションとは「経営陣あるいはその経営陣を監督する他の権威筋に対して、さらには耳を傾けてくれる人なら誰に対してでも広く訴えかけることによって、自らの不満を直接表明する」（同訳書、p.4）ことである。発言には、企業に直接的に寄せられるクレームだけでなく、オンラインサイトのレビュー欄への投稿とそれへの反応、ソーシャルメディア上でのクチコミといった、不特定多数の市場・顧客に向けた行為も含まれる。

　2つのオプションはどのように行使されるだろうか。まず、離脱については、購買量が価格に依存するのではなく、品質の変化に依存すると仮定する。品質弾力性が高い顧客セグメントと低いセグメントがいる。品質変化に敏感に反応する"機敏な顧客"は、発言オプションを行使せず、すぐに逃げ出す。"機敏な顧客"が離脱オプションを行使していることを察知した企業経営陣は、収益を回復するために何らかの回復メカニズムを起動させる。それに対して、品質が低下しても留まる"緩慢な顧客"は、しばらく様子をうかがい利用し続ける。企業経営陣にとっては、改善努力が実を結ぶまで企業に時間的・資金的余裕を与えてくれる存在である（同訳書、p.26）。

　すべての"緩慢な顧客"が発言オプションを行使するとは限らないが、もし、発言するとしたら、それはどのような場合か。"緩慢な顧客"は、品質低下したサービスを利用し続けるような非合理的な選択をし続けるのだろうか。

　発言オプションを行使するかどうかは、顧客の不満の度合いの強さ、利用可能な他の選択肢の機会、自分の発言が企業経営陣を動かす効力がどれくらいあるかいう期待に依存する。すなわち、クレームを出しても企業が改善活動をしなければ、"緩慢な顧客"もいよいよ離脱する確率が上がる。しかし、偶発的な原因による品

図表3-3　顧客ロイヤルティの態度、行動意図、行動

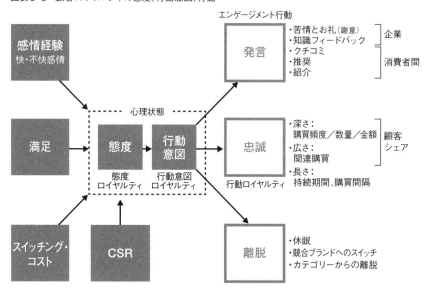

　質低下に気づいても緩慢な顧客は、「やがて修正されるだろう」と期待して購入・利用を続ける。このような行動を離脱・発言理論では、忠誠（ロイヤルティ）ととらえている。

　忠誠というと家臣が主君に仕えるように、顧客が企業・ブランドに好意や愛着をもっている姿がイメージされるかもしれない。しかし、この理論では好きかどうかは別として、利用を続けていることが忠誠である。ただ、発言オプションによる回復メカニズムを通して企業が品質を改善し、不満が解消されると、顧客の忠誠はさらに強くなるとも考えられる（Barry 1974）。これは、リカバリー・パラドクスに他ならない（第8章）。顧客がクレームを告げるのは、短期的には怒りや憤りの現れであるが、長期的には、その企業に対する関心があるからこそ、"一言いって改善してもらいたい"のである。発言は忠誠の一つであり、後述するエンゲージメント行動の一つでもある。

顧客満足とロイヤルティの関係は非線形か?

　顧客はサービスに不満を感じていれば、再び同じ企業・ブランドを利用し続ける可能性が低くなる。好みに合わない料理、接客、雰囲気のレストランには足が遠のくし、遅延や欠航が多い航空会社はできるだけ避ける。あるいは、サービスは優れているが値段が高すぎて「コスパが悪い」と感じれば満足度は低く、再び利用する可能性が低くなる。このように顧客のロイヤルティ、つまり、忠誠か離脱かは、満足・不満足の関数として考えることができる。

　図表3-4では縦軸にロイヤルティ、横軸に顧客満足度を表して両者の関係を示している。基本的には満足とロイヤルティの関係は、右斜45度の点線で表された線形関数が想定される。たとえば、満足度が1ポイント上昇したら、ロイヤルティが1ポイント上昇するという関係である。ロイヤルティは企業収益に結びつくため、企業は収益拡大のために顧客の不満を減らして離脱を防ぎ、満足度を上げてロイヤルティを維持することを目指す努力を継続すればよい。

　しかし、このような想定には、思わぬ落とし穴が潜んでいる。実際はA～Dの実線で示されている非線形仮説が指摘されている（Ngobo 1999；Anderson and Mital 2000；Finn 2012）。こうした線形・非線形仮説は、満足とロイヤルティだけでなく、サービス品質と満足の関係についても指摘されている（第8章）。非線形仮説は研究者の学術的関心だけでなく、実践的にも異なる示唆を与えるものであり、暗黙的に点線の線形関係を想定している企業経営陣にとっては、思わぬ落とし穴になりかねない。

　この点は普通の満足ではなく、極端な満足を追求しなければ企業は顧客のロイヤルティを獲得できない、というタイプⅢの顧客中心主義においても論点となる。すなわち、タイプⅢでは、顧客の驚きや感動がなぜ重要かをBやCを非線形の関係で説明している。ポイントは次の通りである。

(A) 収穫逓増仮説と (B) 収穫逓減仮説
　顧客満足に反応するロイヤルティの弾力性は一定ではなく、その変化率が異なるというのがAとBの仮説である。不満が高いとき満足度が少しでも上昇するとロイヤルティの伸びが大きくなるが、ある程度満足してくると、ロイヤルティへの影響は鈍くなるのが（A）収穫逓減仮説である（Agustin and Singh 2005）。それに対して満足度が一定の水準に近づくまでロイヤルティには反応しないが、ある閾値を超えるとロイヤルティを高める効果をもつと想定するのが（B）収穫逓増仮

図表3-4　顧客満足とロイヤルティの線形・非線形の関係

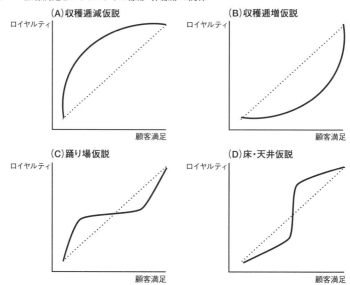

出所：Anderson and Mittal（2000），Finn（2012），Ngobo（1999）。

説である。

　極端に高い満足とは、ロイヤルティへの効果が強い高覚醒の快感情としてのデライト（感動／歓喜）ととらえる見方がある（Oliver, Rust, and Varki 1997）。逆に、収穫逓減仮説における極端に低い満足は、ロイヤルティを急激に低下させる高覚醒の不快感情としての失望（落胆／激怒）ということになる。

（C）踊り場仮説と（D）床・天井仮説

　ロイヤルティの満足度に対する弾力性が変化するポイントを2つ想定する二重閾値（dual threshold）モデルである。踊り場仮説はAとBを折衷した仮説であり、2つの閾値の間には弾力性が低い無関心領域を想定する[6]。ほどほどに満足した顧客にとって、わずかな満足度の変化はロイヤルティにほとんど影響しない。2つの閾値の外側、つまり、満足度が低い方ではロイヤルティは急激に低下し、高い方では急激に上昇する。

　それに対して床・天井仮説は、満足度が極度に低い顧客にとって満足度の上昇は、もはやロイヤルティをあげる効果はなく（床効果）、極度に満足している高い顧客はロイヤルティも十分に高いので、もはや満足度による影響は低い（天井効果）。

つまり、弾力性が高くなるのは2つの閾値の間であるというのが、床・天井仮説である。

　いずれかの非線形関係が認められるようであれば、企業経営陣がとるべき対応は、サービス品質を継続的に改善することだけではなくなる。改善活動によって品質が向上し、不満が改善されているはずなのに、なぜ、既存客の維持率や客単価に変化が現れないか、収益や利益が改善しないのか。こうした問題は非線形の可能性も視野に入れて、メリハリをつけて戦略的に対応する必要がある。この両極端の領域については、第8章「サービス品質診断（2）攻撃と防衛の戦略的投資」で取り扱う。

🔵 ロイヤルティとは何か：態度、意図、行動との観点から

　ここまでの説明は、ロイヤルティ（忠誠）を心理と行動が一致することを前提にしており、忠誠心は実際の行動に現れることを想定してきた。いい換えれば、好きだから同じ企業・ブランドを使い続けるというものである。しかし、こうした前提はロイヤルティを議論するうえで十分ではないことは、マーケティング研究者の間で共通の認識である。

　顧客のブランドに対する態度と行動を分けてクロスすることによって、ロイヤルティを4つに分けることができる。図表3－5の表側は行動面でのロイヤルティ、すなわち自社ブランドへの反復購買を表している。表頭は心理面でのロイヤルティ、すなわち自社ブランドへの相対的な態度を表す。心理面のロイヤルティは、その企業・ブランドが好きという態度と、再購入する意図があるかという行動意図に分けられるが、ここでは態度で見ている[7]。

　態度であれ、行動意図であれ、心の中では満足して再び購入したいと思っても、予算や入手可能性（欲しいけれども近所に売ってない、在庫切れで買えないなど）など何らかの制約条件があることで、実際に再購入が行われないことがある。再び利用したいと思っているが、実際に再購入をしないのが、潜在的ロイヤルティである。

　それと逆のケースが、見せかけのロイヤルティである。同じブランドを使い続けているが、決して心から好きなわけでも、意識して選択しているわけでもない、というものである。満足度が特に高いわけでもないが、行動ロイヤルティは高いことは決して珍しくない。たとえば、通勤電車、電気やガスのようなライフラインの会社を思い浮かべて欲しい。人はそれらを日常生活の一部として、呼吸をす

図表3-5　ブランド・ロイヤルティの類型

自社ブランドへの 反復購買	自社ブランドへの相対的態度	
	高	低
高	ロイヤルティ	見せかけの ロイヤルティ
低	潜在的 ロイヤルティ	ロイヤルティなし

出所：Dick and Basu（1994）

るのと同じようなものとして無意識に、使い続けている。こうした行動は、満足
→ロイヤルティの図式では説明しきれない。

　継続して何度も同じ企業・ブランドを利用している人の中で、とくに満足して
いるわけではない人がいるのはなぜだろうか。

　第1に、新しいサービスやブランドを試してみたいと思っても、失敗したくない
ので同じブランドを選び続ける、リスク回避的な行動が考えられる。第2に、スイッ
チング・コストの影響が挙げられる。

　不満を感じた既存客であっても、スイッチング・コストが高いと思えば、同じ企
業・ブランドを利用し続ける可能性が高くなる。製品差別化が困難な市場で、顧客
が高いスイッチング・コストを知覚すると、見せかけのロイヤルティが起こりやす
い。また、企業は取引条件やポイント・プログラムを通して、極端な満足や心理的
な愛着がなくても、継続的に購入してもらえるようなマーケティング・プログラム
によって、顧客心理にスイッチング・コスト（障壁）を作り出している。

　第3に、他の選択肢がないことによって、離脱したくてもできないこともある。
新規参入が起こりにくい独占や寡占の市場は、見せかけのロイヤルティの温床に
なりやすい。

🔵 行動ロイヤルティをその深さ、長さ、広さで集計する

　行動ロイヤルティは、一定期間における購買行動を深さ、広さ、長さという視
点で集計することによって、どのようなパターンでリピート購入が行われている

かの特徴づけができる（Bolton et al. 2004）。深さ（depth）とは、購買頻度や購買金額といった、顧客がどれくらい大きな購買実績をもっているかである。RFM分析のF（頻度）とM（金銭価値）に相当するものであり、顧客がサービスをどれくらい頻繁に多額の金額をかけて利用しているかを特徴づける[8]。

　広さ（breadth）は、支払った金額の内訳に注目したものであり、関連購入や利用目的の多様性を表す。顧客がその企業のサービスをより広く利用し、より多くの用途で利用していればいるほど、頻度や金額も増える可能性がある。サービス業の多くは主力サービスの用途を広げるとともに、多角化を進めて広さにテコ入れをしている。顧客はそれらを関連購入するにしたがって、高いスイッチング・コストを感じやすくなるだろう。

　チャネルの広さも行動ロイヤルティを促進する要因になる。リアル店舗だけを利用する人よりも、自社サイトやモバイルアプリといった複数のチャネルを利用するマルチチャネル顧客のほうが、行動ロイヤルティは高く、生涯価値も高くなることが指摘されている。（Verhoef et al. 2010）。

　長さ（length）は、継続期間、購入間隔、直近購入日といった購買時点の時間的間隔を表す。一般に、初回購入日からの継続期間が長いほど、購入間隔が短く、直近購入日が近いほど、顧客の継続率は高く、生涯価値にもプラスの効果があると考えられる。契約型のサービスでは、入門→初級→中級→上級といった能力別で編成されたメニューで対応しながら顧客を育成していくもの、揺り籠から墓場まで何十年にも渡って人の生涯をカバーするもの、さらには寺院の檀家制のように家系単位で関係を継続させるものまで、顧客関係の長さを契約や制度でデザインしている。

　以上の行動ロイヤルティを集計する深さ、広さ、長さはCSI診断においても、顧客満足やロイヤルティの違いを見極める上での有益な切り口となる（第5章）。

🌰 顧客シェアと顧客生涯価値

　行動ロイヤルティの深さ、広さ、長さは、特定の企業・ブランドの購買履歴でとらえることができる。それに対して顧客シェア（SOW:Share of Wallet）は、特定カテゴリに占める当該企業ブランドの購買が、どれくらいの割合かを表す指標である（Du et al. 2007）。ある人が1カ月あたりのコンビニエンスストア全体で消費した金額に対して、たとえば、セブン-イレブンに費やした金額がどれくらいの

割合を占めるかが金額の顧客シェア（ないし顧客内シェア）である。この顧客シェアには、支出金額で表す財布シェアと、購買頻度で表す頻度シェアがある。

　顧客シェアは過去の購買実績における頻度と金額をもとに顧客を識別し、セグメンテーション基準もしくは CRM の目標や成果とするものであるが、自社の購買履歴だけで分母を特定できないため、別の手段でデータを収集する必要がある。そのため多くの場合、RFM（Recency, Frequency, Monetary Value）のどれか、あるいはその総合指標が用いられる（Fader et al. 2005）。

　顧客シェアと並んで、顧客生涯価値（CLV/LTV：Customer Life time Value）も行動ロイヤルティを表わす財務的指標である（Rust, et al., 2001；Kumar et al. 2004；Kumar et al. 2009；Venkatesan and Kumar 2004）。

　タイプⅣの顧客中心主義のように、LTV は顧客が生涯（2年や5年といった一定期間）にわたって企業にもたらす利益を割引現在価値で表した指標である。過去の購買実績を元に算出するのは RFM や顧客シェアと同じだが、LTV は将来に向けての期待値である[9]。すなわち、ある顧客が今後5年間にもたらす収益を見る場合、1年後に離脱する確率が高い顧客 a と、低い顧客 b がいる場合、生存率が高い顧客 b の方が余命が長く高い生涯価値が見込める。

　タイプⅣの顧客中心主義のように、LTV が高いことを優良客と定義するならば、企業が中心とすべき優良客は、過去の購買実績が高い古くからの常連客だけでなく、金額はそれほど高くないが、直近の伸び率が高い新規顧客かもしれない。それゆえ、LTV のような顧客指標を用いて、将来性を見据えて顧客維持・育成を図り、顧客ポートフォリオ全体の最適化を目指すことが課題となる。

🔘 顧客のエンゲージメント：クチコミ、推奨、紹介の心理

　クチコミ、推奨、紹介といった他者に対してそのブランドのことを話題にしたり、勧めたりする顧客行動は、商取引そのものではない購買以外の行動であるが、ロイヤルティと類似する行動ととらえることもできる。これは、顧客のエンゲージメント（customer engagement）という概念でとらえることができる（Harmeling,et al. 2017；Kumar 2013；Van Doorn et al. 2010）。

　企業のマーケティング活動におけるソーシャルメディアの重要性が高まるにつれて、顧客のエンゲージメントがキーワードとして使われるようになった。しかし、そもそもエンゲージメントとは何かについて定義が共有されているわけでは

ない。たとえば、ソーシャルメディアマーケティング領域では、エンゲージメントを以下のように SNSアカウントのフォロワーがどれくらいいいね！ や投稿をしたかによって、エンゲージメントの強さを測定し、KPIとして活用されている（水越 2018）。

エンゲージメント＝(いいね!数＋リツイート数＋コメント数)／フォロワー数

自社やブランドに興味・関心があるフォロワー数を増やすだけでなく、それらのフォロワーがどの程度、アクティブに反応や発信をしてくれたかは、顧客（フォロワー）が、企業とどの程度関わろうとしているかの指標になる。フォロワーは、必ずしも既存顧客である必要はない。つまり、行動ロイヤルティは、購買という金銭的取引をともなうのに対して、エンゲージメント行動は取引を伴わずに企業と関わる行動である[10]。

既存顧客による他者へのクチコミや推奨も、エンゲージメント行動の一つである。また、顧客が直接、企業に問い合わせやクレームを申し立てることは、企業に対して、サービスの不備を知らせ、問題をいかに解決するかの手がかりとなるような知識を与える行為である。関係を断ち切ろうと思うような企業に対しては、怒りの矛先を向けることはあるかもしれない。しかし、この先も関わろうと思う企業に対して顧客が発する声（VOC）は、より深く、長く関わろうとするエンゲージメントの一つの表れなのである。

エンゲージメントはロイヤルティを強化する

家族、友人・知人、同僚だけでなく不特定多数の他者に対して企業・ブランドに関するレビューを投稿したり、話の種にしたり、自慢したり、愚痴を言ったり、推奨したりすることは、他の消費者、または市場の評判に結びつく可能性がある。それに加えて、クチコミや推奨は回り回って発言した本人にとっての将来の行動にも影響を与える。JCSIモデルでは、このことを推奨意向からロイヤルティへの効果で示している。

それは、人は自分が他人に公言したことについて、できるだけ一貫性を保とうとする、という論拠に基づいている。「あのお店はおいしい、おすすめ」と人にいえばいうほど、本人はその店を使わないと話の辻褄が合わなくなってしまう。友人にあるサービスを勧める人は、もし、その友人がそれを利用して気に入らなかったら、人間関係が拗れるのを懸念するため、よほど確信がないかぎり、実際に勧

めたりはしない。そうした理由で、ソーシャルメディアで不特定多数に軽い気持ちで投稿するのとは性質が異なる。

　また、人があるブランドについて語るのは、そのブランドに対する自分なりの信念が固まっていない不安な状況にある、と考えられる。それを誰かに語ることを通じて、サービスの何が良いのか、何か問題はないかを頭で整理しながら、他人からいいね！などの同意を得たり、話をしたりすることで、そうした不安が解消される。さらに、それを繰り返すうちに、やがて自分の信念が固まってくると、不安を解消するためにあえて人に語る必要が薄れてくる。

🌑 顧客はスイッチング・コストでロックインされる

　スイッチング・コストは、立地条件、変更手続きの煩雑さ、長く利用し続けることによる慣れや業者との関係性など、ブランドをスイッチする制約となる「障壁」の高さを主観的に評価する質問項目で測定することができる（酒井 2010, 2012）。具体的には、経済的スイッチング・コストとして、経済的損失、ベネフィットの損失、学習コストの3つが挙げられる。

　銀行口座の給与振込や自動振替、クレジットカードや携帯電話など契約型のサービスで、他ブランドへ切り替えるための手間暇やそれに伴う経済的損失が高いことが、スッチング・コストによって忠誠が維持される典型的な例である。これらが、他ブランドへ切り替えることによって得られる利得より高ければ、"緩慢な顧客"として忠誠を続ける源泉となる。

ロイヤルティ・プログラムは、顧客の忠誠をつくるか

　企業は、契約条件やロイヤルティ・プログラムなどを通して人為的に、スイッチング・コストを作り出す施策を講じている。

　ロイヤルティ・プログラムは、小売店の FSP（フリークエントショッパープログラム）やエアラインの FFP（フリークエントフライヤープログラム）など業種によって呼称が異なるが、ポイント獲得による特典付与と、会員ランクを設けたメンバーシッププログラムのいずれか、あるいは、その両方で構成される。ポイントやマイレージの多くは、次回以降の利用時にポイント還元という形でのポイント値引き、代金決済、非金銭的な特典と交換される。そのため価格弾力性が高い人にとっては、現時点での現金値引きと将来のポイント値引きを天秤にかけた購買選択を

行うこととなる。

　ロイヤルティ・プログラムの先行研究は欧米で盛んに行われているが主として、

　① 特典として得られる経済的価値
　②メンバーシップとステイタスのランクアップによる社会的価値
　③行動の習慣化

といった観点から、なぜ、ロイヤルティが形成されるかが説明される（Henderson, et al. 2011）。ポイントやマイレージ、会員あるいはステイタス限定のオファーといった経済的利得によって継続をうながすとともに、購買を促進・継続させるようデザインされるが、その際のロイヤルティ形成におけるカギは3つある（Drotic, et al. 2012）。

　・ポイント・リワード、ステイタスをどうデザインするか
　・顧客の行動はポイントによってどう影響されるか（ポイント圧力）
　・顧客はリワードを受け取ることによって、その後の行動がどう変化するか

　ポイント・プログラムには、各社独自か、共通ポイントプログラムとの提携か（Tポイント、dポイント、ポンタポイントなど）によって、顧客のロイヤルティの矛先が変わる。それゆえ自社サービスの購入によって獲得されたポイントが、自社で使われるとは限らない。
　このようなロイヤルティ・プログラムの構造をいかにデザインするのかとともに、顧客行動がそれにどう反応するかが、ポイント圧力とリワード交換の問題である。ポイント圧力の与え方は、ポイントによる特典交換や一定の利用実績を満たす上級会員のステイタスを獲得・維持するために、人はより積極的に購入・利用を加速させる、と考えられている[11]。
　製品差別化の程度が低いサービスでは、購買実績に応じたリワードを与えることで、顧客行動の習慣化を図るためにポイント・プログラムが活用される。しかし、顧客は常に経済的価値だけで動機づけられるわけではなく、また、ポイントの多くがリワードに交換されずに失効されてしまうことも少なくない。どのようなリワードのタイプかによってポイント圧力は異なること、ポイント値引き以外の非経済的な特典に対する顧客の内発的動機づけが、ロイヤルティ・プログラムへの態度や企業・ブランドへのロイヤルティに関係している、とも考えられている。

　こうした意味で、ロイヤルティ・プログラムは、たんにスイッチング・コストを高めることで顧客をロックインするだけでなく、真のロイヤルティに近づけるような価値をもつマーケティング手段ともなりうる。長期的に見ると過去の経験を踏まえた累積的顧客満足は、ロイヤルティ・プログラムの利用を促進し、それがスイッチング・コストにつながる、とも考えられる。不満をもった企業のメンバーシップを続けたいとは思わないし、ポイントを貯めるならば他のブランドへ切り替えようと思うだろう。

セルフサービスの慣れは、忠誠かロックインか

　経済的コストに加えて顧客がサービスを利用する中で形成される学習・手続的コストも、サービスの継続利用を促す、離脱の障壁となるスイッチング・コストである。顧客は自宅や職場から近いかどうかなどの立地条件や、特定の店舗やサイトでの手続きや利用方法に慣れることによって、同じサービスを利用する。

　ローンや投資信託といった複雑な金融商品を購入するまでの担当者との相談は、担当者から説明を受けるだけでなく、顧客が各種の個人情報や悩みを打ち明けるプロセスでもある。歯医者、美容室、コンサルタント、税理士・会計士など担当者との相談やコンサルティングを受けながらサービスを受ける場合、顧客は他の代案を探したり、新たに関係を作り直したりする心理的負担と手間暇を強く感じる。

　セルフサービスを使いこなす顧客のスキル習得もスイッチング・コストになる（Buel, Campbell, and Frei 2010）。小売店での買い物からファミリーレストランのドリンクバー、オンラインやATMによる注文から決済までの操作もセルフサービスで行われることが多い。差別化された飲食業では、料理のメニューや盛り付けだけでなく、カスタマイズした飲み物の注文の仕方まで、独自のルールと言語を使っている。コーヒーのサイズを「S、M、L」というか、あえて「ショート、トール、グランデ」というかは、その店独特のスクリプト（台詞）の問題である。注文の仕方から後片付けやテーブル会計のルールまで、消費者はサービスを使い慣れるにしたがってそのブランド特有のスクリプトを習得しており、やがてそれが学習コストという意味でのスイッチング・コストにもなるのである。

CSR（企業の社会的責任）のイメージ

　企業の社会的責任は、自然環境（エコロジー）、法令遵守、地域社会への参加と支援、従業員への公正な処遇、LGBTQなど、カバーする論点が多様であり、とらえどころがない面もある。

　ここでの関心は、顧客の満足やロイヤルティの形成メカニズムで企業のCSRへの取り組みがどのような役割を果たしているかである。すなわち、社会的責任の遂行がその事業活動の進むべき方向性と一致しているか、顧客がその取り組みをどのように認知・評価しているかが、サービス評価、満足、ロイヤルティ、財務成果にどう影響しているかである。

　顧客は自らの価値観と一致したコンセプトや経営理念をもつ企業・ブランド、つまり、顧客自身と企業組織のアイデンティティが一致すると思える企業との関係を続けたい、という社会アイデンティティ理論（Tajfel and Turner 1985）に基づいたロイヤルティ仮説がある[12]。

　アイデンティティがフィットすると思えるような企業に対して、顧客はよりコミットメントを強くするだけでなく、自分自身の信念を強化する効果もある、と考えられる（Sen and Bhattacharya 2001）。自分自身が社会に対して良い行い（Doing Good）をしていると思っている人は、より良くサービスを提供し、業績が良い会社ではなく（Doing Better）、良い行いをしていると思える企業に共感し、長く利用したいのではないか。こうしたロジックに基づいて、CSRイメージはサービス品質の評価や満足度には直接関係しないが、ロイヤルティやエンゲージメントに対する正の効果、あるいは、満足度からロイヤルティへの影響を調整する効果を想定できる。

　顧客のCSRイメージが財務成果に与える影響に関しては、消費者が抱くCSRイメージがロイヤルティ（再購買意図）に正の影響を与えるとの指摘があるが[13]、そうした効果は、企業の特性や戦略などの諸条件を考慮する必要もある[14]。

　一方、企業のCSR活動を消費者がどのように知覚しているかは、複数の次元で測定することができる。JCSI調査では、エコロジー、適切な情報公開、消費者の健康への配慮、消費者保護、従業員の働き方、地域社会への配慮、地域における良き企業市民といった評価項目を用いて、6指標と同じように100点方式で算出している。CSRイメージがロイヤルティにどう関係するかは、第5章で取り上げる。

5. サービスマネジメントから見た企業の対応と顧客選択

　すべての顧客の離脱と発言に対して、企業がすぐさま改善するのがベストな選択とは限らない。すべての顧客の要求を聞き入れることで追加的な負荷がかかり、生産性にマイナスとなりかねないからである。異なるニーズをもった顧客セグメントを相手にする場合、企業はどのような舵取りをすればよいか。最後に、先述した離脱・発言理論を下敷きにしながら、市場メカニズムの観点から企業はどの顧客セグメントの離脱や発言を重視して対応するべきかを理論的に考える。

市場・顧客の異質性とサービスの異質性を考える

　大規模企業にとって市場シェアの拡大は、生産・販売のスケールが拡大することでもあり、単位当たりのコストが低下する規模の経済性を発揮しうる（図表3-1のβルート）。一方、CSIと市場シェアには負の関連性があるが、それはどう考えればよいだろうか。

　顧客満足が上がることは、リピート購入を通して企業に収益拡大の機会を与える一方（αルート）、新規客よりも既存客に比重を置いたマーケティング予算の傾斜配分によってコスト削減効果も見込める。しかし、市場シェアと顧客満足度に負の関係があるとすれば、市場シェア至上主義の戦略と顧客中心主義の戦略は、トレードオフの関係と考えざるを得ないのだろうか。この問題を考えるカギは2つある。

　第1は、需要サイドの市場の異質性である。消費者選好が異質であれば、より多くの市場シェアを有することは、異質なニーズを十分に満たせないため、市場シェアが高いと顧客満足が低い関係が生じやすくなる。

　第2は、供給サイドの異質性である。市場シェアを拡大するために、企業は事業拠点を増やし、オンラインやモバイルといった多様なチャネル展開で顧客接点を拡大する戦略をとるだろう。一般に、店舗数が拡大するほど地理的な市場の異質性に直面すため、各拠点でのサービス品質にバラツキが生じやすい。結果として、市場シェアが拡大するとサービス品質が低下し、満足度が低下する可能性が高くなる。

　このことを単純化したケースで考える。図表3-6では、2社のプレイヤーが競

図表3-6　市場シェアと顧客満足

ケース1 2社の市場

消費者選好が（a）正規分布、（b）一様分布、（c）双峰分布のいずれの場合でも、企業は中間点Bを選択する。

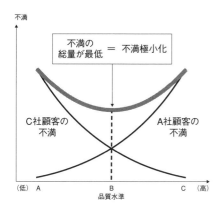

ケース2 3社の市場

消費者選好が（a）正規分布している場合、中間点Bを選択した企業の市場シェアが最大となるが、ACに位置する低シェアよりも不満総量が大きく、満足度は最低となる。

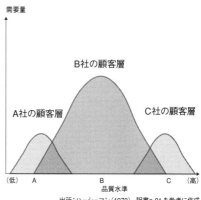

出所：ハーシュマン（1970）、訳書p.81.を参考に作成

争するケース1と、3社のケース2を想定している。ケース1では、品質水準が高いAと低いBがいる。顧客の選好は、値段が高く品質水準が高いサービスCから、品質水準が低く低価格のサービスAまで均等に広がっていると仮定する[15]。A周辺の品質水準を好む人がAを選択した場合、縦軸で示した不満はゼロ＝満足だが、品質水準が高いサービスを望む人は、品質水準が高くなるほどAへの不満度が上がる。これは右肩上がりのA社顧客の不満曲線で示されている。逆に、C社顧客の不満曲線は品質水準が高いCを好む人の不満はゼロ＝満足だが、品質水準が低いところを選好する人ほど、不満度が高くなる。つまり、Cを過剰品質と見ているわけである。

　2つの不満曲線から市場全体の不満度を足し合わせると、不満総量を表すU字曲線となる。この状況は、ホテリングの立地選択問題（Hoteling 1929）で導かれる結論と同じく、この市場における最適な市場ポジションは、不満極小化となる中心点であり、AとCは中心点に向かってポジションをシフトすると予想できる。

　ケース2では、その中心点の品質水準にBがポジショニングしている。消費者選好が正規分布しているとすれば、Bは不満総量が最も少ないレベルで最も多くの需要量を獲得できる。Bは多くの人にとって、ほどほどの品質水準で信頼でき

るサービスを提供する市場地位を獲得するだろう。ただし、ケース２では同時に、市場の両端にＡとＣが独自の差別化を図っていることを想定している。

　差別化されたＡとＣに近い選好をもつ人々を中心にして、ＡとＣの市場シェアは限定的であるが、それぞれ不満が少ない市場地位を獲得できる。一方、ＡとＣの参入によってＢは、市場シェアが大きいが相対的には不満総量が最も大きい市場地位となる。

　Ｂはより多くの顧客を相手にして不満総量を極小化した"平均的"なサービスを提供しているのであり、決して顧客不満が大きいわけではない。逆に、ＡやＣは特定の市場セグメントに集中化しているため不満が少ないのは必然的な結果でもある。

　第1章で、CSIと市場シェアが両立しないことを経験則として示したが、以上の分析に基づけば、その現象は、当然の帰結である。ただし、ここで注意すべき点がある。第1に、人々の選好が異なる場合に、この経験則が成り立つことである。もし、選好が同質的ならば、市場シェアが高い企業・ブランドの顧客満足度が高くても何ら不思議ではない。第2に、市場シェアが低いＡとＣの顧客が繰り返し購入し、購買金額が高くなれば、結果的にＡやＣの市場シェアは高まることである。

「なぜ」を考えるのに役立つ4つの理論

　本章では、JCSIモデルがどのような理論的背景のもとに構築されているかを顧客満足-利益連鎖のフレームワークに沿って説明した。顧客満足とその周辺に関わる研究知見は、膨大な量におよんでいて（Szymanski and Henard 2001；Oliver 2014）、よほどの専門家ではないと、道に迷ってしまうほど膨大な研究成果が積み重なっている。ここでは代表的なものを紐解いたにすぎないが、JCSIのスコアやモデルが示す結果について、「なぜ」を考える手がかりになるのがこれらの理論である。主要な論点は以下の通りである。

① 顧客満足-利益連鎖という大きな問題を小さな問題に分けることによって、なぜ、顧客満足が企業利益に貢献するか（あるいは貢献できないか）を理解する手がかりとなる。

② 顧客満足・不満足は、市場が選択したポジションがニーズと一致しているかどうかと、その市場ポジションで期待されるサービスが提供されているかに依存する市場・心理メカニズムである。単に「期待に応える」「期待を超える」のが満足・不満足ではない。

③ 顧客のロイヤルティを態度、行動意図、行動で捉えると、「満足したからリピートする」「不満だから離脱する」とは異なるロイヤルティを識別できる。こうした不合理に見える顧客の行動ロイヤルティを顧客満足以外の要因で理解することが必要である。

④ 顧客はリピート購入以外の側面で、企業と関わっている。いかに顧客のエンゲージメント行動を促進し、それをロイヤルティにつなげるかも利益連鎖を理解するカギとなる。

　第1部では、第2章において累積的満足を中核としたJCSIが、どのようなコンセプトと方法論に基づいているかを解説し、第3章ではその理論的背景を説明した。第4章以降は、企業が顧客からフィードバックされたデータに基づいて、顧客中心主義の経営を行うための方法論を取り上げる。SQI診断とCSI診断では、本章の理論を、実際のデータを用いて実践的に問題解決する方法論を示す。

1. Wirtz and Zeithaml(2018)、Mittal et al.(2005)、Rust and Huang(2012)

2. 期待に関しては次のような論点もある。第1に、人はどのようなサービスが提供されるかを予想(予測)できるが、確からしさに欠ける予想もある。未体験のカテゴリーやブランドを初めて利用するときの予想(=予測的期待)は不確実性が高く曖昧である。逆に、何度か経験を積むと、人は学習し、より確からしい予想ができるようになる。実体験に基づいた予測的期待は、実際の知覚水準に最も近くなるだけでなく、やがて満足・不満足をも予測できる域にまで達する。第2に、期待は単にサービス評価における参照点としての役割だけでなく、サービスの評価を歪める効果、すなわち、同化と対比の効果をもたらすこともある。

   第3に、期待水準と知覚水準の「引き算」で一致・不一致を説明する考え方は、実際に測定するのは慎重を要する。これらの質問項目は、絶対0点が存在しない順序尺度(を間隔尺度とみなして分析している)であり、引き算を行うのには適してない。そして、人間はサービス評価を行う際、頭の中で5−4=1のような合理的な計算をしているのではなく、「予想したのと(あるいは、他ブランドと比べて)どれくらいギャップがあっただろうか」という主観的な差異を聞く方法もある。

3. 直接効果比率による顧客期待が満足／不満足に与える影響を診断する方法は、Fornell et al.(1996)に依拠している。当時のACSIを用いた同様の分析でも、小売、製造業／日耐久消費財、行政公共サービスの直接効果比率が高く、金融・保険が低い業種であり、日本もこれと似通った傾向を示している。

4. ハーシュマン自らの発展途上国のフィールドワークをふまえた開発経済学の研究から構築されたこの理論は、離脱に焦点をあてる経済学と、発言に焦点を当てる政治学を融合したものであり、国家、組織、企業における人間行動を説明するものである。

5. シンプルなロジックで構築されたこの理論は「シンプルな構造を積み重ねていくと、あるいは入れ子にしていくと、とんでもない複雑なことが説明できる」という意味で「累積性がある理論」とも評される(伊丹 2001、p.62)。

6. 踊り場仮説を指摘する研究は、Coyne(1989)

7. 行動傾向を示す能動ロイヤルティは、再購買・再利用の行動意図で見るか、見込み(ないしは可能性)で見るか、という捉え方の違いもある。後者の立場をとるACSIに対して、JCSIでは前者の行動意図レベルでロイヤルティを捉えている。これは、満足がもたらす効果を、心理的ロイヤルティの高い顧客をどれくらい創造しているかに置いている。

8. Bolton et al.(2004)

9. さらに、LTVは期待利益を元にするため、厳密には収益だけでなく、顧客維持コストやサービスの粗利益を加えて計算する。実際は、顧客一人当たりの粗利益があれば概算はできるだろう。

10. 学術的には、エンゲージメントを顧客が企業に対してもつ心理的な絆と考える定義もある。しかし、ロイヤルティを心理的に定義するのと似通ったところもあり冗長であるため、顧客のエンゲージメントは実際にどのような金銭の授受をともなわない行動が行われたかでみるほうが良いのではないか、というのが行動ベースのエンゲージメントの捉え方である(Van Doorn et al., 2010)。

11. 報酬の近接性が高くなるほど行動が加速される人間の行動は、目標勾配仮説(goal-gradient hypothesis)として知られており、初期ポイントをどの程度、与え方、次の上位ランクに上がるまでの間隔をどの程度にするか、目標達成が間近であることを伝えて中弛みをさせないための中間地点の伝え方などに応用される(Kivetz, Urminsky and Zheng, 2006)

12. たとえば、Bhattacharya and Sen(2003)、Sen and Bhattacharya(2001)

13. 企業ないしブランドに対する態度、再購買意図、財布シェア、顧客維持といったロイヤルティ

に正の効果があることがいくつかの先行研究で報告されている（Ailawad et al., 2014；Du et al., 2007；Sen and Bhattacharya 2001）。

14. たとえば、以下のような研究知見が報告されている。
- CSRイメージはブランド態度や満足を媒介してロイヤルティに影響する（Ailawad et al., 2014）。イメージだけではロイヤルティを高める効果は少ないが、革新性のある取り組みをすることで、より大きな効果が得られる（Van Doorn et al., 2017）。
- CSRイメージの恩恵を受けるのは成功企業よりも成功していない企業である（Du et al., 2011；Van Doorn et al., 2017）。成功している企業の顧客はすでにロイヤルティが高いため、CSRイメージによる効果の余地は少ない。

15. 消費者選好の分布は、両裾野が少なく中心が多くなる正規分布、ニーズが均等に広がっている一様分布、好みが二極化した双峰分布、あるいは、ニーズに違いがない同質的な市場といった違いがある。選好すなわちニーズが同質的な市場においては、市場シェアと顧客満足は両立するが、異質な市場においては、分布の形にかかわらず負の関係が生じる（Hirschman 1970、同訳書、p.81）。

第4章
CHAPTER 4

顧客フィードバックの エコシステム

データ、分析・診断、マネジメントの
歯車を回す

　製品・サービスを実際に購入利用した顧客の心理・行動的反応に関わるデータを本書では「顧客フィードバックデータ」と総称する。顧客満足度調査で得られた回答、コンタクトセンターやサービス現場に顧客から寄せられる問い合わせやクレーム、さらには購買やアクセスログなど顧客の行動履歴データも顧客フィードバックデータである。

　これらのデータを組み合わせ、サービスエクセレンスのマネジメントに活用するには、どのような仕組みを構築すれば良いか。データを収集し、集計するだけではデータの真価は発揮されない。顧客フィードバックデータをマネジメントに活用できるインテリジェンスへと変換することによって、KPI（重要業績目標）としてマネジメントに活用できる非財務的指標の一つとして財務的指標とあわせたダッシュボードを構築する可能性もある。インテリジェンスとは、市場・顧客の心理・行動の現状や変化を示唆する意味ある情報である。

　経営者は顧客満足度が、企業の収益性にどう結びつくか、マネジャーはロイヤルカスタマーを創造するために、サービスをどう改善すべきか。こうした課題を解決する手がかりとなるインテリジェンスが価値をもつ。現場でサービスに従事するスタッフや組織のメンバーたちにとって、顧客からフィードバックされた評価は、生の声であれ、数字であれ、ポジティブな意味であれ、ネガティブな意味であれ、動機づけを高揚させるものにも、反省材料にもなる。

　顧客フィードバックデータは、さまざまな可能性をもつ"宝の山"である。この経営資源を活用するには、データ分析のスキルを高め、専門のデータサイエンティスト（ビッグデータを分析・解析し、それをビジネスに活用するための知見・情報を引き出す人）を雇用するだけでは十分ではない。データ集計結果をまとめた分厚いレポートが、"資料爆弾"となるような事態や聞き手が理解できない統計数値で煙に巻かれるような事態は避けなければならない。そこで顧客フィードバックデータをインテリジェンスにするために、データを適切に読み解く分析視点をもち、組織を動かすマネジメント体制が必要である。これらの歯車が回るような顧客中心主義の基盤を整えられるかが、顧客フィードバックデータが"ゴミの山"となるか、"宝の山"となるかを決めるといっても過言ではない。

　それゆえ本章では、エコシステム（生態系）を構築することの重要性を指示している[1]。以降では、データとインテリジェンス、分析・診断、マネジメントの3つの歯車が有機的に関連づけられる顧客フィードバックのエコシステムをいかに構築すべきかを考える（本章末の図表4-9を参照）。CS調査も、CSIデータも例外ではない。市場・顧客に関する様々なデータと組み合わせて、適切な分析視点と診断

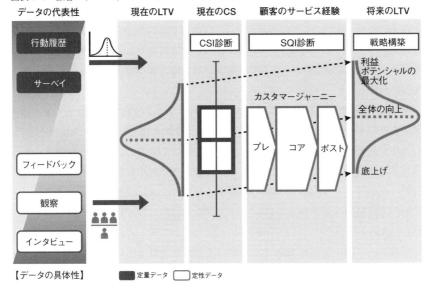

図表4-1　顧客フィードバックデータからインテリジェンスへ

手法、そして、適切な目的をもったマネジメント体制の歯車が回らなければ、ランキング順位と“資料爆弾”、そして、難解な統計数値に過ぎない。

1. 顧客フィードバックのエコシステム

顧客フィードバックデータのタイプ

　図表4 - 1には、複数のデータソースからなる顧客フィードバックデータをマネジメントに活用するインテリジェンスに変換し、顧客やサービスの現状を分析・診断し、戦略構築へと結びつけるプロセスを示している。顧客フィードバックデータには、2つのタイプがある。

　第1は、企業が顧客に協力の依頼をするインタビューやアンケート調査で自ら収集する1次データである。サーベイデータは、回答者がオンラインやハガキの質問項目に回答する形式であり、その多くは構造化された定量データとして収集され

る。一般にアンケートと呼ばれるのがサーベイである。

　サーベイには、質問票を印刷したハガキや封書を配布し、回答者がペンで記入するものから、eメールやQRコードにリンクされた質問画面に表示された質問項目に対して、パソコンやモバイル端末で入力する方法もある。小売店の出口や空港のトイレ出口に2つないし、3つの色分けされたボタンを押してもらう簡易的な方法もある。

　第2章で触れたように顧客満足度調査はサンプリングのやり方によっては、顧客満足度やロイヤルティのデータが高く偏向する要因となり、とくに注意を要する。ハガキや質問画面のQRコードを利用者に配布して回答してもらうもの、企業が保有する顧客リストに対してメールで回答依頼するものは回答数を増やすには優れているが、データの偏向が強くなりやすい。そこで、市場調査会社のモニターに対して統計的な標本抽出を行い、体系的なサンプリングを行って調査する方法がとられる。

　観察データは、顧客が実際にサービスを利用する様子を調査員が観察した記録や店舗内に設置したビデオカメラで、定点観測した画像や音声も含まれる。行動データやサーベイデータでは、把握しきれない顧客がサービスを購入・利用する行動を観察し、歩くスピードから何気ない仕草、表情や発言などに現れる潜在的な不満やニーズを発見するために活用される。

　第2は、顧客が自らの意思で行動した結果、企業に蓄積されるデータである。一つは、顧客の来店、ホームページの閲覧、問い合わせ、購買などの行動履歴が記録された行動データであり、自然に蓄積される膨大なデータである。もう一つは、VOC（Voice of the Customer）であり、サービス現場でのスタッフとお客様との会話、ゲストコメント、コンタクトセンターやCS推進部などに寄せられる問い合わせやクレームである。

　VOCは商品・サービスに関する問い合わせからリクエスト、クレーム、感謝や称賛まで多岐にわたるが、サービスの問題を特定し、それに適切な対応を行うために活用される。こうした受動的で事後的な対応をするだけでなく、過去から蓄積されたVOCを体系的に分析して、今まで見過ごされていた問題点を発見し、より能動的に未然防止の対応を図るために活用されることもある。

　行動データは、将来の顧客行動を予測するうえで有力な情報源である。取引やコミュニケーションのデジタル化が進むなか、顧客の行動データはビッグデータとして蓄積されている。顧客関連のビッグデータは、次の特徴をもつ[2]。

①更新のスピードが早く（high velocity）

②データ件数が膨大であり（high volume）

③多様性がある（high variety）

　さらに、モバイル・アプリの起動・閲覧履歴は、接続時間や時間帯、閲覧のスピード、クリックのパターン、位置情報などの多様な行動特性を反映する豊富な情報量が含まれる。

　ソーシャルリスニングは、企業が運営するサイトではなく、第3者のソーシャルメディアやコミュニティサイトに顧客が投稿した内容を分析するものである。投稿の多くは、テキストないし画像のデータである。

　これらの投稿内容を1件ずつ読み込むだけでなく、文字と文章で綴られたテキストを統計的に処理することもできる。つまり、テキストデータから抽出されたキーワードの出現頻度のトレンドから、顧客は何に関心があるか、サービスの何に反応しているか、などを把握する。その際、キーワードごとの出現頻度だけでなく、複数キーワードの出現頻度の関連性を共起ネットワークで表すのも定番の分析である。たとえば、あるブランドに関して語られている投稿のテキストデータからキーワードを抽出して、過去数年間の推移をみる。「安心」「信頼」と言ったキーワードの出現頻度が増加している一方で、「革新的」「新しい」「おもしろい」といったキーワードが低下しているといった傾向を見る。

　顧客フィードバックデータは、こうした複数のデータソースで構成されるエコシステムである。購買履歴もサーベイデータも、それ以外のデータと補完的に活用することによって、顧客理解を深めるためのインテリジェンスへと近づく。

🪨 データの代表性と具体性のトレードオフ

　第1章で述べたように、顧客満足は実際にサービスを経験した既存顧客だけが評価できるが、どの顧客からどのようなデータでフィードバックを得るかがエコシステムの設計において、重要なカギとなる。キーワードは、データの代表性と具体性である。

データの代表性：どの顧客からフィードバックを得るか
　一定期間の利用を前提とする通信、教育、保険、銀行をはじめとした契約型サー

ビスは、すべての顧客が会員登録をしているため、そこで蓄積される購買・利用履歴といった行動データの代表性は高い。

　一方、非契約型のサービスの場合、小売店をはじめとして POSデータとして記録は残るが、顧客すべてが IDで紐づけられていないので、すべての個人を識別できず、データの代表性は低い。そのブランドに高い関心をもつ人やポイントや特典の獲得を狙うような人が会員登録をするため、一定のバイアスがかかっている可能性があり、満足度やロイヤルティが上振れする可能性が高く、調査結果を解釈するうえで注意すべきである。

　独自のロイヤルティ・プログラムを導入している場合も同様である。プログラムに参加している顧客のデータを蓄積し、分析できるが、非会員の行動までは特定できない。結果的に、アクティブな会員だけが分析対象となり、今後、企業がテコ入れを図りたい顧客層の行動を捕捉しきれないという限界もある。

　一方、CS調査のようなサーベイデータの代表性はどうか。顧客満足度調査はサンプリングしだいで偏った回答分布となってしまい、高得点が出やすくなる。とくに来店客を対象にした調査や会員名簿に対して調査依頼をする場合には、注意を要する。

　購買・利用頻度が高い人、ロイヤルティが高い人は CS調査の回答に協力しやすいが、回答傾向が好意的になりがちである。満足度や再利用意図のスコアは高く5段階評定で満足度を測定すると、平均点4.0を超えることが少なくないことは、多くの企業で経験する CS調査の実態であろう。他社へスイッチしそうな人や不満をもっている人が含まれないサンプルであるため、そのような結果になってしまうのも不思議ではない。顧客満足の改善課題は、高く満足している人々だけでなく、それ以外の人々が何に不満を感じ、満たされていないニーズは何かを探り、全体の底上げをすることにもある。それゆえ偏ったサンプルだけでは問題の本質が見えてこない致命的な問題をもちうるのである。

　このように既存客の評価や意見を聞く際、誰の意見を聞くかが調査結果に大きく影響する。少数のモニターから深い話を聞くのか。それとも幅広いサンプルを収集して全体像を把握するか。これはサンプルサイズの大きさだけでなく、その代表性をどう確保するかに関わる問題なのである。

VOCは氷山の一角

　コメントカードやコールセンターに寄せられる VOCは、サービスの問題点を発見する重要な情報源であるが、データの代表性はやはり高くない。あえて問題を

図表4-2　VOCの氷山（業種平均）

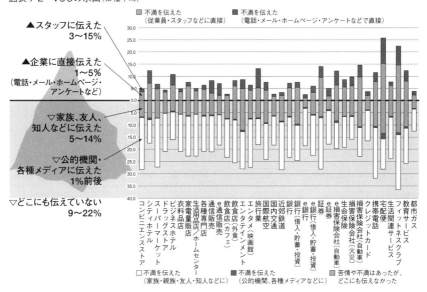

指摘する人には、共通の属性があるかもしれないし、企業に問題を指摘すること
に旺盛な、いわゆるクレーマーの可能性もある。それゆえに、自社の顧客基盤の
縮図というよりは、尖った意見や視点をあたえてくれる存在とみなすことができ
る。「苦情の氷山」というメタファーがある。これは、水面上に見える氷山の一角
を顧客の苦情、ないしはVOCにたとえたものであり、水面下にはさらに多くの氷
山が潜んでいることを示唆する。

　企業に寄せられるVOCは、氷山の一角を表にしたにすぎない可能性がある。図
表4-2はJCSI調査2018年度の全業種データで、何らかの問題を経験した人が、
どのルートで不満を伝えたかの割合で示している[3]。縦軸は、何らかの問題を経験
した人のうち、それぞれのルートで発言をした割合を表す。縦軸0より上半分▲は
企業に直接伝えられたVOCであり、下半分▽はクチコミや外部機関への申告と何
も発言をしてない人である。

　顧客全体でとくに問題を経験していない人は50～70%程度であり、問題を経験
した人は30～50%である。その問題を誰かに伝える場合のルートは、企業に対し
て直接申し出るもの（現場のスタッフに話すものと、電話、メール、ホームページなど
で企業に伝えるもの）、周囲の家族や友人などにクチコミとして話すもの、消費者

センターなどの公的機関や各種メディアに投稿するものに分けられる。もちろん、複数のルートで伝えている人もいる一方、問題を経験していながら、誰にも言わない人々が顧客全体の10～20%程度を占めている。

　サービスに何らかの問題を経験した顧客が企業に自らクレームを発する割合は、顧客全体の3～15%である。2割弱のVOCが水面下の声までも代弁しているのか。それともたまたま起きた異例の事態について、敏感な顧客が挙げた声にすぎないのかもしれない。いずれにせよ、声の大きな少数派のVOCは際立ちやすく、静かな大衆のVOCが集まりにくいことは、この氷山からも類推できる。

　下半分のクチコミは、不満の吐口としてどの業種でも一定の割合を占めている。それに対して、公的機関や各種メディアへの投稿は1%を下回るごくわずかである。回答者が質問項目の「各種メディア」をどう解釈して回答したかにもよるが、ここにソーシャルメディアが含まれているとすると、実際にサービスの問題点を指摘する投稿は全体のごくわずか、と推察される。

　サーベイデータは母集団の代表性を確保できれば、顧客基盤の全体像を把握するのに適している。たしかに標準的なモノサシで測定されたデータの代表値と離散値で、顧客のニーズからロイヤルティまでを適切に記述し切れるのだろうか、という疑念をもつ人もいるだろう。逆に、VOCは確かにすぐに解決すべき問題を浮き彫りにするうえで有益であるが、顧客の生の声を反映しているからといっても、それはごく限られた人たちの特殊な意見かもしれない。それゆえどれか一つのデータだけでなく、代表性の高いデータと個別性が高いデータを合わせてもつエコシステムを構築して、分析と洞察を深めていく必要がある。

データの具体性：n＝1から仮説を立てる

　顧客フィードバックデータの分析では、誰が、いつ、どこで、何のために、自社のどのような商品・サービスを購入・利用したか。その結果、サービスをどう評価し、満足したか。再購入する可能性がどの程度あるかを明らかにしたい。

　顧客IDがついた行動データからは、誰が、いつ、どこで、どのような商品・サービスを購入したかまでは把握できる。しかし、レシートデータは、なぜその人がドリップコーヒーと500mlペットボトルの緑茶を購入したかの背景や動機まではわからない。

　たとえば、大人4人連れで中華料理を食べた行動データには、料理や飲み物を注文した個数や時刻が記録される。食事がはじまった際に注文される料理や飲み物、1時間経過してから何が追加注文されるかを注文データから分析すれば、おおよそ

4人客がどのような食事を経験したかのイメージがつく。しかし、同じような注文パターンの大人4人組はいくらでもいるが、満足度が高い人と低い人は誰か、その理由は何かを探るには具体性の高いデータが別途、必要である。JCSI調査のシティホテルの自由記述を見てみよう（一部、誤字脱字などの文言を修正している）。

これは過去の利用経験を振り返って、特に不満に感じたことを記述してもらう、臨界事象法という質問形式に基づいている（Bitner,Booms,and Tetreault 1990）。良い思い出も嫌な思い出も、人々が思い浮かべる顧客経験のエピソードは、満足度やロイヤルティに強く影響する、と考えられることから印象深いエピソードを回答してもらうのである。

A 「通常出張で使っているが、商談などで使うことが多く価格的に見てビジネス。一般で使用するには、中途半端な気がする」（男性60代）

B 「例年楽しみにしているイチゴのデザートバイキングですが、今まではイチゴ自体も3種類ほどあり、食べ放題で、それをとても楽しみにしていました。前回はそれがなく、イチゴのスイーツのみだったのが、友人と共にすごく残念に感じました」（女性30代）

C 「一流のイメージがあるが、客の方もさまざまなサービスより放置されていることを望むようになっているから、居心地がいいかどうか」（男性60代）

D 「中華のコースを友人といただいたが、一皿食べ終わってもなかなか出てこないので食事にかなり時間がかかった」（女性70代）

E 「レストランの夕食メニューに載っているものをオーダーしたが、本日はないと言われたことが何度かあった」（女性50代）

F 「朝食の待ち時間が長過ぎた。仕方ないとはいえ、予約できないならウェブなどで混雑状況を宿泊客に発信する工夫がほしい」（男性50代）

どのコメントも"一流ホテル"に対するVOCである。ここから、ホテルに対する不満の源泉が何かをどう読み解いたら良いだろうか。

用途が仕事か、プライベートかによって、コストパフォーマンスの評価が異なるだろうとAさんは指摘する。

Bさんは以前の経験と比べてデザートバイキング内容が変わっていて、友人と楽しみにしていた時間が残念なことになったと訴える。「以前と比べて」というキー

ワードは、不満を語る際の頻出語の一つである。Cさんはサービスに対するニーズや価値観が変わっているなかで、当該ホテルのサービスが適応していないという趣旨の指摘をしている。

　最初の3つ A、B、Cはホテルのサービスや商品の設計に関わるもので、顧客ニーズの認識のズレを指摘するものである（後述するリスニング・ギャップとデザイン・ギャップ）。それに対して、DとEは、メニューにありながら、実際のサービスが伴っていないことを指摘している（パフォーマンス・ギャップ）。

　一方、Dさんの指摘は、注文されたサービスが実際にどう提供されたか、というサービスプロセスに対する不満である。さらに、Eさんはメニューに掲載されている商品が品切れなど何らかの理由で注文できないというコミュニケーションと実際のサービスとのギャップを指摘している。

　Fさんは朝食会場の待ち時間削減のために、いくつかのビジネスホテルでも客室テレビのホテルチャンネルで座席予約ができることを知っているようだ。一流ホテルにも関わらず、そうした工夫ができていないことに苦言を呈している。これらは、同じ料理、同じサービス、同じ店舗で提供されているサービスに対する顧客の見る目が変わったことが不満の原因になっていることを示唆する。

　自由回答記述はサンプルサイズ n=1の定性データである。このようなコメントカードやオンラインレビューの定性データは、代表性は低いが、具体性が高く、顧客が何に不満を感じたかを、その背景や文脈から読み解くための手がかりとなる。

　そこで「なぜ」を知るために、VOCのフィードバックや観察データを用いて、「なぜ」に対する仮説を発見することを目指す。さらに、その仮説を検証するために、顧客のニーズ、期待、重視する点、用途を含んだサーベイデータによって、代表性のあるサンプルにおいても、似たようなサービスの問題や顧客の不満があるかどうかを検証するというのが、オーソドックスなリサーチのステップである。

　いつ、どこで、誰が、何について、どのような経験をしたか。その際に現場スタッフと、どのようなやりとりをしたか。こうした個別具体的なエピソードを見て、その背景と意味を解釈する。具体性が高い情報を得られるのは、観察データも同様である。現場スタッフが接客現場での日常業務や観察によって得られた気づきも、インサイトを発見する有力な情報源である。

　あえて何らかの特徴をもった顧客セグメントにフォーカスを当てることによって、サーベイでは検証しきれない市場の機会や脅威を探すこともある。とくに自社を多く利用しているヘビーユーザーやロイヤルカスタマー、逆に、他社へ移動

図表4-3　顧客フィードバックデータの特徴

	行動データ	サーベイデータ	フィードバック	観察
WHO誰が？	既存客を識別	既存客を識別	少数の既存客	少数の既存客
WHAT何を？	◎	○	○	○
WHENいつ？	購入のみ	△	△	○
WHEREどこで？	購入のみ	△	△	○
WHY？なぜ	×	○	◎	○
代表性	非契約型サービス△ 契約型サービス◎	○	△	×
サンプルサイズ	大規模	中〜高	中程度	少数サンプル
データの構造化	構造化（コード化） された定量データ	構造化された 定量データ	未構造の定性データ （自然言語）	未構造の定性的な センシングデータ
データの収集方法	POSによる 購買例歴の記録 検索・閲覧履歴 ログサービスの 利用履歴	市場調査 CS調査 NPS調査 ブランド調査	コメントカード オンラインレビュー コールセンター スタッフの収集	店頭・行動観察 ソーシャルリスニング 覆面調査

（参考）Lovelock and Wirtz（2016）,Wirtz and Tomlin（2000）,Verhoef,Kooge,and Walk（2016）,p.86を参考に作成。

した離脱客に特化した調査である。

データタイプ別の活用法：どの分析に向いているか？

　図表4-3には、顧客フィードバックを大きく4つのタイプに分けて、それぞれのデータが5つのWで表される情報内容をどの程度、反映するかを示している[4]。すなわち、どの顧客が、どのような製品・サービスを、いつ、どこで購入ないして利用したか、それはどのような動機付けによるかが5つのWである。

　このような顧客の購買・利用行動に関わる情報内容をすべて網羅しているデータはない。それゆえマーケターはこれらの情報源を適切に組み合わせたデータのエコシステムを構築し、自社顧客のニーズや行動を理解しなくてはならない。

サーベイデータ、行動データ、観察データの関連

　スコアの高さや変化だけではなく、そのスコアがどのような意味をもっているかを多面的に見るためには、CS以外のデータをいかに蓄積し、組織内で共有し、

連携するかがカギとなる。通常の消費者インサイトを探るマーケティングリサーチ、ブランド調査、POSデータ、ウェブサイトやSNSなどへのアクセスログなどである。それらのデータが顧客IDで紐づけられていれば、分析の可能性は広がる。

　回答者IDを会員IDと照合することによって、行動、サーベイ、VOCのデータを統合した分析の可能性が出てくる。このデータセットを作成できれば、顧客満足度や再購買意図といった心理状態と、実際の購買頻度や購買金額にどのような関連性があるかを検証することが、技術的には可能である。

　個人を特定する顧客データは膨大に蓄積されている一方、それらを統合したデータベースをもつことは、コスト面でも、個人情報保護の面でも適切とは言い切れない。また、そのデータベースじたいが顧客基盤すべてをカバーしているとは限らない。完全なデータベースを整備することよりも、顧客理解のために必要なデータを、分析目的に照らして保有し、活用することの方が重要であろう。

分析目的とデータ収集サイクルを知る

　顧客フィードバックデータをいつ収集するかによって、データから得られる洞察の内容と解像度が異なるため、データ収集サイクルの観点から調査目的、予算規模、実施可能性からエコシステムの設計図を描く必要がある。図表4-4はいつデータを収集するかという観点から、データ収集サイクルを比較している。最も頻繁に行われる日次から、月次、半期/四半期、年次へとデータ収集の実施間隔に違いがあるが、JCSI調査は最も頻度が低い年次である。

日次のデータ収集

　オンラインレビュー、コメントカード、コールセンターやスタッフに直接入るVOCは、日次データであり、日次、週次、月次で集計したものが報告される。正確なタイムスタンプがあれば、曜日・時間帯ごとに集計することによって、平日と週末、日中と夜間、晴れ・曇りの日と雨天の日といった状況要因の違いを見ることもできる。特定の時間帯や場面での顧客経験を把握する手がかりとなる具体性の高いフィードバックデータとなる。

月次のデータ収集

　月次で収集されるフィードバックデータは、月や季節によって顧客のニーズや

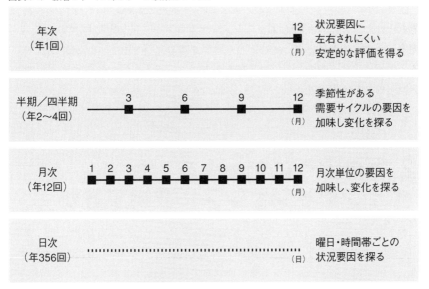

図表4-4　顧客フィードバックデータ収集のサイクル

| 年次
（年1回） | | 12
（月） | 状況要因に
左右されにくい
安定的な評価を得る |

| 半期／四半期
（年2〜4回） | 3　6　9　12
（月） | 季節性がある
需要サイクルの要因を
加味し変化を探る |

| 月次
（年12回） | 1 2 3 4 5 6 7 8 9 10 11 12
（月） | 月次単位の要因を
加味し、変化を探る |

| 日次
（年356回） | （日） | 曜日・時間帯ごとの
状況要因を探る |

評価がどう違うかを見極めるのに有効である。状況要因に影響されやすい取引特定的満足を把握する目的からすれば、日次データの方が優れている。しかし、サンプリングを体系的に行うことができれば、代表性と個別性を適度に兼ね備えたデータとなりえるが、その分、調査費用が高い。

半期／四半期、年次のデータ収集

　半期から四半期、年次のデータ収集は比較的大規模で、代表性が高いサンプルを収集して、顧客基盤の状態を全体的に把握するのに適している。四半期から年間の経験を振り返ったサービス品質、満足度、ロイヤルティのスコアは、日次や月次よりも状況要因の影響を受けにくい安定した指標となる。これは逆に言えば、いつ、どこでについて、特定することには不向きである。そのため夏休みや年末年始の週末に、混雑している都心に立地する拠点でサービスをどう改善すべきか、という個別具体的な問題を解決するのには適していない。

　主な利用時間、場所、用途などの質問項目を設けて、問題がありそうな場面のあたりをつけ（仮説）、別のデータを用いて精密検査を行うという二段階の分析が理想だろう。その意味で、半期から年次のデータは、サービスエクセレンスの定

期健康診断に向いたものと位置付けられる。

　企業の中には、社内で独自の CS（顧客満足度）調査を実施しているところもある。それらの企業では、JCSIのようなシンジケートデータを自社調査（CS調査）と補完するものと位置付けて、他社比較や業界全体の動向を把握する目的で用いている。自社調査は、四半期～年次の調査を定期的に行うものから、毎日、利用客にアンケートを依頼しているケースもある。

2. どのようにデータを インテリジェンスに変換するか

　顧客フィードバックデータは、購買履歴やサーベイのような定量データも、VOCのようなテキストや音声の定性データも目的に合ったかたちで加工・変換して、分析に使えるデータセットを作成する工程が必要である。それは料理を作る際の下ごしらえのようなものである。

テキストデータを有効活用する

　VOCは人々の話したことや文字に書き起こした自然言語であり、一つひとつ読んで解釈する他に、定量的な分析のために変換することもできる。この定性データをどのように活用するかは、企業によって幅がある。ある企業では VOCやサーベイデータに含まれる自由記述回答といった定性データを CS調査などの担当者が一件ずつ丹念に読んで、内容を種類別に分けてタグ付けし、緊急度や重要度に応じて案件を振り分ける。担当者が VOCをいくつかのすぐに対処すべき案件か、製品・サービスの仕様変更や関係各所との調整が必要な案件か、あるいは、設備投資や人員増強を必要とする案件かなどを分類して対処する。タグで分類された案件（声）は、発生件数ごとに集計され、定期的に社内会議で報告され、現場担当者への事実確認、それに対する対応策を検討し、改善にあたる、というサイクルを回すことになる。

　しかし、数千、数万件を超える件数になると、担当者の読解力に頼っているだけでは時間、マンパワー、読解力にも限界がある。そこでテキストマイニング解

析ツールを使って定量的データに変換して、解析を行うのがもう一つの方法である。一般には、定性データからキーワード抽出をする方法が用いられる。単語ベースで発生頻度を集計し、ポジティブかネガティブかの傾向を出したり、単語同士の関連性を共起ネットワークで可視化したりする。

　無機質に見える定量データにこうした人や文脈の意味をあらわす定性データを加えて解釈を行うことによって、より広い視野で全体を見渡しながら、より深い顧客理解をする可能性がある。

定性データで仮説発見、定量データで仮説検証

　定性データは、個別、具体的であるがゆえに、個別案件の特殊事情が働くことも多い。仮説を発見することには役立つが、母集団全体に当てはまることかどうかは定かではない。ある事象がたまたま起きたことなのか、系統的に発生するような何らかの原因があり、起こるべくしておきたことなのかを見極めにくい。そこで、そうした事象やその原因について代表性のあるサンプルを収集して、定量データで確認する。誰が、いつ、どこで、どのような問題に直面しているか。その原因を統計的に特定できれば、特定した原因に対する対策を事前に講じて、顧客の不満を未然に防止する道が開ける。これは問題が起きた際に、そのつど事後対策を講じるのとは違うアプローチである。

🟢 データ時制の3類型：過去データ、現在データ、未来データ

　定量データで格納されたデータセットは、経営の状態を表すメトリクス（metrics）として活用できるように変換する工程へと進む。メトリクスとは「トレンド、動態、特性を定量化する測定システム」（Farris, et al., 2010）であり、満足度やロイヤルティの指標ないしは、尺度のことを指す。

　第1章で見たように顧客中心主義にはいくつかのタイプがあり、それぞれでユニークな指標が提唱されている。CS（顧客満足度）、ロイヤルティ、NPS（正味推奨者比率）、カスタマーエフォート（CES）、そして、CSI（顧客満足度指数）などである。

　コンサルタントは自分たちが提唱する指標が、業績を予測するうえで最も優れていることを主張する傾向がある。それに対して、研究者はどの指標が何を説明・予測することに優れているか、どの業種で説明力が高いかを実証的に明らかにす

図表4-5　顧客フィードバックデータとメトリクスの時間軸

		顧客にとっての時間軸		
		過去の振り返り	現在の状態	未来への見込み
定量	フルスケール	顧客期待 知覚品質、知覚価値 感動経験、失望経験 CES	顧客満足 スイッチング・コスト 信頼 ブランドへの愛着	属性重視度 再購買意図 推奨・紹介意図
	スケールの極値 （ダミー変数）	臨界事象の有無 苦情経験の有無	TOP1/TOP 2ボックス	NPS
定性	テキスト 音声情報	苦情内容 顧客経験エピソード	自由記述回答	

出所：Zeithaml et al.(2006)、Haan, et al.(2015)を参考に作成。

ることに関心がある。ここでは、研究者の立場から目的とともにデータ時制と表し方の違いを理解する。

　図表4-5は、顧客が行うサービス評価を過去、現在、未来という時間軸にそって整理している。過去に経験したサービスがどれくらい優れていたか。それは支払った価格に見合うコストパフォーマンスが良いかどうかは過去のサービス経験の評価である。そのサービスを購入する前に、どのような期待を抱いていたかも過去のことである（Zeithaml et al., 2006）。

　JCSIでは過去にそのサービスを利用した中で感動ないし、失望の経験がどれくらいあったかを尋ねる質問項目によって、感動指数と失望指数が算出されている。CES（Customer Effort Score）とは、顧客が「そのブランドを購入・利用するためにどれくらいの努力を費やしたか」という質問をもとにして過去のロイヤルティを表すものである（Dixon et al., 2013；Dixon et al., 2010）。

　過去のサービス評価に基づく顧客満足は、現在の心の状態を表すものである。満足度には、直近のサービス経験についての満足と、半年や1年など過去の経験すべてを振り返って、「今、どのような気持ちか」を満足度として評価する2つのとらえ方がある（詳細は第2章を参照）。CSIで用いる累積的満足は後者である。また、

企業やブランドをどの程度、信頼しているか、その企業から他社へ乗り換えると失ってしまうだろうと感じる損失やそれにかける手間暇といったスイッチング・コストをどれくらい感じているか。そういったものも現時点における顧客と企業の関係性を表す。

　心理的なロイヤルティは、現在と未来の時制でとらえられる。そのブランドが大好きである、愛着がある、思い入れがある、は現在の心理状態であり、次回以降も購入・利用したいか（再購買意図）、友人や家族に勧めたいか（推奨意図）は、今後どのように行動するかという未来に向けた行動意図である。未来の行動意図は、好きかどうかにかかわらず、予算制約や利用目的に応じて変化する。それゆえ行動意図でロイヤルティを測ることで、より行動を予測しやすくなるメリットがある。

指標をどう表すか：スコア、ランキング、パーセンテージ

　「○○○をご利用になって、あなたはどの程度満足しましたか」に5段階（あるいは7段階）で回答する質問形式は、顧客満足度でよく用いられる。このサーベイデータから自社の顧客満足度を表すには、3つの方法がある。通常5点尺度のサーベイデータは、間隔尺度として処理されることが多い。つまり、最も基本的な集計作業は単純集計で度数分布を出し、5段階の点数ごとの回答割合を示す。さらに性別、年代、利用頻度などの顧客特性ごとにクロス集計をする。

　単純集計やクロス集計は内訳を把握するのには有益である。しかし、KPIなどの目標値を設定している場合、データを代表する一つの指標に加工・変換したほうが、経営陣から現場担当者に伝えやすくなる。この指標の作り方は3つある。

① フルスケールのスコア 5段階で収集されたデータの情報量を活かすフルスケールの記述統計（平均値や標準偏差など）を算出し、スコアで表す。
② 順位データのランキング 他社比較ができるデータセットがある場合、自社と他社のスコアに基づいて順位を出し、1位、2位といった順位データとして表す。
③ パーセンテージ TOP1、TOP2など極値を回答した割合をパーセンテージで表す。

③の極値とは、5段階の5点、7段階の7点といった最高点（TOP1ボックス）に回答された点であり、それをダミー変数＝1とし、それ以下を0点に変換して、極値が占める割合をパーセンテージで表す。上位2つをダミー変数＝1とするのが、TOP2ボックスである。広告でよく見られる「顧客満足度90％」は、こうしたダミー変数処理を施した数値である。

先述したように、来店客や顧客リストからサンプリングした調査では、5段階評定で回答された顧客満足度の特点が、4点や5点に偏る傾向がある。このような偏向した分布は、顧客満足度調査の分回答布によく見られる特徴である（Fornell 2007）。偏向した分布は何度繰り返してもスコアの変化がほとんどなく、組織で追求する目標値としての意味が見えなくなる。そこでTOP2ボックスやNPSをはじめとしたパーセント表示である極値（最高点＝5点）の回答が占める割合を顧客満足度とする方法が用いられるのである。しかし、5段階のトップ2や中間の3点も含めたトップ3を肯定的な意見として集計してしまう例も少なくない[5]。トップ2や3で集計すると、満足度が90％を超えてしまい、何を改善して良いかがわかりにくく、目標値としての社内の共感が得られにくいという問題もある。

「人に勧めたいか」という単一の質問項目だけで測定ができ、誰にでもわかりやすいことで知られるNPS（Net Promoter Score）もパーセンテージの典型例である。0－10の11段階で回答されたデータを9と10を推奨者、6以下を批判者、その中間を中立者とみなし、推奨者割合－批判者割合をNPSと定義する（Reichheld 2006）。質問項目じたいの性質に加えて、本来は11段階で得られた情報量を3区分に変換するため系統的な誤差が生じやすい。先行研究ではNPSをはじめとして、唯一絶対的な業績予測指標とみなせる実証的証拠はないことが指摘されている（Haan et al. 2015）。

🔵 CSIの表し方：同じ指標でも見え方が違う

図表4－6には、JCSI調査で収集されたサーベイデータを順位データ、CSIスコア、箱ひげ図（四分位）で表している。データソースは同じだが、指標の表し方によって読み手に伝えるメッセージが異なる。コーヒーチェーンの中でスターバックスに注目して例示すると、順位データでは3位、4位、1位、3位、4位と目まぐるしく順位が上下しているように見える。とくに2014～2016年にかけて順位が転落し続けている。この順位の情報源となったCSIスコアを見ると、中央の折れ線グ

図表4-6　CSIの表し方

■ 順位データ

	2012	2013	2014	2015	2016
1	コメダ珈琲店	カフェベローチェ	スターバックス	ドトール	ドトール
2	タリーズ	ドトール	カフェベローチェ	カフェベローチェ	カフェベローチェ
3	スターバックス	コメダ珈琲店	ドトール	スターバックス	タリーズ
4	カフェベローチェ	スターバックス	タリーズ	コメダ珈琲店	スターバックス

■ CSIスコア

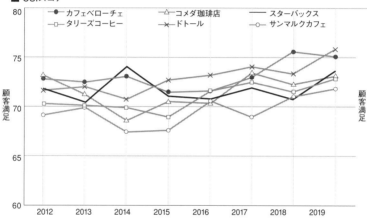

■ 箱ヒゲ図（四分位）

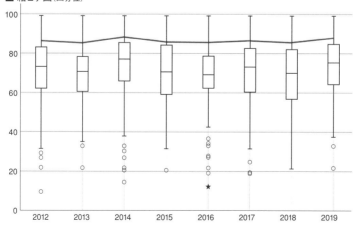

ラフにおいて太線は、ほぼ横這いで推移している。順位で表すと、激しく上下しているように見えるが、CSIスコアでは誤差の範囲と捉えた方が良い。

　さらにスターバックスを回答した約300人をCSIスコア順に四分位に分けると、順位データやスコアの平均値とは違った傾向が見える。最下部は、最も満足度が低い不満層（25%）である。下に伸びたヒゲが長ければ長いほど、無視し得ない数の満足度が低い顧客が存在していることを意味する（ヒゲの下にある○印は外れ値）。このヒゲが長いとCSIスコアが低くなる傾向がある。スターバックスは2012年度までと、2015年度においてこの傾向が見られるが、2016年度に短くなる兆候が見られる。つまり、順位では凋落に見えるが、箱ヒゲ図ではむしろ満足度のバラツキが減って改善している、とも言える。

　このようにサーベイデータは、加工・変換の仕方によって分析者が伝えたいことも、その指標が表すことも変わる。サービス品質や満足度の可視化は、数値化だけでなく、指標の表し方をどれにするかによって、伝えられるメッセージが変わってしまいかねない。それゆえ、データの分析者は、スプレッドシートに並んだ無機質なデータを経営にとって意味のあるインテリジェンスへと変換する作業を適切に行う重要な役割を担っているのである。

3. 顧客フィードバックデータに対する4つの分析視点

　顧客フィードバックデータをインテリジェンスとして経営に活かすためには、データの加工や表し方に加えて、どの角度からデータを見るかという分析視点の置き方がもう一つのカギとなる。同じデータや指標の変化であっても、分析視点の置き方によって見えてくる原因や背景が違うからである。以降では、CSIを読み解く4つの分析視点から考える。

大局を知る：鳥の目

　第1の視点は、自社（個別企業）のCSIスコアだけを見るのではなく、鳥の目（bird's eye）で市場・産業の位置付けやトレンドを見て、なぜCSが低いのか、上がらな

いのか、を読み解く視点である。

　調査報告会での出席者の関心事は、「自社は同業他社よりも満足度が高いか？それはなぜか？」にある。ランキングが公表されていれば、順位に対する関心とこだわりはさらに強い。そして、結果を受けての関心は、どうしたら顧客満足度を上げられるかである。

　第1に、CSIは企業が提供する製品・サービス、それに関わるマーケティング、販売、サポート活動などを含めた組織全体に対する顧客評価である。そのためCSIは、CS推進部や顧客サポート部のような特定部門の活動成果ではなく、あくまでも組織全体に対する顧客の評価としてとらえる必要がある。CSIが変化する原因は、サービス価格の値下げかもしれないし、オンライン・チャネルの強化かもしれない。あるいは、そうした施策を講じたことによって、新しい顧客層が発掘されるような総合的な結果かもしれない。

　第2に、CSIは自社が業界のどこに位置付けられるかだけでなく、異業種・異業態と比較して、どの位置にあるかを示すものである。第2章で説明したようにCSIは、調査対象となる全業種のサンプルの最高点を上限100、最低点を下限0として、上限と下限の範囲の中でCSIスコアを算出している。仮に前年度とまったく同じ回答分布を得ていたとしても、他社や他業界の動向によってスコアが変化することがある。それは、テストの点数が前回よりも10点上がったとしても、周りの友人たちも10点ずつ点数が上がって、クラス全体の平均点が高くなっていれば、相対的な位置付けは変化しないのと似ている。これがスコアの絶対値に焦点を当てるCS調査と、相対的な位置付けに焦点を当てるCSIの違いの一つである。

　企業を取り巻く環境は、顧客層や競合関係の変化、サービス、チャネル、価格の変更といった同業他社を含めた企業行動の変化、消費税率や物価の上昇などの経済・社会の情勢変化、猛暑や台風などの自然環境の変化などさまざまある。

　これらは単独で、あるいは相互に関連しあいながらCSIに影響する。新規参入やイノベーションが繰り返される競争が激しい市場経済では、企業が同じことをやり続けていると、やがて競争劣位に陥ってしまう。他社や他業界がレベルアップすると、"気がついたときには、大差がついていた"といった、相対的に見劣りしてしまう事態に陥らないためにも、鳥の目の分析視点が必要である。

トレンドを読む：魚の目

　第2の視点はトレンドを読む魚の目である。各指標のスコアの絶対値が、どのように変化したか。なぜ変化したかを読み取ることが狙いとなる。魚の目とは、水の流れを見ながら水中を泳ぐ魚にたとえたものである。経済、社会、市場のトレンドを読み解く目が、現状を洞察し、先を読むうえでの手がかりとなる。

　経営指標を見る際、当該年度だけでなく、対前年比をはじめとして、過去からの変化に注目するだろう。それと同じように、顧客満足度も対前年からの変化を見ることができる。自社CSIのスコアは何点か、対前年もしくは3〜5年の期間でどう推移しているか、である。

　たとえば、旅行、ホテル、航空は、為替相場や外国人旅行者の増加といった外的環境の影響を強く受けやすい。国内主要観光地のホテル・旅館の稼働率は、外国人旅行客の増加によって稼働率が高まり、宿泊料金の上昇を招いた。このような市場環境の変化によって、消費者のホテルに対するコストパフォーマンス（知覚価値）の評価は軒並み低下した。

　スコアの高さだけではない。コストパフォーマンスが顧客満足度に与える影響のように、顧客満足やロイヤルティへの影響力がどう経年変化したか、なぜ変化したかを構造的に読み解くことができる。実際、過去11年のJCSIデータを分析するかぎり、いくつかの業界においてコストパフォーマンスの良さが顧客満足に対して相対的に強い影響を与える波が見られた。その象徴的な業種がホテルであり、百貨店やコンビニといった小売業態である。

　2009年当時、これらでは知覚品質が顧客満足の主要なドライバーであった。低価格のPB商品（プライベートブランド）やテナントを入れたことなどによって、顧客満足のドライバーは知覚価値になった（第3章を参照）。このように市場における"勝利の方程式"、言い換えれば、競争ルールが変化したかどうかは、魚の目の分析視点から読み解くことができる。

細部を探る：アリの目

　CSIをどのように高めるかを判断するには、とくに問題となる部分を中心に、より具体的に診断を行う。第3の視点であるアリの目とは、統計データでは把握しきれない顧客経験を、より詳細に知る視点である。顧客経験のペインポイントは何か、

顧客から高く評価されている強み（ゲインポイント）は何かを特定するのとともに、とくに不満をもっている、あるいはとくに満足しているのはどのようなタイプの顧客かを特定することで、より深い顧客理解を図る。

　たとえば箱ヒゲ図は、深い顧客理解への一歩となる。図表4－6に示した箱ヒゲ図は、特定の企業・ブランド（この例ではスターバックス）について回答された300超サンプルをスコアが高い順に並べ、最上層から最下層までサンプルを均等に4分割している。CSIスコアは分布全体を代表する平均値であり、この平均値を中心に上下に満足度はばらついている。

　70点のCSIが75点に上昇するのは、最上位である満足層のスコア下限がレベルアップする、中間層のスコアが上がる、あるいは、最下位の不満層のスコア下限が引き上げられる、といった動きを足し合わせた結果である。もし、4つの顧客層がそれぞれ感じている不満点や満足している点が違えば、特定の顧客層にフォーカスを当てた対応が必要となる。

　まず、最下位の不満層に注目する。不満層の顧客属性には何か特徴はあるか、何に不満を感じているかを探る。不満層の下限が低いほど、全体の満足度は低い傾向がある。実際、CSIが低下した企業・ブランドの不満層の下限はより低くなる一方、CSIが上昇した企業・ブランドでは狭くなる傾向がある。さらに、最上位の満足層についても同様の分析を行い、満足した顧客層を維持・育成するとともに、中間の顧客層をテコ入れする手がかりとする。

　このように顧客全体を平均値だけでなく、そのバラツキに注目するのはCSI診断の基本である。そして、最上位や最下位にいる顧客がどのような特徴をもつ人々かを探り当てられれば、より適切な問題認識と解決策を導く手がかりとなる。

🔵 複眼的に診る：トンボの目

　第4の視点は、トンボの目になぞらえられる複眼である。トンボは、前後左右と上下を見渡すことができるというたとえである。ここでいう複眼とは、どれか一つの指標だけに注目するだけでなく、複数の指標にどのような関連性があるかを読み解き、何が原因でCSIのバラツキが生じるのかを多角的に診断するための視点である。

　図表4－7には、CSIに影響を与える可能性のある要因 X、Y、Zと、CSIが影響を与える業績指標 Vを示している。業績指標（V）としては、客数、客単価、顧客

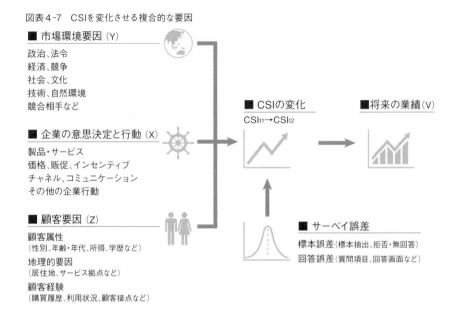

図表4-7　CSIを変化させる複合的な要因

■ 市場環境要因（Y）
政治、法令
経済、競争
社会、文化
技術、自然環境
競合相手など

■ 企業の意思決定と行動（X）
製品・サービス
価格、販促、インセンティブ
チャネル、コミュニケーション
その他の企業行動

■ 顧客要因（Z）
顧客属性
（性別、年齢・年代、所得、学歴など）
地理的要因
（居住地、サービス拠点など）
顧客経験
（購買履歴、利用状況、顧客接点など）

■ CSIの変化
$CSI_{t1} \rightarrow CSI_{t2}$

■ 将来の業績（V）

■ サーベイ誤差
標本誤差（標本抽出、拒否・無回答）
回答誤差（質問項目、回答画面など）

維持率、リピート率、売上高、営業利益、成長率が考えられる。業績指標として何を設定するかは、業種や企業の特性にあわせて決める。無理して営業利益のような収益性におく必要はないだろう。たとえば、外食や小売業ならば来店客数や客単価、エアラインやホテルならば稼働率のような、より具体的な指標のほうが適切かもしれない。場合によっては、サービスエクセレンスを高めることは企業の理念とコンセプトに基づくものであり、あえて財務業績をゴールに設定しない、という考え方もある。

　CSIスコアの目標値を達成できたとしても、それらが売上や利益に影響したかどうかを示すとは限らない。第1に、顧客満足以外の他の要因が業績に影響していることに原因がある。第2に、影響があるとしても、顧客の心理状態がリピート購入などの行動につながり、それが企業の業績数字に反映されるまでにはタイムタグがある。この図表4-7では単純化のため、そうした多様な要因は示していない。むしろ、ここで問題とすべきは、CSIの変化の原因は何かである。

企業が統制できる要因とできない要因
　CSIスコアが納得のいく結果であったとき、自社の取り組みがお客様に支持され

たと考えたくなる。逆に思わしくない結果は、調査方法が不適切であるとか、自社ではどうにもならない逆風が吹いたから、と考えてしまうこともある。どちらの考えにも真の原因を見過ごしてしまうリスクがある。要因を検討する際、自社がコントロール（統制）できるかどうかで、要因を大別し、考えられる要因の候補を仮説として検討する。

　企業が統制できない要因（Y）として、マクロの経済、社会、法律、自然などの環境要因がある。景気変動、物価変動は人々の暮らし向きに直結しやすく、同じサービスを同一価格で提供していると実質所得の低下によって、コストパフォーマンス評価の低下が満足度を下げることがある。

　競争環境は人々のサービスに対する評価基準を緩やかに、あるいは急激に変える。革新的なサービスによる新規参入や同業者の価格競争、差別化や模倣による。デフレ経済下における価格競争は、消費者がコストパフォーマンスを基準に購入するのを加速させる。

　顧客要因（Z）とは、性別、年代、居住地、家族構成、所得水準などのデモグラフィック要因、購買頻度や購買金額といった過去の購買行動などである。これらの要因は直接的に満足度に影響するだけでなく調整変数として影響することもある。たとえば、年代が高くなるほど顧客満足度やロイヤルティのスコアは上がる傾向がある。顧客満足度がロイヤルティに与える効果は男性よりも女性の方が高い傾向がある。

　このように、企業の意思決定と行動に基づく要因（X）だけでなく、統制できない要因（Y、Z）も考慮に入れながら、多角的に顧客満足やロイヤルティの源泉が何か、何が引き金となって変化が生じたかを複眼で診る必要がある（これらは第5章・6章で詳細に議論する）。

標本誤差と非標本誤差

　標本調査には誤差がともなう。標本誤差とは、調査対象となる母集団の縮図となるように抽出するべき標本が何らかの理由によって得られていないことである。この標本誤差によって、高すぎる顧客満足度の結果が出てしまうことが顧客満足度調査では珍しくない。

　もう一つの誤差は、非標本誤差である。これは適切な標本は得られたとしても、調査方法に起因して発生する誤差である。たとえば、質問項目を適切に理解せず回答したものから、単なる選択肢ボタンの押し間違えまでの回答にともなう回答誤差がある。

「誰かにこのブランドのことを勧めるか」という質問をロイヤルティ指標とする場合、そもそも保険という商品は人によって事情が異なる。そのため他人に勧める商品ではない、と考えている人は一定数いる。質問項目の意味をどう読み取るかも回答者によって個人差がある。オンライン調査の場合、回答者が回答するデバイス（コンピューターにつなぐハードウエア）が、パソコンかスマートフォンかによっても回答傾向に違いがあるかもしれない。

4. 顧客フィードバックのマネジメント

顧客フィードバックを活用したマネジメント

　顧客満足度を収集しはじめると、企業経営陣はスコアやランキング順位が気になり、なぜそのような結果になったかの理由を知りたくなる。CSIがなぜ、低下／上昇したか。今期に実施した施策はどの程度の成果を上げたか。これらの疑問に対して現状を分析し、問題点の根本原因まで診断するマネジメントプロセスを整理する。それは、戦略構築や経営企画、実行、改善や改革を行うプロセスで顧客フィードバックデータをインテリジェンスに変える仕組みとして、顧客中心主義の経営をサポートするCSI診断システムであり、社長室、マーケティング部門、企画部門、あるいはカスタマーエクスペリエンスマネジャーが担う仕事を想定している。具体的には、顧客満足とロイヤルティの源泉を探るCSI診断と、サービス品質の改善方針を探るSQI診断が含まれる。

① 戦略構築と目標設定
　企業の戦略構築において、顧客フィードバックデータに基づいた診断システムに求められるのは、市場・顧客と製品・サービスの現状と課題を明らかにし、戦略構築と目標設定を行ううえでの根拠となる資料を提供することである。
　市場・顧客の分析・診断は、新規客の獲得、既存客の維持、離脱客の防止・回復と休眠客の活性化といった課題に応えるものである。客単価やLTVを向上させるためのクロスセルやアップセル、新規客紹介プログラムなどが含まれる。

　・現状の問題点と強み・弱みを整理し、解決すべき課題をリストアップする。

・顧客の評価に関する目標値を設定する。
・目標達成に向けて解決すべき課題と解決策について仮説を示し、分析・診断の目的を明確にする。

　製品・サービスの分析・診断では、製品・サービスに対する顧客評価の現状を把握し、課題を整理する。カスタマージャーニーにおけるゲインポイントとペインポイントを特定する。サービスは担当者、店舗、エリア、時間帯などによって品質水準が変化しやすいため、品質のバラツキをいかに少なくするかが目的である。誰が、いつ、どこで、何に、なぜ満足しているか、あるいは不満か。こうしたことを特定することができれば、次の打ち手を考案するうえで有力な情報となるだろう。

②データの分析と診断

　CSI診断システムは、大きく2つのパートに分けられる。第1はCSI診断であり、顧客満足度とロイヤルティに注目し、その原因を特定する（第5、6章）。

・CSI主要指標で自社の現状と、同業内比較と異業種・業態間比較を行う。
・JCSIモデルにより、顧客満足の源泉とロイヤルティの源泉を診断する。

　自社のサービスを顧客がどう評価しているかを把握するとともに、他社や他業界と比較することで現状と動向を知る。優れたサービスとは何かについて唯一の正解はなく、業種・業態によって、あるいは企業によって正解は異なる。CSI診断によって明らかにすべきは、CSIスコアの変化をパス係数や外部環境の変化などの複合的要因から読み解くことである。大局とトレンドを読む分析視点が求められる。

　第2のパートはSQI（Service Quality Index）診断である（第7、8章）。JCSIの主要指標やモデルでは、全体としてサービスが優れているかどうかという品質評価を知覚品質としている。全体的な品質評価なので解像度が粗く、具体的に何が優れているか、劣っているかが見えない。そこでサービス品質をいくつかの要素や次元に分解することで、どこに問題があるかを探るのがSQI診断である。現状をより具体的に把握するとともに、企業がサービスをいかに設計・改善・改革するかの方針を立てるための検討材料とする。

　CSI診断とSQI診断は、サーベイデータに基づいた定量的な分析に限られる。そ

れゆえ顧客セグメンテーションに基づいてニーズや評価メカニズムの違いを検出するのに、一定の有効性があるものの、年次で行われるサーベイであるため解像度が低い。

　顧客がどのような状況で、どのような経験をしているか、企業がとった対応に顧客はどう反応したかなどを把握するためには、日次ないし月次のVOCやサーベイといった自社調査のデータで精密検査をすることが必要となるだろう。

　2つの分析・診断を踏まえて、どのように対応すべきかを検討するのが、戦略ロジックの構築である（第9章参照）。市場・顧客と製品・サービスの分析・診断を掛け合わせて、優先順位をつけた改善・改革の戦略方針を立て、具体的にテコ入れするべきドライバーを特定する。自社の顧客基盤がどのような顧客層によって構成されているかを明らかにするのが顧客基盤の診断である。

③優先順位の決定と意思決定

　CSI診断とSQI診断で指摘された課題や解決策について、企業はすべてを同時に解決することはできない。それは予算、時間、自社の資源の限界でもあり、コンセプトや戦略から逸脱してしまうこともあるからだ。そこで、顧客フィードバックデータの分析と診断には、2つが求められる。

　第1は、サービスの何を改善・改革するかの優先順位である。これはCSI診断、SQI診断、顧客基盤の診断において、目標達成に向けて最も影響力が高い要因を特定することである。その際、個々のサービス品質属性の評価スコアの高さと重要度を分けて検討するべきである。サービス品質属性の中で、何が顧客満足度の決め手となるかが重要度である。SQI診断では重要度パフォーマンス分析(IPA)によって、どのサービス品質を改善すべきかの重要度を診断し、改善方針を立てる（第7章を参照）。

　第2は、特にテコ入れをはかる顧客セグメントの優先順位をつけることである。LTV（顧客生涯価値）を最大化するための基本的な考え方は、収益貢献が高い顧客セグメントを維持するとともに、収益貢献の成長率が高い顧客セグメントを特定し、それらの不満を解決し、ニーズに応えるような改善と投資を優先することである。

　多くの企業にとって、自社サービスを利用しているすべての顧客を満足させることは至難の技であり、満足度にはバラツキが出る。経営陣やマーケティング部門にとって、どの顧客セグメントをターゲットにするかの意思決定の根拠を顧客フィードバックデータから導く（第9章を参照）。

図表4-8　サービス実行における5つのギャップ

	タイプ	性質	(例)なぜ顧客は食事に不満なのか?
GAP5	顧客ギャップ	顧客の感じ方の問題 (期待とのズレ)	「前回来た時よりも良くなかった」 「来る前に期待したほどではなかった」
GAP1	リスニング・ギャップ	顧客期待を組織として 理解できていない	企業(の本部)が顧客にとっての「おいしさ」の 意味を理解できていない。
GAP2	サービスデザインと スタンダードの デザイン・ギャップ	顧客期待がサービス品質の 標準値に反映されていない	顧客の許容水準と予想水準の間にズレや バラツキがある 注文を受けてから料理が提供されるまでの 待ち時間の標準値が低く設定されている
GAP3	パフォーマンス・ ギャップ	スペック通りにサービスが 提供されていない	従業員の人時が不足している サービスの標準値がチーム内で共有されていない 現場担当者の行動指針に落ちていない 複数の行動指針や行動目標がバッティングしている
GAP4	コミュニケーション・ ギャップ	サービス部門と対外的な コミュニケーション部門 (広告宣伝)の連携が不十分	顧客の期待が高すぎた

出所:Zeithaml, Bitner, and Gremler(2018), p.45-46を参考に作成

④サービス実行における組織的ギャップと障壁

　顧客中心主義に基づいたサービスを実行するうえで、いくつかの組織的問題によって、適切に遂行されないことがある。その原因を指摘する先行研究は多々あり第3部ではよりくわしく障壁を検討している。ここではサービス品質ギャップモデルに基づいて、組織的・構造的な問題がどこで発生しやすいかを確認しておこう (Zeithaml, et al. 2006)。

　顧客がサービスに不満があるのは、期待したサービスと実際に受けたサービスにギャップがあるからである。ギャップモデルではそれを顧客ギャップ (GAP5)という。

　レストランでの食事体験の不満は、前回と比べて料理がおいしくなかった、予約した際に予想したのとは違っていた、といったギャップである。顧客ギャップがあることを企業が把握できたとしても問題は解決しない。それは GAP5を引き起こすようなギャップが、組織内に潜んでいる可能性があるからだ。そうした根本原因となる GAPにメスを入れない限り問題は解決しない、というのがギャップモデルの示唆することである (図表4-8)。

　つまり、組織内のギャップは4つある。企業が顧客ニーズを本質的に理解できて

いないのがリスニング・ギャップ（GAP1）である。デザートビュッフェの食べ放題に顧客が求めているものは何か。適度に距離感を保った心地よい接客とは、常連客が口にする頻度が高い「心地よい」「やすらぐ」「安心できる」サービスや雰囲気とは何か、といった顧客ニーズを企業が把握しているかどうかである。

　リスニング・ギャップは主として、マーケティングリサーチによって適切なインサイトが得られていないことに原因がある。もし、顧客期待への有益なインサイトが得られたとしても、それをサービスのスペック（仕様）に反映できなければ、的外れの改善になる。料理のおいしさにせよ、接客にせよ、雰囲気にせよ、顧客期待をサービス水準にどう反映させて、スペックを設計するか。そして新商品サービス開発やオペレーション設計を担う部署が、それらにどうコミットするかがサービスデザインとスタンダードのデザイン・ギャップ（GAP2）の大きさを規定する。これは、顧客中心主義の経営を推進するうえでの挑戦課題として、組織全体を巻き込むこととも関わっている。

　さらに仮にサービスのスペックに反映されたとしても、現場でのサービス業務がそれに対応していないことで、別のギャップが起こる。顧客がサービスを経験する場面でのパフォーマンス・ギャップ（GAP3）である。現場スタッフの人時やスキルの不足といった資源不足だけが原因ではない。スタッフが働くうえでの行動指針、インセンティブ、業績評価の体系が新しいサービスのスペックを遂行する体制に合っていないことも GAP3が生まれる原因となる。

　加えて、組織内のギャップは別サイドでも起きている。それがコミュニケーション・ギャップ（GAP4）である。実際のサービス現場だけではなく、購入に至るまでの重要な顧客接点として、ウェブサイトや広告コミュニケーションもある。企業から外部に発信されるコミュニケーションは、新規客の開拓や競合ブランドからの顧客奪取を狙うあまり、顧客に高い期待をもたせるような内容になりかねず、時には現場で提供されるサービスと食い違っているように顧客が知覚することもある。顧客に過度な期待を抱かせるコミュニケーションを通して企業は自らの首を締めるようなことをしてしまいかねない。

　ギャップモデルから見ると、顧客の知覚ギャップの根本原因は、単にスタッフの教育不足ややる気のなさといったことだけではないのではないか、他に原因はないか、という複眼的な問題意識が必要である。顧客中心主義に基づいたサービスの改善・改革と実行するための組織体制を作るのは、時間のかかることである。第3部では、その取り組み事例を紹介する。

顧客フィードバックデータ活用のステージ

　あなたの組織は、顧客フィードバック情報をどのように、どの程度、マネジメントに活用しているだろうか。顧客志向を強化した組織づくりを目指すとき、どのようなマネジメントのかたちをイメージしているだろうか。

　顧客フィードバックデータを用いた経営は、VOC活動やカスタマーサポートといった取り組みだけにとどまらない。それは、組織全体の戦略方針や資源配分の意思決定や、日次から中期経営計画に至るまでの経営計画に顧客フィードバックデータのエコシステムをどう構築し、分析・診断を実践に活用するマネジメントまでを含めた組織的取り組みである。

　従来は専門部署によるVOC活動にとどまっていたものを全社的取り組みにまで変革するには、いくつかのステージがある。それは創業者やカリスマ経営者の強いリーダーシップだけで推し進められるものでなく、3つの歯車が噛み合う仕組みと組織を構築することを意味する（図表4-9）。

　第1の歯車は、顧客中心主義に基づいたマネジメントの体制である。これはサービスエクセレンスをマネジメントするプロセスと組織体制をどう整えるかである。第2の歯車は、データとインテリジェンスである。データは収集・蓄積するだけでなく、マネジメントに活用するインテリジェンスに変換することで経営資源としての価値を発揮する。第3の歯車は分析・診断の視点とシステムである。データを集計して、CSIスコアの点数や順位だけを見るのではなく、多角的な視点をもってフレームワークやモデルに基づいた分析と診断を行うことである。

　ここでは5つのステージに分けて、データ、分析・診断、マネジメントの課題を整理することにしよう（図表4-10）。

　ステージ1では、データ分析結果の社内報告は行うが、具体的なマーケティングやサービスの改善にまでは活かせていない／活かしていない。その代わりに、「顧客満足度1位」などといった広告・広報の素材として活用することに留まっている。

　社内向け、とくに現場向けに結果を共有することで、顧客による評価というお墨付きでスタッフやパートナーの働きや労力を称賛する活用の仕方がある。あるホテルチェーンでは詳細なデータ分析までは行なっていないが、正社員だけでなくパート・アルバイトも含めた現場スタッフたちでCSIの結果を共有するミーティングを開催し、なぜスコアが下がったか、どうすれば良いかを全員参加で考え、現場主導の改善活動に活かしている。

　ステージ2では、データ分析を積み重ね、自社の強みと弱みを整理し、実践的

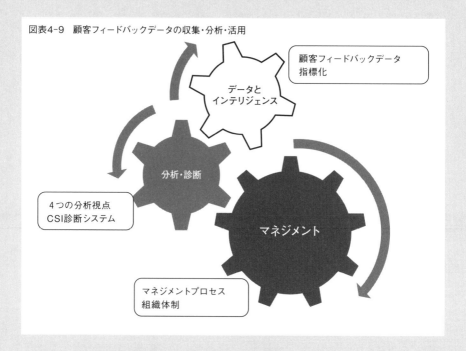

図表4-9　顧客フィードバックデータの収集・分析・活用

データと
インテリジェンス

顧客フィードバックデータ
指標化

分析・診断

4つの分析視点
CSI診断システム

マネジメント

マネジメントプロセス
組織体制

課題を整理していることがイメージされる。具体的にサービスのどの部分が顧客に評価されているか、他社と比較して弱い点は何かといった点である。本書で解説しているCSI・SQI診断の手法やプロセスはこのステージ2以上を想定している。

　ステージ3は、社内データと顧客フィードバック情報をつなぎ合わせ、現場のサービスやオペレーションとの対応関係を検証することによって、実践との対応づけを図る。顧客フィードバックデータをもとにして、局所的なVOCだけでは見えにくかった構造的な問題を浮き彫りにして、具体的な改善プランの策定に結びつけようと試みる。ステージ3では顧客フィードバックデータを活用する取り組みを主導する部署と現場オペレーションを統括する部署の連携が必要であり、そのために経営層によるコミットメントが求められる。組織内ギャップをどれだけ埋められるかが、マネジメントの課題となる。

　ステージ4と5は、オペレーションだけでなく、財務成績と顧客フィードバック情報との関連性が示され、目標値を設定し、PDCAサイクルを確立する段階である。ステージ5は、より発展的なPDCAであり、取引先パートナーやグループ経営を巻き込んだ目標の共有が想定される。顧客経験をトータルでデザインし、マネジメントするうえでは、顧客経験に関わるすべてのパートナーとの業務改善の連携

図表4-10　CSI活用のステージ

	データ	分析・診断	マネジメント	関係部署	顧客中心主義のタイプ
ステージ1	自社および他社のCSIデータ	結果の解釈と報告 自社CSと他社比較	社内報告広報に活用	CS推進 広報	タイプI・II
ステージ2	顧客関連: 顧客プロファイルと行動 市場関連のデータ	より詳細な強みと弱みの分析 品質診断や 顧客セグメントごとの分析	改善方針の基礎資料として活用	データ分析チーム 企画・ マーケティング	タイプIII・IV
ステージ3	社内のマーケティングやオペレーション関連指標	社内データとの接続 オペレーションとの接続	具体的な改善プランの策定	＋現場運営 ＋経営層	タイプIII〜V
ステージ4	経営成果指標: 事業の財務データ	財務成績との関連性 目標値設定とPDCA	PDCAサイクルに基づく目標設定と修正	＋経営層 ＋経営企画	
ステージ5	パートナーの顧客データ 企業財務データ	パートナーやグループ企業を巻き込んだ発展的なPDCA	PDCAサイクル目標共有と修正	＋持ち株会社 ＋取引相手 ＋グループ企業	

も必要となるだろう。

　さまざまなデータを揃えられる会社もある。専門知識や経験を兼ね備えた分析担当者が仮説を立て、データで検証を重ねるアプローチが有益である一方、AI（人工知能）の助けを得て、それらのデータから何らかの関連性を見出すというアプローチは人間が気づかない関連性の組み合わせを発見するのに有益である。しかし、機械的に検出された結果を読み解いて、それが何を意味するかを解釈するのは人間である。さらに、それらの結果を読み解いたあと、組織としてどのように対策を講じるか、どのようにマネジメントを行うかも人間の役割である。

顧客中心主義のタイプと顧客フィードバックデータの活用ステージ

　顧客中心主義のタイプによって、あるべきステージは変わる。図表4-10の右端には、どの活用ステージが、顧客中心主義のタイプ（第1章の図表1-4）と対応するかを示している。

　ステージ1では、VOCをはじめとした定性データの分類と個別対応が主であり、顧客中心主義のタイプI・IIが相当する。CS調査やCSIといった定量的な顧客フィードバックデータの活用の仕方は限定的であり、調査結果を受けて課題解

決に活かすまでには至っていない。その原因としてデータ分析のリテラシー不足、データを活用する価値観や仕事のプロセスの欠如といった組織的問題が挙げられる。課題や仮説をもたずに、顧客経験の最適化やロイヤルカスタマー作りの答えが見えてくると思うのは妄想にすぎない。どのような課題を解決したいかを議論することが先決である。

ステージ2以降は、課題解決や目標達成に向けた、より目標志向的な活用ステージである。顧客中心主義のタイプⅢ・Ⅳは、推奨やロイヤルティに対する顧客満足の影響や、優良客を生み出す源泉を定量的に明らかにするステージである。そしてタイプⅣ・Ⅴは、サーベイデータだけでなく、行動履歴、財務指標、オペレーション情報との連結させるような、より組織的な取り組みが求められる。

顧客フィードバックデータの活用は、どのステージにおいても以下のステップが必要である。課題を整理する→仮説を立てる→顧客データで仮説検証する→解決策を具体化するのである。第2部では、仮説検証にあたる分析・診断のステップを取り上げる。課題の整理から解決策の具体化までの組織的な実行と推進の取り組みは、第3部のテーマである。

1. この顧客フィードバックデータの体系は、Freed（2013）の顧客経験測定尺度エコシステム（The Customer Experience Measurement Ecosystem）を参考にしている。
2. Kumar, P.（2016）p.295-297.
3. 業種平均なので、もちろん企業・ブランドによる違いはある。また、2017-2019年度の3ヵ年を集計してもほぼ似たような割合である。
4. Verhoef et al.（2016）, p.86.
5. 商品の魅力を訴求する広告メッセージに「顧客満足度95%」「顧客満足度No.1」「CS連続1位」「クチコミランキング1位」といった表現が使われることが多い。自社の製品・サービスにお客様がいかに満足し、その後も支持されているかを表すデータとして、パーセンテージでの指標化は、誰にとってもわかりやすい。このような新規客獲得を狙った広告は、生命保険、損害保険、エステサロン、フィットネスクラブ、ホテルなど、実際に経験してみないと品質を推し量ることができないサービスで、プロモーションの常套手段として用いられる。

第2部
PART 2

顧客満足-
利益連鎖の診断

第5章
CHAPTER 5

CSI診断（1）
顧客満足とロイヤルティの源泉を探る

CSI診断には大きく2つの目的がある。第1は顧客満足とロイヤルティの源泉を探ることである。それぞれの源泉として、どのような要因が影響しているかをJCSIモデルに基づいて業種間比較や経年比較をしながら診断する（図表5‐1）。第2はCSIのバラツキが何によって生じるかを探ることである。顧客満足にせよ、ロイヤルティにせよ、ある企業・ブランドに対するCSIには必ずバラツキが発生する。そうしたバラツキが何と関係しているかを特定するうえでの手がかりとなる。具体的には年代や性別といったデモグラフィクス、過去の購買・利用履歴、あるいはどのような顧客経験をしたか、といった顧客セグメントの違いを見極めることが主となる。問題の本質を探り、重点的に改善すべきサービスのポイントや顧客セグメントを絞り込むことに役立てる。

こうしたCSI診断を紹介する第5・6章では、JCSI調査で得られた知見をふまえて、顧客満足とロイヤルティに関する経験則を整理する。その多くは、先行研究の知見に基づいたものであり、その結果は概ね仮説通りであるが、数多くの業種や企業・ブランドを比較する中で、サービス産業の多様性を改めて認識することになるだろう。

1. 顧客満足の源泉は何か？

3つの源泉：期待、品質、コストパフォーマンス

CSI診断では2つの数値に注目する。第1の数値は、主要6指標のスコアであり、満足度が何点か、ロイヤルティが前年と比較して何点変化したかといった、スコアの「高さ」に注目したCSI診断である。第2の数値は、顧客満足に対してどの要因がより強く影響しているかという「強さ」に注目したCSI診断である。スコアの高さは結果にすぎず、その高低だけを論じていても、憶測の域を出ない。そこで、CSI診断によって、顧客満足のスコアがなぜ高い（低い）か、ロイヤルティを高める要因は何か、といった因果関係にメスを入れる。

コストパフォーマンスの威力
顧客満足の源泉として中核となるのは、製品・サービスの品質である。先述したように品質とは、スマートフォンが故障しない、通信速度が速い、耐久性があ

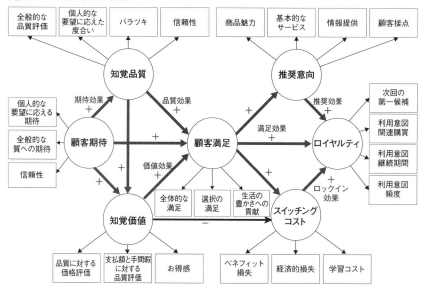

図表5-1　JCSIモデル（拡張版）

全般的な品質評価　個人的な要望に応えた度合い　バラツキ　信頼性　商品魅力　基本的なサービス　情報提供　顧客接点

知覚品質　推奨意向

個人的な要望に応える期待　全般的な質への期待　信頼性

顧客期待　期待効果＋　品質効果　顧客満足　満足効果＋　推奨効果　ロイヤルティ

次回の第一候補　利用意図関連購買　利用意図継続期間　利用意図頻度

＋　価値効果＋

全体的な満足　選択の満足　生活の豊かさへの貢献　スイッチングコスト　ロックイン効果＋

知覚価値

品質に対する価格評価　支払額と手間暇に対する品質評価　お得感　ベネフィット損失　経済的損失　学習コスト

るといった物理的・技術的、そして客観的な優秀さだけはない。すなわち、顧客視点から見て、サービスがどれくらい優れていると見えるか（知覚されるか）という知覚品質でとらえることができる。知覚品質が優れていることは、サービスエクセレンスの必要条件である。

　第2の源泉はコストパフォーマンス（知覚価値）である。品質が優れていることは、誰にとっても好ましい。しかしながら、現代のサービスエクセレンスの特徴は、品質が優れているだけでは十分ではない。顧客がもつコスト意識を踏まえて、「コスパが良いか」どうかが問われる。JCSIでは、コストパフォーマンスの良し悪しを知覚価値として測定し、それが顧客満足に与える効果を推定する。JCSI調査がはじまった2009年からの10年あまりの間はサービス経済におけるデフレ傾向が取り沙汰されることが度々あった。コスパが良いこと＝低価格というイメージさえもちかねないほど、コスパが良いことは、サービスエクセレンスの十分条件として強調されてきた。逆に低価格でのサービス提供は、それ相応のコスト構造とビジネスシステムの革新をともなわないかぎり、企業にとって市場シェアは拡大できるが、利益はともなわない体質を生むオペレーションと温床にもなりかねない。それゆえ、優れた品質を適正な価格で提供できるようなブランドをいかに構

築できるかも視野に入れながら、コストパフォーマンスの影響度に注目すべきである。

　第3の源泉は企業・ブランドに対する顧客期待である。サービスに対する期待の高さは、顧客満足に直接ないし間接的に影響する。顧客期待の効果が強い場合、顧客は品質やコストパフォーマンスを合理的に評価するのではなく、企業・ブランドに対するイメージや信念に基づいて満足を決めている、と考えられる。JCSIモデルではこの効果を顧客期待から顧客満足への直接効果で診断する。直接効果の値は他の要因に比べれば低く、統計的に有意でないことも少なくない。これは顧客期待が顧客満足に影響していないのではなく、顧客期待は知覚品質と知覚価値を媒介して顧客満足に対して間接的な影響を与えている、と考える。

　これら3つの源泉と顧客満足の関係は、図中の矢印（パス）で示されている。顧客満足に直接伸びる矢印を直接効果という。また、知覚品質から伸びるもう一つの矢印は知覚価値に向かい、それを経由して顧客満足に影響を与えており、それを間接効果という。知覚品質から顧客満足への影響は、直接効果と間接効果を合わせた総合効果として表すことができる。これと同じことは顧客期待にも当てはまる。顧客期待から顧客満足への直接効果は、どの業種においても小さいが、品質やコストパフォーマンスの評価に影響を与えながら満足度に影響を与えている。こうしたことを踏まえて、CSI診断の焦点は、品質とコストパフォーマンスに向けられる。

品質駆動と価値駆動

　知覚品質と知覚価値のスコアが高いか低いかにかかわらず、それらの顧客満足に対する影響度の大きさを業種間比較することで、ある業種の顧客満足の源泉が何かを、大局的な見地から特徴づけることができる。図表5-2には、顧客満足に対するコストパフォーマンス効果をV/Q比率（価値効果と品質効果の比率）で表して、2013年度から2019年度までの隔年の診断結果で示している[1]。V/Q比率は知覚価値から顧客満足への直接効果が、知覚品質が顧客満足に与える効果と比べて、どの程度強いかを表した比率であり、棒グラフが1.0近づくほど顧客満足に対してコストパフォーマンス（以下、コスパ）の影響度が強いことを意味する。この影響度が強いということは、良い意味でも悪い意味でも"コスパがカギを握る"ということである。低価格訴求で競争する企業・ブランドにとっては、自社の意図通

りに顧客の評価軸が定まっているのに対して、サービスの良さ、品質の良さを訴求している企業・ブランドにとっては、価格に見合わないとみなされ、コスパの悪さが原因で、満足度が低くなってしまうケースもある。

コストパフォーマンスを源泉とした価値駆動の顧客満足の形成パターンに移行する業界が増えている。

V/Q比率に基づいて各業種の顧客満足の源泉を見ると品質駆動と、コストパフォーマンスを重視した価値駆動のパターンが見られる。価値駆動か品質駆動かは明確に線引きできるものではないが、ここでは全業種平均 V/Q比率0.53よりも低ければ品質駆動、高ければ価値駆動とみなすことをおおよその目安として議論しておこう。すなわち、教育サービス、エンタテインメント、フィットネス、自動車販売店は品質駆動の傾向が強い。また、旅客航空においては、国内線よりも国際線の方が品質駆動の傾向が強い（図表5‐2）。携帯電話、国内長距離交通、証券、銀行、生命保険、クレジットカードは家電量販店と同じくらい、コスパの重要性が高い。

V/Q比率が高い業種は、価格を中心とした競争が展開されている市場であることを示唆している。新興航空会社やLCCが参入した後の国内航空、格安スマホが参入した携帯電話、手数料率や金利で大手に差別化をしているオンライン専業の証券、銀行、生命保険といった業種がそれに相当する。図表5‐2において、2013年度から2019年度の推移をみると、V/Q比率が大なり小なり変化していることがわかる。これらの中から、いくつか際立った特徴をもつ業種をみることで、なぜそのような変化が生じるかを考察するうえでの手がかりが得られる。

インバウンド需要増加により低下した国内客の宿泊満足度

ビジネスパーソンの出張需要をメインターゲットとするビジネスホテルは、コスパが重視されるのに対して、ビジネス需要だけでなく旅行やレジャーといった個人需要を対象とするシティホテルは、接客や雰囲気、付帯するサービスの重要性が高まる。利便性とリーズナブルな価格で宿泊機能を提供するビジネスホテルと異なり、シティホテルは品質をベースとした業態の典型であった。ところが、2010年代において顧客満足の源泉は徐々にコスパも同じくらい重要になった。逆に、ビジネスホテルは徐々に V/Q比率が下がり、安さだけでなく、品質がより重視されるようになったのである。

図表5-2　顧客満足に対するコスパ効果の相対的重要度（V/Q比率）

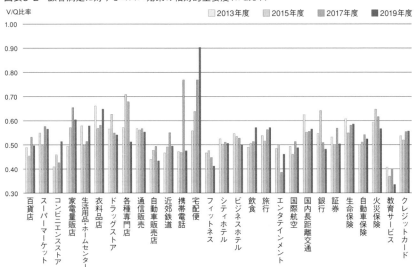

注）V/Q比率（コストパフォーマンス効果対品質効果比率）=[知覚価値→顧客満足への直接効果]/[知覚品質→顧客満足の総合効果]で計算。総合効果=直接効果+間接効果はJCSIモデルで推定された各年度の非標準化解をもとに算出。V/Q比率が高いほど、顧客満足の評価に対してコストパフォーマンスの影響度が相対的に強い業種であることを表す。各業種・各年度のサンプルサイズは、6,000〜77,000件。

　2013年から2015年にかけて、円ドル相場が円安に移行するとともに、観光立国を目指したインバウンド政策によって、訪日外国人客が毎年20％以上成長した。それにともなって、宿泊の予約が取りづらく、宿泊料金が上昇する状態となり、国内の宿泊利用者の満足度は業種全体で毎年1ポイント程度のペースで緩やかに低下した。一方、2015年から2016年において価格上昇が起きた。インバウンド需要の急速な高まりも手伝って、ホテル・旅館をはじめとする宿泊業では、客室稼働率が軒並み上昇するとともに、宿泊料金が上がったのである。これによって、日本人宿泊者にとってのコスパ評価は2015年に急激に低下した。それとともにホテルに対する知覚品質の低下が顧客満足に対してダブルで影響を与えた。しかし、2016年頃から新規ホテルの開業ラッシュが続いたこと、新設された建物や施設の品質評価が向上したこともあって、顧客満足はようやく回復基調に入った。

満足度が高いのに収益悪化の悪循環

　宅配便業界は2013年度から2019年度にかけてV/Q比率が約0.1ポイントずつ上昇している。消費者向け電子商取引の市場規模とともに国内の宅配取扱個数は2010年代になって拡大し、2010年の約32億個から2015年には37億個になった。

とくに、インターネット通販の拡大にともない、安い運賃で請け負っていた物流業者は、需要が増えて収益悪化という悪循環に陥っていた[2]。市場シェアの約50%をもつヤマトホールディングスは2016年度の宅配便の取扱個数は約18億個でそれまでの過去最高を記録した[3]。一方、現場で配送を担うドライバーは再配達率の増加もあって長時間労働が強いられ疲弊し、結果、深刻な労働力不足に見舞われた。

　ヤマト運輸の労働組合は経営陣に対して荷物の引き受け抑制を要求した。これに対して、同社の経営陣はそれまでの運賃とサービスを見直す決断を行なった[4]。基本運賃の5～20%の値上げ、一般消費者よりも割引率が大きかった大口顧客向けにはさらに大きい値上げ率を求め、サービスの見直しを行なった[4]。JCSI調査の宅配便の回答者には、一般の個人消費者だけでなく、企業の宅配利用者も含まれるが、2017年になってこれらの措置は敏感に反応しており、宅配便を利用する発荷側がコスパを重視しはじめたことが、CSIに表れている。当日・翌日配達や送料無料といったサービス品質とコスパの良さによって、オンライン通販が拡大する一方で、宅配サービスそのものの存立基盤が危ぶまれる事態であったことが、JCSIモデルにも表れているのである。

低価格訴求が常態化した小売業

　小売には実在店舗と通信販売（オンライン、カタログ、テレビ）のいずれかもしくは両方のチャネルを用いた業態がある。また、通信販売の中には小売業者というよりは、メーカーのダイレクトマーケティングとして行われているものも含まれる。左側に並んだ百貨店から通信販売までの小売業態のうち、各種専門店、衣料品店、家電量販店、通信販売の V/Q比率は、0.5～0.6台であり、「良いモノを安く」が顧客満足の決め手になっていることが読み取れる。JCSI調査の対象企業は各業態の売上高上位企業であり、しかも低価格訴求をしている企業・ブランドが多く含まれることを考慮すれば納得できることである（付属資料を参照）。たとえば、衣料品店業種ではファストファッション（ユニクロ、GU、ZARA、H&M）をはじめとした低価格訴求の全国チェーンが調査対象企業の半数を占めている。

　デフレ経済下の多くの市場で、価格は満足度や客数を左右する決め手とされてきた。単に品質が良いだけでなく、妥当な値段かどうかが問われるようになった。実際、JCSIモデルで診断すると、その傾向が現れている小売業態がいくつも存在する。

　市場規模が大きいスーパーマーケット、コンビニエンスストア、ドラッグストアは、多数のチェーン店を展開し、各地域市場で競争している。近年成長率が高

いドラッグストアの V/Q比率はスーパーと同水準であり、低価格訴求で顧客獲得を図っていることを反映している。定価販売を基本とするコンビニ各社も、割安なプライベートブランド商品（PB）の企画販売を積極的に行っていることもあり、近年、V/Q比率が上がっている。これは利用者はコンビニにコスパを求めるようになった、ということである。ただ、それらは業態全体の平均像であり、もちろん企業間の違いがある。コンビニ大手3社は、0.37〜0.48である一方、北海道を中心に展開するセイコーマートの V/R比率は0.77で、スーパーに近い水準である。同社は PBの加工食品や、店内調理でできたての温かい惣菜・弁当を提供するホットシェフのコスパの良さが評価されており、北海道地域に限られていながらも、全国ブランドのセブン–イレブンと並んで高い顧客満足を得ている。

　スーパーは顧客を誘引するため、コスパがエンジンとなっている典型的な業態と思われがちである。しかし、V/Q比率でみると、衣料品店、家電量販店、専門店よりも低く、必ずしも低価格訴求による価値駆動とは言い切れない。ディスカウントストアやドラッグストアと競合する中、スーパー各社は独自の戦略で生き残りを図っている[5]。スーパーで圧倒的な満足度の高さを維持しているのはオーケーである。同社は関東一円に店舗を展開し、ナショナルブランド品を特売価格で集客する手法ではなく、EDLP（毎日低価格）で販売する手法をとる。一方、ヤオコーは埼玉県を中心に関東北地域に展開し、生鮮品や惣菜の品揃えと、生活提案を訴求する品質重視の食品スーパーである。両社はコスパだけで知覚品質の評価の高さと両軸で観客満足を駆動している[6]。

　総合的な品揃えをする GMS（総合量販店）もディスカウントストアや専門店に囲まれて生き残りを図る。GMS各社（イオン、イトーヨーカドー、西友）の V/Q比率は0.7〜0.8台で、ディスカウント系スーパーと同水準にある。GMS各社の知覚価値のスコアはオーケーやトライアルよりも5ポイント以上低く、コスパでは、競争劣位にあることがわかる。

色が分かれるオンライン通販

　通信販売には、オンライン／モバイル、カタログ、テレビを駆使した専業通販と、リアル店舗をもつ小売業者が運営する通販サイト、さらにはメーカーがダイレクトに消費者へ商品を販売する D2C（Direct To Consumer）がある。総合ショッピングサイトのアマゾン、家電量販のヨドバシカメラおよびヨドバシ.com、化粧品や健康食品を取り扱うオルビスやファンケル、サントリーウェルネスといった通販業者の CSIは安定して高いスコアを得ている。

衣料品や家電製品といった買い回り品は、本来、消費者は店舗でじっくり品質や性能を比較検討したうえで購入する。消費者は、オンライン比較サイトにおいて、メーカー提供の情報や他店の相場価格、ユーザーの評価を見ることで情報探索の精度をあげ、実際に店舗で商品を確認したうえで、最も安く、無料ないしは低料金で配送まで行うオンラインショッピングサイトで購入する、ということもあるだろう。

こうしたことを背景にオンラインショッピングは、利便性が高く、コスパに優れており、それが顧客満足の源泉として相対的に強い影響を与える。それに対して、オフラインの実在店舗は、商品説明を受けたり、商品を試したりする環境が整っているかどうかが求められるため、品質が相対的に強く影響する、と考えられる。

V/Q比率で見ると、通信販売は0.5〜0.6の範囲で企業・ブランドが分布しており、総じて利便性が高く、"よりお得に"商品を入手するチャネルとして定着している。また、オフラインとオンラインの両方で調査を行なっているユニクロ、ヨドバシカメラ、Joshin（ジョーシン）をみると、リアル店舗よりもオンライン通販の方がV/Q比率が0.1程度高い。これらが運営する通販サイトはより価格志向であり、配送料も含めたお買い得感が重視されていることが推測される。

たとえば、家電量販のヨドバシカメラは、店舗およびヨドバシ.com通販がともに高い評価を受け続けている。商品知識の豊富な店員のサービスと、専門的な深い品揃えが店舗のカギである。家電製品を取り扱う多くの通販サイトは、価格の安さを訴求しているため、コスパが相対的に重要な源泉と考えられる。ヨドバシ.comは、都内であれば即日や翌時配送を無料で行うなど配送サービスの充実ぶりと、多店舗を展開しているメリットを活かした商品の在庫情報を確認できることなどのサービス品質の高さが顧客満足を駆動している。

一方、オンライン通販専業の大手、アマゾン・ジャパン、楽天市場、Yahoo!ショッピングはCSI診断の見地からどのような特徴があるだろうか。アマゾンと楽天市場は通販全体に比べてV/Q比率が低く0.4〜0.5台である。ジャパネットたかたや通販生活（カタログハウス）などの一部を除いて、総合的な品揃えをしているカタログ系通販やオンライン通販は、家電量販や化粧品・健康食品系の通販よりも、知覚価値のスコアが5ポイント程度低い。

アマゾンの顧客満足は、2011年度から2014年度の水準からは若干低下したが、2015年から2020年にかけて変動幅が少なく高い水準で推移している。アマゾンの知覚品質と知覚価値が顧客満足に与える効果は、コンビニと似たV/Q比率のパターンをとる。同サイトは、本・雑誌・マンガ、音楽・アニメ・映画、食品、家電、

衣料品など品揃えを広げている。総合的な小売業態としてだけでなく、音楽やビデオのストリーミングサービスを提供しているアマゾンユーザーの生活領域に広く深く入り込み、オンラインの総合コンビニのような存在に近いと考えられる。

「格安」訴求 LCCのその後

　大手の寡占状態だった市場に新規参入が起こったことで、今までとは違った顧客満足の源泉をもつ新しい市場が開拓された事例として、国内航空と移動体通信サービスが挙げられる。

　2012年、日本市場において LCC（ローコストキャリア）の新規参入が始まった。関西国際空港を拠点とするピーチアビエーション（以下、ピーチ）、成田空港を拠点とするジェットスタージャパン、エアアジアジャパン、そして、後にバニラエアや諸外国の LCCが相次いで参入した。日本の多くのメディアでは LCCが「低コスト」ではなく「格安航空」として紹介された。実際、大手航空会社の半額以下の航空運賃は、今まで航空機を利用していなかった高齢者や学生など新規市場を開拓したと見られている。それに加えて LCCの副次効果として、関西圏と九州を結ぶ新幹線需要からのシフトがあったこと、レンタカーやホテルなどの観光需要を活性化させる経済効果も指摘されている[7]。

　ピーチとジェットスターの CSIをみると、就航当初の2012年から2013年にかけて知覚価値と顧客満足が高い評価を得ており、LCCのコスパの良さという価値を顧客が適切に評価している格好となった。しかしながら、2つの指標はその後、緩やかに低下した。2012年〜2017年までの顧客満足度をみると、ピーチは74→73→71→70→71、ジェットスターは66→73→73→70→70であり、徐々に低下した。欠航や遅延といった目に見えやすいサービス品質の低下は座席間隔の狭さなどと並んで、知覚品質スコアに現れやすい。実際、LCCの知覚品質は60点付近であり、大手2社が75点前後で推移しているのとは大きな格差が見られる。

格安スマホの新規参入

　スマートフォンの通信料をより安い月額料金で利用できる、いわゆる "格安スマホ" が2016年前後から参入が活発化した。契約数は2016年から毎年15%から35%の成長率で伸びたが、その移動体通信サービス市場全体における MNVO（仮想移動体通信業者）の市場規模（契約数）は11.6%であり（2019年3月末）[8]、小さいパイをめぐって多数乱戦の状況にある。JCSI調査では MVNOとして、大手のサブブランドである Y! mobileと UQ mobile、楽天モバイル、mineo（マイネオ）な

どが調査対象に加わった。図表5‐2に表れているように、携帯電話分野のV/Q比率が跳ね上がったのはMVNOのサンプルが加わったことと、大手による各種の割引プランの提供などが起因している、と思われる。

　MVNOは大手携帯電話会社の回線を借りてモバイル通信サービスを提供するものであるが、利用者にとって多種多様なMVNO事業者が提供する選択肢の中から、自分に合った料金プランと通信量のプランを、大手より安い月額料金で利用することができる。代理店経由の契約・販売を主軸とする大手3社に対して、MVNO事業者の多くはオンラインを主軸とした人件費が低い販売チャネルを用いている。"格安SIM"は、Y!mobile（ソフトバンク）やUQ mobile（KDDI）といった大手のサブブランド以外では、通信速度の遅さが指摘される。また、大手のような幅広いサービスのラインナップをもたない特徴がある。低価格を訴求し、限定的な機能や品質水準のサービスを求める市場セグメントをターゲットとした新規参入は、MVNOとLCCの共通点である9。

　MVNOの利用者は、通信サービスの品質を大手3社と同程度に評価しており、それを低額料金で使えるコスパの良さによって、顧客満足は大手より10ポイント高い（JCSI調査2019年度）。これは低価格訴求のサービスにみられる典型的なパターンであるが、もう一つ特筆すべき点はロイヤルティ（再購買意図）にある。携帯電話業界では、2年間契約を継続することを前提として、スマートフォン端末の購入代金や利用料金の割引を行うかわりに、期間内に解約すると違約金が発生する商慣行がある。それは、いわゆる"2年縛り"と呼ばれる独特な制度であるが、MVNO事業者はこの商慣行をとらないことが多い。MVNOに対して顧客が感じているスイッチング・コストは大手に比べて10ポイント低いのはそうした背景から理解できる。その結果、MVNO事業者は大手と比べて顧客満足度が高いにもかかわらず、ロイヤルティは同水準である。大手キャリアのユーザーは高いスイッチング・コストを感じ、それがロイヤルティに寄与しているのに対して、MVNOユーザーはそれほどスイッチング・コストを感じていない。つまり、MVNOは顧客にとって気に入らなければ"いつでも乗り換えられる"選択肢と見られている、と考えられる。

専門特化のサービス革新

　オンラインとオフラインの小売チャネルは、しばしば対照的な価値の訴求をしているが、これらはCSIモデルによる診断でどのような特徴があるか。オンライン専業で高い評価を得ているのは、先述した通信販売のほか、銀行、生命保険・

損害保険、証券、旅行に顕著に見られる。これらはリアル店舗をもつ既存業者と比べて、知覚価値だけでなく、知覚品質についても高い評価が得られており、それらが満足度に強く影響する価値駆動のパターンを示している。銀行について V/Q比率を見ると、メガバンク（三菱UF銀行、三井住友銀行、みずほ銀行）の0.3台に対して、オンライン専業銀行（住信SBIネット銀行、ソニー銀行、ジャパンネット銀行（現 PayPay銀行）、楽天銀行は0.4台であり、知覚価値のスコアで5ポイント以上高く、コスパの高さを源泉とした価値駆動の銀行業態として評価されている。

経験則 2

> オンライン専業のブランドは、オンラインを兼ね備えたオフライン中心のブランドよりもコストパフォーマンスが高く、価値駆動で顧客満足が形成される傾向にある。

　総じてオンライン専業の旅行、銀行、証券は、24時間いつでもどこでも取引でき、手数料の安さを訴求する。利用者の中には、オンライン業者だけでなく、従来型の銀行や証券会社に口座をもちつつ、決済や取引だけをオンラインですませる人も少なくない。オンライン旅行サイトを利用するのは、比較的、消費経験が豊富で、賢くブランド選択を行うことができる人々と考えられる。

　生命保険と自動車保険をオンライン専業で提供する保険会社には、がん保険や40代以上の自動車保険といったように特定のニーズをもった人々をターゲットにしているケースがある。これらは、保険代理店を通して総合型の保険商品を契約してきた人々に、自分の収入、家族構成、ライフプランにあった保険プランを見直すことを問題提起して、ブランド・スイッチを狙ったものである。生命保険、自動車保険、火災保険とも他業種に比べて顧客が感じるスイッチング・コストが高い業種である。保険代理店や販売員を介したリアルの顧客接点をもち、営業を行なっている保険会社は、オンライン専業に比べてより高く、顧客が切り替えにくい関係を構築している。一方、他業種のオンライン専業と同じように、保険分野でもスイッチング・コストは低く、保険の満足度によってロイヤルティが形成されるのが特徴である。

　保険の満足度は、保険金がいくらか、どれくらいのスピードで支払われるかによって大きく左右されるようである。それゆえ契約者は契約金額と受け取った保険金額との相対比からコスパを金額という客観的なモノサシで評価しやすく、それが強く満足度を決定していると考えられる[10]。

顧客期待は顧客満足のドライバーか?

　顧客期待も、直接および間接に顧客満足に影響をおよぼす源泉である。第3章で見たように、品質もコスパも評価の高さは顧客期待に照らして決まる、と理論的には考えられる。さらに、購入頻度が高く、慣れ親しんでいるサービスであればあるほど、顧客は品質やコスパがどの程度かを予期できるため、期待効果が強く働きやすくなる。このことは、頻繁に利用するサービスや、歴史が長い伝統的な企業・ブランドに当てはまる。それは、人々が企業・ブランドに対して確固とした信念を保有している、と考えられるからである。

経験則 3
顧客期待の高さは顧客満足に直接影響するが、業種・企業によって影響の大きさには違いがある。

　図表5-3は、顧客期待が顧客満足におよぼす直接効果を業種平均で示している。棒グラフが縦方向に長ければ、その効果がより大きいことを意味する。ゼロに近い係数は統計的に有意でないため無視して良い。小売業を見ると、コンビニ、百貨店、スーパー、各種専門店の直接効果が大きく、逆に、通信販売では小さい。また、宅配便や近郊鉄道は提供されるサービスの品質が安定し、顧客が予期しやすいことから期待効果が大きい。テーマパークや観劇といったエンタテインメントは、利便性やコスパといった機能的、合理的な要素だけでなく、体験についてのワクワク感を含んだ期待と考えることもできる。

　一方、銀行や証券といった金融分野、フィットネスクラブ、ドラッグストアや通信販売は直接効果が低く、品質やコスパをじっくり評価したうえで満足が決まるものと考えられる。

　顧客期待の直接効果が低いのは、需要サイドの原因として利用者が、サービスの品質の違いを見分けにくいことが挙げられる。一方、供給サイドにおいて、サービスを標準化するのが難しく、品質の良し悪しが曖昧な場合、顧客はより慎重にサービスを評価するため、期待の直接効果が働きにくくなるからと考えられている(Fornell et al. 1996)。直接効果が高いのは日常生活で頻繁に利用するスーパー、近郊鉄道、飲食といった、サービス品質やコスパの良し悪しがわかりやすいサービスである。これは確立したブランド資産の効果でもある。

　逆に、いくつかの業種では負の期待効果が生じている。フィットネス、証券、教育サービス、自動車保険、クレジットカードに共通するのは、顧客が購入前に

図表5-3　顧客満足に対する顧客期待の直接効果

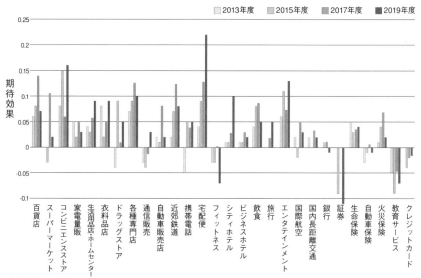

注）直接効果は、JCSIモデルで推定された各年度の非標準化解を表示しており、直接効果が大きいほど顧客満足の評価に対する顧客期待の影響度が相対的に強い業種であることを表す。

　品質を見極めることができない経験属性の高いサービスである。同じ小売業でも店舗をもつ業態に対して通信販売が負になるのは、店頭で商品を見極めることができないことに起因している可能性もある。これらのサービスでは高い顧客期待に対して、品質や価値が見合っていないために顧客満足に負の影響が現れているのではないか、とも考えられる。

　フィットネスにおける健康増進、証券における売買益、教育サービスにおける学力向上や志望校への進学といったサービスがもたらす結果は独特である。それは、顧客本人が運動する、健康な生活を送る、自分で投資判断する、子供が勉強した結果であり、当該サービスが優れているかどうかとは別の次元でサービスの結果が決まるものであり、顧客と企業が価値を共創するサービスである。しかしながら、つい運動をサボり、甘いものや揚げ物を食べてしまった人は、ダイエットに失敗した原因を自分自身の責任だけでなく、むしろフィットネスのサービスに責任転嫁をする習性があることが知られている。高い期待が顧客満足に負の影響を与えるのは、そのように理解できる。

顧客期待の直接効果とロイヤルティへの推奨効果はトレードオフの関係にある。

　期待効果は、企業・ブランドに対する信頼が高く、安定した品質を期待していることが満足・不満足に直結しやすいことを意味するが、それは裏を返せば、新しさや驚きが感じられないということでもあり、ブランドが飽きられてしまう危険性もはらんでいる。

　このことは次のような意味をもつ。わざわざクチコミや推奨をするほどの話題性や新規性がある製品・サービスならば、推奨効果は上がる。つまり、新興企業による革新的サービスは推奨効果が高いが、商品サービスやそのブランドのことを深く知らないため期待の直接効果は低い。しかしながら、次第にその新規性が薄れることで推奨効果は弱く、期待効果が強くなる、と考えられる。対照的に伝統的で、信頼できる、というブランド・イメージは、顧客期待の証である一方、新規性が薄れて推奨効果が低下しているというアラームでもある。このように期待効果と推奨効果の推移を追跡することで、その兆候を読み取れる可能性がある。

2. ロイヤルティの源泉は何か

ロイヤルティの源泉としての顧客満足

　次のCSI診断はロイヤルティの源泉を明らかにすることである。顧客満足度が高ければロイヤルティ（再購買意図）が高いか、日本市場においてもそのようにいえるかの実証的な検証をする必要がある。結論を先に言うと、その仮説は確かに支持される。しかし、問題はそれには業種による強弱があり、顧客満足だけがロイヤルティの唯一の源泉ではない、ということである。そこで本節ではロイヤルティの源泉として、顧客満足に加えて、推奨意向とスイッチング・コストを加えた拡張版のJCSIモデルで、業種ごとにどのような違いがあるかを診断する（小野2016）。

　図表5-1に示したように、拡張版のJCSIモデルでは、ロイヤルティの源泉として顧客満足、推奨意向、スイッチング・コストを想定している。これに加えて、CSRイメージが顧客のロイヤルティ形成にどう寄与するかも検討する。

> **経験則 5**
>
> **顧客満足はロイヤルティ（再購買意図）に正の影響を与えるが、業種・企業によって効果に強弱がある。**

　過去に経験したサービスに満足した人は再び同じ経験ができ、失敗する確率も少なくなる。それゆえ、満足した人の方が不満をもった人よりも、リピートや契約継続をする可能性がより高くなる。このような経験則は先行研究でも確かめられており、自明に見えるかもしれない。しかしながら、図表5‐4ではそうした関係が強くみられる場合と弱い場合があることがわかる。縦軸には企業・ブランドの顧客満足スコアを100点満点で示し、横軸には顧客満足がロイヤルティ（再購買意図）に与える直接効果（標準化係数）の強さを示している。グラフの右側ほど顧客満足がもたらす効果が強く、左側はそれが弱い。

　ここにあるすべての業種ではパス係数が0.3を超えており、仮説通りの結果である。右上の領域は高い顧客満足がロイヤルティに強く影響しており、ビジネスホテル、国内長距離交通、通信販売といった業種がプロットされている。右下の領域の証券と携帯電話は影響度が強いにも関わらず満足度が低い。それに対して、左上の領域は他業種と比べて満足度は高いが、それがロイヤルティに与える影響は限定的である。たとえば、百貨店はたしかに利用客に優れた買い物経験を提供しているが、今後も訪れたい、もっと他の商品も見てみたい、といった行動意図を育むことにはそれほど結びついていない。

　同様に全業種平均の直接効果0.4を下回る業種は、生活用品・ホームセンター、コンビニ、自動車販売店などである。顧客満足は特に高くも低くもなく、ほどほどにロイヤルティに影響しており、他の要因とあわせて診断する必要がある。シティホテル、エンタテインメント、旅行といった業界は、経営陣から現場まで顧客満足を経営の中核に置いている会社は多いが、顧客満足の直接効果が際立って強いわけでない。JCSIモデルでは、顧客満足が推奨意向やスイッチング・コストを経由して、間接的にロイヤルティに影響を与えているという観点から、後述する推奨意向やスイッチング・コストの効果とあわせた診断が必要である。

　左下の領域にプロットされるコンビニ、近郊鉄道、銀行は、企業間差異はあるが、総じて顧客満足の影響がそれほど強くなく、スイッチング・コストの効果が他業種よりも強い。同じコンビニを今後も使うかどうかは近くにあるか、店が開いているかといった条件が合うかどうか、JR山手線や東京メトロに再び乗るかどうかも出発地と目的地を結ぶ路線網とダイヤの条件が合うかどうかで利用されるため、単にサービスに満足したかどうかでロイヤルティを決めているわけではない。

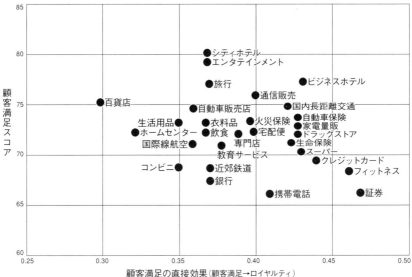

図表5-4　ロイヤルティへの満足効果

出所:JCSI調査2019年度データを用いて推定した結果。

すでに口座を保有し、給与振り込みやローンを借りている銀行を、なかなか切り替えたりしないのもスイッチング・コストの影響と思われる。

　このように、顧客が同じ企業・ブランドのサービスを今後も利用するかどうかは、満足度だけでは説明しきれず、それ以外の源泉と合わせて診断する必要がある。以降では、ロイヤルティに対する推奨意向とスイッチング・コストの影響を診断する。

推奨意向とロイヤルティ

　自分が利用した企業・ブランドのことを友人・知人、家族や同僚に良い話題として話したいと思うほど、ロイヤルティ（再購買意図）が高くなることを、ここでは推奨効果と呼んでいる。第3章で述べたように、人は自分の意見や立場に対して一貫性を保とうとするからである。「あの旅行会社はコスパが良くて接客がすばらしい、絶対おすすめ！」と誰かに話しておきながら、他の旅行サイトで予約をしているようでは、自分の主張に矛盾があり心理的な葛藤を感じてしまうだろう。そ

うした心理的な葛藤を抱えないために、人は一貫性を保とうとするのである。

経験則 6

顧客満足は推奨意向に正の影響を与える。

　顧客満足と推奨意向の間には一貫して強い因果関係がある。JCSIの推奨意向は、その企業・ブランドのことを誰かに話す際、ポジティブな話題とするか、それともネガティブな話題とするかを商品の魅力度、基本的なサービス、顧客接点、情報提供の諸側面について質問したものである。企業・ブランドの製品・サービスについて話す際、ある人は良い点ばかりを褒め称えるかもしれないが、ある人は良い点だけでなく、問題点もあるけれども総じて良いという話し方をするかもしれない。話の内容がどうであれば結論としてポジティブなのかネガティブなのかその方向性を尋ねているから推奨の「意向」なのである。

　顧客満足から推奨意向への影響を業種ごとにみると、銀行、クレジットカード、携帯電話はパス係数が0.6台で他業種に比べて低いが、百貨店、宅配便、国際線航空、自動車保険では0.8を超えている。顧客を満足させると良いクチコミが、不満だと悪いクチコミが生じるメカニズムは、業種や企業による違いはあるが、総じてその傾向がある。

経験則 7

推奨意向はロイヤルティに正の影響力を与える。

　さらに、推奨意向がロイヤルティを強化するかどうかにも違いがある。図表5-5では縦軸に推奨意向のスコアを、横軸にはロイヤルティへの直接効果を示している。シティホテルやテーマパークを訪れる人々の多くは、時間をかけて遠方までわざわざ出かける目的をもった行動であり、自宅や職場から近いからという理由で訪れているわけでない。そのためもあって、ホテルやエンタテインメントに対してスイッチング・コストは高く感じず、ロイヤルティへの影響もあまりない。むしろ顕著なのは、ホテルでゆっくり寛いだり、楽しく過ごしたり、おいしい食事をしたり、といった体験がどれほど好ましく、誰かに教えてあげたいと思うかどうかである。それゆえ、満足したから人に好ましい話題として伝えたくなり、それゆえに再び訪れ利用したい、という連鎖が生まれやすいのが、エンタテインメント、ホテル、旅行の特徴である。それとは対極の左下の領域にプロットされた

図表5-5 ロイヤルティへの推奨効果

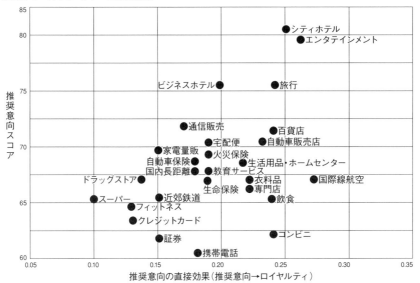

出所：JCSI調査2019年度データを用いて推定した結果。

のが、スーパー、フィットネス、クレジットカード、近郊鉄道、証券、ドラッグストアであり、クチコミや推奨からロイヤルティを生み出す連鎖は弱い。

　かつてクレジットカードは、社会的ステイタスを誇るアイテムと称されたが、今では推奨意向のスコアも、ロイヤルティへの影響も小さい。プラチナやプレミアムといった数万円の年会費が必要な一部のカードはあるが、無料ないし低額の年会費で会員本人にとってどれだけ価値があるかが、ロイヤルティにとっては重要である。

　旅行・観光、レジャーは、顧客自らが経験したサービスを即座に、テキストや写真・動画で投稿し、フォロワーの反応をリアルタイムで知ることに馴染むサービスである。対面のクチコミとソーシャルメディアでのコミュニケーションが活発な現代において、話題性があり"映える"体験をすることが顧客のロイヤルティ形成にどう結びつくかどうかの一端を、推奨効果の診断は明らかにしている。

スイッチング・コストでロックインされたロイヤルティ

　図表5-6は、顧客が知覚したスイッチング・コストを100点方式でスコア化し、JCSIモデルでロイヤルティへの影響力を推定したものである[11]。

　フィットネスクラブや教育サービスといった対面で提供されるサービスに加えて、生命保険、火災保険、住宅設備機器や事務機器サービス、携帯電話、自動車販売店のような耐久財や長期契約を前提としたサービスにおいても、顧客は高いスイッチング・コストを感じる傾向がある。逆に、コンビニやスーパーをはじめとした小売業、飲食業、エンタテインメントにおいてはそれほど高くない。

　顧客はスイッチチング・コストをそれほど意識していない。しかしながら、同じスーパーやコンビニの店舗やチェーンを利用し続けることには一役買っていることが、横軸の直接効果に表れている。

　ブランドを切り替えるために必要な金銭的・非金銭的なスイッチング・コストが高いと知覚するほど、人はブランド・スイッチしにくくなる。利用しなれたスーパーやコンビニでは、買い物客は売り場のどこに何が置かれているかを知っているし、生鮮食品やお弁当の何が美味しいかもよく知っている。また、ポイント・プログラムに加入していれば、貯まったポイントを使える店の方が有利である。それほど強く意識していなくとも、ロイヤルティへの直接効果が高いのは、利用頻度が低い飲食やエンタメとの違いと考えられる。

　銀行、銀行（貯蓄・投資商品を購入）、証券、通信販売の4業種に関しては、オンライン専業と、オフラインもしくはオンラインを兼ね備えた業態があり、多少の違いがある。総じてオンライン専業のほうがスイッチング・コストは低く、コストパフォーマンスが悪ければ、いつでも他社に切り替えやすい状態になっていると推測できる。入会手続きや会員登録が容易で入りやすいが、逆に離脱もしやすいため、いかに顧客を魅了し続けられる価値をもつ商品・サービスを提供できるかが、オンライン専業の生き残りの鍵の一つと考えられる。

経験則 8

スイッチング・コストはロイヤルティに正の影響を与える。

　スイッチング・コストをどの程度、感じているかと、それがロイヤルティに与える影響は別である。図表5-6の横軸はその影響力の強さを示しており、グラフの右側の領域にある業種ほど、スイッチング・コストの影響が強く、携帯電話、教育

図表5-6　ロイヤルティへのロックイン効果

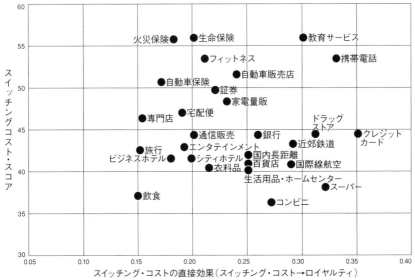

出所：JCSI調査2019年度データを用いて推定した結果。

サービス、クレジットカードが典型である。左上の領域にある火災保険、生命保険、フィットネスクラブ、自動車販売店、自動車保険では、確かに高いスイッチング・コストを感じてはいるが、ロイヤルティへの影響は限定的である。これらの業種に共通するのは、顧客満足のロイヤルティへの直接効果が強いことであり、顧客は不満を感じていれば、多少のコストがあろうとも違う事業者に変えるつもりがある、という意志の現れとも考えられる。

　スイッチング・コストの効果を考える際、ロイヤルティ・プログラムの影響がどれくらいあるかがもう一つの関心事である。ポイント・プログラムの効果は個人差が生じやすく、ポイント会員か否か、ポイントを貯めているか、貯まったポイントを特典に交換しているかなどで温度差がある。この点は第6章で取り上げる。

3. ロイヤルティ源泉としてのCSR

良い行いをする企業と永くつき合いたい

　サービスを提供する企業が「社会に対して良いことをしている」というイメージをもつと、顧客はその企業・ブランドを長く使いたくなるだろうか。第3章でレビューしたように、CSRやSDGsは、営利を目的とする企業も社会課題に取り組むべきことが示唆されるとされている。この点に関して、JCSI調査ではCSRに関わる質問項目を設けて、CSRスコアを推定している。図表5-7はJCSI調査2018年度におけるCSRスコアの業種平均を示している。

　個別の企業・ブランドを挙げると、福岡ソフトバンクホークス、ジャパネットたかた、ヤオコー、東急ハンズは本業に対する顧客の満足度とともにCSRスコアも高いのが特徴である。プロ野球球団は本拠地（フランチャイズ球場）を各地域に置き、地元や当該地域出身の選手を獲得し、地元地域での各種イベントや野球教室などをはじめ、地域市民との接点を積極的に図っている。さらに、活動がマスコミで取り上げられやすい。これらは地域社会の取り組みへの経営者や従業員の参加と支援、あるいは雇用創出や地産地消といった取り組みが寄与していると推察される。

　一方、スーパー、ホームセンター、コンビニ、ドラッグストア、通信販売といった小売業や飲食業はCSRスコアが全業種平均を下回る。これが小売業界のジンクスとするならば、それを打破している企業・ブランドは、類稀な経営を行なっている逸脱のケースとみることができる。

　「良い行いをすることで成功する」（Doing Well by Doing Good）という表現にあるように、企業は、自然環境、地域社会、消費者や従業員への公正な対処、さらには科学・芸術・文化への支援など、社会に対する「良い行い」をすることが、長期的に良い業績につながることを示唆している。

　ここでのCSI診断の問題はCSRスコアで高く評価されると、ロイヤルティも高くなるかである。

経験則 9

**　社会的に良いことをしているというイメージは顧客のロイヤルティを強化する。**

　ロイヤルティに対してCSRイメージがどの程度、影響力があるかモデル化した

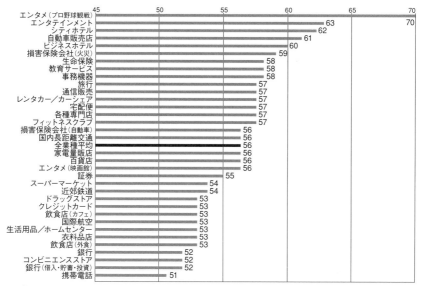

図表5-7　CSRスコアの業種平均（2018年度データ）

エンタメ（プロ野球観戦）	70
エンタテインメント	63
シティホテル	62
自動車販売店	61
ビジネスホテル	60
損害保険会社（火災）	59
生命保険	58
教育サービス	58
事務機器	58
旅行	57
通信販売	57
レンタカー／カーシェア	57
宅配便	57
各種専門店	57
フィットネスクラブ	57
損害保険会社（自動車）	56
国内長距離交通	56
全業種平均	56
家電量販店	56
百貨店	56
エンタメ（映画館）	56
証券	55
スーパーマーケット	54
近郊鉄道	54
ドラッグストア	53
クレジットカード	53
飲食店（カフェ）	53
国際航空	53
生活用品／ホームセンター	53
衣料品店	53
飲食店（外食）	53
銀行	52
コンビニエンスストア	52
銀行（借入・貯蓄・投資）	52
携帯電話	51

注）CSRスコアは4つの質問項目から因子を抽出し、算出した因子得点をもとに他のCSIと同様の計算方法により100点方式で表示している（n=128,982）。

のが図表5‐8である。CSRイメージは「顧客のプライバシー保護」「情報開示（ディスクロージャー）」「地球環境へのエコロジー対応」「地域社会における良き企業市民としての貢献」という質問項目から推定している。CSRイメージが高ければ、ロイヤルティにプラスの影響を与えることを両者を結ぶ矢印の直接効果で表す。顧客満足と推奨意向からの直接効果と比較して、CSRイメージがどの程度、ロイヤルティに強く影響しているかを2013年度から2020年度までの全業種データを用いてSEMで推定したところ、2つのことが明らかになった。

　第1はロイヤルティに対する直接効果は、顧客満足＞推奨意向＞CSRの順で強く、プラスの影響を与えていることである。CSRの直接効果は相対的にそれほど強くない。第2はCSRイメージが顧客満足や推奨意向を経由してロイヤルティを高める間接効果がより高いことである。直接効果と間接効果をあわせた総合効果をみると、CSRがロイヤルティに与える影響は2013年から2020年にかけて緩やかに高まっている。

　業種や企業の違いはあるが、総じて、CSR活動に積極的に取り組んでいることはロイヤルティを高めるが、その直接効果（0.17）は限定的である。たとえば、海洋汚染の原因と思われるプラスチックゴミを減らすために、ストロー、レジ

図表5-8　ロイヤルティの源泉

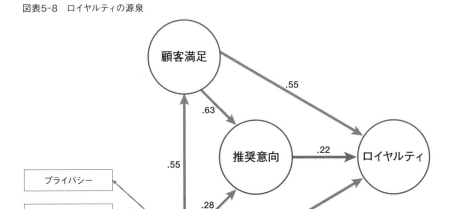

注）パス係数は標準化係数を表す。適合度指標はNFI=.965, CFI=.965, RMSEA=.025

袋、使い捨て容器などをリサイクル可能な素材に変える、といった企業の取り組みを知った人が、自分もそのサービスを経験したことで、社会や地球に良いことをしたという実感をもつ、という連鎖がすぐに生まれるかどうかは疑問が残る。むしろ、顧客は価値観を共有するその企業・ブランドが提供する顧客価値に共感し（顧客満足）、誰かに良い話として共有することで、ロイヤルティが強化される間接効果のサイクルを視野に入れるほうが、全体のメカニズムをより良く理解できる。

顧客満足とロイヤルティの源泉を診断する

　顧客満足度の調査結果をどのように読み解けばよいか。多くの企業では、データを単純集計して、対前年で何パーセント変化したか、競合他社と比較して自社のスコアはどの程度かといった結果に目を向ける。当然、対前年比でスコアが上がり、競合他社よりも上回っていれば良いニュースであり、その逆ならば悪いニュースである。こうした顧客満足度のスコアの高さに注目した分析・集計・報告の作業だけでは、顧客の意見を十分に聞いたことにはならない。そこで、原因と結果の関係にメスを入れるのがCSI診断である。

　CSI診断は、数多くの業種と企業・ブランドを対象にしていることから業種・業態横断で経年推移をみることができる（第4章を参照）。診断の課題は、なぜCSI（顧客満足度）が高い（低い）かの検証である。まずスコアの高低の理由を調査サンプルや調査時期の妥当性にあるのではないかを確認したうえで、顧客満足とロイヤルティの原因と結果の関係をJCSIモデルで診断する。これによって、業界全体のトレンドと個別企業・ブランドの特徴を把握する。モデルで推定されるパス係数は、いわば顧客の心の中にある顧客価値創造のルールであり、市場での競争ルールである。

① CSI診断のまとめ

　CSIの時系列推移をブランドごとに見ると、変化が大きい業種とそれほど大きくない業種がある。JCSIのスコアは累積的な評価なので、それほど簡単には変化しない中で、なぜそうした変化が生まれるのか、なぜ変化の起こり方が業種やブランドによって違うのか、短期的変動と中長期的な波があるとすれば、それらをどう読み解けばよいか。JCSIモデルによる診断によれば、以下のことが明らかになった。

①顧客満足の源泉は何か
・顧客満足の源泉は、知覚品質、知覚価値、顧客期待であり、どれが最も重要な要因かは業種や企業・ブランドによって違いがある。また、同じ業界においても緩やかに変化するため、継続的に追跡する必要がある。

・品質とコストパフォーマンス（知覚価値）は顧客満足に直接影響する源泉である。その影響度の大きさを V/Q比率で表すと、コストパフォーマンスがより重視される価値駆動の業種と、品質がより重視される品質駆動の業種がある。

・品質駆動と価値駆動のパターンは、企業行動や市場環境の変化によって緩やかに変動するが、全般的にコストパフォーマンスを重視した価値駆動の顧客満足が形成されるパターンが高まる傾向にある。日本のサービスエクセレンスは品質だけではなく、いかに価格やコストに見合った価値が得られるかを重視した顧客の評価にシフトしている。

・活発な新規参入、新しいチャネルの台頭、専門特化した業態の出現と台頭によって、価値駆動が促進される。これは当該企業だけでなく競合他社も含めた業界全体におけるサービスエクセレンスに対する顧客の評価軸を変え、競争ルールを変える力をもちうる。

・顧客期待は直接的に顧客満足に影響を与える。その影響は弱いながらも顧客のブランド期待のバロメータとして読み取ることもできる。

②ロイヤルティの源泉は何か

・顧客満足はロイヤルティ（再購買意図）の源泉として最も影響力が強い。しかしながら、顧客満足の高さがロイヤルティに結びつきにくい業種・企業と、結びつきにくいものがある。それゆえ、スイッチング・コストやCSRイメージといったロイヤルティに対する他の源泉が何かを含めて複眼的に見極める必要がある。

② フルサービスからスマートエクセレンスへ

　日本のサービスエクセレンスを議論する際、サービス品質はもちろんのこと、デフレ経済にともなう企業の価格戦略、インターネットやモバイルのさらなる普及、ソーシャルメディアの普及にともないテキストや写真の投稿などで発信する顧客の台頭などといった環境変化も当然何らかのかたちで関係している。本章のCSI診断は、断片的ではあるがその一端を、顧客満足とロイヤルティの観点から考

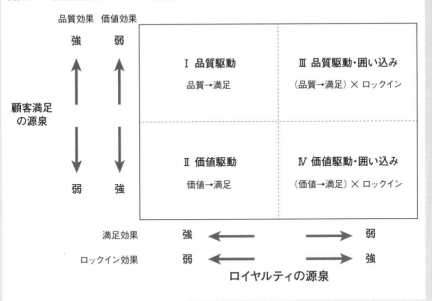

図表5-9　顧客満足とロイヤルティの源泉

察したものである。著者らは、2010年代のサービスエクセレンスを語る際、「スマートエクセレンス」というコンセプトを用いて議論してきた[12]。これはフルサービスと対比するサービス革新である。

　スマートエクセレンスは、小売や飲食における低価格訴求とは異なる次元で起こったものと考えられる。それは商品・サービスを低価格で販売するだけではなく、提供するサービス、提供方法、顧客ターゲットに特徴が見られる。

　スマートエクセレンスのサービスを提供する企業は、さまざまな業種で高い顧客満足を得ているが、それらに共通するのは、①フォーカスを絞ったサービスを、②オンラインなどの新しい提供方法を用いて、③低価格で提供する、という特徴である。これは伝統的なフルサービスが、①総合的なサービスを、②実在店舗を通して、③中・高価格で提供するのと対比できる。CSI診断の観点からみると、スマートエクセレンスはどう位置付けられるかを図表5‐9で示すことができる。

　縦軸には顧客満足が価値駆動か品質駆動かをV/Q比率の高低で示している。横軸にはロイヤルティの源泉としてスイッチング・コストのロックイン効果が強いかどうかを示している。品質駆動のサービスには、ロックイン効果が強いタイプⅢと弱いタイプⅠがある。タイプⅠは顧客の囲い込みが効きにくいため、サービス

の品質・価値を通した顧客満足こそがロイヤルティの主要な源泉である。各市場で市場シェアが大きく、歴史が長い企業・ブランドは、フルサービスで展開するタイプⅠ、もしくはタイプⅢに該当する。

　価値駆動のタイプⅡは、低価格訴求のディスカウントストア、LCC、オンライン専業の金融サービス、旅行サービスなど、リーズナブルな価格で、顧客に高い品質の妥当性を評価される企業・ブランドである。これにロイヤルティ・プログラムや立地条件などによるロックイン効果が働けば、タイプⅣとなる。スマートエクセレンスのサービスの多くはタイプⅡにある。タイプⅠのジレンマは、顧客からサービスが高く評価されたとしても、ロイヤルティの脆弱さが見られることである。それは囲い込み効果が効かないため、顧客はいつでも逃げ出せるのである。加えてサービスを特化し、オンラインチャネルに限定していることも、囲い込みが効きにくいという逆効果を生んでしまう。フルサービスのタイプⅠはサービスのラインナップを広げ、リアル店舗だけでなく、オンラインやモバイルのチャネルを広げることによって、顧客が粘着する体質を作り出している、とも言える。

　もちろん、どちらが優れたサービスエクセレンスかを議論するつもりはない。スマートエクセレンスであっても、他社に模倣されやすく、ロイヤルティが脆弱であるという弱点を抱えており、それぞれ課題はある。

③ 次のCSI診断に向けて

　JCSIモデルによる CSI診断は、顧客満足とロイヤルティの源泉が何かを診断し、鳥の目で企業・ブランドの相対的な位置付けと、強みと弱みを明らかにしたものである。

　次に行う CSI診断は、ある企業・ブランドの顧客の中にも、サービスを高く評価している人と低い人がいる。そうした評価の違いが何によって生じているかを診断することである。定期健康診断で出た診断結果から、よりくわしく精密検査を行なって、何に問題があるか、何を改善すれば良いかの方針を導く。これらの顧客セグメントを深く診断することは、自社にとっての市場機会と脅威を見出すうえでの手がかりとなるだろう。

　第6章では、CSIのバラツキがなぜ生じるかというテーマに沿って、顧客セグメント間の違いを明らかにする CSI診断を取り上げる。鳥の目からの診断から、アリの目で、その内実を見極める診断へとレンズをかけ替えることになる。

Notes

1. この比率はFornell et al.(1996)における価格駆動対品質駆動満足比率(price versus quality driven satisfaction ratio)に準拠して計算した。
2. 日経産業新聞「ネット通販成長、荷物激増(宅配クライシス②)2017年5月12日朝刊。
3. 日本経済新聞「サービス維持、顧客に負担、ヤマト、次は大口向け、再配達減へ割引制度(宅配クライシス)」2017年4月27日朝刊。
4. 小川孔輔(2017)「荷物を運べない」宅配便の危機:無料サービス見直し、新たなインフラ構築を」nippon.comオンライン記事、2017.5.15。https://www.nippon.com/ja/currents/d00321/
5. 「ディスカウント店やドラッグストア参入、外敵に揺れるスーパー」『日経ビジネス』2018/4/9号、44-47
6. 「(ケーススタディー IT活用)トライアルホールディングス(ディスカウントストア、スーパー運営)カメラ1500台、小売変える」『日経ビジネス』2019/7/1号、58-61。
7. 日本経済新聞「LCC光と影(上)沸く観光地、嘆く中堅航空—格安が変えた人の流れ」2013年1年11日朝刊。「LCC光と影(下)優遇する関空、課題多い成田—拠点の差、成長戦略左右」2013年1月12日朝刊。
8. 総務省「電気通信サービスの契約数及びシェアに関する四半期データの公表(平成30年度第四半期(3月末))報道資料。
9. 直接効果比率による顧客期待が満足/不満足に与える影響を診断する方法は、Fornell et al.(1996)に依拠している。当時のACSIを用いた同様の分析でも、小売、製造業/日耐久消費財、行政公共サービスの直接効果比率が高く、金融・保険が低い業種であり、日本もこれと似通った傾向を示している。
10. これに関して注意すべきは、JCSI調査で回答している保険契約者は、過去に保険金等の受取・請求をした経験を回答条件としている点である。長年契約を継続しているが、保険金を請求・受取したことがない契約者については当てはまらない。
11. スイッチング・コスト指標は、次の3つの質問項目をもとに推定した因子得点から作成している。
    ①経済的コスト「他に乗り換えると、今まで【企業名】で積み上げてきたポイントなどが無くなってしまうだろう」
    ②経済的コスト「他に乗り換えると、金銭的にはかえって高くつきそうだ」
    ③手続き的コスト「もし【企業名】を乗り換えたら、新たに利用する【業種名】のしくみに慣れるのが大変だろう」。スコアの算出は、他の主要JCSI指標と同様に過去3年間のデータをプールして算出している。
12. 小川(2014)、小野(2015, 2016)

CSI診断（2）
CSIのバラツキを探る

　JCSIモデルに基づいたCSI診断は、第5章で示したような業種・業態レベルの診断だけでなく、個別の企業・ブランドに適用することによって、自社の特徴を競合他社や異業種との違いから把握することもできる。本章でテーマとするもう一つのCSI診断は、CSIの変動やバラツキの原因を探ることである。すべての顧客の評価が同じように変化したのか、それとも顧客セグメントによって変化の仕方にバラツキがあるのかが焦点となる。

1. CSI診断
なぜCSIはバラツキがあり、変化するのか

　手数料率を上げたオンライン専業銀行、年間パスポート料金を値上げしたテーマパーク、食肉市場価格の高騰によって値上げをした牛丼チェーン、インバウンド需要の高まりによって宿泊料金が上がったホテルなど、値上げは知覚価値にダイレクトに影響し、顧客満足を下げたと推測できるケースは数多い。このようにサービスやその提供方法を変えた、価格を変更した、といった企業行動は、CSIに多少なりとも影響をおよぼす。

　旗艦店のリニューアルを行なった阪急百貨店、東京オリンピック開催に向けて既存ホテルのリノベーションや新店舗開業を進めたホテルオークラなど、物理的なサービス環境の改善は、知覚品質を押し上げる効果が高い。たとえば九州・沖縄と本州を結ぶ中堅航空のソラシドエアは、機材を一新した前後で知覚品質と顧客満足のスコアが上昇した。

　新規客層の開拓で顧客構成が変わることも、CSIが変化する大きな要因となる。訪日外国人客、若年層、小さい子ども連れのファミリー層を開拓するため、企業は新規客層に応じたサービス提供、商品化を行うことが多い。和を強調した食事メニュー、あえて畳で過ごしたいというニーズをもつ外国人客に対応したホテルの客室づくり、一品あたりのボリュームを減らして品数を多くするセットメニュー、家族割の契約プラン、修学旅行や団体旅行などである。バックパックにパソコンを入れたノマド族たちにとって、Wi-Fiと電源接続ができる飲食店は格好の仕事場である。これらは特定のターゲットには好評かもしれないが、ニーズが異なる顧客層にとってはサービスの"改悪"と見られかねない。さらに、新規客層が入ることによって、従来とは異なる雰囲気を生み出すこともある。小売業、

図表6-1　CSIのバラツキを探る顧客要因

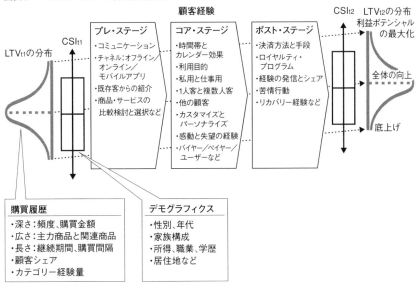

飲食業、ホテル、交通機関など店舗や施設において顧客が時間を共有する空間では、他の顧客との相互作用は想像以上に大きい。他の客のマナーを気にするのは常連客であり、彼・彼女らの不満の素になるケースもある。フィットネスクラブの退会理由の上位には、他の会員のマナーやトラブルがあがるのは珍しくない。

　CSIが高い（あるいは低い）企業の秘訣は何かを探ろうとする場合、たいていの人はなにか特別なサービスを行なっているに違いないという想定のもとで原因探しをはじめるだろう。テーマパークにおける話題のアトラクション、ファストフードの新メニューや低価格、ホテルや旅館のいき届いたおもてなしなどである。これらはネットニュース記事の素材としては良さそうだが、CSIのスコアの変動を説明するうえでは一面的である[1]。サービスの顧客経験は、ニュース素材になるような目に見えることだけではなく、他のさまざまな要素を含めた、より複合的なものとしてCSIに影響を与えているからである。

　そうした複合的な要素をもったCSI診断の枠組を図表6-1に示している。ここでは、前年 t_1 から当年 t_2 にかけてCSIとLTV（顧客生涯価値）の分布がともに向上したことを想定している。CSI診断の焦点は、自社の顧客基盤がどのような特徴をもった顧客セグメントで構成されているかを把握するとともに、満足層と不満

層がそれらの顧客セグメントにどの程度存在するかを探索的に分析することである。この探索的な分析は仮説を立てるための予備分析である。最初に、コレスポンデンス分析（アンケート調査などのクロス集計結果を散布図にする手法）や決定木分析（樹木状のモデルを作成する分析）などの分析手法を使って、顧客セグメントと満足・不満層がどう関係しているかを把握してから、仮説を絞り込んで分析を進めるというアプローチもある。

2. 顧客のデモグラフィクス 地理的要因とCSI

　企業ブランドの CSIは、サンプル全体を一つの指標であらわした代表値（平均値）にすぎない。CSIの改善を目指すならば代表値とともに離散値、つまり、どれくらいデータがバラついているかを表す分散や標準偏差といった指標とあわせてスコアを評価する必要がある。バラツキが少なく、多くの回答者の評価が似通ったスコアなのか、バラツキが大きい評価が別れたスコアなのかを見極めるのである。

　サンプリングが適切に行われている限り、回答者すべてが肯定的な評価をすることは稀であり、評価にバラツキがあるのが一般的である。第1の課題は誰が高く評価し、誰が低く評価しているかをどう見分けるかである。バラツキを発生させる顧客要因として、デモグラフィクス（人口統計学的要因）、地理的要因、そして顧客の購買履歴と顧客経験が挙げられる。

　第2の課題は、同じサービスを経験していながらサービスを高く評価し、満足する人と、そうではない人の違いは何かである。この分析課題は、顧客要因をよりくわしく見ることによって、自社の顧客基盤がどのような属性やニーズをもつ顧客セグメントで構成されているかを分析することにつながる。焦点とする切り口としてデモグラフィクスと地理的要因は、多かれ少なかれ CSIと関連性があるため、予備的分析として確認する必要がある。

顧客の人口統計学的属性を知るデモグラフィクス

　顧客属性として収集された回答者のプロフィールは、顧客層の違いを見極める

ための基準として用いる。具体的にはクロス集計の回答割合を棒グラフや円グラフで眺めるだけでなく、記述統計を丹念に分析し、統計的な有意差がどの顧客属性によって生じているかを見る。

　性別や年齢・年代は、現代の消費者行動を見る上で重要ではないという指摘は、少なくともCSI診断においてはあてはまらない。性別や年齢は、依然としてサービス評価のバラツキを生じさせる重要なである。

経験則 10
女性は男性よりも顧客満足が高く、顧客満足がロイヤルティに与える効果が大きい。

　飲食分野において近年、CSI（顧客満足）が最も高いリンガーハットは、ちゃんぽんなどのメニューの具材に国産野菜を使ったヘルシーメニューを強化したことで、女性客の支持を得たとされている。実際、顧客満足度は女性80、男性76であり、30代を中心にどの世代の女性客からも高く評価されている。

　飲食は提供するメニューによって好みが分かれるため、CSIには性別による違いが見られることが珍しくない。先行研究では、女性の方が男性よりも満足度が与える効果は大きい、という知見もある（Mittal and Kamakura 2001）。性別差が生じる理由として、社会・文化的にそれぞれが担う役割の違い、情報処理方法の違いなどがある。

　そこで男性客と女性客は、食事や接客サービスに対する評価の仕方、コストパフォーマンスの重視度、あるいは、満足度やロイヤルティに顧客属性による違いがあるのではないかという仮説を立てて分析する。その際、男女差だけでなく、年代や家族構成など他の変数を加えて分析するほうがより精度が上がるだろう。

　図表6-2には、顧客満足とロイヤルティを性別と10歳刻みの年代と性別で比較し、有意差が見られたものを示している。これは業種全体の傾向であり、個別の企業・ブランドでは違った傾向が出るケースもある。総じてどの企業・ブランドでも女性の方が、男性よりも満足度が高い傾向がある。年代が上がるほどロイヤルティが高くなる傾向が鮮明である。

　ただし、これらの傾向は顧客属性だけによるものではない。鉄道のシルバーシートや高齢者割引など高齢者に対しては制度的にも対応が図られている。さらに、現場のサービス対応もより手厚く行われている可能性がある。特定の属性をもつ顧客にはスタッフが個別対応するため結果的に満足度が高くなるとも考えられる。

図表6-2　顧客デモグラフィクスとCSI

	顧客満足				ロイヤルティ			
	性別	年代	世帯人数	居住地	性別	年代	世帯人数	居住地
百貨店	女性>	U	U	都市>	-	↗	↗	都市>
スーパーマーケット	女性>	↘	↗	-	-	U	-	<地方
コンビニエンスストア	女性>	↗	↗	<地方	女性>	↗	↗	<地方
家電量販店	女性>	↗	-	-	女性>	U	-	-
生活用品店／ホームセンター	女性>	↘	↗	-	女性>	U	-	-
ドラッグストア	女性>	↘	↗	<地方	-	U	↗	<地方
衣料品店	女性>	↘	↗	-	-	-	↗	-
各種専門店	女性>	↗	↘	-	女性>	↗	-	-
自動車販売店	女性>	↗	↗	<地方	-	↗	-	-
通信販売	-	↘	↗	-	女性>	↗	-	-
オンライン通販	女性>	↘	↗	<地方	-	↗	-	<地方
シティホテル	女性>	↗	↗	-	-	U	↗	<地方
ビジネスホテル	女性>	↗	↗	-	女性>	↗	↗	-
飲食店(外食)	女性>	↗	↗	-	女性>	↗	↗	<地方
飲食店(カフェ)	女性>	↗	-	<地方	-	U	↗	<地方
旅行業	女性>	↗	↗	<地方	女性>	↗	-	<地方
OTA(オンライン旅行)	女性>	↗	↗	<地方	女性>	↗	↗	<地方
レンタカー／カーシェア	-	-	-	-	-	-	-	-
エンタテインメント	女性>	↗	∩	-	女性>	↗	∩	-
エンタメ《野球観戦》	女性>	↘	-	<地方	女性>	-	-	<地方
エンタメ《映画館》	女性>	↘	↗	-	女性>	↗	↗	<地方
国際航空	女性>	↗	-	-	-	↗	-	-
新幹線	女性>	↗	∩	-	女性>	↗	∩	<地方
国内航空	女性>	↗	-	-	女性>	↗	-	-
近郊鉄道	女性>	↗	↗	<地方	女性>	↗	↗	-
携帯電話	女性>	↗	-	-	女性>	↘	-	-
小売電力	-	↗	∩	-	-	↗	∩	-
都市ガス	女性>	↗	↘	-	女性>	↗	∩	-
宅配便	女性>	↗	∩	<地方	-	↗	∩	<地方
生活関連サービス	-	↗	-	-	-	↗	-	<地方
フィットネスクラブ	-	↗	↗	<地方	-	↗	↗	<地方
教育サービス	女性>	U	↘	-	<男性	U	↘	-
銀行	女性>	U	↗	<地方	-	U	↗	<地方
オンライン銀行	女性>	U	↗	<地方	女性>	U	-	-
銀行(借入・貯蓄・投資)	女性>	↗	-	-	-	-	-	-
オンライン銀行(借入・貯蓄・投資)	女性>	↘	↗	-	女性>	↗	-	<地方
生命保険	女性>	↗	-	-	-	↗	-	↗
損害保険会社(自動車)	-	↗	↗	-	<男性	↗	↗	-
オンライン自動車保険	-	↗	↗	-	<男性	↗	-	-
損害保険会社(火災)	-	↗	-	-	<男性	↗	↗	-
証券	-	↘	↗	<地方	-	↗	-	<地方
オンライン証券	-	↘	↗	<地方	<男性	↗	↗	<地方
クレジットカード	女性>	↘	↗	<地方	-	U	↗	<地方
キャッシュレス決済	-	↘	↗	-	-	-	↗	-

注)JCSI調査データ2017-2019年度。居住地は都市(東京、神奈川、千葉、埼玉、愛知、京都、大阪、兵庫、福岡の都府県)と地方(それ以外)で分類。世帯人数は単独世帯、2人世帯、3人以上の世帯で分類した。男性もしくは女性を回答したデータのみを使用。表中の↗と↘は年代が上がるほど、世帯人数が増えるほどCSIが高いことを表す。Uは年代が低いもしくは高いほど高く、その中間が低いことを表すU字の形状を表す。∩はその逆U字の形状を表す。世帯人数についても同様。

年代が高いほど CSI（顧客満足とロイヤルティ）が高い。

　年齢が高くなると、CSIが高い傾向があるのは、人は年を重ねると優しくなり評価が甘くなる、ということではない。さまざまなブランドを経験していく中で、人は徐々に気に入ったブランドを選択する方向に収束する、あるいは新しいものにチャレンジして失敗するリスクを回避する（守りに入る）からではないか、と考えられる。さらに年代が上がると情報処理能力が低下するため、新しいサービスを探し、試すことが減り、結果的に満足したサービスを選び続けるという見方もある。

　JCSIデータを見るかぎり、確かにそうした先行研究の指摘に沿った傾向がある。図表6‑2にあるように、年代によって顧客満足度もロイヤルティも違いがある。スーパー、コンビニ、ドラッグストア、生活用品／ホームセンター、家電量販、衣料品店のロイヤルティは20代と70代が高く、その間の世代が低いU字の形状である。

　百貨店の満足度は相対的に高いが、中でも60代から70代以上の高齢層が高いのが特徴的である。一方、20代の若年層は百貨店への満足度が高いが、ロイヤルティは低い。必ずしも百貨店は高齢者向けとは言えないが、ロイヤルティは年齢が下がるほど低い傾向がある。

　パソコンやスマートフォンといったデジタル機器を通したオンラインチャネルを高齢者は不便に感じるのではないかというイメージがある。デジタルに関するリテラシーの高さが年代とどう関係しているかという点も、サービス品質評価や満足度と関係している。実際、オンラインのネット通販は、20代と40代を頂点に年代が上がると、なだらかに満足度が低くなる傾向がある。

　一方、携帯電話は男性の60代と70代は満足度が最も低く、性別を問わず年代が高くなるほどロイヤルティが高いはずなのに、満足度が高い顧客ほどロイヤルティは高い。なぜ、このような逆転現象が起こるのだろうか。これを考える手がかりが、第5章で見たスイッチングコストである。いわゆる2年縛りのような通信キャリアの契約制度が継続利用を促し、キャリアを変更する制約条件になっている。それに加えて、手続きを変更することにともなう煩わしさもある。変更によるメリットを上回ると思えば、同じキャリアを使い続ける可能性は高くなる。しかし、手続き面、経済面、心理的煩わしさにともなうスイッチング・コストが今後も継続するかどうかの再購買意図を維持している。

経験則 12

人に推奨・紹介する傾向があるのは若者と高齢者。

　顧客が商品・サービスを人に勧めるかどうかの推奨意向は、いくつか測定の方法がある。JCSIでは、「良い話題として他人に話すか、悪い話題として話すか」を4つの要素について測定した値から因子得点を推定し、推奨意向のスコアとする。一方、実務で人気のNPS（Net Promoter Score）は、「あなたは○○○を友人・知人や家族に勧める可能性はどのくらいありますか」の11段階評定のデータで測定する。さらに、それをフルスケールではなく、高評価をしたトップ2の9と10を推奨者、低評価の6以下を批判者として、推奨者割合－批判者割合＝NPS（％）という集計レベルのスコアをパーセンテージで示す。この質問は何ら条件をつけない「無条件の推奨意図」を聴いているのに対して、「アドバイスを求められたら勧めますか」という「条件付き推奨意図」を設けて、同一サンプルから収集された3つを比較すると、年代によるスコアの出方に特徴があることがわかる。

　図表6－3では無条件の推奨意図（NPSフルスケール）は20代、30代の若い世代で高いスコアが出る傾向が高く、年代による有意差がある。それに対して、条件付き推奨意図は若い世代だけでなく、60代、70代の高齢世代で高い傾向がある。高齢者は（人を選ばず）推奨しようとはしないが、誰かからアドバイスを求められたら、より積極的にその企業・ブランドを勧めようとする傾向がある。図中のクレジットカードは若い世代も高いが、他業種を見ると若い世代は条件付き推奨意図が低く、無条件の推奨意図とは逆の回答傾向がある。指標の性質として見ると、無条件の推奨意図は若い世代のサンプルが増えればスコアが上がる可能性が高く、結果の見方に注意を要する。年代が上がるほど、何の条件もなく推奨する意思は低くなる。それに対してJCSI推奨意向はU字型、すなわち若い世代と高齢の世代では高く、40～50代が低い。

　誰かに推奨・紹介する行動意図がどれくらい高いかをロイヤルティ指標にする考え方にはそれなりの合理性があるが、同一サンプルで収集された3つの回答傾向を見るかぎり、どのような尺度で測定するかによって結果が変わってしまう性質を推奨意図をKPIにしている企業は、とくに注意が必要であろう。

　第3章で述べたように、クチコミと推奨・紹介は似て非なるものであり、後者は特定の相手に対するお勧めであり、そのサービスを利用して失敗してしまうリスクがある。それゆえ、人に簡単に勧めることを思い止まると考えられる。不特定多数に噂や自慢として話すクチコミとはちがい、発信する本人が負う人間関係を

図表6-3　人に推奨・紹介する傾向が高いのは若者と高齢者

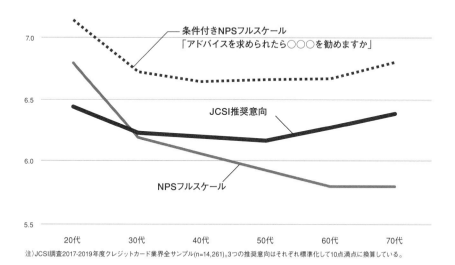

注）JCSI調査2017-2019年度クレジットカード業界全サンプル(n=14,261)。3つの推奨意向はそれぞれ標準化して10点満点に換算している。

壊しかねないリスクがあるからである。一方、ソーシャルメディアでの投稿を活発化し、話題性を高めることを目指すのであれば、無条件でのお勧めの行動意図が適しているかもしれない。いずれにせよどれか唯一の指標に限るというよりは、目的に則した指標選びと測定方法が必要である。

経験則 13

個別の企業・ブランドにおいて、所得水準によって顧客満足に違いがある。

　小売、飲食、近郊鉄道、金融、クレジットカードなど、全調査対象（436社）のうち約10%の企業・ブランドで所得水準による有意差が見られる。これは各社のサービス内容、品揃え、価格帯といった企業行動の特徴が現れたものと考えられる。百貨店とスーパーは、その典型例である。

　百貨店の女性客のデータを集計すると、世帯年収1,000万円以上の満足度は業界平均より10ポイント高く、百貨店で最も満足している顧客セグメントであるが、低・中所得層は業界平均並みである。逆に、関東の鉄道系百貨店 Bは1,000万円以上の顧客の評価が、それ以下の所得水準よりも5ポイント以上低い。一方、高島

屋や阪神百貨店の顧客は、所得水準による違いにかかわらず、満遍なく高い満足を得ている。

　日常生活における購買頻度が高いスーパーマーケットでデフレ経済の進行や消費税増がコストパフォーマンス評価に影響しやすい小売業態である。CSI（顧客満足）が80点台と圧倒的に高いオーケーは関東近郊に展開するスーパーであるが、同社の顧客満足はどの所得水準においても75点を超えており、特に年収200万円前後の低所得世帯では調査対象となった業界全体で最も高い顧客セグメントである。

　EDLP（毎日低価格/every day low price）政策を採用しているオーケーの魅力は低価格だけでなく、信頼できる品質保証によって、どの顧客層からも支持されていることが知覚品質のスコアの高さに表れており、コストパフォーマンスの影響度の相対的大きさを表す V/Q比率（第5章参照）は0.4台でありスーパーとしては平均的である。同社の顧客基盤は、他のスーパーを利用する割合が低い高顧客シェアの顧客を中心としており（くわしくは第9章を参照）、それらの人々の顧客満足は、品質駆動と価値駆動でバランスよくドライブされていることが示唆される。

　職業や学歴は所得水準と関連性が深いと考えられているが、それらが CSIの違いに反映されているケースは見いだせていない。しかし、職業によって企業・ブランドの顧客プロファイルに特徴が見られるケースは存在する。ビジネスホテルチェーンの利用者は、経営者、事務系会社員、技術系会社員によって各チェーンの顧客像に特徴が見られる。たとえば、ホテル Aは年収500〜800万円の事務系会社員、ホテル Bは年収800万円以上の事務系会社員と経営者、そしてチェーンCは、年収500万円以下の技術系会社員がサンプルに占めるウエイトが高いといった具合である。

　また、経営者や管理職の地位にある人々は、接客サービスに対する品質評価が相対的に低く、それがより強く満足度に影響する傾向がある。年齢の高さを反映しているとも考えられるが、部下を統率する立場にある人は、人による接客サービスの良し悪しを強く意識しているのかもしれない。

経験則 14

　世帯人数によって CSI（顧客満足とロイヤルティ）が違う。

　日本全体では総人口が減少し続ける一方、世帯数が年々増加している。特に、一人暮らしの単独世帯の増加数が顕著である。世帯人数によって顧客満足度の違

いが見られるのは、小売、飲食、ホテル、近郊鉄道、生命保険、自動車保険、電力・ガス小売、旅行、国内航空に多く、全調査対象企業・ブランドの17%程度である。図表6‐2に示したように、世帯人数が増えるほど満足度が高い業種は多いが、単独世帯と3人以上では低く、2人世帯が最も高い逆U字のケースもある。

　たしかに統計的な有意差が見られるが、世帯人数の違いだけで満足度やロイヤルティの違いを説明するのは困難なことも多い。たとえば、携帯電話料金の家族割や楽しい旅行体験の記憶が想起されるリゾートホテルは、ある程度説明がつくが、小売や飲食はどのような目的やオケージョン（いつ、どこで、誰と、何のために）で利用したかも考える必要がある。この点については、後述する購買履歴や顧客経験と結びつけて分析する必要があるだろう。

🔘 その他のデモグラフィックス 学歴、職業、宗教、人種・民族

　国籍や民族が異なれば、人々の嗜好や品質評価のポイントが異なるのは容易に予想がつくだろう。実際、そうした事例は多い。

　米国の研究によれば、人種、民族、宗教といった多様性は、顧客満足を分析する際に重視すべき個人属性である。日本においてもインバウンド需要が高い業種がそれに該当する。国際線エアラインやホテルだけでなく、利用者全体に占める外国人客の割合が高い場合、人種や民族などの違いについては、国籍を代理変数にして違いをみる必要があるだろう。

　しかし、CSIスコアを異なる人種や民族で比較する場合、データ収集の段階で回答傾向に偏りが発生する可能性があり、単純な比較には注意を要する。たとえば、米国人はスケールの極値を回答する可能性が高い一方、日本人は極端な回答を回避し、中心化傾向があることなどが知られている。そのため、同一ブランド・同一サービスであっても、回答者の国籍によって、もともとの回答傾向が異なるため日本のほうが米国よりもスコアが低くなる、といった分析結果が導かれてしまうのである。

🔘 地理的要因の影響はどう考えればいいのか

　毎年開催されて入るJCSIシンポジウムや社内会議では「関西人はお金にシビア

でケチだからコストパフォーマンス重視で、満足度が低いのではないか」という冗談混じりの質問を受けることがしばしばある。

　関西と関東の違いについての質問は、人々の価値観や文化の違いがサービス評価に表れるのではないか、という素朴な疑問からの仮説である。また、「東京や大阪といった大都市と地方では違いがあるのではないか」という質問もある。大都市は競争が激しく、顧客の評価がより厳しいのではないか。地方は大都市に比べて客数が少ないので接客サービスにより多くの時間をかけられる分、満足度が高いのではないか。あるいは「田舎の人は優しいから評価が甘くなるのではないか」といった疑問から生まれた仮説である。

経験則 15

> **東西格差よりも、都市部・地方の違い方が CSI の格差が大きい。**

　これらの仮説がどの程度正しいのかを、JCSIデータでみてみよう。JCSIの調査対象は売上高上位企業が選ばれているため、全国チェーンの中堅・大企業が多くを占めており、一部を除いてローカルチェーンは調査対象に含まれていない。実際のところ、東京・神奈川・千葉・埼玉と大阪・京都・兵庫を比較すると、両地域に東西差が生じている業種はほとんど見られない。むしろ、関東、関西、愛知、福岡は、それ以外の地方との格差の方が大きい。図表6-4では、大都市と地方で顧客満足とロイヤルティに有意差があるかを示しており、百貨店以外の業種で地方の方が高いことがわかる。

　顧客満足度の地域格差は、おおむね東京や大阪をはじめとした大都市部で低く、北海道、東北、九州といった地域では高い傾向がある。地方の中でも中部地方は北陸3県（富山、石川、福井）が特に低い業種がいくつかある。また、同じ業種内でもオンライン専業の企業・ブランドは地域差が出にくい。オンライン専業は、ホームページやアプリ画面に統一されており、多拠点展開する同業他社が地域ごとにスタッフや立地条件などが異なる顧客接点を有している（第2章図表2-6）。

　図表6-4には、通信販売、旅行、証券、銀行、損害保険といった分野で、オンライン専業の企業とリアルの店舗や代理店を有する企業に分割して、どの地域で顧客満足度に格差が生じるかを示している。パソコンやスマートフォンなどのインターネット普及率には地域差がある。図表中の棒グラフを見ると、関東と関西が軒並み90％を超えているのに対して、東北、中部、四国などでは80％台である。

　アマゾンや楽天市場の CSI は、配送に起因する点を除けば地域差は少ない。オ

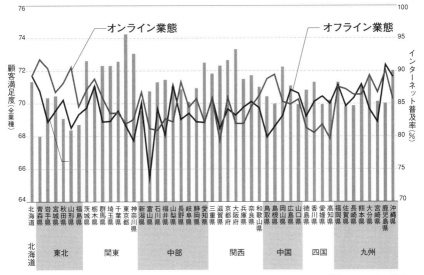

図表6-4　オンライン業態は地理的格差をなくすか？

（注）JCSI調査2017〜2019年度データ。通信販売、旅行、証券、銀行、損害保険のデータをオンライン専業とそれ以外とに分けて集計した。インターネット普及率は、総務省『令和2年 情報通信白書』インターネットの利用状況から引用した。普及率はパソコン、携帯電話、スマートフォン、タブレット型端末の利用者割合を表す。

ンラインサービスは時間と場所の制約なく展開でき、インターフェイスやサービスが統一されているため、地域差が少ないのである。図表の折れ線グラフで示したように、EC利用率が低い東北や中国では、リアルの店舗や代理店を通すオフラインに対してオンライン専業の方が約5ポイント高いが、四国ではむしろ低くなっている。オンライン専業のデジタル化がサービスの地域格差を埋める起爆剤になるポテンシャルはありそうだが、一概にそれがうまくいくとは現状では言えない。

　どちらにせよ、地理的条件の違いはサービス評価のバラツキを生む重要な要因として診断対象にすべきである。とくに、多店舗展開を図る企業はなおさらである。外食業を見ると、あるハンバーガーチェーンは四国や九州で他の地域よりも高いスコアを得ているが、大都市部では他社と同様に低めの評価となっている。また、さぬきうどんチェーンは全国的には高評価を得ているが、うどんの本場として名高い香川は最も低い。全国で高評価を得ている喫茶店チェーンも、お膝元である中部地方の顧客満足度は最も低い。一方、本拠ないしは創業の地域で評価が高いチェーンもある。喫茶・カフェは業種内での企業・ブランド間の差が少なく、しかも時系列での変動も少ないが地方よりも東京や大阪の方が、他地域と有意差が生じるほど低い。

　都市部の満足度が低くなるのには、さまざまな要因が複合的に作用している。市場規模が大きな都市部は競争が激しく、新規参入と撤退のサイクルが早い。また、オペレーションの習熟が進んでいない新規店をはじめとして店舗・拠点数が多いため、良い店と悪い店のバラツキが発生しやすいことにも原因があるだろう。

　需要サイドに目を向けると、都市部はさまざまな地域から人口が流入するのに加えて、昼間にも買い物客や旅行客なども含まれるため、地方に比べて、顧客ニーズが多様になりやすい。また、出身地域が多様な人々が暮らし、往来するなど人の流動性が高く、それらが特定の地域や時間帯に需要が集中するため、現場のオペレーションが量的にも質的にも業務過多となり、サービス品質にバラツキが生じると考えられる。

　サービス評価の地理的差異は、大都市と地方、都道府県だけでなく、北部と南部といった広域地域や近隣の市区町村という単位でも生じることがある。ある航空会社のCS推進担当者は、「同じ九州人の中でも北部と南部の気質の違いが、お客様のサービスに求めるものに表れているのではないか」という仮説をもっている。たとえば、このようなことだ。機内サービスで飲み物のお代わりが欲しいとき、「お代わりください」と自分から要求する人と、客室乗務員に察して欲しいという人がいる。顧客それぞれのパーソナリティの違いもあるが、どちらかと言うと鹿児島をはじめとした九州南部の人々は、後者が多いのではないかという仮説である。

　あるいは、隣り合う市区町村でも進学率や教育熱が異なるため、同じ教育サービスに対する指導者や教材に対する評価を重視するのと、月謝をはじめとしたコストパフォーマンスの比重が高くなるのではないか、という仮説もある。

　デモグラフィクスと地理的要因は、性別や年代、拠点の立地条件など、ターゲットを識別する基本的な市場セグメンテーション基準である。これらの基準からCSIの違いを見分ける際、性別だけ、年代だけ、といった単一の基準で集計をするだけでは限界がある。年代と性別を掛け合わせ、年代と購買頻度を掛け合わせ、複雑になりすぎない程度に仮説を立てて分析・診断を繰り返す必要があるだろう。次の購買履歴と顧客経験もまた、デモグラフィクスと地理的要因と並んで、仮説を立てるうえでの目安となる要因である。

3. 顧客の購買履歴とCSI

購買履歴に見る顧客の行動変化とは?

　顧客の購買履歴は企業にもたらすLTV（顧客生涯価値）に直結する要因である。顧客の購買・利用の行動履歴からCSIの違いを見極めるのが、次の分析・診断の課題である。第3章の行動ロイヤルティの次元にならって、深さ、長さ、広さについて分析すると、いくつかの経験則が見出される。

　まず、購買・利用の頻度が高いほど、顧客満足度は高い傾向がある[2]。これにはサービスに満足したから再び来店するという効果と、不満をもった顧客は再来店する確率が低いため、結果的に頻度が高いのは満足した人だけになることが関係している。

　しかし、長い期間にわたって継続して購入する顧客ほど、満足度が高いとは言えない。ほとんどの企業・ブランドでは、最初に利用しはじめてからの経過年数が長くなるほど、顧客満足やロイヤルティが上昇する傾向は見られるが、数年すると低下しはじめる。通信販売では2〜5年を境に、エンタテインメントは5〜10年を境に、フィットネスは2〜3年を境に顧客満足、感動指数、ロイヤルティが低くなり、失望指数が高い傾向がある。

経験則 16

継続年数が一定期間を過ぎると CSIが低下する。

　購買履歴の長さに関わる経験則は、推奨意向にも当てはまる。推奨意向が高いのは、経過年数が2〜4年の"蜜月期"であり、それを過ぎると低下しはじめる。これは第3章で述べた理論通りであり、使い慣れたサービスがどのような特徴をもっているかを顧客が習熟し、信念をもつため、あえて人に勧める必要性が低下してくるから、と考えられる。

　JCSIモデルの推定によれば、フィットネスは顧客満足がロイヤルティに効きやすい業種特性をもつため2〜3年経過した顧客の満足度の低下は、離脱アラームが鳴りはじめたことを意味する。

経験則 17

購買・利用頻度が高い顧客は CSI（満足度とロイヤルティ）が高い。

　深さ、長さと並んで購買履歴を特徴づけるのは広さ、すなわち、当該企業からどれくらい数多くの商品・サービスの関連購入をしているかである。コンビニはお弁当、惣菜、加工食品、日用雑貨といった物販だけでなく、宅配便、各種料金振込、チケット販売やコピー・プリント、銀行サービスなども提供している。都市銀行は口座開設からはじまり、各種振込・決済のほか、ローン貸付や投資信託といった金融商品にまでおよぶ関連購入が起きるかどうかが、顧客生涯価値（LTV）を規定する。実際、関連購入が広い人ほどCSIは高い。

　カード会社はカード利用者に日常生活の買い物以外の用途でクレジットカードを使ってもらうことで、LTVを高めることができる。図表6-5では、クレジットカードの利用頻度とカード利用目的の広さをCSIとともに比較している。

　第5章で見たように、クレジットカードに対するロイヤルティの源泉としては、顧客満足とスイッチング・コストが与える効果が大きく、推奨意向の効果は小さい。こうした特徴に加えて、利用頻度が高く、多くの用途で使うほどCSIが高い。

　CSIのスコアが高い4社を比べると、2つのグループに分けられる。第1は利用頻度と用途が広く、観光・出張といった国内外の旅行場面で利用されているカードである。航空会社系のJALカードとANAカード、T&E（トラベル＆エンターテインメント）で定評のアメリカンエクスプレスがこれに該当する。アメックスは旅行、レストラン、コンサートや観劇などのエンタテイメントでの決済手段として、航空会社系カードはマイレージやポイントをより多く貯められるカードとして、多頻度利用を促していると考えられる。

　年会費無料のカードが市場に溢れる中、年会費を支払うこれらのカード会員は、各種の経済的・非経済的な特典やサービスを得られるため、幅広い用途での多頻度利用が高い顧客満足とロイヤルティに結びついている。逆に、これらのベネフィットがコストパフォーマンスに見合わなければカードの利用率が低下する可能性がある。

　第2のグループとして楽天カードは、頻度と広さが中程度であり、カード年会費無料やポイント倍増などによるコスパの良さが顧客満足を押し上げている。楽天ポイントを通したスイッチング・コストの高さはもう一つの特徴であり、クレジットカードだけでなく、ショッピング、旅行、銀行、証券などといった楽天経済圏でのサービスへのロイヤルティの源泉にもなっている。他方で、Yahoo! JAPANカードやdカードはプロバイダや携帯電話の料金決済の引き落としで使われているが、用途の広がりが弱く、利用頻度がそれほど高くない。

図表6-5　クレジットカードの利用頻度と用途の広さ

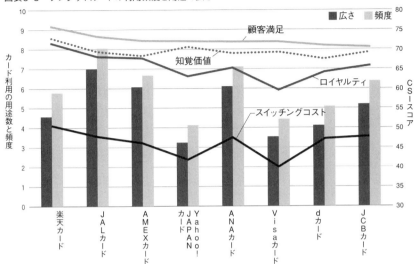

注）JCSI調査2019年度データ。カード利用の用途数（広さ）は、公共料金や通信料金などの自動引き落とし、日常生活での買物、飲食、レジャー、旅行・出張などでの決済など17項目で利用経験があるものを合計した数値。頻度はほぼ毎日から年1回以下までの選択肢から年間利用回数を計算した。グラフ縦軸では単位を揃えるため回数を1/10で表示している（たとえば、6は60回を表す）。

経験則 18

購入・利用経験が広い顧客は CSIが高い。

　飲食業や小売業では、さまざまな商品を取り扱っている中で、売上や利益の構成比が大きい主力商品とされるものがある。たとえば、スーパーマーケットの生鮮食品や惣菜・弁当類、コンビニの弁当・ファストフード、ドラッグストアの医薬品・化粧品、家電量販店の家電製品、百貨店の衣料品、牛丼店の牛丼、ハンバーガー店のハンバーガーは、それぞれの主力商品である。企業としてはこれら主力商品の魅力が高いだけでなく、それ以外の商品・サービスの関連購入をどれくらい広くして、客単価と粗利益を向上できるかが、品揃えやプロモーションの焦点となる。

　購入頻度の高低で商品・サービスを分類すると、衣料品、医薬品・化粧品、家具は、年間に数度か、数カ月間隔の低頻度の商品である。それに対して食料品は高頻度であるため、デパ地下の食料品売場、ドラッグストアの弁当・食品コーナー、家具店のインテリア雑貨は、来店頻度を高める役割をもつ。また、これらの商品は来店頻度を上げることを通して、顧客にさまざまな用途で利用する機会を増やすためロイヤルティを高める効果が期待される。

　一方、世帯人数が多くなると、幅広い商品・サービスを利用する可能性が高くなるため、それらをターゲットとする企業・ブランドでは、品揃えの広さが求められる。そして、買い上げ点数と金額が高くなるため顧客満足に対して価格の割安感が影響する、といった仮説が考えられる。

　そこでドラッグストアにおける主力商品と関連商品の購買履歴に注目してみると、単独世帯で生鮮食品を購入している人、生鮮品以外の加工食品や日用雑貨といった商品を購入している人、それら両方を購入している人では CSIに違いが見られる。すなわち、ドラッグストアでは、医薬品・化粧品と食品をどちらとも購入している CSI（顧客満足）は、どちらか一方を購入している人よりも5ポイントほど高く、その傾向は食品を取り扱っているチェーンのほとんどに共通する。また、2015年度は世帯人数による違いはなかったが、2019年度になると両ジャンルの購入経験がある単独世帯の CSI（顧客満足）は、2人および3人以上の世帯よりも3ポイント近く高い傾向がある。

　とくに、20代、50代、70代の単独世帯で医薬品・化粧品と食品が一緒に購入されると、知覚価値と顧客満足度が最大10ポイントほど高い。食品をドラッグストアで頻繁に購入する習慣がついた顧客は、数カ月に1回は医薬品や化粧品といった購入頻度が低い商品を購入する可能性があり、結果的に顧客満足度が高くなる、と考えられる。

経験則 19

特定のアイテムないしカテゴリーの商品・サービスを購入・利用している顧客は、ロイヤルティが高い。

　図表6‐6では、IKEAとニトリのデータを用いて家具以外の商品を購入したかどうかが、ロイヤルティとどう関係するかを比較している。「インテリア雑貨」や「その他」の商品・サービスは家具の購買頻度の低さを補い、来店頻度を高める効果が見込める。インテリア雑貨を購入する機会を増やすことによって来店頻度（深さ）が上がり、購買間隔が短くなり、家具を購入する機会が増えることが期待される。

　両社において家具＋雑貨の両方を購入している顧客は、どちらかだけを購入している顧客よりもロイヤルティが高いことがわかる。興味深いことに雑貨だけ、家具だけを購入している顧客を見ると、IKEAは雑貨を購入する方が、ニトリは家具やその他カテゴリーの商品を購入するよりもロイヤルティが高い。

　主力以外の商品で関連購入が起こることは望ましいが、顧客がどのカテゴリーの商品を購入するかによって、ロイヤルティにおよぼす影響は異なるのかもしれ

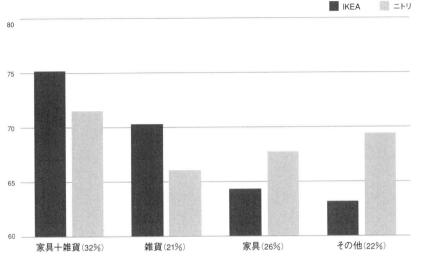

図表6-6　家具・雑貨の購買経験によるロイヤルティの違い

凡例： ■ IKEA　■ ニトリ

注)JCSI調査2017年データ。家具とは「ベッド・ベッドカバー・マットレス、ソファ・座椅子、テーブル・こたつ、収納家具（寝室、リビング、キッチン用）、メディア用家具（テレビ台など）」を雑貨とは、「照明・ランプ、布団・毛布、枕・クッション」の購入経験がある顧客セグメントを表す。家具＋雑貨は両方の購入経験がある顧客セグメント、その他は家具・雑貨以外の商品・サービスを購入した顧客セグメントを表す。各顧客セグメントのサンプル構成はIKEA（316＝102＋65＋81＋68）、ニトリ（311＝105＋81＋68＋57）である。

　ない。同様のことは、コンビニにおいてもその傾向が見られ、A社ではコーヒー、B社ではチキン、C社ではアイスクリームの購買経験があると顧客満足度を押し上げる効果がある、といった傾向が見られる。

　以上のように購買履歴の深さ、長さ、広さのいずれかを CSI の違いに関連づけることができる。先述したデモグラフィックスや次に取り上げる顧客経験といった他の要因とともに購買履歴を深く分析することで、単に顧客満足→ロイヤルティという関係をモデルや統計で見るだけでなく、行動履歴のパターンと組み合わせて考察することができる。とくに購買履歴は、実際に取り扱っている商品・サービスに紐付けて CSI を診ることにつながるため、経営者から現場マネジャーまでリアリティをもった顧客理解へと導くだろう。

4. 顧客経験とCSIの関わりを知る

サービスの「入口」としての顧客経験

　顧客経験はサービスを利用する前のステージ、実際に利用・消費するステージ、そして利用した後のステージに分けられる。サービスを購入するまでにどのような経路を辿ったか（情報入手経路や販売チャネル、既存客からの推奨・紹介かどうか）、どのようなオケージョン（いつ、どこで、誰と、何のために）で利用したかは、同じサービスに対する顧客経験の違いを生み出す要因となる。さらに、サービスを利用し終わってからの出口にあたるのが、決済手段・支払い方法、ロイヤルティプログラムへの加入、カスタマーセンターへの問い合わせやクレームの経験の有無などである。

　サービスの入口として CSIに密接に関わるのは、顧客がどのチャネルでサービスを購入するかである。たとえば、携帯電話のユーザーは、ショップ（携帯電話会社の販売代理店）で契約した顧客のほうが量販店よりも満足度やロイヤルティが高い。店に行って複数のキャリアを比較できる量販店でなく、あらかじめ通信キャリアを決めてショップに行くため、もともとブランド・ロイヤルティは高いとも考えられる。どの入口から入って来たかは、入口での顧客接点となるサービス経験の良し悪しだけでなく、顧客が何を期待しているのかにも関係している可能性がある。

広がる顧客のチャネル接点

　顧客がサービスを購入するチャネルは、直営店、代理店、量販店といった区分だけでなく、オンラインとオフラインの違いもある。図表6 - 7は旅行会社で旅行商品やチケットの予約・注文をする際、どのチャネルを利用したかによって顧客セグメントを分けている。

　左側のシングルチャネルとは、オンラインの旅行会社サイト、店舗（ないし営業担当者の訪問）、コンタクトセンターへの電話のどれか一つのチャネルで、国内旅行もしくは海外旅行を予約していることを表す。一方、右側のマルチチャネルとはそれらいくつかを使い分けていることを表す。先行研究によれば、複数のチャネルを利用するマルチチャネル顧客は、購買頻度が高く、顧客生涯価値が高くなる可能性が高いとされている。

図表6-7　シングルチャネルからマルチチャネルへ（旅行予約）

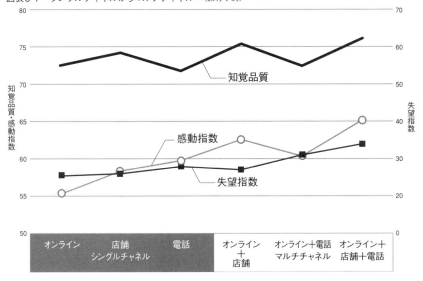

注）JCSI調査2019年度データ（n=4,234）。オンライン専業（OTA）と従来型の店舗をもつ旅行会社12社のデータを集計した。

経験則 20

マルチチャネル顧客は、品質を高く評価する。

　旅行会社のマルチチャネル顧客はCSIで見ると、顧客満足やロイヤルティ（再購買意図）に差は見られないが、知覚品質と失望指数には有意差がある。すべてのチャネルを利用している「オンライン＋店舗＋電話」のマルチチャネル顧客が最も高くサービス品質を評価している一方、失望指数と感動指数も高いのはなぜだろうか。

　コンタクトセンターに電話をかける人の中には、電話を主要な予約手段として用いるシングルチャネルの人と、オンラインや店舗で取引をしたが、何らかの問い合わせやトラブルがあって、それを解決するために電話をかけた人がいる。後者はインターネット検索で調べたり、有人ないしAI（人工知能）のチャットボットやメールなどで直接問い合わせをしたりするが、問題を解決できず、最終手段として電話に辿り着くというパターンである。つまり、結果的にマルチチャネル顧客になったのは、本人が意図してそうなったわけではなく、口頭での説明が必要な緊急事態や旅程変更のためにコンタクトセンターに電話をかけたため、失望指

数が高めに出ている、とも考えられる。

　マルチチャネル顧客は単に行動ロイヤルティが高いというだけでなく、ポジティブないし、ネガティブな経験を数多くしている顧客でもある。第5章で見たように、総じてオンラインチャネルを利用する顧客はコストパフォーマンスに敏感で、価格弾力性が高く、スイッチング・コストをあまり感じなく、相対的にロイヤルティが低い、まさに多様な選択肢を物色するリサーチショッパー（ネット上を調べ回る）の特徴をもつ（Verhoef,Neslin,and Vroomen 2007）。それに対して、オフラインの直営店や代理店に来る人は、くわしい説明や疑問に答えてくれる問題解決能力など個客対応のサービス品質の良さを求めていると予想される。このように同じサービスを利用・消費する顧客であっても、入口が違えば、サービスに期待することや品質や価値の評価にも違いがあるかもしれないという仮説に立って分析を深める必要がある。

経験則 21

リアル店舗よりも、オンラインの顧客のほうが満足度は高い。

　サービス分野のデジタル化は、小売、金融、旅行といった分野でオンライン専業企業が切り開き、リアル店舗を保有する既存企業もオンラインチャネルを併設して対抗している。第1・2章で見たようにJCSI調査では、同一サービスを取り扱う旅行、銀行、証券といった市場で、オンライン専業の企業・ブランドのほうが軒並み高いCSIスコアを示している。一般に、それらのオンライン専業のサービスは、リアル店舗の特徴とされるスタッフによる柔軟な個客対応がないにも関わらず、なぜCSIが高くなるのだろうか。

　小野・酒井・神田（2020）は、この問題を金融サービス（JCSI調査2015年度データ）で研究し、次のように結論づけている。すなわち、デジタル技術を用いたサービスにせよ、人を介したサービスにせよ、単にデジタル技術や人手を活用しただけでは、サービス品質評価には何ら影響は見られないというものである。

　デジタル技術を用いた金融サービスを経験すると、顧客はオンラインサービスではできることに限界があることをあらかじめ認識しており、サービス品質を割り引いて評価する。ネットだから仕方ない、ロボットだからできることは限られているはずだ、という期待である。それに対して人を介したサービスに対しては、スタッフは自分の好みや様子を汲み取って個客対応してくれるはずという期待感（規範的期待）をもち、それがサービス品質評価に影響する。もちろん顧客がどれ

だけ金融取引の経験や知識を豊富にもっているかにもよるが、適度に期待水準が抑えられたオンラインサービスは品質が良いと評価される一方、人を介したサービスは過度な期待の高さを超えられないジレンマに陥る可能性が高いことを示唆する。

デジタルは画一的で柔軟性がなく、ヒューマンタッチのサービスは柔軟で暖かみがあるというステレオタイプのイメージを顧客が有している限り、オンラインサービスを評価する顧客の期待に注目すべきポイントがある。

モバイルアプリとプライバシー保護の関係性

スマートフォンの普及によって、情報検索、地図、動画、ゲーム、音楽、旅行などモバイルアプリが私たちの日常生活に浸透している。スマホにインストールされたアプリは、企業が顧客とのコミュニケーションや商取引を行うオンラインチャネルの一つにもなる。また、モバイルバンキングや証券取引、エアラインやホテルの予約・決済だけでなく、eチケット、サービスのリクエスト、ルームキーの機能まで内蔵され、スマートな顧客体験を可能にする。

アプリを提供する企業としても、適切なタイミングや場所を特定したパーソナライズされたコミュニケーションと、顧客経験を提供する手段としての期待が大きい。ゲームや動画といったコンテンツに時間が経つのを忘れるくらい人々の生活に深く入り込み、ブランドへのエンゲージメントを高めることもモバイルアプリには期待される。それゆえ、アプリはユーザーの生活に密着し、個人データが収集されるためアプリを提供する企業には高い信頼が求められる（Mingyung et al. 2017）。

このように、アプリを活用する顧客ほどプライバシーへの意識が高くなると考えられるため、企業のCSRイメージがロイヤルティに与える影響はより強いと考えられる。そこでオンラインショッピングサイトにおける主な注文方法として、ブラウザ（パソコン）、ブラウザ（モバイル）、モバイルアプリの3つで、CSR指標がロイヤルティに与える影響度を分析したのが図表6 - 8である[3]。

3つの注文方法の間にCSR、顧客満足、ロイヤルティの有意差はないが、CSRがロイヤルティに与える効果は異なり、アプリで注文をする人ほどCSRイメージがロイヤルティに与える直接効果が強く、アプリを使わない人は顧客満足を媒介した間接効果が大きいことがわかる。

スマートフォンにインストールし、アプリが起動される頻度や時間が増えると、購買頻度や単価は上昇する可能性が指摘されている（Kim et al. 2017）。モバイル

図表6-8　CSRイメージがロイヤルティに与える効果：アパレル通販の注文方法

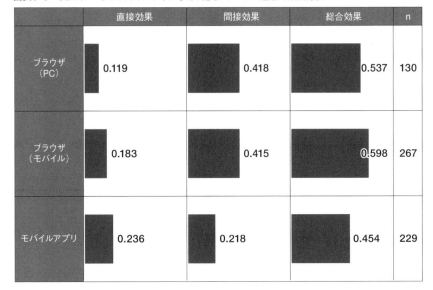

	直接効果	間接効果	総合効果	n
ブラウザ (PC)	0.119	0.418	0.537	130
ブラウザ (モバイル)	0.183	0.415	0.598	267
モバイルアプリ	0.236	0.218	0.454	229

　以外のチャネルでショッピングや情報収集をした人ほど、その後にアプリを活発に使うという指摘もある。一方、顧客がモバイルアプリをインストールして、洋服の注文をするほどの信頼感を企業・ブランドに対して抱いているかどうかは、ロイヤルティに直接的に影響することをこの分析は示唆している。

紹介客がいる場合のロイヤルティ効果

　サービスの入口の一つとして、既存客からのクチコミや紹介がきっかけで入ってきたどうかがある。友人や家族から紹介されたのがきっかけで当該サービスを購入・利用しはじめた人は、離脱する可能性が低く、さらに他の人に推奨する可能性も高い。それは人から紹介されたことに対する義理立てからではない。

経験則 22

**　紹介客はより多くの人に推奨し、やめにくい。**

　図表6-9では、保険、銀行、証券をどのようなきっかけで契約したかによって、紹介なしと紹介ありに分類し、どれくらいの人に当該サービスを勧めたかを尋ね

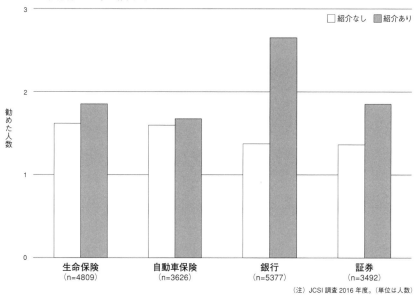

図表6-9　紹介客はより多く推奨し、やめにくい

（注）JCSI調査2016年度。（単位は人数）

る質問で得られた人数を比較している。紹介を受けて契約または口座開設をした紹介客は、紹介なしに比べてより多くの人に話し、勧めていることがわかる。

　あるブランドを他人に推奨・紹介する際、人は手当たりしだいに勧めるのではなく、関心がありそうな人、そのブランドが合っているかどうかを見きわめる「無償のセールスパーソン」でもある。それらの人々は誰がふさわしいターゲットかを見極めて、見込みがありそうな人に当該ブランドを勧める。推奨・紹介された人にとっては、期待通りのサービスを得られやすいため既存客から勧められた人ほど満足度とロイヤルティが高いのは理にかなった話なのである。

経験則 23

　サービスをいつ、どのように消費したかでCSIが変わる。

　いつ、どこで、誰と、何の目的で利用したかというサービス消費のオケージョンは、サービス評価と密接に関係している。たとえば、ホテルには宿泊やレストラン・ラウンジ以外に、スパや温泉、フィットネスやプール、各種のアクティビティなどさまざまなサービスがある。すべての宿泊者がこれらのサービス全てを利用

していず、朝食や夕食をホテルレストランでとるとは限らない。

このように同じホテルを利用していながら、ある客と他の客では利用している
サービスの内容が異なるため、サービス品質やコストパフォーマンスの評価が異
なるのは想像に難くない。

交通機関や宿泊施設は、家族連れなどの個人旅行需要と出張需要では、サービ
スに求めるものが異なる。とくに出張者は、新幹線や飛行機の遅れや欠航に敏感
なため、定時制が高い交通手段を選択する。東京‐大阪間を東海道新幹線で移動し
ているビジネスパーソンは、プライベートの帰省や家族旅行で新幹線を利用する
かどうかを決める際、定時性やスピードよりも、自家用車で行くのとどちらが安く、
楽かというモノサシで新幹線を評価するだろう。

経験則 24

> **サービス消費のオケージョンによってサービス品質と顧客満足に違いが出る。**

ホテルを利用する目的は、宿泊、会議・宴会、食事など多様であるが、同じホ
テルでもビジネスか、プライベートかによって評価が変わるだろうか。出張と観
光は旅行業界において、市場をみる際の有力な切り口である。顧客が意識的ないし、
無意識にどのような目的で利用するかによって、ホテルのサービスに対する見方
が変わり、評価のモノサシも変わると予想される。

ビジネス利用の仕事の成果を上げる目的に見合ったホテル選びをするため、立
地の良さや出張予算に見合っているかといった合理的な目線でホテルを見ている。
一方、プライベート利用でホテルに宿泊したり、食事やスパに出かける人は、非
日常を楽しめるような情緒的な要素も含んだ体験を求めるだろう。

図表6‐10には、ホテルの利用者をプライベートの旅行や観光と、ビジネス用
途のどちらか、あるいはその両方で利用する多目的の3つの顧客セグメントに分類
して、それぞれの顧客満足を示している。つまり、宿泊者の中には、プライベー
トでのみ利用する人、ビジネスでのみ利用する人、そして両方の用途で利用する
人がいる、ということを意味する。なおシティホテルは、各企業・ブランドでビ
ジネスでのみ利用のサンプルが少ないため表示していない。

このグラフから読み取れることの第1は、同じホテルを利用している顧客でもプ
ライベートで利用するか、仕事で利用するかによって、CSI（顧客満足）が5点ほ
ど乖離している点である。中には、ビジネス利用客に対して、個人の旅行で利用
する人々のほうが満足しており、5点以上の有意差があるホテルも存在する。

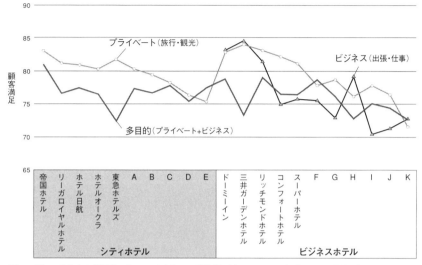

図表6-10　ホテルの利用目的による顧客満足のバラツキ

顧客満足

プライベート（旅行・観光）

ビジネス（出張・仕事）

多目的（プライベート+ビジネス）

| 帝国ホテル | リーガロイヤルホテル | ホテル日航 | ホテルオークラ | 東急ホテルズ | A | B | C | D | E | ドーミーイン | 三井ガーデンホテル | リッチモンドホテル | コンフォートホテル | スーパーホテル | F | G | H | I | J | K |

シティホテル　　　　　　　　　　　　　　　　ビジネスホテル

（注）JCSI調査2019年度データ。利用目的はプライベートとビジネスでの利用経験の有無から、どちらか一方で利用している回答者をプライベートもしくはビジネス、両方で利用している回答者を多目的とした。これら3タイプの顧客セグメント構成は、シティホテルではプライベート2:1多目的、ビジネスホテルでは、プライベートが半数前後で残りをビジネスと多目的が占めている。

　第2に、興味深いことに多目的の人のほうが、どちらか一方の用途よりも低いことがある。プライベートもビジネスも評価が高いのに、なぜ両方の利用の仕方をすると評価が落ちるのだろうか。次のように解釈することもできる。すなわち、ホテルを仕事で利用した人は、そのホテルを「オン（仕事）」のフレームで評価している。出張で泊まる分には必要最低限の機能を兼ね備えており、コスパも良いと思っていたホテルがあるとしよう。家族旅行や休暇でそのホテルに泊まったら、簡素すぎて客室で寛げない、朝食メニューも何か物足りない、接客サービスも簡素すぎてホテルスタッフとの触れ合いも少なく、不満に感じるといったことが推察できる。

　逆に、プライベートで宿泊したホテルに対しては「オフ」のフレームで見ている。プライベート用では、良いと思ったホテルであっても、ビジネスで利用したらパソコンで作業するデスクがない、コストパフォーマンスが悪いといった不満を感じるかもしれない。クレジットカードや小売の例で見たように、一般論としては、用途が広がるほど顧客満足は上がるが、ホテルの事例はそれとは違う現実もあることを物語っている。ホテル企業が利用シーンや用途で異なるコンセプトをもつホテルブランドを複数つくることは、この視点からすると合理的なのかもしれな

い。

企業対応を知る目安：カスタマイズとパーソナライズ

　顧客一人ひとりの好みやニーズに対して、企業がいかに対応するかは「カスタマイズ」と「パーソナライズ」と呼ばれるが、それらもコア・ステージの顧客経験における重要な要素となる。これらは個別対応という意味では似ているが、何か違いはあるのだろうか。諸説あるが次のように区別できる（小野・酒井・神田2020）。たとえば、カフェラテを顧客が注文する際、エスプレッソを追加し、豆乳に変更するのはカスタマイズである。自分仕様のパソコンを注文する、自動車のシート素材や色を選ぶ、スーツをオーダーするのも同様である。つまり、標準品やサービスの最終仕様を、顧客が主導権を握って決めるのがカスタマイズである。

　カスタマイズの主語は顧客であり、自分の要求を口頭で伝え、複数のオプションから選択ぶことができるハイエンドユーザーが主役である。それに対して、パーソナライズの主語は企業である。顧客に合った商品・サービスと提供方法を企業が、主導権を持ち個別対応するのがパーソナライズである。その意味では人による接客、おもてなし、営業といった活動は、顧客の要求を聞きながら、人が個別対応していく、カスタマイズやパーソナライズがオーバーラップしたかたちで行われている。

　また、オンライン上のページ閲覧や検索などの行動履歴を取得・解析するテクノロジーを駆使したシステムが、ユーザーそれぞれに合わせて広告や情報を出し分けたり、レコメンデーションを行ったりするのもパーソナライズである。

　個別対応には、顧客ニーズに沿った商品・サービスが提供されること以外の価値もある。それはどのような手段で、個別対応するかに関わる。人がわざわざ自分のことを気にかけてくれたことが、親密な信頼関係が生まれるきっかけになる。逆に、あえて人に知られたくないようなことに関しては、システムで対応してくれた方が安心、ということもあるだろう。

他の顧客との相互作用：サードプレイスと縄張り

　コア・ステージで意外と見過ごされがちな顧客経験として、他の顧客との相互作用がある。

　レストランでは見ず知らずの人々が同じ空間で食事し、時間を過ごす。大学やヨガ教室は、集団で授業やレッスンを受ける。鉄道や航空といった公共交通機関

も同様だ。このように集合的なサービスの満足度の評価は、サービス自体の品質だけでなく、同じ時間と空間を共有している他の顧客の振る舞いからも影響を受ける。コロナ禍でのマスク着用や咳エチケット、ソーシャルディスタンスはまさに顧客どうしの物理的な距離感に関わることである。

女性限定の健康体操教室として、日本市場で展開するカーブスが米国で創業した際、従来型のフィットネスジムにおいて女性会員が男性と同じ空間で同じ運動器具を共有し、視線を感じながら運動するのを嫌っていたという現状認識がこの事業の原点であった。顧客どうしの相互作用が、いかに重要かを物語る。

JCSI調査では、「他の顧客のマナーが良い」かどうかを尋ねる質問項目をSQI（サービス品質指標）の一つとして設定している。それを集計すると、新幹線やローコストキャリア（LCC）は横ばいで推移しているのに対して、コーヒーチェーンや近郊鉄道は低下している。テーマパークやホテルも、多少変動幅がありながら低下している。

お客さんのマナーの悪さには、大きく2つある。一つは嘘つき、万引き、ルール破り、電車内での通話、行列への横入りなど、店や社会のルールや規範に背く迷惑行為である。もう一つは縄張り（テリトリー）行動である（Griffiths and Gilly 2012）。カフェで座席や電源を使い続ける、テーマパークのパレードの最前列を"我先に占拠"する、コンビニや本屋で長時間立ち読みするのも、縄張りの例である。人間は場所や事物を所有、ないしはコントロールしたいという欲求をもっている。そのためカフェで空いている席に荷物を置くのは、動物が行うマーキングと似た行為であり、サービス消費における縄張りの典型的な例と考えられるのである。

企業にとって顧客の迷惑行為は何らかのかたちでコントロールすべきだが、縄張り自体は悪いことではない。縄張りはヘビーユーザーがとりやすい行動であり、他人に迷惑をかけなければ、居心地の良い場所としてロイヤルティを高める源泉になるからである。しかし、行き過ぎると他の顧客に迷惑をかけてしまい、新規客を獲得する機会を奪いかねない。そのため縄張りを通して場所に愛着を感じる人だけでなく、店全体の雰囲気や他の顧客への影響も慎重に診なければならない。

🌸 サービスの「出口」としての顧客経験

料金決済には前払いと後払いがある。映画館やプロ野球観戦は前売りから当日券まで前払いであり、レストランは後払い方式が多い。たとえば、牛丼チェーン

には食券による前払い式と後払い方式がある。食券方式では店員がお釣りの計算や現金に触れないといったメリットがあるのに対して、後払いは追加注文による客単価の向上が見込める。また、食べ終わって店を出るときに店員との会話のやりとりがあることで、店に対する親しみを作るきっかけになっている、という考え方もある[4]。

　一方、サービス料金の支払い方法には都度払いから定額課金まで、どのタイミングで支払うのかでバリエーションがある。多くのサービスは都度払いの非契約型取引であるが、フィットネス、教育、保険、クレジットカードのように月会費・年会費の契約型取引も多く見られる。近年、サブスクリプションとして知られる会員登録と定額料金支払いをセットにした取引形態は、契約型取引に該当する。契約型取引において支払いのタイミングをどう設計するかは、顧客の利用頻度とにも影響することが指摘されている（Gourville and Soman 1998）。

キャッシュレス決済をどう見るか

　日本政府が主導するキャッシュレス社会へ向けての取り組みが、民間業者の市場参入によって賑わいを見せた。経済産業省によると、日本の現金決済比率は80％、キャッシュレス決済は20％であり、中国や韓国、米国と比べても国際的に非常に低い水準にあった（2016年）。

　キャッシュレス化が進むことによって、店でのお釣りの用意や現金流通にともなうリスクやコストを軽減し、社会全体として生産性が高まることが期待される。また、コロナ禍においては、キャッシュレス決済は現金授受の必要がない衛生面でのメリットも浮上した。

　一方、消費者にとっては、会計時の利便性が上がるなどの恩恵があるが、クレジットカードによるお金の使いすぎやデータの漏えいへの不安やリスクもあるだろう。現金決済よりもクレジット決済のほうが、多くのお金を使う傾向があることは従来から指摘されている。クレジットカード決済では、自分の手元でお金を数えて手渡すことがないため、「支払いの痛み」というネガティブな感情が軽減される、という説もある（Prelec and Lowenstein 1998）。

　この説にしたがえば、神社仏閣のお賽銭を電子マネーで行うことに違和感があるとすれば、リアルなお金を支払うことの痛みを経験しない祈願には、御利益はないという話になる。

　支払いの痛みをともなう現金決済をする消費者は、コストパフォーマンスを重視した評価を行う傾向があると予想できる。これはクレジットカード決済と、現

金決済で対比されることが多い。支払いの痛みが軽減されるクレジットカード決済と同じように、キャッシュレス決済を行う人は、商品・サービスのベネフィットや効用をより重視した評価を行う。

　キャッシュレス決済が習慣化すれば、支払いの煩わしさや痛みが軽減されることで、消費者は、より商品・サービスの価値を見極めるような評価軸にシフトするかもしれない。

二本柱で構成されるロイヤルティ・プログラム

　ロイヤルティ・プログラムは、メンバーシッププログラムとポイントプログラムの二本柱で構成される。メンバーシップとは顧客が有料か無料で会員登録することで、非会員には提供されないサービスや待遇を受ける制度である。多くの会員組織では、単なるメンバーシップに終わらず、会員のステイタスをランク付けするシステムを設けている。

　ステイタスは過去の購買・利用実績に応じて一定条件を満たした会員をランク付けして、有形・無形の特典を与えるものである。その一定条件を満たす基準となるのが、ポイントプログラムである。マイレージ、ショッピング・ポイントなど呼称は業界ごとに異なるが、利用実績に応じてポイントが付与され、将来、ポイントによる値引きや特典交換を行うことができる。

　CSIの違いはメンバーシップがあるかどうか、上級ステイタスを保有しているか、ポイントを貯めているか、ポイントを特典に交換したことがあるかといった行動特性によって生じる。店頭での値引きではなく、ステイタスの高さに応じて割引率が適用されれば、コストパフォーマンスに対する評価が変わるだろう。ホテルや航空会社のステイタスは、優先的な予約保証、客室や座席クラスのアップグレード、ラウンジの利用などといった特典が与えられ、サービス品質評価に影響を与えうる。

　中川・小野（2016）は、リアル店舗とオンライン店舗の小売におけるポイントプログラムがロイヤルティに与える効果を比較分析した結果、ネット店舗はリアル店舗よりもポイントを使用した人のCSI（顧客満足）が、非使用者よりも高くなることを明らかにしている。つまり、小売企業がロイヤルティプログラムを導入する際、ネット店舗では顧客がポイントを使用することが顧客満足をより高める効果をもつが、スイッチングコストやロイヤルティを高めることには寄与しないことを示唆する。

　このことはオンライン通販業者はロイヤルティプログラムで囲い込みを図るよ

りも、品揃えやサービスを強化して顧客満足を高める方がロイヤルティの向上には効果的と考察することもできる。それは、第5章で見たように、オンライン専業の企業・ブランドにおいて顧客はスイッチング・コストやロイヤルティが低いことにも関連する。

CSI診断の設計と活用のしかた
データとインテリジェンスで、自社の強みと弱みを知る

　CSIの真価を引き出すには、スコアの高さだけに注目するだけでは十分ではない。CSIどうしの関連性をJCSIモデルで診断することによって、自社の強みと弱みを知ることにつながる。CSIのデータをスコアや順位だけで見るのではなく診断モデルを用いることで、顧客満足やロイヤルティの源泉を示唆するインテリジェンスとなる。

　CSIは、ある企業・ブランドについての顧客の評価を一つの代表値で表したものであるが、CSIがどのようなバラツキをもっているかを探ることで、指標がもつ意味をより深く知ることができる。本章のCSI診断ではデモグラフィクス、購買履歴、顧客経験といった顧客要因とCSIを掛け合わせることによって、CSIのバラツキがどこで発生しているかを特定する分析例を示した。

分析・診断に求められる課題意識

　第5章のCSI診断では、業界または、企業・ブランドのレベルでの顧客満足とロイヤルティの源泉について、JCSIモデルを用いて因果関係を検証するものであった。それに対して第6章のCSI診断は、ある企業・ブランドのCSIの違いをデモグラフィクス、購買履歴、顧客経験といった分析の枠組みをもちつつ、柔軟かつ創造的に仮説を立てながら探索的に分析するものである。

　どのようなデータ分析も、分析者が何を明らかにするかという分析・診断課題を認識をすることが出発点となる。一貫した信頼できる指標を用いて、横比較と時系列比較をすることで、自社の相対的位置と、競争ルールを知り、強みと弱みを把握する。そのために自社に即した分析・診断のモデルや枠組みが必要となるだろう（図表6-11）。

マネジメントへの活用に求められる戦略的な意思決定

　企業が顧客満足を高めロイヤルティを強化するには、大きく2つのルートが考えられる。第1は、自社が提供するサービスについて顧客は何を高く評価しており、何が不満だと思っているか、といった製品・サービスに軸足を置いた改善・強化策である。第2は、どの顧客セグメントの不満を減らすべきか、誰をより満足させるべきかといった顧客セグメントに軸足を置いた改善・強化である。

　CSI診断によって不満層を特定できたとしても、不満層のニーズが自社のサービスコセンプトやブランド理念にフィットしなければ、あえて深追いしないという

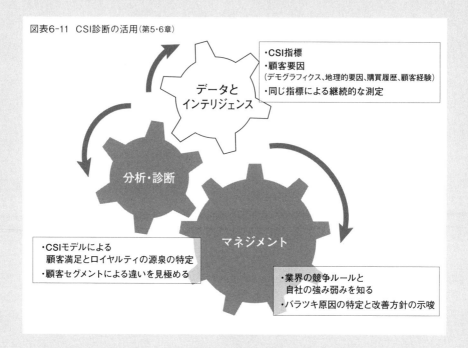

図表6-11　CSI診断の活用(第5・6章)

データと
インテリジェンス

・CSI指標
・顧客要因
（デモグラフィクス、地理的要因、購買履歴、顧客経験）
・同じ指標による継続的な測定

分析・診断

・CSIモデルによる
　顧客満足とロイヤルティの源泉の特定
・顧客セグメントによる違いを見極める

マネジメント

・業界の競争ルールと
　自社の強み弱みを知る
・バラツキ原因の特定と改善方針の示唆

選択肢もある。その判断は、データの分析・診断だけで決められるとはかぎらない。経営陣による戦略的な意思決定が求められることになる。この点については、第9章でさらに検討する。

Notes

1. Laroche et al.(2000)によれば、小売店でクリスマスギフトを購入する状況において、男性はなるべく買い物の手間暇を少なくするため、入店して店員に駆け寄って欲しい商品を探し、ブランドを手掛かりに品質の良し悪しを判断する。それに対して、女性は商品の一般的な情報よりも、その商品ならではのユニークな情報がないかをチェックする。さらに、追加の情報を聞くために店員と会話し、時間をかけてでも商品の情報をくまなくチェックする傾向があるとしている。店員とのやりとりに関しては、女性は男性よりも店員のコンサルティングに傾聴する傾向があり、接客に満足するとロイヤルティが形成されやすいことも指摘されている（Gilbert and Warren 1995；Homburg and Giring 2001）。

2. ここで購入と利用を分けているのは、契約型ないしはサブスクリプション方式のサービスでは、最初に契約して以降、契約期間中に何回利用するかは人によって違いがあるからである。動画ストリーミングサービスに月額2000円を支払う会員が、1回しか視聴していなくても、企業が獲得する収益は、100回視聴する会員と同じである。しかし、視聴していない会員は会費を無駄な出費と考えるだろうが、よく視聴する人にとっては元が取れて満足度は高い。つまり、利用頻度が高い方が満足度は高く、契約更新する可能性も高くなる。

3. 分析に用いたデータは、ユニクロオンラインとZOZO TOWNの2019年度JCSI調査。媒介分析において、間接効果はCSRイメージが顧客満足を媒介してロイヤルティに与える効果を意味する。各効果は1%水準で有意。ブートストラップ500回で信頼区間95%における上限値と下限値には0は含まれない。

4. 安部修仁伊藤元重（2002）『吉野家の経済学』（日経ビジネス人文庫）日本経済新聞出版社。

第7章
CHAPTER 7

サービス品質診断（1）
SQIによる継続的改善

1. サービス品質をどう捉えるか？

　知覚品質はサービス品質の全体的な評価であるため、具体的なサービス活動の何が顧客に認められたのかを探るには、より詳細な診断方法を設計する必要がある。そこで第7章と第8章では、サービス品質をより詳細に診断する方法論について、分析事例を交えて解説する。ここでは日常業務の継続的な改善と中長期的視野で行われる戦略的投資の2つにテーマを分けている。

　前者はサービス品質の継続的改善（第7章）であり、サービス品質診断の中核となる。後者は顧客の感動と失望という両極端の顧客経験について、顧客のポジティブないしネガティブな感情を測定する感動・失望指数を用いた診断である（第8章）。

　図表7 - 1にあるようにサービス品質診断においても、どのようなデータを収集・加工して適切な品質指標を作成するか、サービス品質をどう捉え、課題解決と意思決定に役立つ分析・診断を行うか、そして継続的な品質改善活動をいかにマネジメントするか、という3つの歯車を回すためのポイントを考える。

サービス品質をどのような指標で見るか

　サービス品質を可視化するには、客観的な品質指標と顧客が評価した品質評価指標のデータを用いる。交通機関の定時到着率、通信回線の速度、料理宅配のデリバリー時間、宅配便で配送された荷物の破損状況も客観的指標として数値化できる。一方、モバイル通信のスピードは「体感スピード」のような、人が主観的に知覚する速度もある。

　たとえば、フード宅配サービスを使って食事を注文してから受け取りまでにかかる予想時間が30分と表示されたとする。実際に手元に届いたのが32分後だった場合、ある人は2分過ぎたことを「遅れ」と見るだろう。逆に、2分程度ならば「ほぼ時間通り」と気にかけない人もいる。知覚品質とはそうした人の評価の違いを含んでいる。

国内航空の定時性をめぐる2つの指標

　航空サービスの品質を客観的に表す指標として、事故件数と定時運行率がある。人命を預かる公共交通機関の安全性は、国土交通省運輸安全委員会が調査した事故件数と重大インシデントで報告されている。それによると、乗客を乗せて運行

図表7-1　サービス品質診断と継続的改善

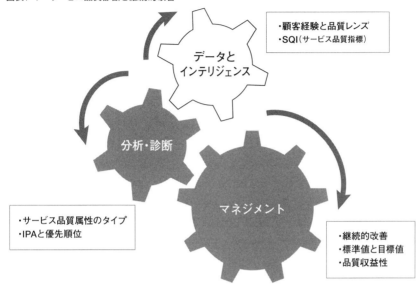

する飛行機（最大離陸重量が5700kgを超える大型機）の航空事故は、過去10年で2021年の8件を除いて年間5件以下である。また、「航空事故が発生するおそれがあると認められる事態」（航空法第76条の2）と定義される重大インシデントは、2018年8件、2019年10件以外は、過去10年で年間5件以下である。

業績回復の原動力となる顧客のサービス品質評価

　安全性に加えて、定時性も交通機関のサービス品質として重視される。図表7-2は国内線航空の定時運行率を時系列で示している。ANA（全日空）、JAL（日本航空）、スターフライヤーはほぼ90％台を維持している。それに対して、LCCのピーチ・アビエーションは80％前後、スカイマークは2016年まで80％台で遅れが目立つ結果であった。大手2社とスターフライヤーは年間を通して90％台の定時発着率を維持し、3カ月平均で5％程度の変動幅であり、大手2社と並んで信頼性が高い運航サービス品質と言える。それに対して2015年までスカイマークの定時性は90％を割り込み、特徴的なのは季節ごとの振れ幅が大きいことであった。これはピーチにも当てはまり、10％超の上下幅があった。

　新興航空会社やLCCは、大手2社に対して低価格を訴求する傾向にある。価格

図表7-2　主要国内線の定時離発着率の推移

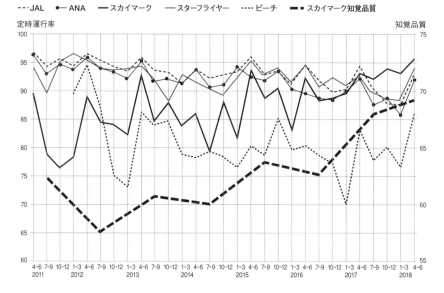

には経済的な対価としてだけでなく、消費者にとって品質バロメーターとしての役割もある。すなわち、消費者は商品やサービスの品質を価格水準と関連づけて類推する。そうした「安かろう悪かろう」「高いものは良いものだ」といった類推は品質・価格連想として知られている。

　経営破綻前のスカイマークは、定時運航率80〜90%前後の水準にあった。「安いけれども遅れる」イメージをもつ利用客も少なくなかったことが、JCSIの知覚品質の低さにも現れていた。2012年当時の経営陣が掲げたサービスポリシーは火に油を注ぐ格好となった。しかし、経営破綻後の再生は急ピッチで進んだ。不採算路線からの撤退と定時運行に対する現場の改善努力の結果、定時運行率は90%台にまで回復し、2017〜2019年に至るまで、国内線で最も定時性が高い航空会社となった[1]。2020年度の JCSI調査では、長年にわたって国内航空の顧客満足度1位を誇っていたスターフライヤーを僅差で超える1位となった。

　図表7-2ではスカイマークの知覚品質スコアの推移を点線で示している。スカイマークの経営再建は、2015年後半あたりから定時離発着率の改善に効果が現れ、さらに、顧客満足と知覚品質は、業績回復と連動して向上した。CSIと業績の推移は JALの再生過程と似ている。

このケースは経営再建による業績回復にともなって、サービス品質指標が上昇したことを示している。とくに回復基調に入ってからは客観的な品質指標と知覚品質スコアが並行して推移した。一方、業績が悪化する過程においては、定時運行率の変動が大きかったことが、知覚品質の低迷と関連していた。安全性や定時運行率は公共交通機関の根幹となる品質であり、これらに問題があれば利用者ならびに社会からの信頼が失われかねない。利用者が体感できるかたちでサービス品質が改善されたことが、同社の業績回復の一因と考えられる。

たしかに知覚品質は定時性と相関が高いが、顧客が見たサービス品質評価は定時性以外の要素も含めた、より全体的な品質評価としてとらえる必要がある。そこで、それらの要素をもれなく把握するためのフレームワークが必要である。それに基づいて、サービス品質をいくつかの要素に分解し、どこに問題があるか、顧客から何がどう評価されているかを検討するのが、サービス品質診断の準備作業である。

サービス品質診断は次のステップで考える。

①品質属性の分解と洗い出し
②品質診断項目と品質レンズの設計
③データの収集・加工
④品質レンズを通したサービス品質診断
⑤マネジメントへの活用

以下では、このステップに沿って、データとインテリジェンス（①②）、分析・診断（③④）、マネジメント（⑤）について検討する。

🌑 サービス品質を分解するフレームワーク

サービス品質をより詳細に診断するための第一歩は、サービス品質をいくつかの要素に分解することからはじめる。たとえば航空サービスの場合、安全性と定時運航率は重要な要素の一つであり、その他にも予約や手続きの利便性、座席と空間の快適性、機内サービス、預かり荷物の紛失率などがある。一方、レストランの場合、食事・飲み物、接客サービス、店の雰囲気、予約・注文・決済の利便性などがある。さらに人によっては食事について、メニューの数や種類、新メニュー

の入れ替わり、味加減、焼き具合など、より細かなところまで気になるだろう。顧客はこれらのサービスを構成する要素についての個別品質を踏まえて、全体的な品質評価をしていると想定する。

　個別品質を構成する要素をここでは、品質属性と呼ぶ。品質属性をどのように分解するかについて、顧客選好の同質／異質性とパフォーマンスの測定可能性という2軸で分類するフレームワークがある[2]。図表7-3はこのフレームワークをGolder, Mitra, and Moorman（2012）に依拠して作成し、4つの品質属性に分類している。

①ユニバーサルな属性

　サービスの品質属性には、パフォーマンスの状態を何らかの基準に照らして客観的に測定できるものと、できないものがある。公共交通機関の定時性、通信キャリアの回線スピードは計測できる。しかも多くの人々にとって安全であること、時間通りであること、速いことについて、多くの人々の価値観やニーズは似ていると考えられる。それがユニバーサル品質属性である。

　ユニバーサルな品質属性は、標準化に馴染みやすい。つまり、サービス品質を観測できるため品質管理の計算可能性と予測可能性が高まる。必要となる人材のスキルセット、物的資源、データといった経営資源、サービスを遂行するためのプロトコルや行動や判断の基準、さらには業績評価基準を設定することによって、サービスのメニュー体系を作成し、標準化したオペレーションを拡大する事業展開の基盤となる。Ritzer（1995）は、そのような考え方や行動原理を「マクドナルド化（McDonaldization）」として指摘した。ハンバーガーの大きさ、パテの厚さや焼き加減、ポテトを揚げる油の温度、注文から受け渡しまでのリードタイムに至るまで、あらゆる要素を計算可能にするサービス標準化・工業化（Levitt 1976）[3]は、ユニバーサル属性において行われる。

　サービス品質は、品質が良いか悪いか、早いか遅いか、正確か不正確かといった優劣がつく評価基準だけではない（垂直的差別化）。サービス品質指標として知られるSERVQUAL（後述）では、信頼性、能力保証、レスポンスといった品質尺度で、ユニバーサル品質属性をカバーしている。「やらねばならないこと」をより良く行う最大化を図るサービスエクセレンスを目指すのが、この品質属性のマネジメントの課題である。

図表7-3　サービス品質属性のタイプ

		パフォーマンスを測定できるか？	
		明確	曖昧
顧客の選好は同質か異質か？	同質	①ユニバーサルな属性 ・客観的に測定できる ・品質変化がわかりやすい ・競合比較しやすく、模倣されやすい ・最大化・最小化による垂直的差別化 ex.安全、速度、清潔、待ち時間、鮮度	④メタ品質としての個性 ・属性では捉えられない高度に抽象的な概念レベルの思想や価値観 ・理念・コンセプトへの共感 ex.個性（○○らしさ）
	異質	②選好属性 ・客観的に測定できる ・人によって好みが分かれる ・組み合わせを最適化した水平的差別化 ex.和食／洋食、室温、広さ、新旧	③特異な属性 ・客観的に測定できず曖昧 ・人によって好みが分かれる ・目に見えない次元での差別化 ex.デザイン、おもてなし、対人関係

出所：Golder, Mitra, and Moorman（2012）を参考に作成

②選好属性

　世間一般の評判やレストラン比較サイトのクチコミや星の数が多い店であっても、それを好まない人が一定数いる。料理の味や接客に対する評価は、選好や価値観といった個人差がある。好きか嫌いかという人の好みは、良い悪い、早い遅いという評価基準ではとらえきれない、選好属性である（水平的差別化）。

　飲食業を例に考えてみよう。料理や飲み物のメニュー、店舗の立地、営業時間、雰囲気、Wi-Fi環境、店員の接客サービスなどのサービス品質属性を設定して、回答者に評価してもらう。料理について、より細かく調べるならば、提供される料理のおいしさ、鮮度、盛り付けや食器とのバランスなどが挙げられる。

　トータルの顧客経験からすれば、料理が提供されるスピードやタイミング、一連の接客、周囲の雰囲気、あるいは料理にまつわる文化やストーリー性などさまざまな要素が加わる。このように料理を含めた経験が、顧客満足のベースとなる。

　フードサービスにも多様な業態がある。ファストフード、フルサービスのレストラン、デリバリー、フードトラックでは、顧客の好みと期待されるサービスは異なる。ある業態では良いと評価されるサービスが、別の業態では物足りない、あるいは過剰とみなされてしまうこともある。その意味で、選好属性とは何をやり、

何をやらないかを選択したうえで最適化を図ることが課題となるようなサービスエクセレンスである。

③特異な属性

パフォーマンスの測定がむずかしく、顧客によって好みが分かれる特異な属性（idiosyncratic attributes）は、芸術、美しさ、心のこもった接客といったものが挙げられる[4]。施設のインテリアや道具が安全か、清潔に保たれているか、機能性が高いかは客観的に測定できるユニバーサル属性であるが、施設や道具が「おしゃれ」「かわいい」「美しい」かどうかは、人によって見方が異なり、客観的に測定することがむずかしい。きめ細かな接客や心のこもった接客も同様であり、接客を標準化して、誰がやっても同じパフォーマンスを実現しつくすことがむずかしい。それゆえ個人の熟練や経験値、あるいは他者に奉仕する天賦の才能が必要なのかもしれない。

接客の良し悪しを客観的に測定しつくすことはできないため、接客サービスの品質属性をいくつか設定して、顧客が評価した知覚品質として評価することになる。この際、接客を受ける人による個人差がどこに出るかが焦点となる。（スタッフが）良かれと思ってしたサービスが顧客にとっては余計な接客であり、過剰な品質とみなされかねないからである。

このように考えると、日本のサービスを特徴づけるキーワード「おもてなし」は、曖昧さを含んだ測定が困難な概念であり、データによる可視化と品質管理がむずかしい特異な品質属性に相当する部分が大きい、とも考えられる。パーソナルな領域に入ってこられることを好まない人やそもそも対面の接触じたいを嫌う人にとっては、好ましくない過剰なサービスとみなすかもしれない。

顧客が何をどの程度期待するかによって、優れた品質とみなされることもあれば、行きすぎたサービスとみなされることもある。これは、サービス品質を診断する際に考慮に入れておかなければならないポイントの一つである（PZB 1988）。こうした意味で、特異な属性は顧客への適応化が求められる課題を含んだサービスエクセレンスである。

④メタ品質としての個性（らしさ）

顧客間での同質的で、測定ができない品質属性（メタ品質としている個性）は、企業・ブランドならではの個性を抽象的に表した概念である。企業・ブランドが選択したコンセプトを顧客が共有し、それを選択して購入・利用しているため、ニー

ズは同質的と考えられる。メタ品質は企業・ブランドのアイデンティティ、サービスの雰囲気、コア・バリュー（中核価値）などと類似している。それぞれの企業・ブランドには、それぞれで大事にして追求している個性や「らしさ」がある。これは品質属性のような具体的な属性ではなく、抽象的な構成概念に近いため、Golder et al.（2012）は、このセルを空白にしている。

　この空白を埋めるとすれば、スタッフや顧客が共有しているサービス品質らしきものは、メタレベルで存在する抽象的な概念である。メタ品質とは、組織内もしくは顧客と共有されている品質の抽象的な価値観や判断基準であり、定量的に測定するのが困難である。しかし、ある企業・ブランドを選択する人々の間で共有されているメタ・レベルの品質があれば、それは同質的な選好ととらえることができる。「○○○ウェイ」「○○○の哲学」のように、企業・ブランドがもつ考え方が好き、価値観に共鳴したテイストや雰囲気が好きといった顧客選好は、一部の既存客には、共有されている。

　おもてなし、ホスピタリティ、人の役に立つといったことをサービス品質属性としてとらえるならば、単に特異属性だけでなく、ユニバーサル属性や選好属性を組み合わせてトータルで適応化することなのかもしれない。それゆえメタ品質は、目に見えるサービス品質属性を超越したサービスエクセレンスである。

🟣 顧客フィードバックデータを用いたサービス品質診断

　以上の4つの品質属性のタイプを踏まえて、サービス品質を詳細に診断するための品質測定項目を設計することである。自社のサービス品質診断指標を開発する際、1から開発するか、標準的な診断方法を用いるか、あるいは、それらの組み合わせで設計する[5]。

　この判断は、業種・企業ごとに異なる。なぜならば、標準的な品質測定尺度でカバーできる部分と、業種・企業・ブランドの特殊性に応じた部分があるからである。特殊性に関わることは、利用者へのインタビュー調査、サービス現場での観察データ、VOCデータなど定性リサーチを積み重ねて、継続的に診断すべき品質属性をリストアップする。さらに、これに経営者や現場担当者、外部の専門家らの意見を参考にして、自社独自のサービス品質診断指標を作成する。このような準備作業を経て、1回以上の予備調査を行いながら質問項目の調整や選別を行う。品質項目を整理する代表的なフレームワークは以下の通りである。

①サービスの4つの構成要素

　第1に、サービスを構成する4つの要素に整理する。すなわち、サービス環境、サービス製品、サービス提供、物理的製品の4つの構成要素に分け、それらの複合体として製品・サービスをとらえる（Rust and Oliver 1993；Rust, Zahorik, and Keiningham 1996）。サービス環境には、店舗や施設の建物、施設、設備、備品といったハードウェアに加えて、オンラインサイトやアプリ画面のスクリーンインターフェイスも含まれる。サービス製品とはメニューとして提供されるサービスである。ホテルならばルームサービス、ウェイクアップコール、ターンダウンサービス、コンシェルジュサービスもサービス製品である。それに対して、ホテルの料理や飲み物、シャンプーや石鹸といったアメニティ備品、小売で販売される商品は、物理的製品である。そして実際にサービス製品や物理的製品を提供するプロセスがサービス提供である。これら4つの構成要素について、より細かな品質属性を診断する。

②サービスの結果と過程の品質

　第2に、サービス品質は、顧客にサービスを提供した結果が優れているかどうか（結果品質／outcome）と、その結果に至るまでの過程（process）が優れていたか（過程品質）に分けられる。「料理はおいしかったが、料理が出されるまで長く待たされた」という経験は、結果品質は良いが過程品質は悪いとなる。過程品質というとらえ方は、形のある耐久財や非耐久財とは異なるサービス財に特有のものである。

③標準的なサービス品質指標

　第3に、結果と過程の品質をさらに分解する。業種横断のサービス品質評価項目として、Parasuraman, Zeithaml, and Berry（1988,1994）によって開発されたSERVQUAL[6]が代表的である。これはサービス品質を5つの次元（信頼性、能力保証、有形要素、共感、反応）[7]で構成されるものととらえて、20の質問項目で測定する。顧客満足の期待不一致モデル（第3章参照）をサービス品質評価に適用していることもあり、品質属性に関する20の質問項目を期待と知覚の両面で測定し、2つの差分を取る。しかし、質問項目数が倍増し、回答者の負担が大きいこと、業種によって5次元に収束しないことなど、実用性はそれほど高くないが、基本となる品質属性を揃えるうえで役立つ[8]。

　標準的な品質測定尺度を参考にすれば、もれなくダブりなく品質属性をリスト

アップするのに役立つだろう。加えて、オンラインサービスに特化したe-SQ、金融サービス、飲食、ホテルなど特定業種に特化した測定尺度も提案されている。これらは、業種ごとの特殊性を反映した品質属性を作成するのに、参考になるだろう。

④顧客経験に沿ったサービス品質指標

第4に、顧客がサービスを経験するカスタマージャーニーのステージに沿って、サービスの構成要素とそれに対応する品質評価項目を検討する。カスタマージャーニーはプレ（購買前）、コア（サービス消費）、ポスト（購買・消費後）という3つのステージに分けられる（Lemon and Verhoef 2016）。①に挙げたサービスの構成要素（サービス環境、サービス製品、物理的製品、サービス提供）に関わる品質属性を3つのステージに割り当てて、品質測定を行うことができる。

JCSIではオプションとして、SQI指標のモジュールをプレ・コア・ポストのステージで設計している。SQIは、顧客経験のどのステージの品質評価が顧客満足に影響を与える可能性が高いかを他社比較したうえでの強みと弱みを診断するツールになる。

図表7-3におけるサービス品質属性のうち、数値化できるのは①②である。③④は目に見えないノウハウや世界観に埋め込まれた品質属性であり、測定がむずかしい。しかし、上記した枠組みに基づいて品質診断を行うこと自体が無駄なわけではない。収集したサーベイデータをどのように分析・診断するかによって、データで可視化できるところとできないところを知るだけでも意義はある。

2. サービス品質診断のステップ

診断1 テコ入れが必要なサービス品質属性を特定する（品質レンズ）。
診断2 テコ入れが必要なサービス品質属性の優先順位をつける（IPA）。
診断3 顧客セグメントによる違いを識別する。

図表7-4はフードサービス4社のSQI（サービス品質指標：Service Quality Index）スコアをスネークチャートで比較している。40項目あまりの品質属性はSERVQUALなどの標準尺度を参考に設定している。質問はすべて7段階のリカー

図表7-4　SQI診断のスネークチャート（フードサービス）

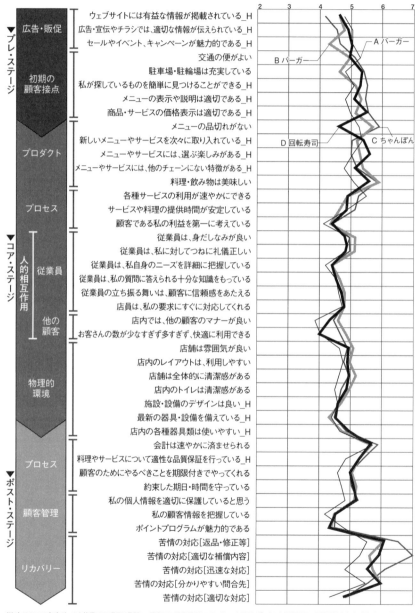

（注1）JCSI2019年度データを使用。SQI項目は最低1―最高7の7段階評価。ステートメント後尾の「H」は本部管轄下の品質属性を表す。（注2）SQI項目について「経験がない」と回答したサンプルは除外している。例えば、ウェブサイトを閲覧していない人は除外しているため、各社300超サンプルのうち、60％程度の回答率である。また、ポスト・ステージ「苦情の対応」5項目は、企業に問い合わせや苦情を申し出た人のみが回答（全サンプルの1割程度）。

250

ト尺度である。AバーガーとBバーガーはハンバーガーを主力商品とするファストフードの全国チェーンであり、CちゃんぽんとD回転寿司は、レストランスタイルの全国展開チェーンである。C社は国内産の野菜の採用や郊外店舗からショッピングセンターのフードコートなどへの出店強化などで業績と顧客満足度を伸ばした。

2020年以降、ラーメン、うどん、ちゃんぽん、回転寿司の多くは持ち帰りやデリバリーに対応しているが、それ以前は、ほとんどの利用形態は店内飲食である。それに対して、ハンバーガーやフライドチキンといったファストフードは店内利用のみの人は少数派で、テイクアウトやドライブスルーと併用した利用形態が大半を占める。Bバーガーはテイクアウトやドライブスルーを頻繁に利用している顧客ほど、知覚品質と顧客満足度が高い。

グラフから読み取れるSQIの特徴をピックアップすると以下の通りである。

・顧客満足度が高い企業・ブランドのSQIを見ると、すべてのSQI項目で高いスコアを得ているわけではない。
・店頭での接客サービスに関わるSQIは比較した4社で有意差はなく、ほぼ同水準にある。一方、店内レイアウト、施設・設備のデザインや使いやすさには違いはないが、店全体もしくはトイレの清潔感に対する評価は違いがある。
・リカバリー（苦情への対応）はサンプルサイズが少ないため参考値であるが、飲食以外の業種と比較して平均的である。

サービス品質を構成する属性は多数あるため、かぎられた経営資源の中で、すべての属性を満遍なく改善することは困難である。それゆえ、テコ入れが必要なサービス品質属性は何かを特定するとともに、顧客セグメントごとの違いを見分け、どのセグメントに対して何を優先すべきかを特定する。そして、すぐに何らかの改善が必要なものとそうでないもの（現状維持）を判別し、優先順位をつけるための分析を行い、組織で共有する。

サービス品質属性ごとの診断：本部と現場オペレーション

第1に、サービス品質属性ごとの記述統計（平均値と標準偏差）とともに、スネークチャートやレーダーチャートで品質属性ごとに可視化する。評価が低い品質属性は何か、競合他社や業界平均に比べて劣位にある品質属性は何かを特定する。たとえば、Aバーガーはプレ・ステージの品質属性は総じて高いが、コア・ステージのいくつかの品質属性が芳しくない。チャート中の質問ステートメントで「H」

としている項目は、本部が主導する品質属性であり、それ以外は店舗のオペレーションによって評価が変動しやすいものを表す。

　多拠点展開のサービス企業では、新商品・サービス開発やプロモーションキャンペーンの企画・実施は本部が行う。一方、チェーンオペレーションの品質水準のバラツキは、多拠点展開する店舗で起こりやすい。たとえば、コア・ステージでのサービス提供のスピード、正確さ、信頼性、従業員スタッフの身だしなみから接客サービス、さらには店内の雰囲気や清潔さのメンテナンスなどである。それゆえ都心店と郊外店、ランチ時間帯とそれ以外の時間帯、家族連れとそれ以外の来店客層などで層別に比較し、スコアが低いものを特定する。

ベンチマーク比較による品質診断

　第2に、競合ブランドや業界平均といったベンチマークによって、自社サービスの相対的な評価を把握する。図表7-4では、スネークチャート上で4社を比較している。ベンチマーク（benchmark）とは土地の基準点を表したものであり、そこからどれくらい高低差があるかを比較する考え方を品質や満足度のマネジメントに応用した考え方である。ベンチマークする対象は、競合ブランドや業界リーダーといった同業者だけではない。異業種であっても接客の模範とすべき特定の活動や機能に照らし、自社の強みと弱みを把握することができる。

　さらに、大規模なサンプルサイズがあれば、社内で目標とすべき店舗・事業所をベンチマークとすることも可能である。社内ベンチマーキングによってどの拠点が何に問題を抱えているか、特に評価が低い顧客セグメントはどれかを特定する。

サービス品質のバラツキ原因の診断

　第3に、今後、何をテコ入れすべきかを見極めるため SQIスコアの標準偏差を見る。標準偏差の大きさは、顧客による評価のバラツキを表している。それは店舗によって料理や接客にバラツキが出ているからかもしれない。都心部と郊外・地方では顧客が求めるサービスレベルが違うため、同じサービスへの評価が異なる可能性もある。

　SQIスコアがそれほど低くなくとも標準偏差が大きいと、やがて問題が発生しかねない。それゆえ JCSI診断と同じように、なぜそのような違いが生じるかを探る。

スネークチャート／レーダーチャートの功罪

　SQIスコアによる品質診断を行う際、スネークチャート／レーダーチャートのような図解表現を用いることが多い。図表7-4で例示したように品質属性ごとにレーダーチャートで競合ブランドと比較することによって、相対的な強みと弱みもビジュアルで示せるため、誰にとってもわかりやすい。また、自分が関わっている品質属性が、チャート上で凹みになっているか、他社よりも劣っているかが明確になることによって、現場担当者にとって品質改善の必要性が明確になるだろう。まさに目に見えず、形に残りにくいサービス品質を可視化することのメリットはそれにある。

　このようなチャートによる品質診断結果の共有は、組織内の誰にとってもわかりやすく、顧客フィードバックデータに基づいた経営の舵取りには有益である。しかしながら、このアプローチを真面目に進めれば進めるほど、次のような思わぬ落とし穴に陥るリスクもあるため注意すべきである。

　　・すべての品質項目で最高点を取ろうとする"優等生主義"の品質改善は、角が
　　　取れたサービスになりやすく、結果的に他社との違いが見えにくくなる。
　　・品質属性どうしの関連性が分析されず、顧客視点の品質評価を組織全体で理
　　　解できない。

　スネークチャート／レーダーチャートは、自社が追求する顧客価値を実現するためには何を優先して改善・改革をすべきか、というトップダウンの構造的な視点が弱い。Mittal and Frennea（2010）が、米国企業を対象に行なった調査によると、顧客満足度調査に取り組んでいる企業の90%が、品質属性や顧客満足度を単変量で分析している。さらにその92%は、スコアの平均値やトップボックスで結果を見ているという。そうした企業では品質属性と顧客満足度といった指数の変数間の関連性を統計的に分析するのではなく、グラフでスコアを見比べて判断している。つまり、顧客がサービス経験をどのように見ているかを構造的かつ統計的に分析しきれていないとも考えられる。

　この問題を回避する2つの分析・診断が必要である。

　第1は、各品質属性が相互にどう関連しているかを分析することである。クロス集計や相関分析といった二変量の分析、あるいは3つ以上の品質属性の関連性を構造的に明らかにする分析がそれに該当する。

　第2は、改善のプライオリティが高い品質属性が何かを顧客満足度、ロイヤル

ティ、推奨意向などの目的変数と紐づけて分析することである。すなわち、相関分析や回帰分析といった二変量、あるいは多変量の分析を通して、原因と結果の関係を探る分析・診断は、品質属性や CSI など複数の変数間の関連性を見るという点で「構造的」なのである。次節の品質レンズはまさに品質を構造的にとらえる診断である。

3. 品質レンズを構築する

トップダウンとボトムアップでアプローチする

　サービスの品質改善をトップ主導で行うか、現場主導で行うかという二分法で考えると、個別のサービス品質属性のレベルでの改善は後者のアプローチに近い。
　たとえば、レストランのメニューや食事のおいしさは調理部門、ホテル宿泊室の快適さは施設管理や空調管理の部署が担う。CS 推進活動の多くが現場レベルで、個別の品質属性を部署ごとに改善する活動になりやすい。品質属性のスコアが低いことがスネークチャート／レーダーチャートの単純集計で判明したら、各属性の担当者はそれを矯正するよう努力する。それがボトムアップの品質改善である。しかし、そうしたアプローチでは、自社のサービスのコンセプトに照らして、適切な品質が提供されているかをサービス経験全体から最適化する視点が失われがちになる。
　それに対してトップダウンのアプローチは、顧客のサービス経験を全体でとらえ、コンセプトに基づいたサービス品質が提供されているかどうかをモニタリングし、顧客経験全体の最適化を目指す。顧客のサービス経験全体から見て、品質属性がどのような役割や意味をもつかを顧客視点の診断情報として提供できるかが、顧客フィードバックデータの分析・診断としての課題である。

正しい品質レンズで診断する

　サービスを評価する際、人は何らかの認知フレームのあり方に依存する。この認知フレームのことをここでは、品質レンズと呼んでいる。品質レンズはサービ

ス品質をとらえる枠組みであり、どのようなサービス品質指標（SQI）で診断を行い、アクションプランへの示唆を導くかを決めるベースとなる。

　「品質レンズ」とは、サービスを見る認知フレームであり、組織レンズと顧客レンズは対極的なものとして位置づけられる（Johnson and Gustafsson 2000）。顧客レンズは、サービスを顧客がどのようにとらえているかという顧客の認知フレームを表すものであり、顧客はそのメガネをかけて品質や価値をみていると考えられる。

　このように考える理由は、企業の中で働く人々は顧客視点のメガネでサービスを見られない可能性があるからである。顧客がどのように自社のサービスを見ているかを適切な品質レンズで診断できなければ、レンズを掛け違えて捉えた問題に対して、あたかも正しいかのような答えを出しかねない。

組織視点の品質レンズ

　サービス品質に対する組織レンズと、顧客レンズの違いは何か。顧客中心主義を掲げる企業においても、組織視点の品質レンズでサービス改善を行なっていることが少なくない。改善すべきことは、人材、モノ（商品）、設備・施設、業務プロセス、オンラインなど、有形・無形の対象がある。これらは人事、施設、業務、情報システム、広告宣伝、予約、営業といった管理主体となる部署が対応する。

　ホテルであれば、宿泊、料飲、宴会、物販といった部署ごとに、問題点が抽出され、目標が決められ、接客やプロセスの改善が行われる、といった縦割り組織の改善努力が行われる、というイメージである。組織レンズは、目標の決定から成果の評価までPDCAを回しやすい。

　しかし、その改善努力は顧客が見ているサービスの姿とは違うものを追い求めてしまうことがある。サービス品質に対する組織レンズでは、サービス要素それぞれを所管する担当部署が、それぞれの活動の部分最適を図ることになる。問題は、個々の活動を縦割りで見るだけでなく、フロントとバックヤード、さらには本社部門や経営者とが見ている世界が、必ずしも一致しないことにある。組織レンズに歪みがあるとすれば、部門の縦割りという紋切り型の問題とともに、組織内に潜むこのようなギャップに問題があるのかもしれない。

　このギャップを回避するためには、顧客視点のレンズを構築し、それが組織レンズとどのように見え方が違うかを組織メンバーが共有する必要がある。このような共有は、組織のリーダーが示すこともあれば、なんらかのエピソードから現場の人々の気づきを促すようなミーティングやワークショップを通じて行われる

図表7-5　顧客と組織の品質レンズ

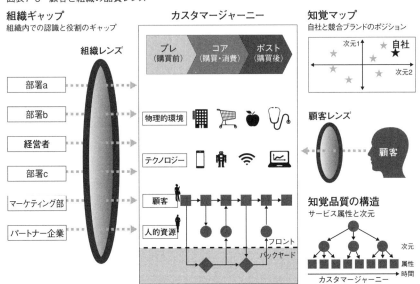

こともあるだろう。顧客レンズをいかに構築するかの決定的な手法はないが、いくつかヒントとなる切り口はある（図表7-5）。

顧客視点の品質レンズ

　第1のレンズは、知覚マップである。消費者は利用候補として考慮集合に入る自社および競合ブランドがどれくらい似ているか、違いがあるかというイメージをもっている。たとえばこのブランドのイメージを2次元で描くことによって、市場において自社ブランドがどのように見られているかを示したのが知覚マップである。

　自社の市場ポジションをマップに布置することによって、競合他社との類似点と相違点をふまえたブランド・コミュニケーションをするための指針を導くことなどに活用される。しかし、知覚マップは顧客視点で自社ブランドのイメージを把握するのには良いが、サービスの品質改善に活用するには情報量が不足している。そこで、第2、第3のレンズが必要となる。

　第2のレンズは、顧客経験のジャーニーマップである。顧客はサービスを経験する際、スタッフや周囲の顧客との対人相互作用、施設・設備や器具などの物理的

環境、アプリやウェブ画面などのテクノロジーに接している。企業はこれらサービスの構成要素を組み合わせて、顧客にプロダクトを提供している。

　プロダクトには、かたちのある製品とメニューとして提供されているサービスも含まれる。サービスプロダクトとは、宅配便における通常配達や冷蔵・冷凍品の配達サービス、通信会社のデータ通信プラン、テーマパークのアトラクションやショーである。飲食店、ホテル、飛行機で提供されている食事、小売店や通販サイトで販売されている商品、映画館や野球場で販売されているドリンクやポップコーンは物理的な製品である。

　これらのプロダクトをどのように提供するかがプロセスである。図表7-6には、国内線航空を例にプレ、コア、ポストのステージでのサービスの構成要素をプロットしている。品質レンズを作成するための SQIの質問項目は3つのステージに沿って設計されている。

　顧客がサービスを経験する時系列のプロセスはカスタマージャーニーマップでプレ、コア、ポストの3ステージに整理する。プレ・ステージは、顧客が何らかのきっかけからサービスの利用を思い立ち、情報探索から購入に至るまでの活動である。実際にサービスを経験するのが、コア・ステージである。利用後がポスト・ステージのサービス経験である。多くのサービス経験は3つのステージに沿うが、業種や企業によって順番が入れ替わることもある[9]。

品質レンズを構成する因子

　第3のレンズは、具体的なサービス品質属性をより抽象化した「次元」というレベルでとらえたサービス品質である。たとえば、利便性が良い、信頼性がある、革新的である、といった表現は、抽象的にサービス品質をとらえた次元である。

　利便性を例に考えてみよう。検索・予約手続きから、決済・変更手続き、実際の搭乗手続きに至るまでの具体的なプロセスをひとまとめに表現したものが利便性因子（ないし品質次元）である。

　図表7-6の右表には44の質問項目から、背後に潜む因子（ないしは次元）として抽出された5つのサービス品質因子を示している[10]。

　予約・搭乗プロセス因子は、顧客が時刻表や料金などを検索し、お得なキャンペーン情報を取得し、実際に予約を行うまでのプレ・ステージから、実際に搭乗して目的地へ行くまでを評価していることを表している。利用者は手荷物検査場での待ち時間や手間隙といった個々のプロセスだけではなく、抽象的な品質因子でみた利便性が上がったかどうかを見ている。つまり、顧客が考える利便性とは、質問

図表7-6　顧客経験と品質レンズの構築（国内線航空）

SQI（サービス品質指標）の質問項目	サービス品質の因子				
	予約・搭乗プロセス	魅力品質	サービス環境	サービス基礎品質	個客対応
ウェブサイトには有益な情報が掲載されている	0.60	0.60	0.13	0.16	0.23
ウェブサイト内の検索機能は、役に立つ	0.66	0.66	0.17	0.16	0.28
広告・宣伝やチラシでは適切な情報が伝えられている	0.56	0.56	0.14	0.15	0.28
セールやイベント、キャンペーンが魅力的である	0.57	0.57	0.07	0.08	0.26
サービス内容の表示や説明は適切である	0.54	0.54	0.30	0.37	0.20
サービスの料金表示は適切である	0.59	0.59	0.23	0.34	0.14
問い合わせ窓口で有益な情報が得られた	0.38	0.38	0.12	0.03	0.39
アクセスが便利である	0.43	0.43	0.27	0.21	0.20
探している便やサービスを簡単に見つけられる	0.62	0.62	0.23	0.29	0.13
新しいサービスを次々に取り入れている	0.43	0.43	0.26	0.21	0.33
オリジナルの商品やサービスが充実している	0.36	0.36	0.28	0.19	0.24
サービスや機能には、他社にない特徴がある	0.38	0.38	0.27	0.19	0.23
予約したいときに空席を確保できる	0.50	0.50	0.22	0.30	0.21
ユーザーの声を適切に公開している	0.45	0.45	0.20	0.27	0.42
各種サービスの手続きが、スムーズにできる	0.63	0.63	0.26	0.41	0.14
チケット決済は、スムーズに済ませられる	0.63	0.63	0.22	0.42	0.07
サービスは、モバイル端末に適切に対応している	0.28	0.28	0.39	0.29	0.36
ウェブサイトと他の媒体でサービスが連動	0.32	0.32	0.35	0.29	0.49
最新の機材・設備を備えている	0.26	0.26	0.55	0.27	0.33
機材・設備のデザインは良い	0.25	0.25	0.65	0.33	0.25
機内／車内の雰囲気がよい	0.26	0.26	0.73	0.42	0.20
機内／車内は、利用しやすいレイアウトである	0.27	0.27	0.70	0.38	0.25
機内／車内は、清潔感がある	0.31	0.31	0.63	0.50	0.16
座席は座り心地がよい	0.20	0.20	0.64	0.36	0.29
機内／車内で提供される飲み物や食べ物には満足	0.22	0.22	0.32	0.46	0.34
機内／車内のトイレは清潔感がある	0.31	0.31	0.38	0.45	0.31
他のお客さんのマナーが良い	0.25	0.25	0.40	0.45	0.36
お客さんの数が、少なすぎず多すぎず適度である	0.21	0.21	0.34	0.39	0.34
従業員は、身だしなみが良い	0.31	0.31	0.47	0.64	0.13
従業員の立ち居振る舞いは、顧客に信頼感をあたえる	0.28	0.28	0.31	0.76	0.20
従業員は、私に対してつねに礼儀正しい	0.28	0.28	0.28	0.81	0.15
従業員は、私の質問に応えられる十分な知識をもっている	0.26	0.26	0.24	0.78	0.26
顧客である私の利益を第一に考えている	0.22	0.22	0.26	0.64	0.40
従業員は、私自身のニーズを詳細に把握している	0.19	0.19	0.24	0.57	0.44
従業員は、私の要求にすぐに対応してくれる	0.23	0.23	0.23	0.66	0.35
やるべきサービスをという期限付きでやってくれる	0.26	0.26	0.19	0.32	0.54
時刻表通りに出発・到着の定時性が保たれている	0.26	0.26	0.33	0.37	0.26
機内サービスや設備に適正な品質保証を行っている	0.26	0.26	0.28	0.41	0.42
安全対策は信頼できる	0.34	0.34	0.34	0.53	0.32
私の顧客情報を把握し、活かしている	0.17	0.17	0.16	0.22	0.68
ウェブサイトや他の媒体で私の顧客情報が共有されている	0.17	0.17	0.12	0.20	0.69
マイレージ／ポイントプログラムが魅力的である	0.16	0.16	0.18	0.13	0.52
ウェブサイトでは「FAQ」など、問題を自分で解決できる	0.32	0.32	0.14	0.24	0.54
私の個人情報を適切に保護していると思う	0.31	0.31	0.28	0.49	0.42

（注1）2019年度国内長距離航空のうち、新幹線と高速バスを除き、航空会社10社分のデータを用いた（n=3,097）。（注2）サービス品質因子は最尤法により抽出し、バリマックス回転後の因子負荷量を表示した（累積寄与率＝40.4%）。表中の網掛け部分は因子を解釈する際に参照した質問項目。なお、SQI質問項目の欠損値（「経験がない」回答）は平均値で置き換えている。

項目にあるような予約サイトの使い勝手やチケットレスの搭乗手続きだけでなく、予約から実際に搭乗する一連のプロセスがいかに便利で快適かという視点から良し悪しを評価している、という意味である。

　一方、サービス基礎品質因子は、安全性や定時性といった公共交通機関として当然、維持しておくべき品質である。空港や客室のスタッフは、その一翼を担う存在として顧客の評価を受けている。顧客レンズで見ると旅行体験は、旅行に関わるあらゆる手続きの煩わしさがいかに軽減され、スムーズな旅行ができるかが、旅行会社や交通機関などを評価する際のモノサシとなっていると理解できる。

品質レンズの解像度

　顧客の評価軸は、組織をまたぐ品質次元に潜んでいることがある。多拠点展開のサービスでは本部と店舗・拠点、プラットフォームやネットワークのサービスでは、部門間、あるいはパートナーとの連携に関わるサービス品質を特定し、その意味を組織メンバーで議論し、共有することが、深い顧客理解への一歩となる[11]。

品質属性から品質次元に潜む顧客選好の本質

　一般に、サービスの実施や改善に当たる現場部門やCS推進部は、具体的な問題を特定し、それぞれにフォーカスを当てた改善活動を担っている。改善の対処による品質属性とは担当者、商品、施設・設備（環境）、予約から販売までのプロセス、販売チャネル（店舗、ウェブ、モバイル、代理店など）、広告や販促などのコミュニケーションなどである。各活動は部署や拠点ごとに役割と責任が課されていると、どの店で、いつ、料理を調理し、テーブルで接客したか、といった、改善活動につなげやすい。品質レンズの解像度を高めて、より具体的な製品・サービスの属性に焦点を当てた品質改善を行い、それらを組織全体で積み上げることによって全体としてサービス品質を改善する、ボトムアップのアプローチである。

　一方、抽象的にサービス品質をとらえるのが、品質改善の全体最適を図るトップダウンのアプローチである。たとえば、レストランでのハンバーグのおいしさは、料理自体の味覚状のおいしさだけではない、と考えるとすれば他にどのような要素が関係するだろうか。

　「おいしい」という顧客の評価は、ハンバーグやトッピングの個別属性の評価を足し合わせればよいわけではない。そこで、より抽象的にとらえた「おいしさ」

を目には見えない潜在的な因子でとらえるのである。「おいしさ」は調理現場だけでもなければ、接客から内装に至るまでの複合的な性質を含んでいる。そうした複合的な性質は、サービスの設計思想にも関わる問題でもあり、顧客の品質レンズの構築にも反映されるべきことである[12]。

　また、分析・診断をふまえた解決策として、具体的な品質属性のレベルだけで考えるのではなく、より抽象的なレベルで考えることもできる。たとえば、人によるサービスに関わる品質次元が満足度への影響が強いとする。それに対する解決策は、人だけとはかぎらない。親密性を高めるためには、人と人の会話や相互作用だけでなく、オンラインでのパーソナライズなどの他の手段もありうる。

　利便性、スピード、正確性といったユニバーサル品質だけでなく、快適さ、おいしさ、おもてなしといった人の好みが分かれる選好属性や特異属性のサービス品質は、個別の質問項目だけでなく、抽象化した品質次元で捉え、組織的な検討と改善に取り組むことが必要となりやすいサービス品質であろう。

4. 品質改善のプライオリティを決める

　サービス品質改善の優先順位を決めるための方法はどう考えれば良いか。安全性のような緊急度が高いことが優先されるのは当然として、顧客のニーズや期待から、顧客満足やロイヤルティを強化するうえでの重要度を見極めることが次の課題となる。

　たとえば、同じ航空会社でも、国際線の路線によって座席シートの重要度は異なる。日本発で10時間を超えるフライトの欧米路線では、座席シートがどれくらい疲れにくいか、快適に過ごせるかは重要な品質属性になると予想される。一方、フライト時間が短い中国・東南アジア路線では、シートの快適さは重要度が低く、出発時間や便数の多さなどの利便性の方が、重要度がより高いと予想される。この場合、路線によってサービス品質の重要度が違うため、テコ入れすべきことが異なる。

🔘 プライオリティを診断する方法

　サービス品質の継続的改善の目的は、顧客ロイヤルティを高め、収益を維持成長させることにある。この目的を達成するために、顧客満足度やロイヤルティといった CSI を目的変数として、何が最も影響力をもつかを診断することで、重要度の高い品質属性や品質次元を特定することができる。

　目的変数に対して、サービス品質属性の重要度を診断する方法として、下記の4つが挙げられる。

　①サービス品質属性のスコアの高低から判断する。
　②目的変数との相関係数の大きさで判断する。
　③ CSI を目的変数とした回帰分析を行い、影響度の大きさを統計的に推定する。
　④顧客に直接「改善が必要なのは何か」を回答してもらう。

重要度の考え方

　先述したように①は最も一般的に行われている方法であるが、方針を欠いた総花的なサービスになりやすいリスクもある。窪んだレーダーチャートの溝を埋めれば、他社との違いが徐々に埋まり、安心する経営者もいるかもしれない。しかし、特徴があるサービスを目指すならば、何を優先し、何を切り捨てるかの戦略的判断が必要になる。

　たとえば、ホテルの客室と駐車場の平均点がともに3.5点だったとしても、両者の重み付けは違う。客室はホテルの中核価値をなすため、重みが高い。そこで評価スコアに何らかのウエイトをかける。

評価スコア × 重要度 ＝ 重み付けされた評価スコア

　この重み付けされた評価スコアを基準として、改善の方針を決める。顧客の満足度やリピートといった目的変数に対して、どのサービス要素を強化すれば、より効果的かを見極めるのである。

　②の相関係数は比較的わかりやすい統計指標であるが、それを品質改善に向けての重要度とするのには問題がある。一つは、顧客満足と相関がある品質属性が多すぎて、結局、何が重要なのかを見極めにくいことである。0.5 ～ 0.8の相関係数が20 ～ 40も並んだ分析結果を見ても、経営陣はそれを拠りどころにして有効

な指針を示すことがかえってむずかしい。もう一つは、2つの変数の相関係数は他の変数をコントロールしていないため、ある品質属性と満足度の関連性を過剰に見積もってしまいかねないことである。

　さまざまな品質属性の中から影響力、あるいは重要度が高いものを特定するには、回帰分析を行う。

　③の回帰分析では、ある品質属性が顧客満足に与える影響を他の品質属性を一定とした場合に、ある品質属性が1単位変化することによって顧客満足にどの程度の影響があるかを推定する。ただし40項目あまりの品質属性を独立変数に投入して回帰分析を行うと、多重共線性が発生する可能性がきわめて高い。それは品質属性どうしの評価スコアの相関係数が高いからである。

　この問題に対処するため、いくつかの方法がある。一つは変数選択を行い、最も説明力の高い変数のみを残した結果を出す方法である。もう一つは、品質レンズで抽出した因子（直交解）を用いて回帰分析を行うか、SEMでモデルを作成するなどの方法である。

　③と④の違いは、直接、利用者から重要度を聞くのか、それとも何らかの分析手法を用いて推定するか、のどちらかである。

　④の直接、重要度を聞く方法は、一見わかりやすい簡便法であるが、回答者にとっては、個別の品質属性について重要度と品質評価を回答しなくてはならず、過度な回答負担に疲労する。また、重要度の回答は、満足度への影響度というより、サービス選択に当たっての重要度、つまり、期待として回答されやすいため、満足度への影響度と食い違うことがある。これは、顧客自身が何を欲しているかを自覚し、表明できるという暗黙の前提に立っており、顧客が無意識に重視している潜在的ニーズを見出すのには適していない。

　一方、③は、品質評価と満足度の統計的な関連性から重要度を表すパラメータを推定する。この方法を用いると顧客が意識して回答する重要度とは異なり、潜在的な意識や評価軸を反映した重要度を推定できる可能性がある（Gustafsson and Johnson 2004)。

 ## IPA（重要度・パフォーマンス分析）

　品質改善のプライオリティ（優先順位）をつける最も効果的な分析方法が、重要度パフォーマンス分析(IPA：Importance Performance Analysis) である。たとえば、

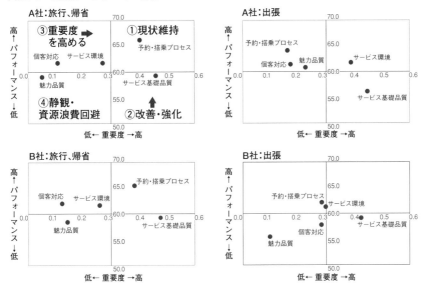

図表7-7　重要度・パフォーマンス分析

レストランの顧客満足に影響するサービス品質として、食事のおいしさ、接客サービス、店内の雰囲気、清潔さがある。レストランが顧客満足を高めるためには、4つの品質のうち、どれを重点的に強化するかを判断するために、2次元の散布図に表したIPAを用いる。

　図表7-7は、国内航空の大手2社における2つの旅行者セグメントを比較している。IPAの横軸は顧客満足度に影響をする要因の重要度を、縦軸のIPAは各要因のパフォーマンスの高さを示している。

IPA をどう読むか

　IPAの教科書的な読み方は、次の通りである。図表7-7を見ると、パフォーマンスと重要度の高さを掛け合わせた四象限は、A社の強みと弱みを表し、四象限ごとに品質改善に対する基本方針（①〜④）が示される。重要度が高い象限で顧客がパフォーマンスも高く評価していれば、強みとみなすことができる。

　IPAを行う目的は、すべての品質因子を強化するのではなく、重点強化の目安をつけ、それを可視化することである。A社の個人旅行客の満足にとって、重要度が高い品質次元は、サービス基礎品質、予約・搭乗プロセス、サービス環境であ

り、個客対応と魅力品質は重要度が低い。予約・搭乗プロセスは評価スコアが高く、個人旅行者を満足させる A 社の強みとなっており、①現状維持により競争優位の維持を図る。一方、サービス基礎品質は平均的な評価を得ており、継続的な改善が求められる。それに対して出張客をみると、サービス基礎品質の評価は芳しくないため、②改善・強化により弱みの克服を目指す。重要度の大きさからいえば、出張客にとって公共交通機関としてのサービス基礎品質とは何かを再検討し、改善を行うべきことが優先される。

　重要度とパフォーマンスも低い象限では、④静観もしくは資源浪費を回避するのが基本方針とされる。すべての品質属性の改善に資源を振り分けるよりも、フォーカスを絞って改善に取り組むべきというのが、資源浪費回避である。しかし、何らかの市場環境の変化によって重要度が高くなる可能性もある。それゆえ無視・軽視するのではなく、変化をモニタリングしながら静観する。

　満足度へのインパクトがほとんどないが、パフォーマンスが高い因子もある。A 社と B 社における個客対応がそれに相当する。この領域ではパフォーマンスの高さを維持しつつ、顧客に対してその価値をいかに訴求するかが課題となる。価値を見出してくれそうな顧客セグメントにターゲットを当てて、③重要度を高めるのが基本方針である。個客対応は一般の個人旅行客よりも、出張客にとって重要度がいくらか高い。さらに上級会員のセグメントに関して診断を深掘りする必要もあるだろう。

顧客セグメントの違いにメスを入れる

　レジャーや帰省といった個人旅行の人々と、出張で利用する人々とでは、同じサービスに対する品質評価だけでなく、顧客満足に対するインパクトも違う。たとえば、それは性別や年代かもしれないし、旅行に出かける頻度の違いかもしれない。このような顧客の異質性は一般的であるため、第 6 章の CSI 診断（2）と同じように SQI 診断においても、顧客セグメンテーション基準でメスを入れて、違いを見極めることが必要となるだろう。

IPA の落とし穴

　サービス品質の改善は、弱みにフォーカスをあてやすい。それは「CS 推進」を担う部署が、お客様相談室で問題を解決する仕事を主として行なっていることにも起因する。たしかに、顧客の安全やサービスの基本機能といったユニバーサル品質属性に関わる問題は、すぐに解決する必要があるだろう。判断がわかれるのは、

選好属性と特異属性のサービスである。

　カフェやレストランで全店禁煙を掲げたところ、喫煙者からクレームが多数寄せられたとする。もし、アンケート調査でも同じような回答が寄せられ、IPAにおいて弱みになっているとしたら、どう対処すべきか。Wi-Fi環境のスピード、海洋汚染問題への対策として導入した紙ストロー、キャッシュレス決済への対応など、数多くの問題をすべて対応していけば、差別化の顧客のロイヤルティは上がるだろうか。

　IPAのような顧客の声に基づいた定量的なアプローチは、客観的であるがゆえに、競合他社も同じような対応をすると、当たり前の品質とみなされるため、やがて顧客へのインパクトが薄れてしまう。結果的にどの品質属性についてもパフォーマンスは高いが、顧客満足に対してはそれほど重要ではない状況に陥る恐れがある。それが、左上と右下の領域ばかりに品質属性（や品質次元）が偏る「失敗への道」のジレンマである（Fornell 2007）。それゆえ IPAから優先順位をつけるだけでなく、自社の理念、ミッション、コアバリューに基づいて「何をやり、何をやらないか」を決める経営陣による戦略的な判断と意思決定が求められるのである（第9章 3 - 4節）。

　サービスの継続的改善や戦略的投資は、顧客フィードバックデータの分析・診断だけで行うわけではない。組織の理念、ミッション、コンセプトに基づいてやるべきこと、やらないこと、変えてはならないこと、変えなければならないことを決定する。そうした意思決定を行うための診断情報を提供するのが、SQI診断に基づいた IPAである。

　なお、この診断情報を作成するうえで、もう一つ重大な落とし穴に陥ることが指摘されている。それについては、次章で取り上げる（第8章）。

5. サービス品質診断のマネジメント

サービス品質の標準値と目標値

　サービス品質をどう改善するかとともに、数値化したサービス品質や顧客満足の目標をどう設定すれば良いか、というマネジメントの問題もある。たとえば、顧客満足度のトップボックスの割合90%超を達成するという目標は、組織全体で

共有し、当該年度にわたって追求すべき目標として、シンプルで、わかりやすい。

　しかし、サービス業の多くは、市場環境や運営状況が異なる複数拠点で成り立っており、抱えている問題もそれぞれ異なる。それゆえ、組織としての全体目標をブレイクダウンしたかたちで目標を設定し、管理する方法も考えられる。その際のキーワードとなるのが、標準値と目標値である。

　自社のあるべきサービス品質指標の水準が、標準値（standard）である。複数拠点を展開している場合、すべての拠点が標準値に達しているとはかぎらない。たとえば、100点方式で算出される品質指標で80点を標準値と設定したとしよう。

　全体の7割にあたる拠点では、標準値をクリアしているが、残り3割がそれを下回っているとする。その場合、現状の標準値達成率70％を1年後80％へと引き上げること、すなわち、1年後10％向上が目標値（goal）となる。

　また、顧客視点に基づいたKPI（重要業績指標）として何を用いるかは、絶対的に優れた指標があるわけではない。顧客満足度やNPSよりも、ロイヤルティ（再購買意図）の方がKPIとして優れていることもある。あるいは、特定の顧客セグメントのCSIを追跡しておくと、それが顧客基盤全体の推移を反映するバロメータとなり、業績推移に最も近似することもある。こうした可能性も視野に入れて、過去のデータを検証して、自社にあった指標で標準値と目標値を設定することが必要である。

🔵 拠点・部門間の差異とノウハウを共有する

　図表7‐8から示唆されるサービス品質改善の方針とは何か。第1に、標準値を超える拠点に関しては、時間帯、曜日、季節によってサービス品質が変動している可能性がある。それらのバラツキがなぜ発生するかの原因を特定し、拠点間での品質水準を均一にすることに注力する。

　第2に、図表7‐8の例では、SQIと共に各拠点の客数を表している。SQIと客数は、正の相関関係にあることが望ましいが、実際はAのように客数が増えすぎてサービス対応が追いつかず、SQIが低いことも少なくない。逆に、BやDのように少ない客数に対して十分なサービスが行われた結果、SQIが高いこともある。

　品質の標準値をクリアし、十分な客数を確保しているのは拠点Fであり、この組織のベストプラクティスである。客数の多さに対して、SQIが標準値を下回っているAやCの拠点マネジャーは、Fを社内ベンチマークして知識やノウハウの共有

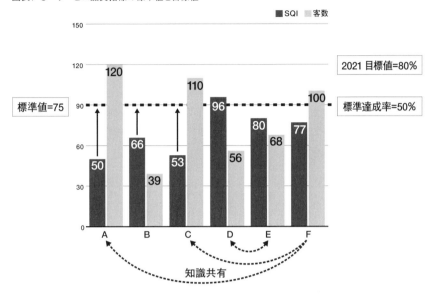

図表7-8　サービス品質指標の標準値と目標値

化を図る。

　一方、品質は優れているが業績が伸び悩んでいる D や E は、高い品質が顧客の
リピートや新規獲得につながる連鎖をどうつくれば良いかが、解決すべき課題と
なる。その点について F の実践方法にヒントがある。

品質改善効果のタイムラグ

　サービス品質の改善効果はすぐに表れやすいものと、ある程度の時間・期間を
要するものがあるだろう。店舗の清潔さやスタッフの挨拶は、比較的短期間に修
正できるかもしれないが、品揃えの魅力度や常連客に対する接遇といったことは、
顧客が何度か足を運ぶことではじめて、品質が良くなったと感じる性質のもので
ある。それゆえサービス品質の改善効果は、会計年度だけで見るのは適切ではなく、
中長期的に慎重に判断する必要がある[13]。

　品質改善効果のタイムラグがなぜ生まれるかは、図表7－3で示した4つの品質
属性の違いで説明できる。一般に、ユニバーサル属性と選好属性に関するサービ
ス品質は測定が可能なため、改善効果が誰の目にもわかりやすい。それゆえ施設
内で顧客が使用する Wi-Fi の通信速度を早くしたり、レジでの待ち時間を短縮する

ような決済システムを導入したりすれば、顧客は品質改善を体感でき、知覚品質も向上しやすい。それに対して、パフォーマンスを客観的に測定することがむずかしく、人によって好みが分かれる特異属性は、顧客が品質改善を体感するまでに時間がかかるだろう。

　ユニバーサル属性や選好属性は、競合他社によるベンチマークが容易で模倣されやすいが、特異属性は品質での差別化に結びつきやすい。しかし、差別化が顧客に認知され、確立するまでに時間を要するだろう。その意味で、メタ品質はその企業ならではの目に見えない次元での差別化であり、競合他社が何をベンチマークして良いかもわからないレベルの差別化なのである。

サービス品質診断のマネジメント

　サービス品質改善の効果が、顧客評価とその後の顧客行動の変化に表れるまでには一定のタイムラグがあるということは、継続的改善が収益性に帰結するにも時間がかかり、しかも、その因果関係を特定するのも容易ではない。それゆえ、サービス品質の改善活動をコストとみなすか、投資とみなすかは、議論が分かれるかもしれない。

　しかし、品質改善がどのような効果をもたらしたかを顧客満足度や顧客行動について見ることは可能である。本章ではサービス品質診断のステップに分けて解説した。全体的な評価としての知覚品質を属性もしくは因子（SQ因子1~k、リカバリー品質）といった要素に分解することによって品質診断を行う。個別の品質属性は、カスタマージャーニーに沿って行われるサービス要素にするものであり、これらに対する顧客の品質評価データをどのように処理するかが、品質レンズの構築に基づいたサービス品質診断の中核をなす[14]。

①サーベイで品質評価データを収集する際、顧客視点でのサービス品質の見方を反映する品質レンズを構築する。過去のサーベイデータだけでなく、インタビューやVOCなどの定性的リサーチに基づいたインサイト、経営者や担当者の意見を踏まえて、どのような顧客フィードバックデータを収集し、どのような仮説を検証するかを決めておく。

②SQI診断の予備的な分析として、個別SQI項目についての集計・記述統計といった一変量の分析を行い、現状を把握する。十分なサンプルサイズを入手できれば、自社内もしくは他社と比較し、相対的な強みと弱みを把握する。

③SQI項目間の関連性、SQIと満足度・ロイヤルティといった他の指標との関連性に注目した二変量・多変量のデータ解析を行う。SQI項目に影響する潜在的なサービス因子を抽出し、その品質レンズを通して、顧客がどのような評価軸でサービスを見ているかを構造的に探る。

④重要度・パフォーマンス分析を行い（IPA）、サービス品質因子（SQ因子1~k）の評価スコアとその需要度から改善に取り組むべき優先順位をつけ、企業経営陣に報告する。

⑤顧客セグメントごとに②③④の SQI診断を行い、それぞれの違いを特定する。顧客セグメントの基準は CSI診断と同じように、デモグラフィック、購買履歴などの客観的に測定できターゲットを特定し、アクセスできる基準を用いる。

⑥収益とコストのデータを顧客、もしくは顧客セグメント単位で入手できるならば、品質収益性を計算し、どの品質属性が収益にどの程度貢献したかを推定する。

　品質収益性とは、サービス品質を改善するために投じたコスト、人材、活動量に対して得られる利益である。品質の改善・投資にはコスト増加がともなうため、投資を上回るだけの収益増加とコスト削減をどう両立させるかが課題となる（Rust, Zahorik, and Keiningham 1994）。ただし、現実的に納得のいく評価を行うには、サービス原価の計算からデータ入手可能性といった克服すべき技術的な問題が多い。
　本章で取り上げたサービス品質診断のステップは，単にサービス品質を極大化することではなく、目標値とする顧客満足度やロイヤルティを達成するためにサービス品質をいかに最適化するかに照準を置いている。継続的改善によってサービス品質が与える効果は顧客満足で見るのが基本であるが、再購買や推奨の意図、実際の購買行動や推奨行動の有無のデータが入手できるのであれば、それらとの因果関係を推定することで、今後の品質改善の優先順位を判断する考え方もあるだろう。

Notes

1. 「スカイマーク20歳 寡占に風穴 安さに貢献」(日本経済新聞、2018年9月20日)
2. その基礎となる理論は、マズローの欲求五段階説からハーズバーグの衛生・動機づけ要因のような二要因理論、そして狩野モデルに至るまでさまざまある。くわしくはOliver(2014)を参照。
3. Levitt(1976)はサービス業が昔ながらのやり方を改革し、効率化、信頼性、品質管理を向上させる創造的破壊の方法として、ハード・テクノロジー、ソフト・テクノロジー、ハイブリッド・テクノロジーを駆使した「サービス工業化」を唱えた。
4. Golder et al.,(2012),p.8.
5. Rust, Zahorik, and Keiningham(1996), Johnson and Gustafsson(2000)
6. SERVQUAL尺度開発に関してParasuraman, Zeithaml, and Berry(1988, 1994)をはじめとした一連の研究を参照(Zeithaml, Parasuraman, and Berry 1990)。学術研究において最も知られたサービス品質測定尺度であるSERVQUALに関しては、一方で、さまざまな批判があり、それに代わる尺度も提案されている(Carman 1990；Peter, Churchill, and Brown 1992；Babkus and Boller 1992；Cronin and Taylor 1994；Teas 1994)。
7. 信頼性Reliability、能力保証Assurance、有形要素Tangibles、共感Empathy、反応Responseの頭文字をとって"RATER"とも呼ばれる。
8. サービス品質指標は、業種の特殊性が大きいため、ホテルやレストランといった業種ごとのサービス品質指標も提案されている。
9. カスタマージャニーマップは顧客がサービスを経験する流れを描いたものであるが、それはサービスの表面(おもて)であり、裏方でどのような活動とシステムで連携するかのオペレーションの全体像を描いたサービスの設計図が「サービス・ブループリンティング」である。ブループリントは、サービス全体の活動の流れと関連性を示すことで、誰が、どのような活動を行うかをフローチャートで把握し、サービス品質やオペレーション効率のボトルネックを特定し、改善活動を行う見取り図となる。
10. 表中の因子分析結果はバリマックス直交回転後の因子負荷行列である。サービス品質の因子が相互に関連しているという仮定に立つならば斜交回転を行うべきである。直交回転を行う理由は、その後の回帰分析でこれらの因子を独立変数として投入した場合、多重共線性が発生するのを回避するためでもある。
11. 顧客視点の品質レンズでは、個々のサービス品質の要素を積み上げる形成的な評価(formative assessment)と、印象的な要素を元にしながら全体的な知覚品質の評価が形成され、その全体的な評価が個々の要素に影響する反映的な評価(reflective assessment)があるが、サービス品質評価は後者を想定するが、サービス品質評価尺度の多くは後者を想定している。
12. サービスは複数職種の担当者によって統合的に提供されている(山本 1999)。医療サービスでは、医師、看護師、検査、事務など の複数の専門職が顧客と接触し、サービスを提供する。その際、医療サービスの品質は、各職種に固有因子と、職種をまたいだ共通因子に分けられる。また、サービスは、複数のサービス属性の結合によって提供される。接客、料理、施設・設備がミックスされたものがレストランのサービスであるが、顧客はレストランを評価する際, その中のどれかの属性をもって全体評価に帰属させることがある。テーマパークのスタッフ、エアラインの客室乗務員、医療における医師はその典型例である。背後にある因子レベルで何が影響しているかを読み解くことができない限り、職種単位でKPIを設定するようなサービス品質の目標管理を行うべきではない。
    さらに、同一ブランドの中に、管理主体が異なる複数のサービスが混在している場合でも、顧客の評価はブランド全体に向けられる(回帰する)ことがある。テーマパークのアトラクション、ショッピングモールのテナント、大型ホテルの客室、レストラン、ショップなどの個別評価

が全体評価に転化されるようなものである。

実際に決済やサービス提供が行われなくとも、さまざまな顧客接点の連続体としてサービス経験が形成されることもある。たとえば、オンラインでメニュー検索を行い、レストランで食事をして、SNSで写真を投稿する。顧客はサービスを評価する場合、些細な出来事や、一回限りの出来事であっても、それが記憶から取り出しやすいエピソードであれば、評価全体に影響を与えることがある。つまり、経験した事象のウェイトはどれも等しいわけではなく、極度にウェイトが高い事象がある。

13. 医療、教育、フィットネスといったサービスでは、業種全体の特性として、サービス品質評価が顧客満足におよぼす効果にタイムラグが発生する。藤村(2020)はこれを「便益遅延」と呼んでいる。これらのサービスでは、今現在受けているサービスの便益が今すぐにではなく、将来にわたって得られる点に特徴がある。生命保険や損害保険も、疾病や事故が起きた際に保険金が支払われるものであり、将来の状態に応じて得られる価値が決まる状態依存財である。したがって、JCSI調査においては、生命保険・損害保険の分野に関しては、保険請求等の問い合わせや手続きをした人を調査対象にしている。

14. これは品質収益性ROQ(Return On Quality)に基づくサービス改善のアプローチに基づいている(Rust, Zahorik, and Keiningham 1994)。

第8章
CHAPTER 8

サービス品質診断（2）
攻撃と防衛の戦略的投資

　企業はサービス品質を継続的に維持し、変化する顧客期待に対応し、それを超えるように改善努力を行う。サービス品質のマネジメントは、将来にわたり極端な経験の記憶として想起されるようなサービスに対して、戦略的に投資することでもある。あえて「戦略的」というのは、2つの意味がある。一つは、投資したリターンがすぐに得られるとは限らないが、ロイヤルティというかたちで将来の需要をつくる基盤となることである。もう一つは、特定のサービス属性や特定のニーズや問題をもつ顧客セグメントに対して、選択的・集中的に改善・改革を行うことである。

　こうしたサービス品質の戦略的投資は、攻撃と防衛の顧客戦略と密接に関わる。攻撃戦略とは、新規客獲得や他社からのブランドスイッチを誘引するものであり、既存客を極端に高く満足させるようなサービスを提供し、その評判を広めることを通した需要創造を図る。防衛戦略とは、既存客の離脱防止に関わるものであり、既存客の我慢の限界を超えてしまうような問題を未然に防ぐ。また、すでに起こった問題に対して適切なリカバリーを行うことで、離脱防止とネガティブな評判の拡散を防ぐことも防衛戦略の課題である。本章では SQI項目と感動・失望指数を用いて、この課題を検討する。

1. サービス品質を問う：顧客満足の非線形・非対称性

　従業員スタッフの丁寧な挨拶や言葉遣いは、どの程度、顧客満足に影響するだろうか。レストランや小売店でお客様に挨拶もなく、ぶっきらぼうで横柄な態度のスタッフに応対されたら、多くの人は不快な気持ちになるだろう。しかし、恐縮してしまうほど丁重に挨拶され、買い物した品物が入った紙袋をもった店員にレジから出口までお見送りされたからといって、そのお客様が最高点をつけるほど満足するかどうかは疑問である。

　この問題は、サービス品質と顧客満足の非線形・非対称性として知られている。サービス水準を高めた分だけ満足度が比例的に向上するわけではないため非線形といい、サービス水準が上がった場合、満足度への効果がより効果的になるケースもあれば、むしろ逓減してしまうケースもあることから非対称性と呼ばれるのである。

非線形・非対称性は理論的にも関心を集めるところだが、このメカニズムを読み間違えると、実務的にもサービス活動の改善努力を無駄な努力にさせてしまうことや効果的な資源配分を見誤ることもある。この問題を考える3つの切り口がある。

①サービス品質属性には最低条件、満足因子、感動因子というタイプがある。
②顧客の感情経験（感動と失望）が、極端な満足や不満足の引き金になっている。
③顧客の記憶に残るようなエピソードの経験が思い出されることによって、その企業・ブランドに対する累積的満足やロイヤルティがより強化される。

　第1は、顧客が経験するサービスは人によるサービスからモノや情報に至るまで、さまざまな要素で構成されている。それらの要素がどれくらい優れているかによって満足度が決まるが、その決まり方には3つのタイプがあると考えられている。

　つまり、ある特定のタイプのサービス品質属性が、極端な満足や不満足の源泉になっているのではないかと考えられる。たとえば、小売店での店員の挨拶という行為は、顧客に良い印象や親しみを伝えるかもしれないが、それだけで常連客になるほどの効果はないかもしれない。

　しかし、挨拶がなってない！　とばかりに顧客を怒らせてしまうこともある。飲食店で料理はおいしかったが、店員の悪態が不快で嫌な気分で店を出た、というケースもある。このように両極の満足や不満足のキッカケになるようなサービス品質属性の性質を知り、それが何かを特定できれば、経営陣やマネジャーはサービスの何に注力すべきかの手がかりを得られる。

　第2は、極端な満足と不満足には感動や失望といった顧客の感情が関係しているのではないか、というものである。人は単に機能的で合理的な目的だけで、サービスを消費しているわけではない。温泉旅館に出かける前や最新鋭のジェットコースターのある遊園地へ出かける前夜には、高まる期待に心を躍らせ、楽しい時間を想像しながら現地へと向かう。

　実際に顧客がサービスを経験している最中にも、さまざまな感情が生じている。このように、料理がおいしいというだけでなく、そこに驚きや楽しさといった情緒的な体験があるからこそ、顧客は最高点をつけるほどの極端な満足をつけるのではないか、と考えられる。このことは、顧客が極端な不満足に至るにも当てはまり、不安や憤りといった何らかのネガティブな感情が関係しているのではないかと考えられる。宅配便の荷物が届くのが遅れた際、荷物を受け取った人は遅れ

たこと自体よりも、なぜ遅れたかの説明が曖昧で、謝罪などしかるべき対応がなされないことに対して腹を立てるのかもしれない。

　第3は、後から振り返って思い出すような極端な経験の記憶は、累積的満足の評価をするときに想起されるのではないか、というものである。こうした記憶は、第1に挙げた特定のサービス品質属性にも、第2の感動・失望の体験にも関わっている。記憶に残るような接客のエピソード、思わず人に話したくなる楽しいできごとを人はエピソードとして記憶している。そうしたエピソード記憶は、再びサービスを利用する機会だけでなく、顧客満足度調査で質問された際にも想起されやすく、結果的に満足度やロイヤルティの回答にも影響を与えている可能性がある。

　企業にとって極端な満足を創造し、極端な不満足を回避するためには、サービス品質評価が顧客満足を形成するメカニズムを顧客の感情状態とともに、こうした点をさらに詳細に検討する必要がある。くわしく見ていこう。

サービス品質と顧客満足の
最低条件・満足因子・感動因子

　第7章では、サービス品質と顧客満足を直線的な関係にあるという前提で説明した。しかし、先述したようにサービス品質が1単位改善された場合、顧客満足がどの程度向上するかは、どのサービス品質属性でも同じではない。

　図表8 - 1は縦軸に顧客満足、横軸にサービス品質水準を表し、それらの関係が3つのタイプに分けられることを示している[1]。このうち Bは、多くの人々が思い描くであろう「サービスを改善して顧客満足を強化する」というイメージに近い。顧客満足の分析・診断を行う際、たいていはこの線形関係を想定している。ここでは満足因子（satisfier）と呼ぶことにしよう。満足因子は、接客を改善すれば満足度は上がるだろう、料理の品数を増やせば満足度は上がるだろう、という想定に基づいて、顧客満足度への影響度が強いサービス品質属性を特定し、継続的改善を行うことが想定される。

最低条件の品質属性

　それに対して AとCは、顧客満足への影響が非線形・非対称な関係であることを想定している。これは閾値（t_1、t_2）を境にし、サービス品質から顧客満足への影響が急激に上昇もしくは下降すると考えられる。Aは閾値 t_1 までは顧客満足に強

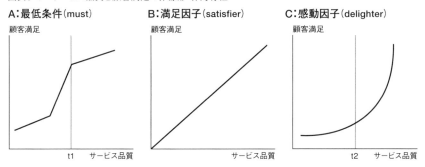

図表8-1　サービス品質と顧客満足の非線形・非対称性

A：最低条件（must）

顧客満足

t1　サービス品質

B：満足因子（satisfier）

顧客満足

サービス品質

C：感動因子（delighter）

顧客満足

t2　サービス品質

く影響するが、それを超えると影響度が弱くなり、顧客満足はそれほど高くならずフラットになる。最低条件 t_1 を下回ると満足度が急降下することから、最低条件（must）なのである。

　最低条件のサービス品質属性は、t_1 以上での品質改善を行なっても、顧客満足への影響力は弱いばかりでなく、むしろ顧客にとっては過剰品質とみなされる。過剰な包装をやめて、商品の値段を安くしてほしいといった不満の声のように、むしろ、コスパの悪さを際立たせることになりかねない。

　最低条件のサービス品質属性は、安全、清潔、正確さといった客観的な測定がしやすく、多くの人々にとって価値観が共通のユニバーサル属性が典型的である。誰もが共有しているようなユニバーサル品質属性の最低条件を下回ると、顧客満足をより強く下げることになる。そのため最低条件とは、どのレベルかを把握したうえで、そのベースラインを下回らない品質管理が求められる。

　新型コロナウイルスの感染拡大は、世界中の人々の清潔さについての最低条件のハードルを上げることになった。従来、他人が手を触れただけでテーブルや椅子、カゴやドアノブまでを殺菌消毒し、定期的に換気を行うような高水準の清潔さが求められることはなかった。コロナ禍以降は、無菌状態に近づいているような清潔さの品質保証がお客様を迎える最低条件となった。これは、最低条件の閾値 t_1 は右寄りにシフトした、と考えられる。

感動因子

　Cは、もう一つの閾値 t_2 を超えると満足度への影響度が急激に高くなるサービス品質属性である。閾値 t_2 を超えると顧客はサービスを通した驚き、感動、うれ

しさ、楽しさといった快感情を経験している可能性があるため、このサービス品質属性は感動因子（delighter）と呼ぶことができる。

感動や失望といった顧客感情は顧客満足に対して、あるいは、他の品質属性に対してもハロー効果を与えうる（Wirtz 2003）。以前に訪れたことがある名の知れたレストランや居酒屋に再来店した際、店主が自分を覚えていてくれて、親しげに名前で呼ばれたお客さんが、うれしいという感情を抱いたとする。

サービスのスタート時点でそうした快感情が沸いたことで、後から経験する接客や料理がいつもよりおいしく感じるようになる、といったようにハロー効果が働くかもしれない。逆に、料理や雰囲気も上々だったとしても、店に害虫がいたということがそのレストランのすべての評価を一気に下げてしまうこともあるだろう。

一見すると非合理的に見えるかもしれないが、顧客の感情的な体験をつくる要素はどこに潜んでいるかわからない。年代、性別、利用頻度、長年の常連客か新規のお客かなど、人によって感動のツボは違うかもしれない。それゆえ最低条件のユニバーサル品質属性のように、客観的なモノサシで測定し、管理するのが困難であり、顧客セグメントによる反応の違いを見分けられることが理想である。

◓ SQIで探る感動因子と最低条件因子

最低条件と感動因子は、概念的にも直感的にも理解できるが、実際、どのサービス品質属性がどれに相当するかを特定するには、どうすればよいか。ユニバーサル品質属性に相当する安全性や清潔さについて、どの品質水準が最低条件なのかは業種や文化・社会的な背景によって異なる。また、コロナ禍で求められる清潔さのベースラインがどこに収束するかはわからない。

それ以上に困難なのは、感動因子である。感動や失望といった人の感情状態に何が関係するかを一意的に決めるのは困難である。人によって好みや反応が異なる選好属性や特異な属性（第7章）のどれが感動因子かを理論的に導くことは困難であるため、探索的にデータを分析するほうが良い。サービス品質属性と顧客満足の関係を特定するために、ここではSQI（サービス品質指標）の質問項目を一定のルールにしたがって、ダミー変数に変換する方法を用いる。

SQIのポジティブ／ネガティブ評価

　JCSI調査では業種・業態横断でCSIを計測するのと同時に、各業種に合わせたサービス品質評価指標として40余りのSQI質問項目を設定している。SQIは7段階評価で測定しているが、ここでは低評価の1、2、3をネガティブ評価（0,1）、高評価の6、7をポジティブ評価（1,0）、4、5をベースライン（0,0）とするダミー変数を作成する。

　ベースラインの前後に閾値があると想定して、それを上回る領域での回帰係数が等しければ、その品質属性は線形の満足因子と見なすことができる。ここでは顧客満足を従属変数に、ダミー変数を独立変数とした回帰分析を行い、ポジティブ評価の回帰係数がネガティブ評価よりも強ければ感動因子とみなす。ネガティブ評価のダミー変数の負の回帰係数がポジティブ評価よりも強ければ最低条件とみなす。

企業・ブランドによって異なる感動因子と最低条件

　図表8-2には国際線航空4社のデータを用いた分析結果を示した[2]。表中の数値は、各項目の品質評価スコアの高低ではなく、顧客満足への影響力の強さである。図版の見方として、第1に、数値が大きいほど他の品質属性よりも強い影響を与えていることを意味する。第2に、右側のポジティブ評価がされると、感動因子に相当するような上昇効果を左側のネガティブ評価になれば、最低条件に相当するような急激な満足度の下降効果があることを意味する。

　ここに挙げた4社すべてにおいて「安全対策は信頼できる」が最低条件、あるいは感動因子となっており、安全性は航空会社にとってあくなき追求をすべき条件だと顧客が考えていることを物語っている。特にJALに関しては、安全であることが必要条件であり、顧客満足に対する影響度は機内食や飲み物を上回るほど強い。

　回答者のほとんどは日本在住の日本人であるが、日系のANAとJALについて見ると、最低条件と感動因子がそれぞれ異なる。ANAは機内の雰囲気の良さのパラメータはポジティブよりネガティブの方が若干高いが、これは機内の雰囲気をとても良い（6、7点）と評価すれば感動因子となるが、3点以下と評価すれば満足度をより強く低下させる可能性を示唆する。

　機内の雰囲気の良さは座席・設備の不備・不具合があったときと同じくらい、満足度を低下させるインパクトをもつ。

　ところで、「雰囲気」という質問ワーディングは抽象的である。具体的に何が雰囲気を作り出しているかまでは特定できない。たとえば、次のように解釈できる。

図表8-2　感動と失望の源泉となるサービス品質を特定する

SQI項目	ANA SQIネガティブ	ANA SQIポジティブ	JAL SQIネガティブ	JAL SQIポジティブ	シンガポール航空 SQIネガティブ	シンガポール航空 SQIポジティブ	デルタ航空 SQIネガティブ	デルタ航空 SQIポジティブ
ウェブサイトには有益な情報が掲載されている			-0.11					
探している便やサービスを簡単に見つかる								0.14
予約したいときに空席を確保できる						0.10		
サービス内容の表示や説明が適切である						0.14	-0.14	
予約・搭乗／乗車などの手続きがスムーズ				0.15		0.14		
チケット決済は、スムーズに済ませられる								0.11
飛行機に乗るまで、目的地へのアクセスが便利				0.09			-0.09	
サービスや機能には、他社にない特徴がある					-0.11			
機内の雰囲気が良い	-0.19	0.14			-0.18			0.20
座席や設備には、故障や不備が多い(R)	-0.19				-0.17		-0.14	
機内で提供される料理・飲み物には満足している			-0.10	0.12				
座席は座り心地が良い						0.17		
お客さんの数が、少なすぎず多すぎず適度である		0.12						
他のお客さんのマナーが良い	-0.10							
従業員は、身だしなみが良い								0.12
従業員の立ち居振る舞いは、顧客に信頼感を与える	-0.15						-0.15	
従業員は、私に対してつねに礼儀正しい				0.20		0.14		
従業員は、私の要求にすぐに対応してくれる		0.13			-0.16			
従業員は、私自身のニーズを詳細に把握している		0.14						
安全対策は信頼できる		0.11	-0.12	0.16		0.18	-0.14	
時刻表通りに出発・到着の定時性が保たれている		0.14						0.11
マイレージ／ポイントプログラムが魅力的である	-0.13							
私の個人情報を適切に保護していると思う				0.12				0.09
自由度修正済み決定係数	0.578		0.552		0.555		0.665	
n	309		320		320		310	

（左側縦軸）プレ・ステージ／コア・ステージ／サポート・ステージ

（注）JCSI2017-2019年度データ。欠損値を含む項目は平均値で置き換えて計算した。ステップワイズ法で選択された標準化回帰係数は全て5%水準で有意。
（R）は逆尺度であり、意味を反転して解釈する。

　日本帰国の復路で渡航先の空港から搭乗口へ、そして機内に入った瞬間、さらには日本人スタッフが出迎え、日本語で会話し、和食や麺類が食べられる、などといったサービスを経験できなければ、あえて日系の航空会社を選んだことの価値が得られないと考える人が少なくない。そう考えるとANAの機体にプリントされている "Inspiration of Japan" は、外国人客に向けたメッセージというよりも日本人にとって重要なのかもしれない。

　日系キャリアのもう一つの特徴は、従業員の要素が感動因子としても、最低条件としても重要な要因になっている点である。日本人がサービスを評価する目が厳しいとすれば、サービス品質評価にその一端を垣間見ることができる。

　機内の雰囲気、座席・設備、従業員について最低条件の評価がされているのは、シンガポール航空も同様である。座席の座り心地やスタッフの礼儀正しい接客態度について、6ないし7点の評価があれば感動因子として効果を発揮する傾向がある。同社は長年にわたって "シンガポールガール" をテーマにしたブランドコミュニケーションを行なってきた。サロンケバヤと呼ばれるユニフォームが印象的な客室乗務員の存在と働きぶりは、日本人客の極端な満足度を高める重要な源泉となっている。

外資系のシンガポール航空とデルタ航空は、カスタマージャーニーのプレ・ステージに関わる品質属性が、感動因子と最低条件になっている。外資系キャリアの利用者は、インターネットなどで情報収集をしはじめてから空港、搭乗口、機内に辿り着くまでの各社の対応が機内サービスと並んで、高い顧客満足を得るためのカギとなっている。

IPA（重要度パフォーマンス分析）を再解釈する

　サービス品質の属性、または因子の改善に優先順位をどこに置くかを判断する手法として、第7章ではIPAを取り上げた。IPAの重要度は線形性を想定した回帰係数に他ならない。もし、最低条件や感動因子に相当する効果をもつサービス品質属性があれば、一般的なIPAの前提とは違うかたちで、優先順位を考える必要がある。図表8-3はそれを整理している。

　縦軸は品質属性のスコア（パフォーマンス）の高低を強み・弱みで示している。それに対して横軸は、一般的な理解を中心に最低条件と感動因子のケースではどのような投資判断が求められるかを示している。

　非線形・非対称性のもとでは重要度の見方を変え、逆の判断が求められるケースもある。つまり、品質評価が高く（強み）、重要度が高い場合にはそれをキープすることが求められる。しかし、それが感動因子ならば、重要度を過小評価してしまうことになってしまい、より高い顧客満足を獲得する機会を得られないリスクがある。顧客に飽きられることがないように、品質向上を続けることが求められるのである。逆に、最低条件ならばそれ以上の品質向上は顧客には何らプラスの効果をもたらさず、過剰品質に陥るリスクがある。

　一方、品質評価が低く（弱み）、重要度が高い場合、優先的に投資すべきことが求められる。しかし、それが感動因子ならば、急勾配の坂道を一気に駆け上がるほど（閾値を超えるほど）、投資をしなければ効果が出にくい。重要度が低い場合は浪費を回避すべきというのが一般的なIPAの考え方である。だが、もしそれが最低条件ならば、顧客は我慢の限界を超えて満足度が急降下するリスクがある。取るべき措置は静観や浪費回避ではなく、一定水準を下回らないよう品質管理を徹底することである。

図表8-3　非線形・非対称のサービス品質にどう投資すべきか

		顧客満足にとっての重要度		
		もし最低条件ならば	一般的な理解 (線形・対称)	もし感動因子ならば
品質属性	高 (強み)	重要度を過大評価 浪費と過剰品質のリスクあり ↓ 浪費回避	現状維持	重要度を過小評価 投資し続けなければ低下する リスクあり ↓ 品質向上を続ける
	低 (弱み)	重要度を過小評価 我慢の限界を超えるリスクあり ↓ 一定水準へ品質向上	浪費回避 もしくは 優先投資	重要度を過大評価 戦略的に投資しないと効果が 出にくい ↓ 一定水準以上に投資

出所）Anderson and Mittal（2000）、p.110を元に加筆修正

2. 顧客の感動と失望には、相関関係がある

　しばしば極端な顧客満足とカスタマーデライトないし感動は、区別せずに議論されることがある[3]。デライトは生理的反応をともなう強い快感情で、驚きがともなう。しかし、極端に満足した人が必ずしも驚き、血圧や心拍数が高くなるとはかぎらない。また、こうした驚くような体験をしたからといって、それが必ずしも最高のサービス経験ともかぎらない。極端な満足と感動は強い相関関係にあるが、似て非なるものととらえた方がよい。そうでなければ、サプライズを作ることが顧客満足を高める、という偏った考えになりかねないからである。

　ところで、サービス経験における顧客の感情は、なぜ重要なのだろうか。

　第1に、エンターテインメントや観光業といったビジネスは、人々を驚かせ、楽しませ、感動させるコンテンツやパフォーマンスを提供することを生業としている。一方、人を感動させることを生業としているわけではないビジネスでも、顧客の感動は別の意味で注視する理由がある。第2～第4の理由がそれである。

第2に、ほとんどのビジネスで、顧客に不安を感じさせたり、いらいらさせたり、怒らせてしまう可能性がある。サービスが正常に機能しない不具合は顧客を不快にさせる原因となるが、自然災害をはじめ、企業がコントロールできない要因によって不具合が起こることは珍しくない。そうした事態を克服するために、企業は効果的なサービス・リカバリーを行い、顧客の不快な感情を沈静化するか、最悪の事態に陥らないように事前対策を施す必要がある。

　第3に、顧客の感情は良きにつけ悪しきにつけ、サービス品質や顧客満足に影響する。それはしばしば感情の働きによって、顧客の冷静なサービス評価を歪めてしまうかもしれない。行動科学に基づいたサービス経験の研究では、顧客の感情や認知のクセを踏まえたサービスプロセスの設計や対面でサービスが提供される場面における顧客と従業員の感情伝播なども議論されている[4]。

　第4に、人間の感情には持続性が長い感情と、短期的な情動があるが、サービス経験にまつわる感情経験は、実際にサービスを消費しているリアルタイムの場面だけでなく、エピソードを後から回想した際に思い出される感情をともなったエピソード記憶である。そうしたエピソード記憶は企業・ブランドに対する顧客期待に反映され、累積的満足やロイヤルティに影響を与える。

JCSIオプション指標としての感動と失望

　顧客の感情は快・不快と覚醒・非覚醒の2軸で分類できる。感情心理学では人の多様な感情を整理する説がある。すなわち、感情は快・不快の軸だけでなく、覚醒があるかないかという生理的反応の強さで、とらえることができる[5]。鼓動が高なるようなドキドキ感はないが、安心する、癒される、和やか、ホッとするといった平穏で心地よい感情である。一方、不安になる、つまらない、退屈といった静かな失望とでもいうべき不快な感情もある。

　JCSI調査では、主要6指標とともに、こうした静かな感情も含めて測定を行なっている。一般には公表していない感動・失望指数は、以下の感情をどの程度経験したかを7段階評定で測定している。

　　・感動指数：びっくりした、興奮した（良い意味で）、うれしい、楽しい
　　・失望指数：がっかりした、いらいらした、苦痛に感じた、腹立たしい、つまらない

　ここでいう感動・失望には、文字通りの感動や失望だけでないものも含んでいる。

これは、回答者本人が思い出すことができるサービスにまつわる感情経験の記憶である[6]。

顧客はどの程度、感動・失望しているか

　感動指数は顧客満足と正の相関があり、失望指数は負の相関（0.3〜0.6）がある。この傾向は業種によって若干異なるが、JCSI2011〜2019年までのデータで見ると次の傾向がある。

> **経験則 25**
> 感動指数の業種平均は30〜80点台まで幅広い。2011年度から2019年度までで見ると、CSI主要指標（顧客満足度やロイヤルティ）と同じように緩やかに推移している。感動指数は顧客満足と正の相関関係にあり、業種によって幅があるが（r=0.3〜0.6）、満足度が高いと感動指数も高い傾向がある。

> **経験則 26**
> 失望指数の業種平均は10〜20点台に収束しており、同じく時系列推移では感動指数とは違う変化をしている。失望指数は顧客満足と負の相関関係にあり、業種によって幅があるが（r=-0.4〜-0.6）、満足度が高いと失望指数は低い傾向がある。

> **経験則 27**
> 感動指数と失望指数の相関係数は業種ごとに見ると、r=-0.15〜-0.3の弱い相関関係が見られる程度であり、感動指数の反対が失望指数というわけでなく、相互に独立した指数と見るべきである。利用頻度が高い顧客セグメントでは、感動指数と失望指数が正の相関を示すこともある。

　特定の顧客セグメントにおいて感動と失望が、正の相関関係にあるのはどのように解釈できるか。たとえば、来場者が楽しい経験をしたテーマパークでは、いらいらし、がっかりすることはないだろうか。現段階でいえるのは、両者には正の相関関係が見られることもあり、すべてがハッピーで楽しいことばかりの体験で彩られるサービス業はそれほど多くないのではないか、ということである。とくに利用経験や頻度と関係しており、同じサービスを高頻度で利用する人は、良い経験だけでなく、不快な感情をいくらか経験する中で、うれしさや楽しさを経験している。

　プロ野球の観客はその様子が最も顕著にあらわれるケースである。たとえば、2018年の阪神タイガースはセントラルリーグ最下位（勝率 .440）の成績であり、

阪神ファンの失望指数は35点であった。これは同じく5位の中日ドラゴンズと並んで、JCSI調査対象全企業・ブランドの中でもっとも失望経験を味わった顧客集団の一つであった。しかしながら、阪神タイガースの感動指数は65点で、同年優勝の広島東洋カープや2年連続で日本シリーズを制覇した福岡ソフトバンクホークスの70点台にはおよばないが、シティホテルや旅行会社の業界平均を上回っている。

　プロ野球ファンは、試合の勝敗や順位、選手の振る舞いや監督の采配にいたるまで、応援や褒め言葉だけでなく、何かいいたい人たちでもある。贔屓のチームの良いことばかりではなく、弱点をついた論評や愚痴、叱咤激励もするだろう。マーケティングの用語でいえば、それはファンが球団と深く関わろうとする、顧客エンゲージメントの高さを反映している。喜怒哀楽ある愛すべきチームだからこそエンゲージメントが高いファンになるのかもしれない。

　購買・利用頻度が高い顧客は、頻度が高いからこそ多くの感情をともなう経験をする機会も多い。旅行に出かける頻度が高い人は日常とは違う景色に触れ、観光地を訪れ、地元の料理を楽しみ、土産物を買う機会が多いため、それだけ感動経験に出会う頻度も高い。しかし、その分、何回かに数回はがっかりし、いらいらする機会にも遭遇しているのである。

感情経験に業種の違いがある

　感動指数と失望指数を縦軸と横軸に置いた図表8-4には、調査対象企業の業種平均を示している。プロ野球、テーマパーク、舞台鑑賞、映画館は、エンタテインメントあるいはレジャー（娯楽業）としてくくれるが、感動・失望指数で見ると違いがある。舞台鑑賞は感動指数が、80点を超えるほど圧倒的に高い。これは調査対象が劇団四季と宝塚劇場という全調査対象で顧客満足度1・2位であることを考慮しなければならないが、吉本興業（漫才や吉本新喜劇）などを含めた2013～2016年データでもその傾向は変わらない。

　一方、感動指数と失望指数で近い位置にあるテーマパーク／遊園地とプロ野球は、観劇や映画館とは違う点がいくつかある。屋外型のテーマパークや野球場は、カスタマージャーニーのコア・ステージが天候に左右されやすい。テーマパークは混雑状況によって待ち時間が加わるため、いらいらする状況は多い。もちろん、プロ野球は応援するチームの勝敗や順位（クライマックスシリーズに進出か否かなど）によって、負けたときに味わう失望経験が大きい。演劇、コンサート、ミュージカル、映画は、台本と筋書きに沿って予定時間内に開演・閉幕するため、失望する要素

図表8-4　感動・失望指数の業種間比較(JCSI 2017-2019年度)

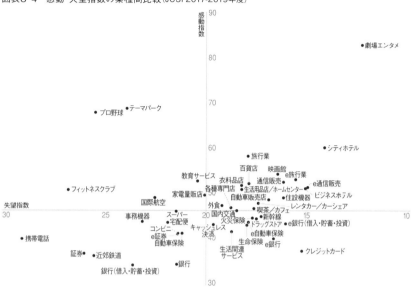

　が少ない。さらに、テーマパークとプロ野球はいくつかの例外（福岡ソフトバンクホークスと北海道日本ハムファイターズ）を除いて、知覚価値が60点台であり、コスパ評価の低さが目立つ。その一つの理由として、顧客が入場料あるいは観戦チケット以外に飲食代やお土産といった関連購入に支払う金額が多いことが挙げられる。

　感動指数の全産業平均46点前後で失望指数が15～20点付近には、小売、飲食、銀行、保険といった業種が密集している。もちろん、他の分析と同様に業種内での違いがあるので、あくまで平均である。失望指数も感動指数も平均を下回るのは、クレジットカード、オンライン専業の銀行や自動車保険（図中ではe銀行、e自動車保険）である。これらの中には顧客満足度が高い企業もあるが、ユーザーは手数料の安さや利便性をはじめ、合理的な理由でオンライン専業サービスを利用しており、他の業種と比べると、不具合が少ない顧客経験となっている。

　携帯電話と証券は業種全体の中で、顧客満足度が低い業種である。携帯電話キャリアの大手は市場シェアが大きく選好が異なる顧客を対象としていることとコスパ評価の低さが、証券会社はリアルならびにオンライン専業とも、株式取引の成果が満足度や失望指数に反映しやすいと考えられる。

JCSIの主要6指標を補完する感動・失望指数とは？

　こうした感動・失望指数は JCSIの主要6指標とは違う角度から、サービスエクセレンスを評価する指標である。極端な満足や不満足が、どのような SQI項目に紐づくかを特定したのと同じ方法を感動・失望に適用することができる。また、感動・失望の測定項目に付随して収集された自由回答記述から傾向を読み解くこともできるだろう。次節では、SQI項目を用いて感動の源泉となるサービス品質属性は何かを特定する診断例を紹介する。この診断を行う際のカギとなるのは、顧客の異質性である。

3. カスタマーデライトと　攻撃戦略を考える

● 顧客感動を起点とした攻撃戦略とは？

　極端な満足や感動を生み出すカギとなる SQIを特定すれば、実際にそれを実行することができるだろうか。第6章の CS診断(2)で見たように、同じサービスを経験した顧客であっても、感動・失望の感じ方には個人差が出やすい。そのため誰にとって、どのような感情が満足やロイヤルティに寄与するかを診断する必要がある。たとえば、年代による違い、出張と旅行といった用途、利用頻度の高さなど、第6章の CSI診断で紹介した顧客要因を用いた分析事例を紹介する。

日常と非日常の感動体験

　先述したように、顧客がサービスを通して経験する快感情は、生理的な覚醒をともなうかどうかで強い感情と弱い感情に分けられる。前者はわくわくする、びっくりする、興奮する、うれしい、楽しいである。後者は、安心する、リラックスする、穏やかな気持ちになる、といった静かな感情である。

　実年齢あるいは年齢の感じ方は、こうした感情の強弱と関係があるという指摘がある（Bhattacharjee and Mogiliner 2013）。若い世代の人々はわくわくし、興奮する、といった強い感情を、高齢者は安らぎやリラックスといった弱い感情を追求するという。

　若者は自分の将来は長く、将来に備えて準備するため、新しい出会いや発見を

求める。それに対して、高齢者は限られた人生をどれだけ満たされたものにするかを志向し、今まで培ってきた人間関係をより満たされたものにしようとする、と説明される。この点をデータで確認してみよう。

年代によって、サービス経験で感じる快感情のタイプに違いがある。

　顧客が感じる感情の強弱に、年代が関係するかどうかを2017～2019年度のJCSI調査データを見たのが図表8-5である。図表は全業種を集計しているが、サービス分野の約30業種で見ても若干の傾向の違いはあるが、ほぼ仮説通りであった。20～30代は、ほとんどの業種で「わくわく」「興奮した」をより強く感じているのに対して、60～70代以上は「安心した」「リラックスした」という感情を強く感じている。年代を並べてみるとU字型の傾向を示しており、年代による有意差も見られ、とくに、小売、国際線航空、旅行、ビジネスホテルは、その違いが鮮明であった。

　若い世代はコンビニ、スーパー、喫茶・カフェ、レンタカーを利用する際にもわくわくし、高齢世代はスタジアムでプロ野球の試合を観戦する際に興奮とは真逆の安らぎやリラックスを体感している。これら2つの世代は、感動体験のツボが異なる顧客セグメントと考えたほうが良さそうである。ちなみに、どの感情のタイプでも40～50代は低く、サービス経験を通して感動しにくい世代である。

　静かな感情は、ブランドへの情緒的な結びつきやロイヤルティに対してより強く関係しているという指摘もある。何がなんでも日常を非日常の体験に変えることだけが、最高の顧客体験を創造するとはかぎらない。また、心地よい感情経験をすると、人はサービス品質を好ましいものと評価し、顧客満足を強化するだけでなく、その経験を誰かに話したい、教えたいという行動意図も強化されると考えられる。"映える"風景や料理を写真に撮り、ソーシャルメディアへ写真やテキストを投稿し、友人・知人とシェアする行為の背景には、強い快感情の効果があるかもしれない。推奨意向の源泉が何かを特定する診断には、累積的満足と並んで感動・失望指数を用いることもできるだろう。

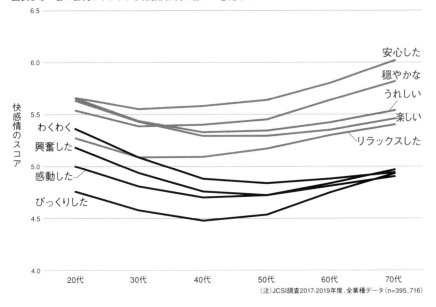

図表8-5 若い世代はワクワクし、高齢世代は静かに感動する

快感情のスコア

安心した
穏やかな
うれしい
楽しい
リラックスした

わくわく
興奮した
感動した
びっくりした

20代　30代　40代　50代　60代　70代

（注）JCSI調査2017-2019年度、全業種データ（n=395,716）

🌀 ライトユーザーからロイヤルカスタマーへの 感動体験ジャーニー

　すべての顧客セグメントにとって感動を呼ぶような効果的な施策が見つかれば良いが、年代や利用頻度などの顧客要因によって、"感動のツボ"は違うと予想できる。

　ヘビーユーザーやロイヤルカスタマーは強い感情よりも、安心感やリラックスといった静かな感情のほうが、満足やロイヤルティに影響を与えていることが、テーマパークのデータを分析すると浮かび上がってくる。ライトユーザーはテーマパークの雰囲気に圧倒され、非日常を体験しているのに対して、頻度が増えてくると非日常でありながらも見慣れた雰囲気に感動することはない。むしろアトラクションやショーといったサービスの具体的な内容に感動の源泉が変わる。

　それに加えて利用頻度が上がると、がっかりする、いらいらするといったネガティブな感情を味わう体験の頻度も増える。裏を返せば、ヘビーユーザーやロイヤルユーザーにとっては、ネガティブな体験をできるだけ軽減できるのかが満足度を上げ、ロイヤルティにつながる、ということである。

　ライトユーザーからミドル、ヘビー、そしてロイヤルカスタマーへと利用頻度が高くなるにつれて、どのようなサービス品質属性が感動の源泉となっているかを特定するため、テーマパークのデータを用いて、図表8 - 2と同様の診断を行う（図表8 - 6）。

　SQI項目は、ポジティブ評価6、7を（1,0）、ネガティブ評価1 ～ 3を（0,1）、その中間をベースライン（0,0）とするダミー変数である。これらを独立変数とし、感動指数を従属変数とする回帰分析を行なった。図表中の数値は回帰係数の強さであり、右側のポジティブ評価は感動因子、左側のネガティブ評価は最低条件のサービス品質属性であることを意味する。ライトユーザーにとっては、「トイレは清潔感がある」に3点をつけたとしても、極端に満足度が下降するわけではないことを示唆する。

　利用頻度で見た顧客階層で、感動の源泉にどのような特徴が見られるかを整理すると、以下の通りである。

ライト層

　カスタマージャーニーのプレ・ステージの SQI項目に反応しやすい。コア・ステージの SQIを見ると、パーク内の施設などの配置がわかりにくいと感動指数が低くなり、パークに慣れていないライト層ならではの傾向と考えられる。加えて、施設・設備、従業員の身だしなみ、期日・時間といった外見で判断できる品質属性に反応する傾向がある。

ミドル層

　パークで過ごすことにある程度、慣れており、プレからコア・ステージへと反応する品質属性へとシフトしている。オリジナリティがある、自分の好みにあったプログラムやアトラクションがあるかどうかに加え、従業員による個別対応された接客があるかどうかが（0.27）、感動指数に強く影響する。

ヘビー層・ロイヤル層

　年間で2回程度、来園しているヘビー層は、新しさやバラエティに反応する傾向がある。ミドル層と同じく、自分に合わせた接客が感動の源泉となる。年間3回以上、来園しているロイヤル層はプログラム／アトラクションや施設・設備の新しさ、個客対応された接客サービスに反応する点はヘビー層と共通する。プレからコアのステージまで幅広い品質属性が感動の源泉になっている。

図表8-6　利用頻度による顧客セグメントと感動の源泉（テーマパーク）

ユーザー定義（過去2年間の利用頻度）	ライト 2回		ミドル 3回		ヘビー 4〜5回		ロイヤル 6回以上	
SQI項目	SQIネガティ	SQIポジティ	SQIネガティ	SQIポジティ	SQIネガティ	SQIポジティ	SQIネガティ	SQIポジティ
ウェブサイトには有益な情報が掲載されている		0.09						0.16
新しい演目内容やサービスを次々に取り入れている		0.13					-0.12	
オリジナルのプログラム／アトラクションやサービスが充実				0.15		0.17		0.16
プログラム／アトラクションに選ぶ楽しみがある		0.19		0.12	-0.15			
場内の座席・設備のレイアウトは、わかりやすい	-0.13							
施設・設備のデザインは良い				0.15				
施設や設備には、故障や不備が多い	-0.15		-0.14		-0.19			0.18
最新の施設・設備を備えている		0.12		0.14		0.23	-0.15	
トイレは清潔感がある		0.13						
安全対策は信頼できる		0.10						
期日・時間が守られている（開演時間や待ち時間予想）	-0.11							
従業員は、私の要求にすぐに対応してくれる						0.14		
従業員は、私自身のニーズを詳細に把握している				0.27				0.17
従業員は、身だしなみが良い		0.13						
他のお客さんのマナーが良い						0.18		
修正済み決定係数	0.400		0.359		0.341		0.383	
n	499		272		348		286	

（注）JCSI調査2019年度データ。テーマパークには、ハウステンボス、東京ディズニーリゾート、ナガシマリゾート、東京ドームシティ、ユニバーサル・スタジオ・ジャパンが含まれる。表中の数値は、ステップワイズ変数選択後の標準化回帰係数（いずれも5％水準で有意）。

　この診断結果は一例に過ぎないが、利用頻度が高まることによって感動のツボがどう変わるかを把握する意義はある。また、いくつかのテーマパークを合算したデータで見ているため、企業・ブランドごとの個性は反映していないが、ある程度、大きなサンプルサイズがあれば、個別企業・ブランドで顧客セグメントごとの違いを見ることも可能である。もちろん顧客セグメントの切り口は、利用頻度だけではない。業種や企業の事情に合わせて切り口をカスタマイズすればよいだろう。

感動・失望のロイヤルティへの効果
　ところで、感動を経験するとロイヤルティは強化されるだろうか。
　たしかに感動指数とロイヤルティには、正の相関関係がある。楽しい経験を何度も味わいたい人は、ロイヤルティが高くなると考えられる。逆に、がっかりしたり、憤慨した経験があれば、二度と行きたくないというように、感動→ロイヤルティという、直接効果だけで語れるほど簡単ではない。
　感情をともなう顧客経験は、必ずしも大袈裟な感動物語である必要はない。店主が自分の名前を覚えていてくれたことから、国際線のエコノミー席でハーゲン

ダッツが出された、といったほんの些細なできごとでも、人はうれしい気分になる (Bolton et al. 2014)。それは、ほんの些細なネガティブな出来事にも当てはまる。

　問題は、そうした感情をともなう経験をした人は、今までと同じサービス、接客、食事、時間や空間について評価する際、未経験の人と比べて、より良く、価値あるサービスとみなすようになるのではないか、ということである。いい換えれば、「知覚品質→顧客満足→ロイヤルティ」の連鎖をより強固にする "ターボエンジン" となるのが、感動の役割ということになる。

　利用頻度が高くなるにつれて感動指数も高くなるのは、一部の熱狂的なファンがいるようなブランドで見られるが、必ずしもそれは一般的ではない。むしろ利用頻度が増えるほど感動指数が低下し、失望指数が上がることもある。それは目新しさが薄れ、目が慣れてくるからかもしれないし、同じサービスをさまざまなオケージョンで利用していると、何度かは期待と合わないサービスの不具合を感じることが増えるからかもしれない。

　感動・失望のもう一つのロイヤルティへの効果は、推奨意向やクチコミの意向に影響することである。興味深いことに、ポジティブなクチコミをした人数と、ネガティブなクチコミをした人数は、業種による幅はあるが、正の相関関係がある (r=0.2〜0.5)。自社のサービスについてクチコミをする顧客はポジティブなことだけでなく、ネガティブなことも合わせて人に伝えたり、投稿をしたりしている可能性がある。良いことだけを発信するのがロイヤルカスタマーというわけではなく、時には小言や批判めいたコメントをするのも一つの特徴である。

　ポジティブなクチコミとネガティブなクチコミに相関関係が見られるのは、顧客が企業と何らかのかたちで関わろうとするエンゲージメントが高いことを表している。

デライト追求のジレンマ

　企業がカスタマーデライトを追求することには、いくつかの限界がある。第1に、感動する経験をした人は期待がさらに高まり、企業はそれに応えきれなくなることである。観客を驚かせ、感動させることを生業とするエンターテインメントビジネスならば、この課題に挑戦し続けなければならない。一方、機能的なベネフィットを追求するビジネスにおいては、デライト追求は限定的に考えなければならないだろう。

　第2に、同じことの繰り返しには慣れてしまうため、顧客は感動しにくくなる。サプライズでハッピーバースデーを歌ってくれるサービスは、初めての人は驚く

が、2回目以降はお決まりの儀式となってしまい、最初のときよりもその効用は減る。

　第3に、先述したように利用頻度が上がると、満足や感動のツボが変わる。新規客を増やすことに注力していると、短期的な集客効果は見込めるが、新規客がリピートしてライトユーザーになり、その後ミドル、ヘビー、ロイヤルカスタマーへと進みにくくなる。デライト追求を戦略投資として位置付けるならば、顧客ターゲットを含めた戦略をどう構築するかが問われる。

4. サービスリカバリーと防衛戦略

サービスに不具合があるかどうかは顧客次第で決まる

　企業が提供するサービスに何らかの不具合や問題を経験した顧客は、不快な感情をもつ。失望指数はそうしたネガティブな経験を反映する。企業は問題のあるサービスを改善し、失望した顧客が離脱しないように、またはネガティブなクチコミを発信してブランドの評判を落とさないような防衛戦略が必要となる。

　何らかのミスや落ち度、不具合、遅延など、サービスが設計した通りに提供できないことをサービスの不具合（service failure）と呼ぶことにしよう。Failureは「サービスの失敗」と訳されることもあるが（高橋 2007）、耐久財ならば中核的機能が正常に働かない製品故障（product failure）であり、情報システムならば期待した通りの動きと異なる不具合の状態を指す。サービス財は、製品やシステムの要素も含んだ複合製品なので、その両方の性格を兼ね備えていることが多い。さらに、人によるサービスは、顧客の期待や要求にどれくらい見合ったサービスを提供できたかという要素が加わる。マニュアル通りの接客は設計品質としては適合品質であるが、顧客視点からすれば型通りの融通の効かないサービスとみなす人がいて、それがクレームの発生源になり得る。それゆえ、ここではサービスの不具合と呼んでいる。

　複合的な特徴をもつサービスの不具合は、サービスが顧客にもたらす結果と、その過程の良し悪しで整理することができる[7]。

　サービスの不具合が結果と過程のいずれに関わるか、そうした不具合がどのような原因で起きたのかという2軸で図表8-7のように整理できる。不具合の原因は、

企業がコントロールできる要因かどうかで分けられる。サービスは生産過程に顧客が介在する中で提供されるため、提供者が品質水準をコントロールしきれないこともある。図表8‐7では、旅客航空の欠航を例にして、欠航の原因を4つに分けている[8]。

　サービスの不具合は、顧客の期待を下回る機能やベネフィットであり、フライトの場合、コアの機能である交通手段としての機能が何らかの原因によって果たせないことを意味する。飛行機が飛ばない欠航、時刻表通りに到着できない遅延がそれに相当する。遅延という事象は、客観的な基準だけではなく、顧客がそれを遅延とみなすかどうか、という主観的な判断にもかかわる。ある人にとって5分の遅れは明らかな遅れであるが、ある人にとっては誤差（"ほぼ定刻通り"）にすぎない、といったように、顧客が問題だと思うかどうかに依存する部分もある。

　機内の空調不良、座席モニターのリモコン不良は、ハードウエアやシステムの障害による不具合である。さらに、小売店におけるレジの打ち間違いは、担当者による人為的ミスによる不具合であるが、レストランにおいて注文を受けてから料理が出されるまでの待ち時間の長さは人為的なミスだけではなく、より複合的で構造的な要素をはらんでいる。

　サービスの不具合にまつわる問題は遅延自体だけでなく、遅延がなぜ起きたのかを根本原因まで遡って解決を図ること、そして、不具合を主観的に感じとる人の習性を考慮する必要もある。次節で説明しよう。

人にはミスの原因を推論したがる習性がある

　サービスの不具合には、聞き違い、勘違い、入力ミス、度忘れ（いわゆるポカ）などの人為的ミスによるものがある。人為的なミスは、企業がコントロールできる要因とみなされるため顧客を不快にさせやすい[9]。人為的ミスは、顧客に与える結果が重大なものから、取るに足らないものまで幅広い。たとえば、ウェイトレスが水をこぼしてしまったとする。顧客にとって、自分の衣服や持ち物が濡れなければ、とるに足らないことである。しかし、持ち物が濡れてしまった場合、顧客の見方は変わる。水をこぼすというミスが、たまたま起こったことなのか、それとも恒常的に起きたことなのかが問題視されるのである[10]。

　席数やテーブル数に対してウエイトレスの人数が足りず、常に忙しく動き回っているとしよう。顧客はそうした店の様子をどう見るだろうか。ある人は人為的なミスの原因について構造的に生じた必然の結果であり、レストラン経営者が適切な人員配置を怠っていたことを根本的な原因と考えるかもしれない。

図表8-7　サービスの不具合とコントロール可能性

	コントロール可能	コントロール不可
結果の不具合	1. 機材不良による欠航	3. 台風による欠航
プロセスの不具合	2. 機材到着遅れによる遅延	4. 台風による遅延

出所：Sivakumar, Li, and Dong（2014）を参考に作成

　このようにサービスの不具合が、なぜ起きたかについて、顧客が推論を巡らすことを原因帰属という。原因を何に帰属するかによって、サービスの不具合に対する顧客の見方は変わる。顧客がどのように帰属を行うかを把握できれば、顧客の怒りやクレームを最小限に抑える手掛かりが得られるかもしれない。

顧客はサービス欠陥の原因を人やシステムに帰属したがる

　企業がコントロールできない要因によって生じた問題でも、人はものごとの原因を人的要素に帰属させる傾向がある（こじつけ）。たとえば、特急列車を利用した際に「指定席を予約したはずなのに座席に他の人が座っている」という事態に遭遇したとする。この場合、ある人は、予約システムに不備があったのではないか？ダブルブッキングした鉄道会社はけしからん！　車掌には機転を聞かせた臨機応変な対応をしてほしかった、といったことに考えを巡らすだろう。仮に、指定席が空いてなかった本当の理由が、その人が指定した座席が1本後の臨時便だったとしても、「そもそも間違えやすい画面表示に問題がある」というように、人やシステムに責任をなすりつけたがる傾向がある。

　不快経験の自由回答からキーワードを抽出すると、「店員」「担当者」「スタッフ」「従業員」といったキーワードがネガティブ語に関連づけられて出現することにも、その傾向を窺い知ることができる。これは満足度への影響度を分析した際、人的要素が強いウエストをもちやすいことにも現れる。料理が気に入らなくとも、電気設備の不具合で電車が遅れたとしても、その責任は人にある、と考えてしまうのはなぜだろうか、という問題である。

　ある場面において人と繰り返し相互作用があると、顧客はその人のことを思い

出しやすくなり（たとえその人に関係ないことであっても）、その人に原因を帰属しやすくなる、という相互作用仮説がある。たとえば、医療サービスは医師、看護師、検査技師、受付など複合的な専門職と職場で提供される。通院患者は主治医の診断を受けるが、看護師は勤務シフトに応じてその都度異なる。すると、医療サービスの品質評価を行う場合、その主治医との相互作用を手がかりにして医療サービス経験全体の良し悪しに帰属しやすくなる、というものである（Dasu and Chase 2013）[11]。

成功は自分の頑張り、失敗は他人のせいなのか

　フィットネスクラブ、学習塾、証券取引など、成功や失敗といったサービスの結果が問われる場合も、顧客のサービス評価に原因帰属のクセが働きやすい。減量を目指してフィットネスクラブを利用した人が、ダイエットに成功したかどうか。子どもが学習塾や予備校に通って成績がアップしたか、志望校に合格したかどうか、本人の責任で判断して決めたはずの投資信託の騰落率がどれくらいになったかといったことは、成功と失敗が品質評価に直帰しやすいサービスの特性である。人は成功したのは自分の判断や行いが良かったからだという原因帰属をする一方、失敗の原因は企業や環境のせいにする傾向がある、と考えられている。

　サービス経験から得られる便益とその結果は、サービス提供者の力だけでなく、顧客本人のやる気や行為に左右されることは少なくない。まさに顧客価値は企業が提供するだけでなく、顧客と企業によって共創されている。問題はそうした共創関係にありながらも、成否の原因、帰属は、顧客自身にとって都合が良いような自己奉仕バイアスの影響を受けている、ということである。

　以上のような人の原因帰属の習性はほんの一例に過ぎない。本章で示した国際航空やテーマパークのSQI診断にも見られるように、人的要素の重要度が高い結果が得られることは少なくない。イベントや施設といった直接的に関係しないことにまで、人的要素の重要度が過大評価されてしまうこともある。現場スタッフへの負荷を必要以上に高くしないために、そうした人の習性やクセも分析者にとって多角的な視野からの冷静な分析と解釈が求められる。

適切な問題解決で可能となるリカバリー・パラドクス

　何が原因であるかに関わらず、サービスのトラブルを経験した人は、その記憶

が後を引き、再利用する可能性が低くなる。しかし、企業が適切に問題を解決すれば、逆に、再利用の可能性が高くなる。カスタマージャーニーのポスト・ステージにおけるこの現象はリカバリー・パラドクスと呼ばれる。リカバリー・パラドクスは、1990年代から米国を中心に研究されてきた、顧客経験をめぐる古典的なテーマである。

経験則 29

サービスの不具合や問題に対する適切なリカバリーを経験した顧客はロイヤルティが高くなる。

　企業に対して自分から声を発する人は、もともとその企業へのエンゲージメント（積極的に関わろうとすること）が高く、状況をより良くして関係を続けたいからこそ、リカバリー・パラドクスが起きる、ともいえる。企業と顧客の双方にとって最も不幸な事態は、問題を経験していながら、不満客が何もいわずに離脱してしまうことである。

　図表8‐8には、JCSI調査対象業種すべてのデータを用いて、何らかのサービスの不具合やトラブルを経験した人が、企業にその問題を報告したか、それに対する企業のリカバリーをどう評価したかで顧客を分けている。企業に報告した人は、さらに問題解決と未解決に分けている。さらにJCSI調査では企業に報告したと回答した人に対して、5つの質問項目を用いてサービス・リカバリー品質を測定している。質問項目は以下の通りである。

サービス・リカバリー品質
（7段階評価：7まったくそう思う⇔1まったくそう思わない）
　① 返品・修正などが適切に行われたか
　② 適切な補償内容であったか
　③ 迅速な対応であったか
　④ 問い合わせ先はわかりやすいか
　⑤ 総合的に見て適切な対応だったか

　これら5つの質問項目から抽出した因子をサービス・リカバリー品質と定義して、推定した因子得点から平均値以上のサンプルを問題解決、以下のサンプルを問題未解決とした。企業に報告しなかった人の割合は、報告した人（全体の5～10%）の約2倍である。

図表8-8　サービス・リカバリーはロイヤルティを高めるか

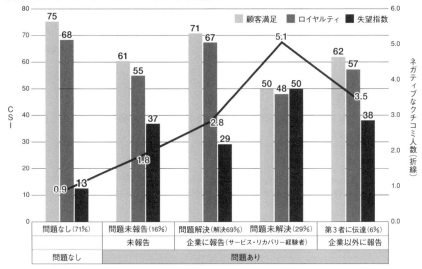

注)JCSI調査2017-2019年度(全業種、n=395,716)。左軸のCSI(顧客満足、ロイヤルティ, 失望指数は100点満点、右軸は人数)。企業に問題を伝えた人は、リカバリー品質スコアの全業種平均より高ければ「問題解決」、低ければ「問題未解決」とした。「第3者に伝達」は「友人・知人に伝えた」「第3者機関やメディアに伝えた」を意味する。

　迅速で適切な対応、修理や交換・返品、補償や弁償といったサービス・リカバリーは、顧客にとって印象深い記憶として、あとになってからも思い出しやすく、将来の購買決定にもプラスの影響をおよぼす。それゆえ、リカバリー対応は短期的な苦情解決だけに留まらず、長期的な顧客のロイヤルティを生み出す源泉の一つと考えられている。

　図表8-8を見ると、たしかに問題解決した6%の人々の満足度とロイヤルティは問題未報告の人たちよりも有意に高く、逆に、失望指数も8ポイントほど低い。加えて、図中の折れ線グラフにある「ネガティブなクチコミを何人にしたか」を見ると、問題が未解決ないしは第三者に伝えた人たちは、全体に占める割合は1割にも満たないが、活発に不満のある経験を人に伝えていることがわかる。こうした傾向は全業種平均だけでなく、業種単位、企業・ブランド単位でも見ることができる。

　いくつかの条件によって研究知見に違いがあるが、リカバリー・パラドクスは多くの業界で起こりうる現象である。しかし、パラドクスは起こっていないと反証した知見もある。たとえば、サービスに対する期待が満たされなかった経験が、一度だけの出来事だったか、それとも2回以上にわたって同じ経験をしたのかは、

顧客の失望とそれに対する企業のリカバリーの効果に影響することが指摘されている[12]。

　同じ過ちが2度繰り返されると、顧客はそれをたまたま起きたことではなく、組織として構造的な問題があるのではないかと原因推論を行う。謝罪や補償などのリカバリーを行うことの効果は、一度目は顧客の怒りを和らげ、事態を収束できる可能性が高いが、2度目以降は効果が低下し、顧客に不快な感情を抱かせて顧客離脱を招く可能性がより一層高くなる。いわば顧客から"執行猶予"を与えられたようなものだ。

　その他にも、レストランやホテルにおいては、ほとんどの顧客で効果が見られなかったという指摘、苦情を出した顧客の怒りを和らげることはできるが、パラドクスというほど満足度やロイヤルティは劇的に上がらない、といった指摘もある。さらに、効果の大きさには個人差や文化差があることも指摘されている。"訴訟大国"と呼ばれる米国では、苦情やサービス・リカバリー研究が盛んであり、ACSIでも苦情行動を入れて、リカバリーの適否がロイヤルティに影響するモデルを構築している。

　こうした研究知見を冷静に読み解くと、サービス・リカバリーがどれほどの投資効果をもつのかは、各社の条件によって違うようだが、少なくとも顧客の失望を和らげる程度の効果は期待でき、効果的な防衛戦略といってよいだろう。

企業はどのように顧客の期待を満たすサービス品質を提供できるのか

　本章ではサービス品質と顧客満足が直線的な比例関係ではないケースをどう理解すればよいかを検討した。顧客満足とロイヤルティを強化するために重点的にテコ入れすべきサービス品質属性を特定することが課題である。そして、キーワードは最低条件と感動因子、感動指数・失望指数、カスタマーデライト、サービスリカバリーである。ポイントは以下に要約できる。

①サービス品質と顧客満足の関係は、非線形・非対称になるケースがある。この性質を踏まえると、今後とるべきサービス品質改善への示唆が異なる。

・最低条件のサービス品質属性は、最低条件となる閾値を下回らないように、品質管理を徹底し、それを上回る品質水準は顧客にとっては過剰品質になるため、追求しない。

・感動因子のサービス品質属性は、顧客満足への弾力性が上昇する閾値を超えるように、戦略的に投資する。

・企業・ブランドによって、または顧客セグメントによって、何が最低条件で、何が感動因子になるかが異なる。CSI診断と同様に、顧客セグメントを切り分けたうえでその実態を把握する必要がある。

②顧客の感動・失望は非線形・非対称性と密接に関わっており、感動・失望指標は顧客の感情状態を把握することで、CSI主要指標を補完する。

・感動・失望指数で業種や企業・ブランドを特徴付けることができる。感動・失望とも高い業種、どちらかが高い業種、どちらとも低い業種がある。

・感動・失望指標は顧客満足やロイヤルティと相関がある。感動指標と失望指標は対極的なものではなく、顧客経験が蓄積していく中で相互に関係している。

・サービスで何らかの問題を経験した顧客に対する企業のサービス・リカバリーは、問題が解決されれば、顧客満足とロイヤルティを改善し、不快な感情を挽回する効果をもつ。

図表8-9　サービス品質診断の枠組み

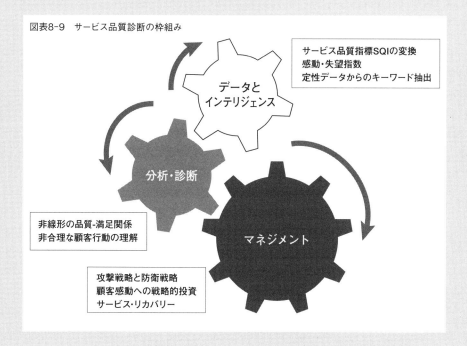

　最後に、図表8-9に本章で取り上げたサービス品質診断をデータとインテリジェンス、分析・診断、マネジメントの3つの歯車で整理した。本章で取り上げたSQIや感動・失望指数に加えて、定性データを用いて、感動指数が高い人、失望指数が極端に高い人のコメントからキーワードを抽出して、そのトレンドを分析することもできる。原因帰属のクセとして紹介したように、感動や失望の背後には、ときには非合理な人間の思考や行動が関わっていることがある。より包括的な顧客理解のためには、そうした非合理な顧客行動への洞察も必要となる。

　カスタマーデライトを追求する攻撃戦略と、サービス・リカバリーを通した防衛戦略は、サービス品質の継続的改善とともに、サービスエクセレンスをベースとした顧客戦略の根幹をなすものである。これらのバランスをどう図るかについては、第9章の戦略ロジックの構築における顧客基盤診断をよりどころとしながら、検討を深める必要があるだろう。

Notes

1. Anderson and Mittal(2000)は、線形・対称と非線形・非対称を満足維持(satisfaction-maintaining)と満足向上(satisfaction-enhancing)で分けている。

2. サービス品質属性の評価をダミー変数に変換して回帰分析を方法として、Mittal, Ross, and Baldasare(1998)、Anderson and Mittal(2000)がある。サービス品質指標(SQI)45項目のうち、「経験がない」を欠損値として処理したところ、全サンプルの20%に及ぶ5項目を除く40項目について、ポジティブおよびネガティブのダミー変数を作成し、合計90個のダミー変数独立変数として、ステップワイズ投入法による回帰分析を行った。第7章で説明したようにSQI項目は互いに相関が高く、回帰分析において深刻な多重共線性が発生するため変数選択を行なった。

3. 理論的にも、高水準の顧客満足にあり、ロイヤルティに対する収穫逓増の効果が働くゾーンのことをデライトととらえる見方(Rust, Zahorik, and Keiningham 1994)と、満足とは概念的に区別される情緒的反応と捉える見方がある(Oliver, Rust, and Varki 1997)。

4. たとえば、Dasu and Chase(2013)。

5. Russel(1980)のCircumplexを参照。

6. 顧客の強い快感情であるカスタマーデライト(customer delight)を測定する方法には、①生理的反応の計測(脈拍や表情などの計測)、②質問法による感情項目への回答、③顧客満足を測定する質問項目のトップボックスをデライトとみなす方法がある。これらのうち、JCSIの感動・失望指数は②に相当する。

7. Smith, Bolton, and Wagner(1999)

8. Sivakumar, Li, and Dong(2014)

9. 企業がコントロール可能な要因による欠陥が、顧客の不快感情を起こしやすいことについては以下を参照されたい(Folkes 1984；Folkes, Kolestly and Graham 1987；Hui and Tse 1996)。結果の重大性については以下を参照されたい(Hoffman, Kelly, and Rotalsky 1995；Smith and Bolton 1998, 2002；Weun, Beatty, and Jones 2004)。

10. 帰属理論ではそれを原因の安定性(stability of cause)という。

11. 医療のほか、来店頻度が高い小売、銀行、交通機関といった繰り返し利用するサービスの場合、顧客は自らの利用経験を正確に振り返るのが苦手である。たとえば、あなたは過去半年に3回訪れたドラッグストアでの買い物経験を、1回ごとに振り返ることができるだろうか。多くの人は1回目に何を買ったか、レジでどのような接客を受けたかを、2回目、3回目と区別して正確にいえない。記憶の結合エラーと呼ばれる現象をともないながら、人は自らの経験を都合の良いように再構成している、と考えられている。累積的顧客満足の調査は、そうした再構成された経験の記憶を元にした、サービス経験の評価という性質をもつ。この記憶の再構成において、相互作用した人や、思い出しやすい感情や出来事が評価にバイアスを与えているのである。

12. たとえば、Johnson and Fern(1999)。

第9章

戦略ロジックの構築

顧客戦略と価値設計の方針

1. 顧客戦略構築のステップ

　企業の顧客基盤（Customer Base）の大きさは、客数／会員数や客単価といった量的指標で表すことができる。そして、顧客基盤がどれだけ盤石かという強さを表す指標の一つがCSIである。規模が大きくても、顧客の評価が芳しくなければその基盤は脆弱であり、何らかの環境変化によって揺らぎやすい。逆に、規模が大きくなくても、高い顧客評価を得られていれば盤石であり、事業の持続可能性は高く、株価や企業価値がより安定的になる（Grewal et al. 2010）。

　顧客基盤はどのような顧客セグメントで構成されているかを把握することで、その特徴を理解できる。顧客セグメントの構成は、新規客／既存客／休眠客の割合、個人客／家族客／団体客／法人客の割合、高頻度／中頻度／低頻度利用者の割合などで表すことができる。

　この顧客基盤の構成はダイナミックに入れ替わる。初めて利用する人のトライアル利用から、リピーター、ロイヤルカスタマーとなり、やがて何らかの理由で離脱していくまで、5年、10年といった比較的長期にわたるサイクルで世代交代が起こる。企業にとって顧客戦略の課題は現在の収益源だけでなく、将来の収益源となる顧客構成をみすえて、いかに最適な顧客ポートフォリオを維持し、強い顧客基盤を維持するかである。それゆえ販促施策が中心のCRMというよりも、より長期的な視野で検討すべき戦略的課題である。

　このような顧客戦略とサービス戦略をかけ合わせて自社に最適な戦略を導く、という考え方は新しいものではない。

　本章のスタンスは、どのような顧客価値をどのようなサービスを通して提供し、収益を獲得していくかサービス戦略とセットで検討することである。そして、経営陣をはじめとした企画部門のスタッフが戦略構築のプロセスに顧客フィードバックデータをどう活かして、顧客経験を最適化する顧客中心主義の経営を実践するかに焦点を置いている。以降は、2部で取り上げたCSI診断（第5・6章）とSQI診断（第7・8章）の分析・診断手法を総括し、顧客・サービス戦略の基本方針を導くためのステップで整理する（図表9-1）。

I. 顧客基盤の診断マップ　　→	II. 価値の設計の基本方針
① 顧客基盤の識別	❶ 収益モデルの設計：顧客収益性と品質収益性
	❷ 顧客ポートフォリオ顧客選択 ・攻撃・防衛戦略と収益図式
② 価値ドライバーの識別と選択 ・JCSIモデル ・顧客視点の品質レンズ ・IPA ・最低条件, 満足因子, 感動因子	❸ 顧客価値の設計 ・品質駆動と価値駆動 ・総合化と専門化 ・足し算と引き算 ・継続性と新規性 ・単一ブランドとマルチブランド
	❹ 企業・ブランドのポリシー ・コアバリューと組織の価値観
	❺ 共創する顧客価値

2. 顧客基盤の診断マップ

顧客基盤を識別する

　顧客基盤の表し方として、購買頻度、月当たりの購入金額、年次計算の顧客生涯価値（年間期待利益の割引現在価値）といった行動実績が挙げられるが、ここではカテゴリー経験量と顧客シェア（SOW）の2つの指標を用いる。

　「カテゴリー経験量」は顧客がその業界にもたらす潜在的な市場規模をあらわす。年間で外食に100万円費やす人と10万円の人では、前者のほうが魅力的な市場セグメントである。カテゴリー全体の購入頻度が高いということは、市場規模のポテンシャルが高い。

　たとえば、週に3回、昼食にハンバーガーセットを食べる人は、月1回の人よりもカテゴリー利用頻度は高い。旅行会社にとって年間1回、夏休みに旅行へ出かけるのを楽しみにしている家族も重要な顧客ターゲットである。一方、季節ごとに国内外の旅行に出かけ、仕事でも出張旅行をしている人は、カテゴリー利用頻度

が大きく、より魅力的な顧客セグメントである。

　「顧客シェア」は、カテゴリー経験量の大小に関わらず、どの企業・ブランドに購買・利用を集中させているかを頻度シェアと金額シェアのいずれかで表す。たとえば、ある消費者が日常食の買い物に費やす総支出額のうち、スーパー A社に支払った金額の割合を「財布シェア（Share of Wallet）」として定義する。毎月10万円の食費のうち、A社に5万円を支払えば、財布シェアは50％である。一般に、顧客シェアは以下の計算式で求めることができる。

顧客シェア（SOW）＝ 自社に対する支出額 ／ カテゴリー全体の総支出額

　分母のカテゴリー全体の総支出額は、自社の購買履歴から算出することはできないため、別の情報源が必要である。行動履歴データがなければ、ヒアリングやサーベイで「今月の食費は総額いくらでしたか」、あるいは「利用回数の割合はどれくらいか」という質問を設定し、回答者の自己申告方式で測定する。自己申告された金額は、必ずしも正確な数字ではないため、おおよその顧客シェアを測定しているにすぎないことには留意すべきである。

　顧客シェアの計測において、もう一つの問題となるのは分母をどの範囲で設定するかである。たとえば、牛丼や餃子のような特定ジャンルのサブ・カテゴリーで設定するか、食生活全般の「食費の総額」として見るのかまで範囲の設定方法によって顧客シェアは変わる。

　カテゴリー経験量と顧客シェアを用いて顧客基盤マップを用いると、JCSI調査の各市場カテゴリーで、CSIが高い評価を継続している優良企業・ブランドがどのような顧客基盤をもち、どの顧客層を中心としているかを診断することができる。

　図表9-2には、横軸にカテゴリー経験量を、縦軸に顧客シェアを示した場合、ある企業・ブランドの回答者サンプルがどのように分布しているかで顧客基盤の特徴を表している。顧客シェアは「同じ商品ジャンルを扱う通販の中で、そのサイトで買い物した回数は何割か」という質問で回答を集計し、4つのランクに分けている。バブルチャートのバブル（○）の大きさはサンプルサイズを表しており、バブルが大きいほど多くのサンプルが集まっていることを意味する。

　一般に、カテゴリー経験量が大きく、顧客シェアが高い領域に大きなバブルが集まっていることが望ましい。ホテルを頻繁に利用する出張族や旅行好きの人は、企業にとって魅力的な市場セグメントであり、全国に支店網を張り巡らせて、それらの人々の需要機会をより多く獲得できれば（＝高顧客シェア）、ホテルチェーン

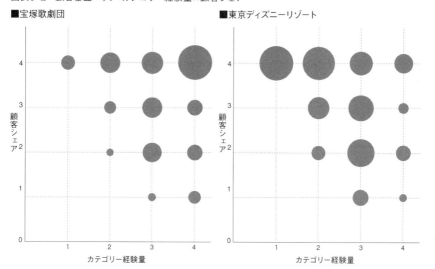

図表9-2　顧客基盤マップ：カテゴリー経験量×顧客シェア

■宝塚歌劇団　　　　　　　　　　　　■東京ディズニーリゾート

縦軸：顧客シェア（1：25％未満、2：25<50％、3：50<75％、4：75％以上）
横軸：カテゴリー利用頻度（1：年1回、2：年2回、3：年3-5回、4：年6回以上）

は高い収益性をもつ顧客基盤を獲得したことになる。これは、マーケティングの教科書に描かれているような理想的なロイヤルカスタマーである。

ファンのタイプが違う

　過去11年のJCSI調査結果において、全業種の顧客満足度の上位を見ると、宝塚歌劇団と劇団四季が85〜87点で推移している。舞台鑑賞、テーマパーク、プロ野球は、感動体験を提供する点では似ているが、失望指数に明らかな違いがあることが明らかである（第8章）。加えて、顧客基盤にも明確な違いがあることが図表9－2からわかる。年間3000万人超を集客する東京ディズニーリゾート（TDR）を見ると、テーマパーク自体に行く機会が少ない中でTDRに行っている顧客シェアが高いゲストが多数存在している。

　購買頻度が高い顧客を囲い込む（＝高い顧客シェア）ことができれば、顧客基盤として理想的である。熱狂的ファンが多いことで知られる宝塚歌劇団は、JCSI調査2018でもエンタテインメント部門で1位であり、まさにそのパターンに合致している。図表9－2の横軸のカテゴリー全体の購買頻度で見ると、「2年間で13回以上＝2カ月に1回以上」の高頻度のセグメントのうち、80％以上を宝塚歌劇団で

占めているファン層が顧客基盤の重心である。

　宝塚が熱狂的なファンに支えられていることは、多くの人々のイメージと合致するだろう。これを劇団四季やテーマパークと比較すると、それがいかに偏った特異なケースであるかもわかる。図中には示していないが、劇団四季の顧客基盤は宝塚歌劇団とは対称的に、顧客シェアが相対的に低いセグメントに重心があり、娯楽施設に行く機会が5回あれば、その1、2回は劇団四季という人々である。これは、どちらが優れているか、という問題ではなく、JCSIのスコアが毎年ほぼ同程度の両社は、ファン層がまったく違う、ということである。

オンラインショッピングの王者は全方位

　アマゾンジャパンのCSI（顧客満足）は、2010〜2014年頃までは80点台にあったが、2015年以降は下降し、70点台後半で推移している。その理由にはさまざま考えられるが、オンラインショッピングのカテゴリー経験量が多い人々が中心だった頃と、低頻度の人々が利用するようになり、顧客基盤の裾野が広がったことも一因と考えられる（図表9-3）。

　2015年以降、ネットショッピングで高評価を得て、急成長しているのはヨドバシ.comである。同社は主要都市のターミナル駅近くに大型店舗を構える一方、オンラインでの買い物にも対応し、店舗での在庫情報を提供し、スピーディな受け取りや配送で知られている。カスタマージャーニーのプレ・ステージからポスト・ステージのサービス品質が高い。図表には示していないが、ヨドバシカメラ.comの顧客基盤は月1回以上ネットショッピングをするカテゴリー経験量が高く、顧客シェアも高い人々が重心であり、店舗と併用していることでオムニチャネルの特徴が顧客評価に表れていると推察できる。

スーパー、コンビニ、ドラッグストアの顧客基盤

　スーパーマーケットは、ヤオコーとオーケーで顧客基盤の違いが鮮明である。ヤオコーの顧客基盤は、スーパーに行く機会が多い人がいくつか利用している中の一つとして、ヤオコーを利用している人々が中心となっている。それに対して、他と同じように図表には示してないが、オーケーの顧客基盤は、スーパーに行く機会の多寡に関わらず、「スーパー＝オーケー」というストアロイヤルティが高い人が多数を占めている。この使い分けには近隣の一般小売店、コンビニ、ドラッグストア、アマゾンなどの通販といった他業態との使い分けも含まれるだろう。

　埼玉県を中心とした食品スーパーを展開するヤオコーは、充実した品揃えとサー

図表9-3　CSI上位企業・ブランドの顧客基盤（顧客シェア×カテゴリー全体利用頻度）

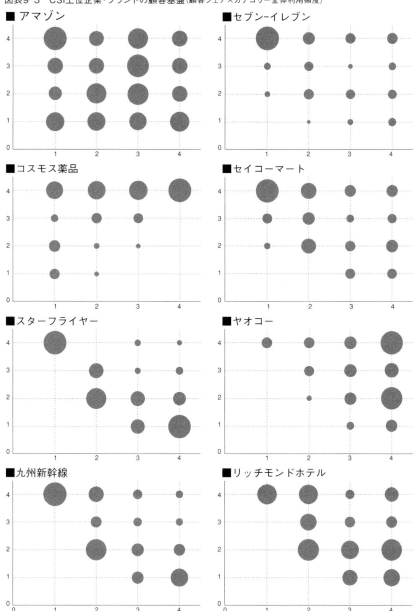

縦軸：顧客シェア（1：25%未満、2：25<50%、3：50<75%、4：75%以上）
横軸：通販／スーパー／ドラッグストアのカテゴリー利用頻度（1：月1回未満、2：月1回、3：月2-3回、4：月4回以上）、横軸：コンビニのカテゴリー利用頻度（1：週1回以下、2：週2回、3：週3回、4：週4回以上）、横軸：ホテル／国内長距離交通のカテゴリー全体の利用頻度（1年3回以下、2年4-7回、3年8-11回、4年12回以上）

ビスの良さが評価され、高いCSIを継続している。豊富な惣菜や、地元野菜を揃えた食材のメニュー提案などが好評のヤオコーは、ナショナルブランドの加工食品や日用雑貨をEDLP（毎日低価格）で販売する（小川 2011）。一方、東京郊外の食品スーパーを展開するオーケーは「高品質・EDLP」を標榜し、ナショナルブランドの商品をEDLP方式で販売するだけでなく、プライベートブランドの開発や、オネスト（honest＝正直な）カードでも知られている[1]。これは、果物ならば酸味が強い、日照不足で糖度が低い、長雨の影響でレタスの品質が通常よりも低い、といったマイナス情報をPOPで示すことで、買物客に品質情報を適切に開示するものである。安かろう悪かろうという品質価格連想が働きにくいことが同社の隠れた強みである。

　コンビニエンスストアは、スーパーと比べて幅広いカテゴリー利用頻度の顧客を対象としている。セブン-イレブンは全国チェーンとして、セイコーマートは北海道市場を中心に、適度にサンプルが分布している様子から顧客基盤の特徴が出ている。両社ともスーパーとは異なり、低頻度ながら顧客シェアが高いところに重心がある、広範囲にわたる顧客基盤である。2017〜2020年までの両社の顧客満足度は70点を超え、スーパーの平均を上回っており、両社がいかに類い稀であるかを浮き彫りにしている。

　ドラッグストアの多くは、コンビニと似たような広範囲なカテゴリー経験量にまたがる顧客基盤がある。そうした中、2020年度まで10年連続で顧客満足度1位のコスモス薬品は、小商圏へのドミナント出店、EDLP（毎日低価格）とローコストオペレーションなどが特徴のディスカウントドラッグである。市場シェアトップのウエルシアとの違いは、コスモス薬品は顧客シェアが80％以上の利用頻度が多いセグメントに重心があることである。

　これは同社の品揃えに食品の売上構成の大きさに関係している。医薬品や化粧品と比べて、食品カテゴリーは購買頻度が高い。来店頻度を高めるために食品の取り扱いを増やすチェーンが出ている中、人口1万人ほどの小商圏に立地するコスモス薬品は成功例の一つとして知られており、スーパーの食品・日用品の需要をも吸引する理想的なロイヤルカスタマーへと成長する顧客基盤に反映されている。

中堅規模の顧客基盤は使い分け層が中心

　顧客基盤の重心が理想的なロイヤルカスタマーとは離れた外縁部分にある企業・ブランドとして、際立った特徴をもつ中堅企業が多い。その典型例が次に挙げる2社である。

国内線航空の大手2社（ANAとJAL）は、低頻度から高頻度まで幅広い顧客基盤をもつ。それに対して、図中にあるスターフライヤーは国内の長距離移動が多いビジネス客が、福岡ないし北九州と東京の路線で利用している層が多く、同社だけを利用しているのは、低頻度のプライベート利用が中心である[2]。

　国内長距離移動は頻度が少ない人々も多く、プライベートの観光旅行や帰省・冠婚葬祭などだけの利用者がもう一つの顧客セグメントである。こうした特徴はスカイマークにも当てはまる。同社はどちらかといえば、プライベート利用の比重が高い。両社に共通する特徴は、右上の理想的なロイヤルカスタマーがわずかで、大手2社のように会員プログラムに参加し、高頻度で飛び回る人々が少ないことである。カテゴリー頻度が高い利用者がスターフライヤーを利用するとしたら、東京から北九州や福岡に出張する特定路線のときにかぎられているため、極端にロイヤルティが高くはないが、機会が訪れれば利用するという使われ方が考えられる。

　ちなみに、大手2社の上級会員（ANAはプラチナ以上もしくはスーパーフライヤーズ、JALはサファイア以上もしくはJALグローバルクラブ）は、さまざまな航空会社を利用する傾向があり、その中の一つとして、スターフライヤーをANAと同程度に高く評価している。また、国際線航空でシンガポール航空の顧客満足度が最も高いのは、ANA・JALの上級会員ステイタスをダブルで保有している人々である。

　中堅企業で顧客満足度が高い企業・ブランドのもう一つの特徴は、ロイヤルティのスコアが顧客満足度ほど高くなく、顧客満足→ロイヤルティのパス係数の弱さにも現れる。路線ネットワークが全国に広がっていれば、利用機会は多岐にわたるが、路線がかぎられている中堅企業へのロイヤルティ（行動意図）は限定的にならざるを得ないということである。

　これにスイッチング・コストが効きにくいことも加わり、ロイヤルティの強化が大手以上にむずかしい。しかし、リッチモンドホテルは飛行機や新幹線と比べると、ビジネスや観光の主要都市に店舗を展開できることもあり、カテゴリー低頻度の観光客に加えて、出張客を中心にした理想的なロイヤルカスタマーをつくっている。同社は、ビジネス（出張）だけでなく、プライベート用途の宿泊者のCSIも高く、その違いが少ない点が際立っている（第6章を参照）[3]。

　JR九州は九州新幹線、観光列車、豪華列車「ななつ星 in 九州」（2016年、第1回日本サービス大賞・内閣総理大臣賞を受賞）といった話題性の高い列車を導入した他、商業施設を兼ね備えた駅ビルをはじめ、多角化したサービスの評価も高いことがCSIに表れている。JCSIでは近郊鉄道や新幹線の顧客満足度で常に上位にあ

る。

　JR5社のうち、東京圏、大阪圏、名古屋圏とそれらを結ぶ新幹線をもつJR東日本、JR西日本、JR東海に比べて、北海道、四国、九州は、市場規模で絶対的に叶わない存在であった。その中で、JR九州は独自の経営改革により赤字体質から脱却し、2016年東京証券取引所1部上場を果たした。同社の経営改革は財務面だけでなく、本業の鉄道サービスとその関連事業に対する顧客評価にも効果が出ている。地元民の中に自家用車や高速バスの利用率が高い九州において、本州などからの観光客をいかに呼び込み、観光列車や地域観光に回ってもらうか、そのために駅のサービスはどうあるべきかを徹底的に強化し続けた現場と本社の経営努力が実を結んでいる（唐池2016）。

価値ドライバーの識別と選択

　価値ドライバーとは、顧客満足の源泉となる品質やコストパフォーマンスである。自社の顧客基盤において、顧客満足に影響力が強いドライバーは何かを識別し、自社の強みと弱みを把握する。そのために定量的な顧客フィードバックデータを用いた手法は、顧客基盤の全体像と顧客セグメント間の違いを把握することに有益である。具体的な手法は、第5・6章で紹介したCSI診断とSQI診断である。それらの診断ステップを振り返っておこう。

① JCSIモデルによる CSI診断
　JCSIモデルにより顧客満足の源泉として、品質効果、価値効果、期待効果の相対的な強さで診断する。各診断ステップにおけるポイントは以下の通りである。

- ・期待効果が強い場合、企業・ブランドに対する顧客の期待や信頼がブランド資産として、顧客満足とロイヤルティをドライブしている。品質効果と価値効果が強い場合、顧客はサービスの良し悪しやコスパの良さに基づいて満足かどうかを決めている。
- ・品質効果と価値効果の相対的影響度の強さをV/Q比率で診断し、品質駆動か価値駆動かによって、顧客が自社のサービスエクセレンスをどのように捉えているかを把握する。
- ・顧客満足の上位の満足層と下位の不満層が、どのような顧客セグメントに多

いかを識別し、重点的に改善すべき顧客セグメントを特定する。

② SQI診断による品質効果の分解

　カスタマージャーニーに沿ったサービス品質評価のデータから、顧客視点の品質レンズを構築する。顧客が自社のサービスをどのような評価軸で見ているか、業界全体の特徴や他社比較を通して、商品・サービスに関する強みと弱みをより具体的に把握する。

　　・継続的改善：サービスのどこを改善・改革することが、顧客満足を効果的に高めることにつながるかを診断する。品質レンズに基づいた IPA（重要度パフォーマンス分析）によって、包括的で継続的な品質改善へのプライオリティを示す。
　　・継続的改善と並行して、重点的に改善・改革すべきサービス品質要素を特定する。最低条件・満足因子・感動因子を識別するための SQI診断を行う。顧客セグメントによって最低条件と感動因子が異なるかもしれないため、CSI診断で特定された顧客セグメンテーション基準を用いて診断を行う。とくに、不満層からの顧客離脱と悪評の流布を回避するため、VOCの氷山を作成して、サービス・リカバリーをはじめとした防衛戦略のターゲットを特定する。

③ 診断結果の組織内での共有

　一連の CSI・SQI診断は、CSI活用ステージ（第4章）におけるステージ2を想定している。ここまでは分析・診断を担当する部署の仕事であるが、これらの診断結果を現場のサービス改善や経営陣の戦略策定に活用できるかどうかが、次のステージ3に向けての課題である。

　定量データによる診断結果を定性データと合わせて社内の各部署で共有し、診断結果がサービス現場のどのような活動や事象を反映しているかを組織内の当事者と共有する。

　また、顧客視点の品質レンズを構築する際は、本部と店舗、部門間、あるいはパートナー企業との連携や一貫性に関わるサービス品質次元が抽出されることが多い。顧客が何を評価しているかを部門横断的なワークショップなどで議論し、共有する場が必要となるだろう。

　定量データの統計解析の結果は、サービス現場も経営陣も馴染みのない専門用語を使わざるを得ないため、診断結果の内容を正しく理解してもらうことのハードルが立ちはだかることが多い。さらに、ハードルはそれだけではない。サービ

ス品質の5つのギャップ（第4章 図表4-8）で見たように、顧客のニーズや評価軸への不理解というリスニング・ギャップを埋めるのが、CSI診断・SQI診断だとすれば、定量的な診断結果からいかに顧客期待のインサイトを導き、サービスのデザインに反映させられるかどうか、デザイン・ギャップを埋める必要がある。組織内での議論や共有はそのために必要不可欠なプロセスなのである。組織的ハードルとその仕組みについては、3部（第10・11章）でくわしく議論する。

3. 顧客戦略と価値設計の基本方針

収益の因数分解をする

　顧客戦略と価値設計の基本方針は、標的とすべき顧客セグメントと顧客価値を戦略的に選択することによって、顧客にとって魅力的で、明確なものとなる。顧客基盤の診断で明らかになった顧客セグメントのどこを中心とするか、どのような顧客価値を提供すべきかは、①経済合理性に見合うか、②企業の価値観に見合うものかどうか、という点とセットで判断することとなるだろう。

　顧客戦略の基本方針を決める第1のポイントは、どの顧客セグメントにターゲットを向けるかを利益図式をもとに経済合理性を検討することである。標的とする顧客セグメントにおいて、最も優先順位が高いサービス品質要素を特定することが想定される。

　企業が獲得する収益（＝売上高）は、客数と客単価の掛け算で算出することができる。ここでは客数と客単価に分解して、簡略化した利益図式で考える。どちらか、もしくは両方を引き上げれば収益が増加する。それにともなう営業・マーケティング費用、製品・サービスの改善にともなう原価を含めた費用を引いたものが、図表9-4右端の利益である。攻撃戦略は、新規市場開拓や競争相手からの顧客奪取を目指すものである。より魅力的な感動因子の強化は、既存客の満足度を高めるだけでなく、クチコミ、推奨、紹介を通して新規客を創造することにつながる。

　一方、顧客満足を強化する狙いは既存客の維持・育成にある。購買・利用頻度、関連購入、まとめ買い、より高い単価の商品・サービスの購入といった効果が期待される。顧客離れの原因となりそうな最低条件のサービス品質のテコ入れは、サービス・リカバリーとともに、コストとリターンで評価されるべき施策である

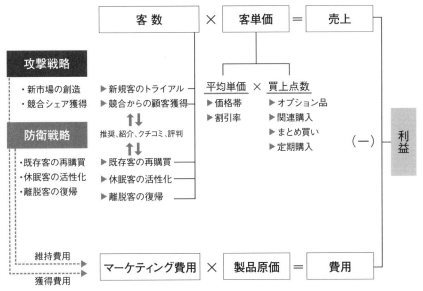

図表9-4　攻撃・防衛の顧客戦略と利益図式

(Zeithaml 2000)。

　たとえば、年間の平均購買頻度が4回の小売業を想定すると、過去1年間の購買頻度が数回程度のライトユーザーから、5、6回前後のミドル、そして、10回以上でほぼ毎月来店するヘビーユーザーがいる。平均購買頻度（F）を客数にかけた延べ人数が、既存客数である。一方、客単価は、購入した商品・サービスの平均価格と購入点数の掛け算で表せる。平均価格が上がるか、購入点数が増えるか、あるいはその両方で、客単価は上がる。

　一般に、顧客維持率を高めれば収益性が向上することが期待される。しかし、顧客維持率を95%から100%に向上させるために要する追加的な維持コストは、維持による収益を上回り、かえって収益性を低下させる可能性もある。購買・利用頻度が高くなるほどCSIは上昇する傾向がある一方、最上位ランクの高頻度客になると、さまざまな経験をした中で失望指数も高く、CSIが低くなるケースも少なくない。

　たとえば、フィットネスクラブの継続年数が長い顧客は、インストラクターやスタッフのきめ細かで接客や指導、世間話をする関係を好む傾向が、感動因子の係数に現れている。仮に接客に優れたスタッフを1人増やすことのコストをかけた

としても、常連客から追加的に得られる収益や生涯価値のリターン増分が見込めないならば、他の顧客セグメントの感動因子を優先することを検討すべき、ということになる。

　つまり、維持コストをかけすぎるのではなく、新規獲得に支出し、顧客構成を入れ替えるほうが、トータルで最適な利益率を実現できることが、少なくとも計算上は成り立つ。顧客基盤は常に一定ではなく、オーガニックな増減を繰り返して入れ替わる。そのため次世代の新規客層を獲得し、長期的に"健康的な体質"を維持していくほうが健全であろう。

顧客を平等に扱うべきか、区別するべきか

　第2のポイントは、企業が大切にすべき価値感を見据えた戦略的な顧客選択である。多様なニーズをもつ顧客を平等に扱うか、顧客を何らかの基準で区別するか、という2つの戦略オプションがある。これは誰を重点的に満足させるか、誰の不満を優先的に解消すべきか、という選択でもある。この選択は、第1の経済の視点から見て優良客もしくは将来有望な準優良客を優遇する考え方もある。もちろん、自社を選んでくれたお客様を区別することなく対応するのは、サービス現場としては正しいこともあるだろう。しかし、それを繰り返すことによって、あの会社は顧客のいうことを何でも聞き入れてくれる、という期待をもたれることは、長期的に見て顧客の不満の温床となり、現場の負荷を高くしてしまうリスクがある。

　規模が大きくなるほど、ニーズが異なる顧客層が集まるようになり、一定割合で不満層が発生するのは自然な現象である。また、平均的な顧客像に合わせたサービス改善は、差別化要素がなくなった凡庸なサービスになってしまい、かえって満足度が高い顧客層のロイヤルティを低下させるリスクがある。

　それゆえ企業・ブランドのコンセプトに合わない顧客ニーズはターゲットから外すか、ポジショニングを明確にしたコミュニケーションやコンセプトを変えたサブ・ブランドに移行するなど、すべての顧客セグメントのニーズに中途半端に対応しない、という戦略的な顧客選択もオプションの一つである。

　とくに中堅規模で差別化したコンセプトのサービスを提供している企業・ブランドは、サービス品質と顧客満足がロイヤルティの源泉となる傾向が強く、大規模企業のようにスイッチング・コストで維持することが困難である。それゆえ「何を変え、何を変えないか」「何をやり、何をやらないか」という価値基準が、顧客

中心主義のカギとなるのである。

顧客価値を設計する

　顧客フィードバックデータに基づいた診断結果をもとに、製品・サービスをどのようにテコ入れするべきか。顧客の声はどれも重要であるが、すべてを聞き入れることはできない。顧客戦略と顧客価値の設計を掛け合わせたよりハイブリッドな思考と、戦略的な判断と意思決定が必要となる。その意味で、顧客経験や顧客満足の最適化は、サービス現場だけの問題ではなく、経営陣と企画部門の問題でもある。

　経営陣をはじめとした本社企画部門がコミットし、中心とすべき顧客セグメントを選択し、それに合わせたサービスのテコ入れをするための顧客価値の設計が求められる。また、顧客価値の設計は、必ずしもサービス品質属性を強化することとはかぎらない。あえてやらない価値という選択肢も視野に入れて、どのような顧客価値を提供するかを設計すべきか、という選択も含む問題である。

何をやり、何をやらないか

　次のようなケースを想定していただきたい。あえて業種は伏せるが実話である。A社では、従来からお客様との連絡を対面や電話で行うことを重視してきたが、LINEやメールなどで連絡を取るコミュニケーション体勢を積極的に取り入れるべきではないかという意見が検討課題となった。対面・電話を重視する従来のやり方は、ベテラン社員たちが入社当時から先輩に指導されたものであり、直接お客様と言葉を交わすことで正しい情報を伝え、誠実さを伝えることになると思われていた。そして実際、そうしたやりとりを好む顧客も少なくない。

　しかし、若い世代のお客様を中心に、とくに電話で話すことを嫌う人々が一定数存在することが調査から明らかになった。電話は忙しいときや手が塞がっているときに突然かかってくるため、誠意が伝わるどころか、かえって迷惑という声も何件か寄せられていた。その点、LINEやメールは自分の都合が良いときに開き、相手の都合を気にせずに返信ができるというメリットが挙げられた。

　あるサービス要素を強化すれば、喜んでくれる人もいれば、それを不快・不要と思う人もいる。新規の連絡手段を取り入れるかどうか、Wi-Fiを強化するかどうか、といったサービスの改善・改革のアイデアは、何でも取り入れれば良いとは

限らない。

　別の例として、カフェ店内の Wi-Fi 環境や電源を増強すれば、ラップトップを携えた"ノマド"ワーカーたちが長居してパソコン作業をするには最適な環境となるかもしれないが、客の回転率と客単価が低下し、店に入れない人が増えてしまうかもしれない。禁煙ルールを取り入れるかどうかと同様に、飲食業にとって顧客を選ぶ意思決定にも相当する。

　以上のように、顧客価値の設計は、中心とすべき顧客を選択することにも等しい。そうしたサービス要素の選択の積み重ねが、市場におけるブランドのポジションとなる。第3章の「5.企業の対応と顧客選択」で見たように、市場の平均的なポジション B で価値設計をするか、特徴のあるポジション A、C でいくか。こうした価値設計の分岐点について次節で考える。

価値設計の方向性

　CSI診断やSQI診断のように、顧客フィードバックデータに基づいた定量的な分析によって、何が顧客満足の源泉になるかを示唆することはできる。しかし、それを実行するかどうかは話が別である。連絡体制にせよ、Wi-Fiや禁煙ルールにせよ、サービス品質をテコ入れするアイデアにはそれぞれ合理性もあり、問題もある。

　一筋縄で結論が出ない問題を解決に導くためには、価値設計の方向性について企業・ブランドの理念やコンセプトを反映した価値基準が必要である。まず本書では、顧客満足の源泉として品質駆動と価値駆動のタイプに分けた（第5章まとめ）。品質効果を中心に整理すると、以下の方向性が挙げられる。

価値設計の方向性①　総合化か専門化か

　最低条件に当たるようなサービス品質は、業界平均に近づける必要がある。しかし、他社よりも劣っている点をすべてクリアすることは、優れたサービスへの王道だろうか。他人がやっているから自分もやる、という判断は一見正しそうに見えるが、見方を変えると、同質化の道を突き進み、自ら自社の差別化ポイントを覆い隠してしまうおそれさえある。

　市場シェアが大きい企業・ブランドは、カバーする顧客基盤の裾野が広く、取り扱う商品・サービスや顧客がアクセスするチャネルやコミュニケーション手段を多岐に揃えている。どれも平均以上の「優等生」ブランドは、極端に高い満足

を得るのはむずかしいが、多くの人々のニーズを適度に満たし、顧客満足とスイッチング・コストの双発エンジンでロイヤルティを推進する。安心して利用でき、信頼性が高い企業・ブランドとして顧客に支持される方向性を目指す（第5章Summaryを参照）。

　たとえば飲食業界は総合と専門で企業・ブランドが分かれる典型である。デニーズ、ロイヤルホスト、ココス、ガストといったファミリーレストランは、洋食を中心として和食、中華、デザートまでの比較的広いメニューを提供する。こうした総合型のファミリーレストランの顧客満足度は、70点前後で推移している。それに対して、長崎ちゃんぽんのリンガーハット、ハンバーグのびっくりドンキー、イタリア料理のサイゼリヤ、讃岐うどんの丸亀製麺といった専門型のレストランは75点前後の高い位置で推移している。競争が激しい回転寿司4社（スシロー、くら寿司、はま寿司、かっぱ寿司）は75点前後で推移しているが、寿司以外のメニューを積極的に強化しはじめた頃から CSIが低下する傾向も見られる。

　極端に高い顧客満足を得ている企業・ブランドは、優等生というよりは、個性派としての魅力で顧客を引きつける。それは格段に低い料金や手数料でサービスを行うオンライン専業に象徴されるように、コストパフォーマンスの高さを訴求し、フォーカスを当てた顧客価値をより引き立たせることで、顧客満足の単発エンジンでロイヤルティ強化を目指す、といえる。

■価値設計の方向性② 足し算と引き算

　総合化に対する専門化という価値設計の方向性と似た考え方として、新しい価値を創造する際、今までになかった機能や活動を追加する足し算の発想ではなく、従来は当然のことのようにやってきた機能や活動をやめる引き算の発想がある。引き算の考え方は、単なるコスト削減だけでなく、中核となる顧客価値にフォーカスを当てて、組織の資源やエネルギーと、顧客の関心と期待を一点に引き寄せるものである。

　たとえば、宿泊特化型のビジネスホテルを全国展開しているスーパーホテルは、JCSI上位企業として継続して高得点を得ている。ぐっすり眠れるという価値にフォーカスを当てた同社は、引き算経営のお手本のような実践をしている。硬さや材質を選べる枕、照明、モーターや電話の音といった、優れた眠りを追求するための各種の取り組みがそれである。不要な機能やサービスを取り除く一方、快適な睡眠と健康朝食にコストをかけることで、常に70点台後半から80点台の顧客満足を継続している（山本・金井 2014）。

　熾烈な競争環境で血みどろの戦いが繰り広げられるレッドオーシャンではなく、今までにない未開拓市場で成功した企業を取り上げた『ブルーオーシャン戦略』（Kim and Mauborgne 2015）で紹介されたQBハウスとカーブスは、JCSIにおいても高い支持を得ている、引き算発想の典型例である[4]。ヘアカット専門店QBハウスを展開するキュービーネットは、国内外で店舗数と業績を伸ばし、東証一部に上場した。「10分1,000円」を標榜したQBハウスは、従来の理髪店のようにシャンプーやひげ剃りをせず、カットに特化し、独自のカット技術と効率の良い設備や道具を揃えた店舗を駅やショッピングセンターなどに展開した。

　2014年の消費税増税と2019年の価格改定により、通常1,200円、シニア1,100円となったこともあり、顧客満足度は少し低下した。特に20代から50代までの男性客はコストパフォーマンス評価とともに満足度も低下したが、60代以上の高頻度客を中心に高い満足とロイヤルティを維持している。

　健康体操教室のカーブスはフィットネス市場において、一線を画した、絞り込まれた高品質のサービスを提供し、コストパフォーマンスの良さが評価されている[5]。フィットネスクラブの多くは、ジム、プール、スタジオ、そして更衣室やバスなどのアメニティをフルラインで揃えた業態なのに対して、カーブスは更衣室やバスも、プールもない。あるのはトレーニング器具が並んだスタジオであり、30分間、女性だけの会員が特別メニューの筋トレと有酸素運動を繰り返すメニューである。

　会員の95%がフィットネスクラブ未経験者であり、日本市場においても文字通り「ブルーオーシャン」を切り開いた。このフィットネスプログラムを開発した本国アメリカでは、肥満解消を目的としていたのに対して、日本ではアンチエイジングや健康増進を訴求した健康体操教室というポジションとした。もう一つ特筆すべき点は、運動効果のエビデンスを会員と共有しながら運動を進めることである。価格の安さというよりは、支払った金額と時間に見合った成果が生まれていることが、コストパフォーマンスの高さの源泉である。

価値設計の方向性③　継続性と新規性

　サービス企業の中には、明治・大正期に創業し、老舗として営業している企業・ブランドが少なくない。シティホテル部門で顧客満足度トップが続いている帝国ホテルは、その代表格である。1890年、日本の迎賓館として誕生して以来、ランドリーサービス、ショッピングアーケード、ホテルウェディング、バイキングといった今では当たり前となったサービスの草分けであり、老舗ブランドのイメージと

ともに、伝統と革新に取り組んでいる。それは何を変えるべきか、何を変えては
ならないかの選択でもある（小野1998）。

　顧客価値の継続性と新規性は、伝統と革新と言い換えることもできる。企業・
ブランドが一貫して提供し続ける顧客価値は、顧客にとって信頼性が高く、リス
クが低いブランドの基礎となる。多くのサービスは実際に顧客が経験することに
よって、初めてその価値を知り、いまだ体験したことがない経験への不安を解消
できる。

　一方で、交通、銀行、小売、飲食といった日常生活で利用するサービスに関して、
顧客はより効率的でお得な利用のしかたを学習し、やがて他に切り替えることが
面倒になるくらいに慣れる。Amazonプライムで日常的に買い物をする人たちの
ショッピング体験は、通勤電車やバスに乗るようなルーティンに近く、ほとんど
期待通りの生活を送っていると考えた方が良い。

　歴史と伝統顧客の慣れや習慣に裏打ちされたサービスプロセスは、顧客期待と
スイッチング・コストを生み出す源泉となる。由緒ある老舗企業も、伝統に固執
するだけでなく、新しい挑戦を行なっている。新製品・サービスの導入、施設や
店舗の新規オープンやリノベーション、オンライン対応やモバイル対応など、従
来とは違う「新しさ」を取り入れることは新奇性という価値を顧客に提供する。「新
しさ」によって、人々は驚き、想像を巡らせ、誰かに伝えたくなる。その意味で
新奇性の顧客価値は、知覚品質や推奨意向を生み出す源泉である。

▌価値設計の方向性④ 単一ブランドとマルチブランド

　市場シェアの拡大は顧客基盤の裾野を広げ、やがてCSIの低下につながる可能
性が高い。外食、小売、通信、航空、金融といった分野では、ホールディングカ
ンパニーのもとで複数のブランドをブランド・ポートフォリオとして管理する企
業統治が増加している。異質な顧客ニーズが存在する市場においては、単一のブ
ランドで対応するのではなく、独自のコンセプトと標的顧客のニーズに対応した
サブ・ブランドを複数立ち上げる方が理に叶っている。

　マリオット、ヒルトン、アコーホテルズ、ウィンダム、インターコンチネンタ
ルなどのグローバル・ホテル・チェーンは、最高級のラグジュアリーからエコノミー
（低価格帯）、そして長期滞在型に至るまでのサブ・カテゴリー市場にホテルブラン
ドを展開し、会員プログラム、直接の予約サイト、アプリを共通化し、顧客情報
を統合している[6]。

　こうした多ブランドを傘下に置いたグループ経営は、個別ブランドのコンセプ

トやサービスのユニークさを訴求する一方、企業ブランドの信頼性や統一感を強みにして、予約・決済手続きの利便性や統合的なロイヤルティ・プログラムに基づいたサービスや特典の提供を行う。しかし、個性豊かなブランドが部分最適を図るだけでは、グループ内で規模の経済やシナジー効果が効きにくい。

フロントオフィスとバックオフィスを分離するデカップリングは、サービス企業が生産性と顧客満足を両立させる常套手段の一つである。バックオフィス業務の共通化や人材の相互交流を行いながら、顧客に対応するフロントオフィスはブランドのユニークさを訴求し、現場担当者が蓄積するサービスのノウハウや組織文化を温存する考え方である。

ブランドを分ける一方、バックオフィス業務の効率化などを実現できれば、サービスエクセレンスと効率化を両立することも不可能ではない（Wirtz and Zetihaml 2018）。

4. 企業・ブランドのポリシー

データドリブン経営は万能なのか

以上で取り上げた価値設計の方向性について、CSI・SQI診断をはじめとしたデータ分析は、その可能性や妥当性について、一定の示唆を与えることができるだろう。しかし、データドリブンの経営は万能ではなく、限界や問題点もある。顧客フィードバックデータに関しては、次のことが挙げられる。

第1に、自社独自の顧客調査でもっとも懸念すべき点は、サンプルとして収集できていないサイレントマジョリティが他にもいるかもしれないことである。JCSI調査を含めて第三者機関が行う顧客調査は、調査会社のモニターからサンプリングすることもあり、肯定的な意見から否定的な意見まで幅広く収集できる。しかし、若年層や高齢者層などモニター登録がされていない特定層がある場合、顧客の声を十分に収集しているとはかぎらない。

第2に、サンプルサイズが大きい大衆の声に引きずられる可能性が高い。顧客は平等ではなく、企業にもたらす潜在的なLTV（顧客生涯価値）の大きさが違う。LTVが高い顧客セグメントは人数構成比が低いのが一般的である。逆にLTVが低く、人数構成比が高い顧客がサーベイの大半を占めると、それらの意見が統計上

の顧客の声として受けとられかねない。

　第3に、平均値を高めようと継続的改善をしていくと、やがて角が取れたサービスとなり、競合他社と同質化した魅力が低いブランドになる可能性がある。SQI診断で触れたように、レーダーチャートやスネークチャートは強みと弱みを視覚的に把握するのには良いが、凹凸のない平らな状態にすることが必ずしもベストな方針ではない。

　データ分析ばかりを重視したサービス改善は客観的で優れていると思われがちであるが、競合ブランドも同じようなアプローチをとるとサービスが同質化し、差別化ポイントが薄れてしまう。また、過去のデータを元にした分析に基づいた意思決定ばかりが優先されると、創造性が失われかねない。

　こうした限界や問題を踏まえると、価値設計において求められるもう一つの要件は、組織のコア・バリューが何かである。

コア・バリューと組織文化についての考え方

　価値設計の方向性を決めるうえで、顧客フィードバックデータに基づいたより客観的な分析・診断は重要である。しかし、顧客が求めることは、組織として、ブランドとして追求したいことが、時として相容れないかもしれないこともある。また、統計データは得てして大衆の意見に影響されることがあり、中心とすべき顧客の意見が反映されないこともある。そのためブランドのこだわり、アイデンティティ、伝統の価値観は、サービス改善の方向性と一致するか。ブランドや会社の理念やコンセプトをどこまで追い求め、あるいは「変えるべきところと変えてはならないこと」をどう見極めるか、といったことが価値設計において求められる。

　こうした価値基準は、経営者による戦略的ビジョンと意思によるところが大きい。その会社が創業した当時から経営者や組織が守り続けている理念やビジョン、変えてはいけないこだわりもあるだろう。それが組織で働く人々が共有し、共感する価値観であるならば、働く人々のモチベーションにも影響する。たとえば、機械化をすれば顧客の利便性が上がり、生産性が上がるかもしれないが、人の手を通したサービスにこだわることをコア・バリューとするならば、データに従うべきかどうかを慎重に判断すべきである。組織で共有する理念やコンセプトに従って、変えていいものと変えてはいけないものを選択するのは、いったんデータ分

析とは切り離して考えるべきである。

5. 顧客価値をパートナーと共創する

　本書では、顧客に提供されるサービスの価値が一つの企業から提供されることを前提にして議論した。しかし、実際、顧客が経験するサービスは、いくつかの企業が提供するサービスが連鎖している部分も大きい。顧客に提供されるサービスの価値は、さまざまなパートナーと共創されているという前提に立つと、顧客価値の設計をどう考えれば良いか。それがもう一つの問いである。

企業の立ち位置と顧客との関係性

　顧客価値は当該企業だけでなく、パートナー企業との協力関係で提供されている。たとえば、オンラインショッピングモールでの買い物経験は、モールのテナント店、決済を担うクレジットカード会社、商品配送を担う宅配業者が関わる。商品配送にたびたび不手際を経験した顧客は、モールのサービス品質評価を行う際、モール運営会社の不適際として原因を帰属してしまう可能性がある。配送はショッピング経験の最後に当たるため、とくに記憶に残りやすく、全体へのハロー効果を与えやすい。

　旅行代理店での宿泊予約は、実際に宿泊するホテル・旅館のサービスの良し悪しにも依存することは予想に難くない。逆に、旅行会社の満足度が高いのは、宿泊・交通を手配するサービスそのものだけでなく、旅行先での楽しい思い出が反映されている面もあるだろう。

本部と店舗／フランチャイジー

　本部を中心にして多拠点展開を図るサービスでは、本部が行うサービスやマーケティング活動と、店舗・事業所が直接、顧客に対して行うサービスによって顧客価値がつくられる。本部の施策は、サービスメニューの設計や新サービスの導入、価格政策、プロモーションやコミュニケーション活動といった、顧客経験のプレ・ステージに関わる要素が多い。また、ポイントプログラムや品質保証、カスタマー

サポートといったポスト・ステージに関わる要素も本部が行うサポート機能である。一方、店舗・事業所に関しては、サービスに従事する従業員と施設・設備からトイレの清潔さに至るまでのサービス環境の要素が挙げられる。

　SQI診断で品質レンズを構築する際、顧客は本部と支店・事業所それぞれに評価軸をもつとともに、チェーン全体の一貫性や信頼性といった点にも評価軸をもっていることがしばしばある。店舗・事業拠点が直営かフランチャイジーかにかかわらず、本部が行うべきこと、店舗・事業拠点で行うべきこと、そして、組織全体で取り組むべき課題を足し合わせたものが顧客価値ということである。

サプライヤーと販売店・代理店

　自動車のような耐久消費財は、個別の製品（車種）ブランドに対する顧客のロイヤルティが発生するため、ロイヤルティの構造が複雑になる。たとえば、トヨタ自動車の系列販売店でプリウスを購入した人にとってのロイヤルティの矛先は、①自動車メーカー（トヨタ自動車）、②個別車種（プリウス）、③自動車販売会社ないしは営業担当者である。

　自動車や保険商品のように、メーカーないしは保険会社からエンドユーザーに対して販売会社や代理店を通して商品が販売されるものも、パートナーと顧客価値が共創される代表的なケースである。

　保険のセールスは、保険商品を取り扱う代理店や自動車販売店がエンドユーザーとの関係を仲介している。保険契約者にとって、保険会社は商品を提供するサプライヤーであり、保険金の支払いや請求も保険会社が相手である。しかし、両者を仲介する代理店が顧客経験のプレ・ステージからコア・ステージ、ポスト・ステージに至るまで顧客に最も近いところで寄り添うサービスが伝統的に行われてきた。

　こうした顧客に寄り添うサービスは、自動車販売も同様である。自動車販売会社の営業担当者は、自動車オーナーにとって見積もりから納車、車検や修理、さらには下取りや売却に至るまで顧客に寄り添ったサービスを行う。第6章で触れたように、こうしたサービスの接点が多い自動車販売会社ほどCSIは高くなる。

複合的なサービス

　携帯電話業界はNTTドコモ、au、ソフトバンクモバイルなどのキャリアと家電量販店／代理店に加えて、アップルやLGのような端末メーカー、さらにはOSプラットフォームを提供するGoogleとアップルを交えた複雑な市場である。スマートフォンは端末、通信業者、OS、アプリのように連鎖というよりも、複数業者が

提供するサービスが複合体となったものを顧客は日々、利用している。

スマートフォンの不具合があった際、それが通信の問題なのか、端末か、あるいはOSやアプリかはユーザーに専門的な知識がないかぎり判断できない。こうしたことから、NTTドコモ、au、ソフトバンクモバイルでスマートフォンを契約した人たちの満足や不満は、それら通信キャリアの要因だけが源泉とはかぎらない。実際、iOS（iPhone）ユーザーとAndroidユーザーに分けると、主要6指標のいずれかで有意差が見られることもある。このようにサービスが連鎖ないし、複合化している場合、顧客満足やロイヤルティの矛先がどこに向いているかに留意しながら、CSI診断やSQI診断を行う必要がある。

プラットフォーマーとサプライヤーは、パートナーであり競争相手

旅行業界は、OTA（オンライン旅行代理店）をはじめとしたデジタル系の新勢力が参入したことによって、業界のエコシステムが大きく変化した代表例である。まず旅行者と伝統的な店舗をもつ旅行代理店との関係は、団体旅行から個人旅行への流れとあいまって、OTA（オンライン旅行業者）が台頭する市場へと変化した。OTAは、宿泊から交通まであらゆる旅行情報と価格比較を可能にして、旅行経験のデジタル化を加速させた。旅行者はお気に入りの旅行サイトだけでなく、複数の旅行サイトをネットサーフィンし、サイト間比較を行うメタサーチ、旅行体験のリアルな情報をSNSでの写真や動画、体験を記した投稿から得られるようになった。

旅行体験のサプライヤーであるホテル・旅館といった宿泊施設、鉄道、エアライン、レンタカー、タクシーといった交通機関も、自社に対する選好とロイヤルティを獲得するためのダイレクトでつながる顧客戦略を講じることになる。

OTAをはじめインターネットでサービスを提供する企業が、検索、広告、予約・仲介などで収益を伸ばす一方、サプライヤーの位置にあるホテル企業は収益に伸び悩んだ。需要は増えたわりに、収益が伸びないジレンマに陥った原因は、新たに旅行市場に参入したIT企業にあった。

ホテルや航空会社は、顧客から直接予約を受けることで、仲介業者への手数料を減らし、適切な利益を得ようとする。これらの特典が付与される条件として、直接予約であることが多い。顧客にとってはダイレクトに予約すれば、特別な顧客経験をより高いコストパフォーマンスで得られる。

JCSIデータでホテルと航空の利用者を分析すると、ダイレクト予約している顧客セグメントはCSIが高く、「顧客満足→ロイヤルティ」がより強く影響する傾向

に現れている。一方、仲介業者は多様なサプライヤーを品揃えしているため、顧客は豊富な選択肢の中からその時々の用途や予算に合わせて最適な選択ができる。仲介業者の中でも、どの業者を利用しているかによって同じホテルに対する満足度に差が出ることも少なくない。

　顧客は自らの目的と選好に応じてサプライヤーとプラットフォーマーのどちらを選択するかによって、ロイヤルティの矛先が変わる。特に、オンラインに強いプラットフォーマーが台頭するほど、サプライヤーにとって顧客のロイヤルティをどうやって確立するかが重要な課題となるだろう。

🌐 顧客のパワーを生かす：顧客中心主義の進化

　価値を共創するもう一つのパートナーは顧客自身である。

　顧客のパワーとは、サービス担当者の労働力を代替するという意味でのセルフサービスだけではない。たしかに顧客がセルフサービスを適切に遂行できれば、労働生産性を高める効果が見込める。もう一つは、顧客から寄せられる声や意見という知識や創造性のパワーである。見過ごされていた問題点の指摘や建設的なユーザーならではの意見は、サービス改善や新サービスの参考になる。知識が豊富なユーザーをモニターとして、定期的に意見を出してもらう仕組みを取り入れている企業もある。

　企業にアイデアや意見を出すほどアクティブな人は数少ないが、昨今の消費者は製品・サービスに関する知識をより多くもち、各種の情報源からタイムリーな情報を素早く得ることができる。旅慣れた人々でなくとも、旅行に出かけるきっかけになるような魅力ある素材を見つけ、予算の中で最もお得な交通手段や宿泊先を探して、自分なりのプランをコーディネートすることができてしまう。

　金融資産を一つの金融機関に預けて任せきりにするのではなく、自分で優れた、使い勝手の良いアプリやオンラインサービスでお金の管理をすることもできる。あるいはフィットネスクラブにおいてインストラクターの指導を受けずに、運動アプリを使って自分のペースでトレーニングできる人は、無人の24時間営業のトレーニング施設で十分に満足できるだろう。

　事業所に来店した顧客にサービスを行うのとは異なり、オンラインやモバイルでのリモートサービスは、顧客が保有するデバイス、通信状況、周囲の環境によってサービス品質にバラツキが発生する。端末はスマートフォンかパソコンか、OS

は Windowsか macOSか、Wi-Fi環境のスピードはどの程度かなどといった要因は、事業所でサービスを行う場合は企業がコントロールできる。しかし、顧客が保有するデバイスや環境に対応したかたちで、信頼性のあるサービスを提供できるかどうかは、リモートサービスに特有の問題となる。

　自律的に問題解決ができる、あるいは自分でやろうとする人たちを想定するのか、フルサービスで対応すべき人たちかによって顧客価値の設計は大きく変わる。さまざまなパートナーとの共創関係に加えて、顧客との多様な共創関係の中で、サービス品質を維持するためには、ネットワークをいかにコーディネートする組織能力を構築するかが求められる。

6. コロナ禍を超えて
未来のサービスエクセレンスへ

　2020年2月頃からの新型コロナ感染症拡大にともなう国内外での政府・自治体の対策は、感染症拡大防止と落ち込んだ経済の活性化という2つの目標を同時達成することに向けられ、その難しさがあらわとなった。政府・自治体の対策は、企業に対して営業自粛を要請するかたちで取られた。飲食、旅行、航空、宿泊、娯楽といったサービス業とその関連産業は、需要低下と営業自粛というかたちで大きな影響を被った。

　エッセンシャルワーカーという言葉も広まり、医療従事者、宅配便の配送員、小売店のレジ担当、航空機の客室乗務員など対面接触が避けられないサービスを行う人々が、私たちの社会を支えていることに関心が向けられた。一方、サービス業各社は徹底した感染症対策を進める一方、リモート、デリバリー、ドライブスルー、在宅、そしてデジタル化をより一層推進するかたちで対応を模索した。ある意味で、コロナ禍はサービスのあり方、そして、サービスエクセレンスとは何かを再考する機会にもなった。

顧客基盤を強くする「貯金」

　このような企業努力は、顧客の心理・行動にどう影響したかだろうか。2020年

度の JCSI調査データを見るかぎり、CSI主要指標はおおむねどの業種も上昇した。感染症対策に対する顧客評価として、JCSI調査では新たに5つの品質評価項目を追加した。

①感染症への衛生対策：顧客と従業員の手指消毒、飛沫防止、施設の消毒、定期的な換気
②ソーシャルディスタンス：施設利用率や客導線の規制
③コミュニケーション：感染症対策や営業時間などの情報提供・情報開示
④非接触の顧客接点：リモート、オンデマンド、デリバリー、持ち帰りなどの提供方法
⑤取引条件の柔軟性：価格やキャンセル料の猶予、ポイントやマイレージ、ステイタス期限の延期などの柔軟な対応

これらの取り組みに対する顧客評価が高いと顧客満足度が高くなる、という因果関係の証拠は見られないが、③の取り組みにネガティブな評価をする人は、顧客満足が低い傾向が見られる。①感染症対策は感動因子にはなりにくいが、顧客満足にとっての新たな最低条件となっていると考えられる。もう一つの知見として、将来に向けて期待を持てる傾向が、ロイヤルティに表れている。

たとえば、国内線航空を過去1年に2回以上利用した経験がある人に、2020年8月に実施した JCSIデータから次の傾向が見られた。ポイントとなるのは「直近利用日」である。第1に、直近利用日がコロナ禍の前後では顧客満足度に違いはみられないが、ロイヤルティはコロナ後に利用した人の方が有意に高い。これはシティホテルでも同様の傾向が見られた。

第2に、各社のコロナ対策に対する品質評価は、コロナ禍の中で利用した人の方が高い。いくつかの航空会社においては、①衛生管理、②ソーシャルディスタンスの確保について、コロナ禍で搭乗した人の評価の方が格段に高い。

第3に、他の変数を統制して、①感染症対策への顧客評価がロイヤルティを高める効果を推定すると、コロナ禍で利用した人のほうが影響は大きかった。加えて、予約・搭乗の手続きのサービス品質評価もロイヤルティにより強く影響している。スタッフや他の乗客との接触が発生しやすいプロセスを経験したことによって、未経験の人がイメージで抱いているような心理的な不安が和らぎ、次回も利用したいというロイヤルティにつながったのではないかと推測できる。

コロナ対策を徹底していることが顧客心理に与える効果は短期的には見えにく

いかもしれないが、長期的にはロイヤルティというかたちで顧客の心に「貯金」されており、その意味では顧客基盤を強くすることにつながっている（Fornell 2007）。これが証拠となるならば、日々悪戦苦闘している現場スタッフらにとって、心の支えとなるかもしれない。

ハイテク＆ハイタッチのサービスエクセレンス

　コロナ禍を克服するための非対面・非接触をはじめ、サービスエクセレンスのかたちをどう変えるかを考えるうえでの切り口の一つがハイテクとハイタッチである。オンラインとオフラインの業態の違いに見られたように、顧客が金融取引や旅行手配の経験がどの程度、あるかによってオンラインサービスの評価に違いが出る。対面接触ではリアルタイムかつインタラクティブなやりとりを通して、サービス担当者がプレ・ステージからコア・ステージにおいて、経験が浅い顧客に対しては柔軟かつきめの細かなハイタッチの対応ができる。こうした機能がオンラインのセルフサービスで再現できるかどうかが、サービス品質評価のカギを握るだろう。ハイテク、つまり、人をテクノロジーで代替するサービスは、ある程度の経験をもつ顧客セグメントには有効であり、高い顧客満足が見込める。

　ロボットやシステムによる自動化システム、デジタル・アシスタント、チャットボット、そしてセルフサービスは、従来、人が行なっていた役割を代替するテクノロジーである。一方、顧客や業務関連の情報を瞬時に取り出せる情報技術、大量データの分析ツール、コミュニケーションツールなどは、人の役割を補完・強化するテクノロジーである。

　前者のように、オンラインサービスで代替できたとしても、何らかのサービスの不具合や問題に直面した際、オンラインを選好する顧客は、カスタマーサポート部隊が適切なトラブル対応やサービス・リカバリーといったハイタッチサービスを必要とする、という指摘もある[7]。その意味で、顧客経験のポスト・ステージにおいて人の役割はますます大きく差別化要素となりうる。

　サービスマネジメント研究では、人の役割に注目した議論は多い。従業員満足（ES：Employee Satisfaction）と顧客満足が連鎖して企業の収益性に結びつくというサービスプロフィットチェーンという仮説がある[8]。この仮説は以下のような利益への連鎖を想定する。

**　　内部サービスと職場環境 → 従業員満足・会社へのロイヤルティ**

→ サービス価値 → 顧客満足 → ロイヤルティ → 収益性（利益）

　連鎖の末端から逆算すると、サービス事業の収益性を規定する主要な要因は、顧客ロイヤルティである。顧客ロイヤルティの源泉は顧客満足である。顧客満足は、顧客に提供されるサービス価値の関数である（サービス価値が高ければ満足度が高くなる）。サービス価値は、職務満足度が高く会社への忠誠心があり生産性が高い従業員によって生み出される。そうした従業員の努力は、組織内部のサービス品質もしくは仕事環境によってドライブされる。ここでいう内部サービスとは、サービスを提供するための社内の部門間連携ないしはパートナーとの連携に相当する。

　ES↔CSの議論は、S（Satisfaction）をX（eXperience）に衣替えして、EX（従業員体験）↔CX（顧客体験）という図式で語られることもある[9]。サービスに従事しているスタッフが仕事に不満を抱えていると、顧客に良いサービスを行い、満足させられるはずがないという話は直感的に理解しやすい。たしかに顧客満足度と従業員満足を拠点ごとに集計すると、相関関係が見られることはある。SであろうがXであろうが、従業員関連でCSから収益性までを説明することに変わりはない。しかし、ES→CS関係は実証がむずかしい仮説であり、先行研究では従業員（＝人）関連の要因だけで顧客満足から収益性までを説明することはできず、その他の重要な要因を見過ごすことすらあるという否定的な見解すらある[10]。

　しかし、実務的視点からすれば、今まで漠然と経営者が感じていたことをシンプルな要因に絞り込んで、定量的に検証するためのフレームワークは、マネジメントの思考のベースとして有益である、これに加えてそもそもサービスにおける人の役割とは何かを改めて考え直す機会が訪れた、というのがコロナ禍の現状である。

　次世代のプロフィットチェーンを描くとするならば、カギとなるのは、従業員から顧客へのハイタッチなサービスだけでなく、テクノロジーを介したサービスを含めた顧客経験をパートナーや顧客との共創関係の中でどう価値設計し、実行するかである。

　CSI診断の基本は同じである。いつ、どのような場面で、どのような顧客セグメントが、どのようなサービスを経験し、どのような評価軸をもっているかを特定する必要があるだろう。未来のサービスエクセレンスがどうあるべきかの唯一の答えはないが、顧客フィードバックデータから自社のサービスエクセレンスを診断し、課題発見と課題解決につなげるための基本的な考え方は、サービス企業においてますます必要になるだろう。

顧客基盤を見据えた価値設計

　第2部では、顧客満足 −利益連鎖という大きな問題を小さな問題にわけて分析・診断する方法を紹介した。CSI 診断と SQI 診断では、JCSI モデル、カスタマージャーニーに沿った顧客視点の品質レンズ、IPA（重要度パフォーマンス分析）によるプライオリティの設定、非線形・非対称関係を想定したサービス品質の最低条件・満足因子・感動因子の判別といった診断手法を取り上げた。同時に、これらの診断方法を実践的に用いる際、顧客セグメントごとのスコアや反応の違いを見分けることが、意味のある診断結果を導き出すうえでの課題となることは共通している。

　そこで第9章では、顧客基盤がどのような顧客セグメントから構成されており、その重心はどこにあるかを識別する顧客基盤マップを紹介した。企業・ブランドは、ニーズや反応が異なる顧客セグメントによって顧客基盤が形成されている。

- 顧客基盤マップ（カテゴリー経験量×顧客シェア）によって、自社のサービスを利用している顧客基盤の重心がどこにあるかを把握することができる。たとえば、CSI スコアが同水準の2社を比べると、自社ばかりを利用するコア顧客を中心とするものと、他社と自社を適度に使い分けている顧客を中心とするものがある。
- もし顧客セグメント間にニーズや価値ドライバーの違いがあり、互いに排他的ならば、中心とすべき顧客をどこに置くか、自社のブランドの市場ポジションをどこに置くべきかを経営者やマネジャーは戦略的に判断しなければならない。その意味で、価値設計の方向性と顧客の戦略的選択はコインの裏表の関係にある。

　どの顧客セグメントのどのような価値ドライバーにテコ入れするかを経営者やマネジャーが見極めるためには、何らかの判断基準を必要とする。

- RFM や LTV（顧客生涯価値）などといった経済合理性に関わる指標は、経営者やマネジャーが拠りどころとする判断基準である。どの価値ドライバーやサービス品質をテコ入れするかによって、どれだけの利益貢献があるか（品質収益性）は、サービスエクセレンスのマネジメントにおいて最適化されるべき問題である。

・組織が追求するコア・バリューと価値観に照らして、価値設計の方向性が正しいかどうかも重要な判断基準となる。変えてはならないもの、変えて良いものを見極めるうえで、組織のコア・バリューは無視できない。とくに、定量的に価値を測定することがむずかしい、特異な品質属性やメタ品質となる個性（らしさ）に関してはなおさらである（第7章）。

・経営者やマネジャーには、現在及び将来を見据えた顧客ポートフォリオ管理を最適化するような、顧客満足−利益連鎖のサイクルを作ることが求められる。

　JCSIデータで、継続的に高い評価を得ている企業・ブランドをみるかぎり、価値設計の方向性として、①品質駆動か価値駆動か、②総合化するか専門化するか、③価値設計における"足し算"と"引き算"の発想、④継続性と新規性、⑤単一ブランドで展開するかマルチブランド体制を取るか、といった対立軸で価値設計の方向性を捉えることができる。

　趨勢として、①から⑤のいずれにおいても後者の方向性を目指した新興の企業・ブランドと、前者の方向性を死守する伝統的な企業・ブランドとが、日本のサービスエクセンスを語るうえで欠かせない構図となっている。新興ブランドはコストパフォーマンスに優れて顧客満足度は高いが、思いのほかロイヤルティが高まりにくいジレンマを抱える。それに対して、伝統ブランドの方は、品質評価は高いがコストパフォーマンスの評価が低いこともあり、顧客満足度はほどほどであるが、圧倒的な信頼と実績、そしてスイッチング・コストの高ささを背景にして、ロイヤルティ（再購買意図）が高いという特徴をもつ。

Notes

1. 「オーケー社長飯田勧さん─売り物は誠実、低価格・高効率の合わせ技」『日経MJ（流通新聞）』2011.10.24
2. 「スターフライヤー─快適性重視、大手も追う（小野譲司の目）『日経産業新聞』2016.3.16、株式会社スターフライヤー（2017）『スターフライヤー 漆黒の黒、感動を乗せて─小さなエアラインの大きな挑戦』ダイヤモンド社
3. 「リッチモンドホテル─設備更新、先手打つ（小野譲司の目）『日経産業新聞』2016.7.7.
4. 「QBハウス─量から質へ成長維持（小野譲司の目）」『日経産業新聞』
5. 回答者本人が主観的に考えた利用回数の割合は、真の割合と正確に一致するとは限らない。また、娯楽施設の利用回数といったとき、舞台観劇だけを分母に想定する人もいれば、テーマパークから映画館までの娯楽全般を思い浮かべる人もいる。それゆえ主観的な要素を多分に含んでいる。
6. AccorHotels and the Digital Transformation：Enriching Experiences through Content Strategies along the Customer Journey, INSEAD Publishing, CASE（12/2018-6241）（「アコーホテルズとデジタル変革：カスタマージャーニーに沿ったコンテンツ戦略でカスタマー・エクスペリエンスを豊かにする」日本ケースセンター）。
7. De Keyser, Schepers, and Konus（2015）
8. サービスプロフィットチェーンのコンセプトは以下を参照（Heskett, Sasser, and Schlesinger 2003；Heskett et al.,1994；Frennea, Mittal, Westbrook, 2014；Rust et al., 1995）
9. たとえば、「特集：従業員満足は戦略である」『DIAMONDハーバード・ビジネス・レビュー』2018年8月号。
10. たとえば、Homburg and Stock（2004）は、サービス品質や顧客満足に与える直接効果は、提供物やプロセスの方が大きく、従業員の職務満足はわずかであり、顧客接点での接触頻度などの調整効果もあると指摘している。また、Brown and Lam（2008）の先行研究をメタ分析した結果によれば、従業員満足は顧客満足の4〜6%を説明するにとどまっている、と結論づけている。Frennea, Mittal, and Westbrook（2014）は、従業員関連の要因だけをクローズアップして、顧客満足から利益への連鎖を説明することには限界があると指摘している。

第3部
PART 3

CX戦略の組織的推進

第10章
CHAPTER 10

組織の壁を克服する

CX戦略を推進する5つの問いかけ

1. CX戦略を推進するための問い

　本章では顧客中心主義を推進するために、社内組織の壁をどのように克服すべきかについて議論する。顧客中心主義とは、顧客視点でのサービス評価を重視する経営思想である。「市場・顧客のニーズや情報を収集し、組織内で共有して顧客ニーズを満たす製品・サービスと価値ある経験を顧客に提供する企業の理念・組織体制」である。そして、CX戦略はこの理念を具現化し、顧客経験を最適化するものとして策定・実行される（顧客中心主義の詳細は第1章を参照）。このような考え方をもとに、顧客価値の向上という経営課題に取り組むためには、一連の活動を組織の壁を越えてデザインすることが求められる。

　必要な一連のプロセスを順番に列挙すると、以下の通りである。

① 戦略と目標の設定
② 診断システムの設計
③ データ収集と分析
④ 優先順位の設定と意思決定
⑤ 改善のための実行計画の策定
⑥ 結果の評価システムの体系化

　しかし、多くの場合、①の目標設定から⑥の評価システムに至るまでの活動プロセスを、より具体的な組織活動に落とし込んでいくのは容易ではない。そこには、さまざまな組織的なハードルが存在している。

　CX戦略の推進力とは、こうした組織的な障壁をうまく乗り越えるのに必要な知識とスキルの体系を指す概念である。推進力については、第4章「顧客フィードバックのエコシステム」で取り上げている。CSIの活用5つのステージ図表4-10を参照されたい。CSIの活用ステージが、必要とされる知識とスキルが向上し、組織的なコミットメントも段階的にレベルアップするイメージが整理されている。

　一般にステージ2を脱してステージ3、さらにはステージ4が実現できれば、同じ業種の競合他社に対して優位なポジションをとれる可能性が高くなる。図表4-10によると、ステージ2では、さまざまな顧客フィードバックデータを収集・分析し、自社の強みや弱みを明らかにし、改善すべきサービスの問題点が明らかにされる。ステージ3では、ステージ2で分析した顧客フィードバックデータと社内のデータをつなぎあわせ、全社を横断的な目線で問題を構造的にとらえるこ

とになる。ステージ3になると、取り組むべき課題が経営層のレベルになるため、経営者や企画部門および各サービスの統括部門のコミットメントが必要になる。ステージ4では、ステージ3の一連の活動の企業の財務面への貢献までを分析の対象とする。この段階になると、KPIをマネジメントする仕組みが組織内で整っていることが前提になる。

　これ以降はCX戦略の推進力の考え方と、それを実践するうえでのポイントについてくわしく述べていくことにしよう。基本的には、ステージ4を目指すために何が必要かという観点から解説をしていきたい。たとえ自社の置かれたいまの状況がステージ1、2であっても、何らかの有益なヒントは得られるはずである。

顧客中心主義の経営で社内の推進力が生まれない理由

企業が認識すべき課題とは何か

　高い顧客満足やロイヤルティをもたらすCX戦略は、企業にとってなぜ重要なのだろうか。

　どのような企業であれ、どのような部門を担当しているマネジャーでも、顧客の支持を得ることが重要ではないと考えるビジネスパーソンはいないだろう。専門分野の研究者でなくても、経験的に顧客からの高い評価が企業の収益に結びつくことを認識しているはずだ。

　どうしてか。次のように考えるとわかりやすいのではないか。つまり、顧客満足が高まれば、リピートが増えて収益が上がる。リピートが増えると顧客の数が維持できるので、新たな顧客を獲得するためのコストが下がっていく。一方で、全体的に顧客満足が向上すればSNSなどを含めクチコミが広がり、新規顧客の獲得コストは下がる。最終的には、サービス提供からの収益が上がることになる。こういったシナリオが描けるからである。

　このロジックに異を唱える人は、おそらくいないが、問題なのは顧客満足とその戦略的なシナリオの重要性について、関係者の理解が十分になされているかどうかである。実践的な場面で具体的な手法が知られていない場合は、取り組み自体が全社的なかけ声だけで終わってしまう。現場の担当者が納得できるロジックとツールがないとき、実践は現場任せになっていることが多い。しかも、その場かぎりで一貫性のない対応に終始してしまう。

　そうなると、顧客からの評価を客観的に分析し、真に手を施すべきところに適

切な処置がなされないことになる。結果的に、取り組みが散発的もしくは限定的なものにとどまる、といった状況が生み出されるわけだ。提供されるサービスが改善されないまま放置され、顧客満足やロイヤルティの低下を招くことになる。

では、このような状況に陥らないためにはどうするのか。

自社を取り巻く市場環境や競合との関係、自社のビジョン、事業戦略、内部リソースの状況など、企業それぞれの状況に合わせた独自の顧客価値の設計にCSIを活用し、それを全社的な仕組みや文化に高めるところまで踏み込むことが求められる。顧客中心主義の総論には賛成といいながら、具体的な各論については対応策が示されない状態に陥ることなく、CX戦略をやり抜くことに挑戦する枠組みが求められるわけである。

企業独自の価値設計とは

では、各企業の戦略や課題に応じてカスタマイズされた独自の価値設計とは、具体的にどのようなものなのかをここでは考えていくことにしよう。

まずは、JCSIの調査対象となっているスターバックスとカフェベローチェを対比させた事例を紹介する。

図表10-1は、JCSIで測定している主要6指標の結果をグラフ化したものである。JCSIでは、顧客満足を獲得するための評価指標として、利用前の顧客の期待値を示す顧客期待、実際に利用・経験した際のクオリティを示す知覚品質、支払った金額などに見合っていたかを示す知覚価値の3つの指標（原因系）が用意されている。これらの指標を原因系の指標と呼ぶことはすでに述べた（第2章参照）。

データによると、スターバックスとカフェベローチェの顧客満足度は、ほぼ同水準である（差異はわずかで誤差の範囲）。ところが、顧客満足やロイヤルティの獲得に至るまでの価値提供（顧客経験）のプロセスは、実はまったく異なっていることがわかる。スターバックスは、高い顧客期待と実際の利用経験に基づく品質の高さが顧客満足の源泉になっている。それに対して、カフェベローチェは、顧客期待と知覚品質はスターバックスほどではないが、極めて高いコストパフォーマンス（知覚価値）を示している。これが、同社の顧客満足の源泉となっていることがわかる。

企業独自に積み上げられた価値設計のシナリオとは、この2社の事例で示された顧客経験のプロセスを反映したもののことをいう。どのような顧客経験のプロセ

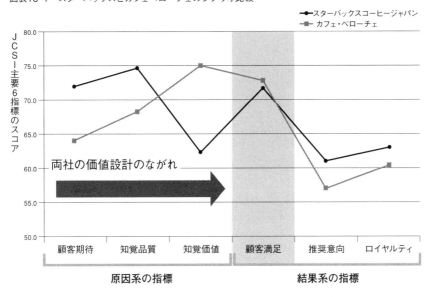

図表10-1　スターバックスとカフェベローチェのシナリオ比較

凡例：
● スターバックスコーヒージャパン
■ カフェ・ベローチェ

縦軸：JCSI主要6指標のスコア

横軸（左から右）：顧客期待　知覚品質　知覚価値　顧客満足　推奨意向　ロイヤルティ

両社の価値設計のながれ

原因系の指標　　　結果系の指標

スをデザインし、顧客にどのような価値を提供することで市場での評価を獲得することを意図しているのか、ということである。

　顧客経験の提供プロセスは、同じ市場で競争する企業であっても、異なったアプローチを取られることが通常である。この場合は、スターバックスとカフェベローチェのどちらのロジックが正しいのか、という問題ではない。どのように市場環境の変化をとらえ、自社のビジョンや価値観、リソースを踏まえながら独自の価値設計を行い、その意図するところを顧客に浸透させることができるかという問題なのである。

● CX戦略を推進するための5つの問い

　独自の価値設計によって、CX戦略を高いレベルで推進するためには、企業として具体的にどのような検討が必要なのだろうか。

　ここで最初に提起したい問いは、「自社にとっての顧客満足やロイヤルティを明確に定義する」ということである。言い換えると、「実用的な顧客満足やロイヤル

ティの定義」をすることだ。

「顧客満足やロイヤルティを定義する」といわれても、ピンとこないかもしれない。実は、企業の中で、この発想をもつことは意外とむずかしい。みなさんが所属している会社や事業部門で、顧客満足やロイヤルティをどのように定義しているのか、社員の間で顧客満足やロイヤルティの概念がどのようなかたちで共有されているのか、周りの人たちに質問してみるとよくわかるはずだ。この質問に、あなたならどう答えるだろうか。

実はこの問題の現状について把握するために、顧客マーケティング共同研究会（2013〜2016年にインテージが主催）の参加企業にアンケート調査を実施した。4回の研究会では、JCSIのデータを用いた分析結果やさまざまな業種の事例研究をもとにして討論が行われた。そこから顧客満足やロイヤルティの実用的な定義は、次のような3つの質問に明確に答えることだ、という認識に至った。

Q1　成果に関する質問

顧客からの評価の活用やアクションを通じた顧客満足向上の成果として、何を想定しているか。

Q2　可視化と妥当性に関する質問

顧客の評価に関して、何をどのように測定（可視化）しているか。その内容や方法の妥当性は、十分に高いか。

Q3　結果の活用に関する質問

測定し、可視化された結果は、社内で活用されているか。サービス設計やアクションにどのようにつながることを想定しているか。

これらの問いに明確に答えきれない場合、顧客満足度調査やその分析をどれだけ行なってもうまくいかない可能性が高い。また、顧客への提供価値を高めるために相当規模の投資を行なっても、大きな成果を上げる可能性は低いであろう。これらの問いに対する明確な答えをもつことが、CX戦略の推進力の基盤になる。

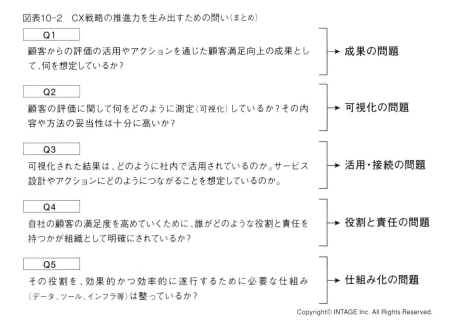

図表10-2 CX戦略の推進力を生み出すための問い(まとめ)

| Q1 |
| 顧客からの評価の活用やアクションを通じた顧客満足向上の成果として、何を想定しているか？ | → 成果の問題 |

| Q2 |
| 顧客の評価に関して何をどのように測定(可視化)しているか？その内容や方法の妥当性は十分に高いか？ | → 可視化の問題 |

| Q3 |
| 可視化された結果は、どのように社内で活用されているのか。サービス設計やアクションにどのようにつながることを想定しているのか。 | → 活用・接続の問題 |

| Q4 |
| 自社の顧客の満足度を高めていくために、誰がどのような役割と責任を持つかが組織として明確にされているか？ | → 役割と責任の問題 |

| Q5 |
| その役割を、効果的かつ効率的に遂行するために必要な仕組み(データ、ツール、インフラ等)は整っているか？ | → 仕組み化の問題 |

顧客満足の向上は誰の問題か

　上述の3つの問いに加えて、もう一つ重要な視点がある。それは「顧客満足やロイヤルティは誰の問題か」という命題である。さまざまな業種の企業の方々と顧客経験に関する議論をすると、必ずといってよいほど遭遇するのが、従業員の当事者意識が上がらないという悩みである。これは重要な視点であるが、「顧客満足やロイヤルティは誰の問題か」という命題に対して適切に取り組めていないことが原因である。

　つまり、顧客に最適な経験を提供し、顧客の満足度を高めていくために、そもそも誰がどのような役割と責任をもつか、そしてそれらが組織として明確に共有されているかという問題をクリアしなければならない。CX戦略の推進における役割認識と責任を明確化することこそが、問題なのである。

　ところで、顧客満足やロイヤルティを向上させるという目標設定や改善のための施策づくりが、「自分ごと化がなされていない」「メンバーに腹落ちが不十分である」といった声がよく聞かれる。これらのことは、組織として役割認識を明確化しきれていないために表出している現象である。そこで、顧客満足やロイヤル

ティの実用的な定義を導くための問いとして、次の2つを追加しておくことにしたい。

Q4　役割と責任に関する質問

　自社の顧客の満足度を高めていくために、誰がどのような役割と責任を持つかが組織として明確にされているか（役割と責任の問題）。

Q5　仕組み化に関する質問

　その役割を効果的かつ効率的に遂行するために必要な仕組み（データ、ツール、インフラなど）は、整っているか（仕組み化の問題）。

2. 推進力を生み出すための5つの領域
基本的な問題の構造を知る

　ここからはCX戦略の推進力を生み出すための問い（図表10-2）について、その基本的な考え方と実務的観点から押さえておくべきポイントを見ていくことにしたい。その前に、これら5つの問題領域の構造を図示しておくことにしよう（図表10-3）。

　この中で、まず整理しておくべきは、Q1～Q3の基本的な3つの問題である。成果（目的）を定め（Q1）、現状と課題を可視化し（Q2）、施策やアクションに活用し、接続するような方法や仕組みをつくること（Q3）で基本的なステップは完結する。

　こうしたステップを実践していく中で順次、組織としての役割と各自の責任を明確化していくことになる（Q4）。そしてこれらを効率的・効果的に進めるために、実践に結びつくような仕組みを導入する（Q5）。

　役割と責任の明確化が2段目にきているのは、実際の検討では、担当部署が強いリーダシップを発揮し、Q1～Q3を粗いながらも整えてしまうことが優先されるべきだからである。実践的な取り組みが組織内部に浸透していく段階で、全社的な役割と責任を明確にしていけば、目的の達成に向けて生じる問題を少なくすることが期待される。つまり、Q4とQ5はQ1～Q3が有効になるための組織要件である。最終的には、ここができていないと、目標とする顧客中心主義の経営を実践することが困難になる。

図表10-3　問題領域の構造

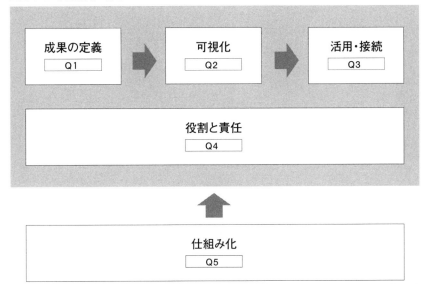

　なお、ここで陥りやすいのは、最初から役割や責任を全社的に考えてしまうことであろう。全体的な取り組みを意識しすぎると、スピード感をもちながら柔軟に動き出すことがむずかしくなる。草の根的な小さな活動でもよいので、まずは、一歩を踏み出すことが大事になる。

🌓 成果に関する問題を解決する

Q1

顧客からの評価の活用やアクションを通じた顧客満足向上の成果として、何を想定しているか。

　第1の成果（Q1）の問題領域について必要なことは、最終的に顧客をどのような状態にしたいのか、そのイメージをもつことである。また、そのためにどのような顧客価値を提供するのかを考えることである。

　顧客満足の向上は、総論賛成に陥りやすい。顧客満足を向上させることは、ど

の組織にとっても当然のことだからである。そのため顧客満足やロイヤルティの向上になぜ（WHY）取り組むのか、あるいは何のために（FOR WHAT）に取り組むのかが案外と問われにくいという側面がある。自社の状況を振り返って、再度、問いかけてほしい。

みなさんの会社では顧客満足向上のWHYやFOR WHATが、十分に議論されているだろうか。それが明確に定義されているだろうか。このことに関連して、多くの企業の方々と関わる中で耳にすることが多い事象を列挙してみよう。

事象1

顧客満足を向上させることによって、どのような成果を意図しているかの焦点があいまいである。もしくは、その焦点が時と場合によって変わってしまう。たとえば、顧客数の増加、購買頻度の向上、顧客単価や購入単価の向上、推奨意向の獲得、感動体験の提供など、その時々でぶれることが多い。

事象2

いつの間にか満足度調査の点数を上げることが、目的化してしまっている。たとえば、会社内で顧客満足やロイヤルティの指標の動きばかりが議論の的になっている。指標の改善が、ビジネス上の成果（業績）にどのように結びつくのか、そのシナリオを描き切れていない。

事象3

会社としてどのような顧客対応と成果を組織として推奨するのか、という問題意識が希薄になっている。これについて議論されることが少ない。そのため現場での顧客対応の軸（推奨行動）がぶれてしまう。もしくは、このことに上層部がほとんど気づいていない。さらに、そのことを指摘する現場の担当者もいない。

ここでは代表的な3つの事象を挙げたが、特に強調したいのが最後の【事象3】である。この事象では、どのような顧客対応と成果を組織として推奨するのかという問題意識や議論が希薄で、現場での顧客対応の軸がぶれている。もしくは、このことに上層部が気づけていない。この問題は、組織として顧客満足やロイヤルティに取り組む目的、実現シナリオの策定と各部門・現場への接続、モニタリングのためのKPI設定、一連の活動を担う人材の育成など、顧客満足やロイヤルティの推進にまつわる論点を包含している。

この問題をもう少し具体的に考えるために、婦人服の販売員のケースを引用したい。以下は、小野（2010）によってわかりやすく解説された事例である。

　次の婦人服売場の販売員のケースで考えてみましょう。ボトムス（スカートやパンツ）を買いに来た買い物客が試着室に入っている間、販売員は何をするべきかという問題です。ここでは話を単純化するために2つのパターンを想定します。

　まず販売員Aさんは、試着室の前でお客様が出てくるのを待ち、サイズが合って購買を決定してくれれば会計に向かいます。Aさんが接客に費やす平均時間は約5分です。

　次に販売員Bさんは、売場を回って試着中のボトムスに合うトップス（上着）を探しに行き、試着し終わったところでお客様に提案します。平均接客時間は3倍の15分程度かかりますが、提案のヒット率は20％です。

　さて、販売員としてAさんとBさんのどちらが優れているでしょうか。Aさんは単純計算すれば1時間に12人の接客ができ、生産性が高いのは明らかです。Bさんは接客の生産性はAさんの3分の1です。しかし、顧客満足はどうでしょうか。

　むしろ、Bさんのほうが提案を受け入れてくれたお客様の満足度は高く、いずれBさんの指名で再来店してくれる確率も高いかもしれません。問題は、組織としてどちらの活動を推奨し、それを支持し、評価する仕組みを持っているかです（小野2010）。

　Aさんが提供しているサービスは「スムーズな買い物体験」であり、Bさんが提供しているサービスは「丁寧に寄り添ってくれる買い物体験」である。このどちらを活動の成果として推奨するのか。これは顧客満足やロイヤルティを組織的に高めようとする際に、必ず明確にしなければならない命題である。解決に向けたヒントとなるのは、収益構造を分解し、フォーカスすべき活動を見極めることである。

　つまり、この問題を自社にあてはめて考えるには、自社の収益構造を書き出してみることが有効である。検討を単純化するために、売上の構造を分解してみるとよいだろう。

　アパレルにかぎらず、小売、外食など多くのサービス業における売上（第1段階）は、実際に商品を買った購入客数と客当たりの購入金額である客単価に分解できる（第2段階）。さらに、購入客数は、店舗に来た来店客数と実際に購入した客の割合（購入者比率）の掛け算になっている（第9章3節を参照）。

　一方で客単価は、1人の客が購入した商品の購入単価に買い上げ点数を乗じることで計算ができる（第3段階）。

　ここで大事なのは、組織として推進するさまざまな活動が、数値化できる指標のどれをターゲットにしているかに意識を向けることである。また、3段階に層化した中で、どの指標を成果として設定するかで、その後の活動シナリオが異なる。つまり、提供すべき顧客価値の中身が異なってくるのである。

　この議論があいまいなままでは、アパレルの例のように、顧客対応の軸にブレが生まれて、店舗が提供する価値に一貫性がなくなり、最終的には、顧客対応のブレが業績が悪化する原因にもなりかねない。

　たとえば、購入者比率をターゲット指標とした場合、顧客に提供すべき価値はどのように分解されるか。購入者比率を改善するために顧客に提供すべき価値は、接客マナーやスキル／提案力／店舗の快適性などに分解できる。店舗での活動は、これらの要素をバランスよく高めていくことになるだろう。

　一方で、ターゲット指標を購入単価や購入点数に置いた場合はどうだろうか。要素としては変わらないが、重点を置くべきものが提案力などに変わってくるはずである。まんべんなく取り組む場合とは明らかに対応が異なる。

　ビジネス上の成果（業績）に結びつけるシナリオは一つではない。だからこそ、何を成果として推奨するかを明確に定めることが、ぶれないCX戦略、つまり、さまざまな接点での質の高い顧客経験を実現させる。顧客満足やロイヤルティの成果として何を想定するかという問題は、どのような顧客対応や価値の提供を組織として推奨するかを問うことに他ならない。

可視化の問題を解決する

Q2

顧客の評価に関して、何をどのように測定（可視化）しているか。その測定内容や方法の妥当性は、十分に高いか。

第2の問題領域は、組織として可視化（測定）の問題に対応することである。顧客価値を最適化し、満足度を高め、ロイヤルティの高い自社のファンであり続けてもらうために、どのようにしたらよいか。

　このことを組織全体で推進するためには、顧客からのフィードバックを適切に把握することが必要である。データに基づく顧客評価の可視化は、現在の企業に求められる極めて重要な能力の一つであろう。

　ところが、現実を見渡すと顧客フィードバックデータの測定や収集の方法に課題をもつ企業は少なくない。情報技術を活用した事業運営が当たり前になり、データ収集環境がこれまでないほど整っているにもかかわらず、このような状況にある。この問題は、以下の2つの側面に分けてとらえることができる（顧客フィードバックデータについては第4章参照）。

（A）測定／収集手法の選択と目的
（B）測定／収集手法の体系化

（A）測定／収集手法の選択と目的

　顧客からフィードバックデータを得るにはさまざまな手法がある。代表的なものとしては、自社の顧客のアンケートやインタビューの実施、顧客から企業に寄せられる声（VOC：Voice of Customer）などがある。VOCのデータを分析するなど、自社リソースを活用する方法以外には、調査会社のアンケートモニターを使った調査など外部リソースを活用する方法がある。または、これらの組み合わせも考えられる。さらに、最近ではSNSで発信される情報から、顧客の反応データを収集・分析するケースも増えている。

　ここで認識しておかなければならないのは、それぞれの情報ソースにはユニークな特徴がある、ということである。メリットもあれば、デメリットもある。唯一万能な手法はないため、一つの手法やデータソースだけで自社顧客の全体を把握することには無理がある。それゆえ、それぞれの特徴や性質の違いを踏まえて適切な使い分けをすることが必要になる。測定／収集手法の選択や使い方に、改善を要するケースも少なくない。

　測定の問題をクリアするうえで最も大事なことは、顧客フィードバックデータの測定／収集の目的が何であるかを組織として明確に設定し、ぶれずにもち続けることである。つまり、何を知る必要があるのか、そのためにどのような情報やデータを集めるべきなのか、この関係性を適切に整理・共有することが必要である。

　これが不十分なうちに測定／収集の実務を進めてしまうと、各手法の特徴や性質の違いを踏まえない、整合性のない顧客フィードバックデータの収集が行われることになる。整合性のない情報やデータの収集は、その活用の質を損ねることにもつながるだろう（具体的な活用の問題は後述する）。

　ところで、知るべき情報は何か（顧客フィードバックデータを集める目的）を整理するには、大きく3つの類型に分けて考えることができる。

　　①実態把握
　　②問題設定と仮説探索
　　③仮説検証

①実態把握

　顧客の意識や行動の状態（実態）を、明確につかみきれていないときには実態把握を行う。その際のより具体的な課題としては、「自社の顧客は何を求めているのか」「自社の商品・サービスにどのような不満を抱いているのか」「競合他社にスイッチする可能性はどれくらいあるのか」などである。そのテーマは、生活者の意識や行動など、多岐に渡る。これらはCX戦略を築くための出発点となる非常に重要な情報である。

②問題設定と仮説探索

　これは実態把握と少し似ているが、さまざまな実態（問題）の中から企業が対処すべき本当の問題を設定し、それを解決するための仮説群を想起することである。すなわち、問題解決の"仮の答え"を探してくることにその重点が置かれる。

　具体的な例を挙げると、「ある特定の顧客ターゲットの購買単価を上げるためには、何が必要か」「ある地域の顧客満足度が、ここ半年で低下しはじめた理由は何か」「契約を継続しない顧客が増加傾向にあるのはなぜか」などである。ここでは、解決すべき問題の絞り込みとその糸口を明らかにすることが、主な目的になる。

③仮説検証

　仮説検証では、解決の糸口が本当に正しいかを確かめることが目的になる。ここではこれまで以上に詳細な情報が要求される。具体的に例示すると、「こうすればある顧客ターゲットの購買単価を上げることができるだろう」「こうすればその地域の顧客満足度は改善できるだろう」「こうすれば契約しない顧客の増加を食い

止めることができるだろう」といった今後の打ち手についての仮説の確からしさを検証することである。そのために、より詳細なリサーチを行う、実際に施策をパイロット実施して確かめるなどの方法が採用される。

　以上のように事業のどの場面において、どのような課題を扱うかで顧客フィードバックデータを集める目的は異なる。その時々の目的を意識しながら、それに応じた手法を選択することが測定／収集の質を高めることにつながる。

（B）測定／収集手法の体系化

　顧客フィードバックデータの測定／収集の質を高めるためには、その目的と手段を丁寧に検討することが求められる。しかし、この作業にはそれ相応の時間を要する。その都度、最初から行うと組織の効率性を損なうことになるため、測定／収集手法をあらかじめ体系化しておくことが推奨される。

　体系化とは、自社のビジネスやマーケティングプロセスにおいて、顧客フィードバックデータをどのような目的と手法で、いつ、どのように測定／収集するのかを一元的に整理し、可視化しておくことである。言い換えれば、顧客フィードバックデータをどのように組み合わせて活用していくかを、自社の事業運営の仕組みに適合させる形で予め検討し、整備しておくのである。

　これは飛行機のパイロットが、コックピットに装備された計器に表示されているデータからフライトの現況を適切に判断するのと似ている。どのような場面で、どのタイミングで、どのデータを確認すべきかをパイロットはあらかじめ把握している。

　そして、フライトの状況を判断して、あらかじめ決められたシナリオで進路やスピードをコントロールする。つまり、企業のフライト（経営）においても、さまざまな顧客フィードバックデータを多面的に分析し、顧客評価の状況を適切に判断するための“体系”が求められる。

①自社基幹調査

　顧客フィードバックデータの体系化には、さまざまな形態がある。その代表的な一例を、図表10-4に示す。この事例では、顧客からの評価を具体性と代表性との2軸で整理している。縦軸の具体性は、顧客フィードバックデータの詳細性（分析の細かさ）を表している。横軸は代表性を表現している。

　最初に、基幹となる顧客フィードバックデータを位置づけてみる。この事例では、中心に自社基幹調査と呼ばれる調査が布置されている。具体性、代表性ともに、

カバレッジがもっとも広い。自社基幹調査としては、自社の顧客を対象に四半期などに一度実施される大規模な顧客満足度調査をイメージするとよいだろう。さまざまな側面から、商品・サービスの改善点などを明らかにするためのものである。

②自社随時調査と外部調査の活用

しかし、これだけではすべての情報ニーズをカバーできない。そのため自社基幹調査と連動するかたちで、自社随時調査（アドホック調査）と外部調査（JCSIなど）が実施されることになる。連動の意味は、基幹調査がカバーできない部分を補完するということである。

自社随時調査のイメージは、次のような内容である。「基幹調査から明らかになった課題を解決するために実施された打ち手の効果を測るための調査」「発見した課題をさらに詳細に調べて打ち手の開発に結びつける調査」などで、文字通り、随時行う調査である。この調査は、各施策を所管する事業部門と顧客フィードバックデータを統括する部門が密接に連携しながら、より深い分析スコープと、より具体的な改善を意図して企画・実施される。

さらに、競合他社との比較分析や異業種からの示唆を得るなど、より戦略的な活用を目的としてJCSIなどの外部調査を活用することがある。また、自社基幹調査の中にJCSIの測定モデルを組み込み、顧客フィードバックデータの活用レベルを高めることもできる（JCSIについては第2章参照）。

③顧客の声（VOC調査）

図表10 - 4の事例では、日々顧客から寄せられるお客様の声（VOC調査）を分析し、活用することも位置づけている。VOCの分析は、非常に多くの企業で行われているが、実際には、うまく活用できているケースは意外と少ない。図表10 - 4に示したように、VOC分析から得られた示唆は、自社基幹調査や随時調査に反映される。

この場合の反映とは、それぞれの調査で測定すべき項目の内容を顧客の声をもとに随時見直すという意味である。定期的に行う調査（たとえば、自社基幹調査）では、トレンドを確保する観点から、頻繁に内容を変更しない方がよいと考えるのが一般的である。しかし、直すべきものを修正しないままトレンドを追いかけても意味がない。大事なことは、何を根拠として測定内容を見直すかである。VOC分析の接続先をこの点に求めることは賢い方法の一つである。

図表10-4　顧客フィードバックデータの体系化の例

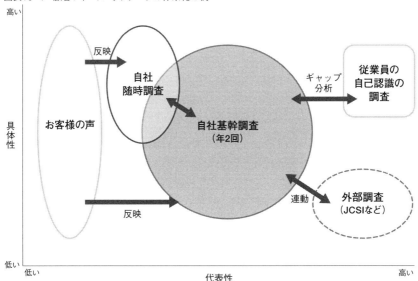

④従業員の自己認識とのギャップ調査

　最後に、この事例では、顧客のサービス評価と従業員の自己認識とのギャップを測定している。自社がどの程度、顧客の要望に応えることができているか、実際にサービスを提供している従業員の"肌感覚"で自己評価する。そして、顧客からの評価との差異を従業員にフィードバックする。ギャップを分析することで、従業員のサービス努力が、思ったほどには顧客に届いていなかったことがわかるケースがある。また、意外なところに、顧客が気にするポイントを発見できる。これだけで多くの気づきを得られることが多い。

　このように、複数の手法やデータソースを連動、反映させながら顧客フィードバックデータの測定／収集方法を体系化することは、CX戦略の推進力を高めるために必要となる情報の土台を構築する。これは第4章で詳術した顧客フィードバックのエコシステムにつながる取り組みである。こうした測定の問題について、自社をどのように評価することができるだろうか。自社の仕組をチェックしてみてはどうだろうか。

活用・接続の問題を解決する

> 測定し、可視化された結果は、社内で活用されているか。サービス設計やアクションの改善にどのようにつながることを想定しているか。

　第3の問題領域は、データの活用についてである。顧客フィードバックデータを商品・サービスの改善や戦略の策定に接続する方法について考えてみたい。

　顧客のフィードバックデータを無目的に収集する企業はないだろう。しかし、データの活用がうまくデザインできていない企業も少なくない。フィードバックデータの活用をめぐる問題点を以下に列挙してみる。自社の現状に照らして、その中のいくつが当てはまるかを自己評価してもらいたい。

チェック項目1

　顧客フィードバックデータの分析目的、位置づけがあいまいである。あるいは、目的が忘れられてデータの収集がルーチン化してしまっている。

チェック項目2

　数値結果の共有に留まっており、健全な課題形成や取り組みの評価になっていない。

チェック項目3

　ほぼ全領域を適切にモニタリングはしているが、蓄積される情報量（データ量）が増える一方で、真のボトルネックが特定しきれていない。

チェック項目4

　分析の前提となる仮説が存在していない。たとえ存在したとしても、充分に練り込まれておらず、数値から読み取ることが質的に浅いレベルにとどまっている。

チェック項目5

　顧客フィードバックデータの信頼性が低い。もしくは、活用することを期待される社内ユーザーがそのように思っている。

　これらのすべてもしくは一部の帰結として、分析からの示唆出しが浅く、施策やアクションにつながっていない。つまり、PDCA（plan-do-check-action cycle）が本当の意味で完遂していない。

　いまや当然のことのように、顧客満足度調査が行われるようになっている。一方で、SNSの普及などにより、顧客の声を収集することができるテクノロジーが高度化している。それでもなお、上記の現象（チェック項目1〜6）が、業種や企業規模を問わず、いまだに多くみられるのはなぜだろうか。

　原因は一つではないように思われる。問題の根底には、「潤沢な顧客フィードバックデータがあれば、なにかしら有効な打ち手が導けるはず」という漠然とした期待のようなものが存在しているように思われる。

　企業のCRM（Customer Relationship Management）を支援する情報システムを導入している企業は多いが、一方で、「わが社は仕組みを入れただけで、うまく機能していない」といったケースも多い。この問題と構造はよく似ていると思われる。つまり、多くの情報を入手し共有するだけでは、問題は解決されないということである。

　情報（顧客フィードバックデータ）を入手すれば、解決手段がすぐに見出されるわけではない。至極当然のことだが、この落とし穴にはまってしまう企業は意外と多い。その原因として、PDCAの"C"と"A"が断絶してしまっていることが考えられる。

　この落とし穴にはまらないためには、顧客フィードバックデータ（Check）と施策（Action）の関係をより強く意識することが求められる。経験的には、顧客フィードバックデータを共有化するだけでは、有効なアクションには結びつかないケースがほとんどである。それゆえ、情報を読み込み、しっかりと咀嚼くして、具体的なアクションのアイデアへと昇華させるための活動（ワーク）を組織的にデザインすることが必要となる。

　実際にアクションを実行する部門と顧客フィードバックデータの収集分析を担う部門が分かれている場合は、各部門の参画を得て組織的に実行することが必要であろう。そうすることで、情報にもとづく有効なアクションと各部門のコミットが得られ、結果として、想定していた成果を生み出しやすくなる。これをやりきれるか否かが、顧客の支持を獲得できるかどうかの分かれ目になるだろう。この問題への具体的な対処法は、第11章で取り上げる。

3. 組織としての対応策

役割と責任の問題を解決する

> 自社の顧客の満足度を高めていくために、誰がどのような役割と責任をもつか
> が組織として明確に共有されているか。

　現代の顧客は、スマートフォンやPC、タブレットなど多様なデバイスを日常的に駆使しながら、さまざまなチャネルを通じて企業との接点をもつようになった。顧客はあらゆるデバイスを携えながら、自らの要求を満たすための"旅"をしている。カスタマージャーニー（第7章参照）は、当然ながら顧客主導である。

　ショッピングという旅をしている顧客は、あるサービスを利用するかどうかを検討している段階で、何かわからないことがあれば、その時々で、もっとも便利でアクセスしやすい方法を使って、それらを調べる。SNSなどでコミュニティを探索したり、クチコミサイトのレビューで評判を確認したり、家族や友人、同僚の話も聞くだろう。

　ある人は企業に直接、問い合わせるかもしれない。さらに、実際にサービスを利用するタイミングでは、商品・サービスそのもののクオリティや従業員の対応、店舗の雰囲気や他の顧客の様子などによって良し悪しを主観的に判断することもあるだろう。また、利用後のアフターフォローの対応などが顧客満足を決定づける評価のポイントになることもある。

　ここで留意すべき点は、このような顧客の旅は、時間的にも長く続く一連の流れだということである。企業側からみれば点に見える顧客との接点であっても、顧客からすれば、すべてが生活時間の流れ（文脈）の中にある。その顧客経験のコンテクストが企業側の不手際など何かしらの原因で途切れることがあれば、顧客の不満は一気に高まることになる。

　図表10-5は、ある保険会社の顧客経験が断絶し、最終的には競合他社に離脱した様子を示している。図中のカスタマーサービス、営業推進、広告宣伝など各部門は、それぞれが担う接点において、おそらく適切に顧客対応した可能性が高いにもかかわらず、結果的には顧客の離脱を招いてしまったという事例である。ここでの示唆は、CX戦略の実行における役割と責任体制のあり方として、各部門がその役割と責任を果たすだけでは、不十分な場合があるということである。

図表10-5 顧客経験の断絶と組織

	契約	経験①	経験②	経験③	離脱の"トリガー"
顧客の経験	新しい保険に加入した。	契約内容について疑問点が出てきたため、フリーダイヤルに電話したが対応がぶっきらぼう。	後日、今度は営業担当に連絡したが、担当者が変更していた。引継ぎもなく、担当変更の連絡もなかった。	たまたま、当該企業のTVCMを見た。「いつもお客様の側に」と身近さをアピール・・・	そんな時、他社から魅力的な新商品。キャンペーンと営業攻勢で、乗り換えを決断。
対応組織	契約課営業推進部	・カスタマーサービス	・カスタマーサービス ・営業推進部	・広告宣伝部	・営業企画部 ・商品開発部

　顧客の離脱を防ぐために必要だったのは、顧客の旅に関する十分な情報や知識、もしくは顧客感情についての共通理解を起点として、各部門がお互いに連携をとりながら企業全体として一貫性のある顧客経験をどのように実現していくかを検討することであった。これが第4の問い（Q4）が指摘する「役割と責任を明確に共有すべき」ということの意味である。ここを押さえておかなくては、顧客の旅（経験）は途絶してしまう。

　顧客価値を最大化するための連携を縦割り組織が阻害してしまうという問題は、顧客フィードバックデータを取得する部門と、それらを活用する部門の断絶というかたちでもよく現れる。

　しかし、後述するKPI体系からも明らかなように、CX戦略を推進し、結果として顧客満足やロイヤルティを向上することは、本来的に組織横断的な企業課題である。この問題は、カスタマージャーニーを効果的に活用することで解決の糸口を見出すことができるが、くわしくは次章で述べる。

仕組み化の課題を解決する

> **Q5**
>
> 顧客満足やロイヤルティの向上を効果的かつ効率的に遂行する仕組みは整って
> いるか。

　顧客満足やロイヤルティの実用的な定義を導くための第5の問い（Q5）は、4つの問いの実行をサポートする仕組みに関することである。たとえば、CX戦略を統括する担当者が異動したことをきっかけに活動が停滞し、途絶えてしまったというケースは珍しくない。

　このような事態では企業として継続的に活動を推進することは困難である。顧客中心主義の経営において、CX戦略を推進する仕組みを組織にビルトインするには、どうすれば良いか。

　この課題に対処する有効なアプローチは、図表10‐6に示したように、仕組み化が満たすべき要件とそれを実現する手段の2つの軸から整理することである。仕組み化の要件は、第1に顧客フィードバックデータをいかに関係部署に共有するかという、フィードバックのあり方に関する検討することである。そして第2は、フィードバックされた情報やデータを活用するスキルをいかに高めるかである。

　Q3（活用の問題）でも述べたように、CX戦略の推進力が高まらない理由の一つに、PDCAにおけるC（確認・検証）とA（活動の修正）の断絶という問題がある。つまり、顧客フィードバックデータが現場に報告・共有されたとしても（C）、活動の修正（A）がなされない、ということである。顧客満足度調査を実施しても、さまざまなVOCや顧客行動データを分析しても、活動に活用されなければ宝のもち腐れである。

　このような状況に読者のみなさんは心当たりがないだろうか。いくら情報の質・量ともに高度な分析結果をフィードバックしても、後続する活動に有効に接続できなければまったく意味がない。フィードバックのあり方は、現場の人々をいかに動機づけるか、という問題も含まれることになる。

　また、これらの要件を実現する手段も2つに分けて考えることができる。それは場の設定と支援ツールの開発・活用である。場の設定とは、オフライン（Face to Face）とオンラインの両方を含む。一方、支援ツールとは、最近はダッシュボードや各種BIツールなどのICTを活用したものが多いが、紙媒体の活用もデジタルとの組み合わせで依然として有効であろう。

図表10-6　仕組みを整えるための検討軸

		軸② 手段	
		場の設定 （リアル／デジタル）	支援ツールの開発 （リアル／デジタル）
軸① 要件	情報・データを 共有する仕組みを 整備する	・フィードバック共有会 ・部門横断の勉強会	・フィードバックシートの開発 ・BIツール（ダッシュボード）に よるシステム化
	スキルアップを促す 仕組みを整備する	・トレーニングプログラム体系の 開発 ・部門横断の勉強会	・行動指針の策定 ・推進ガイド、マニュアル整備 ・ケーススタディ集の作成

　これらの要件と手段を組み合わせると、図表10 - 6のように4通りのアプローチが存在する。ただし、実際にはこれらのうち一つを選ぶというよりは、4つをうまく組み合わせていくことが組織に変化を生み出すために必要である。

組織文化としてのCX戦略の推進力

　昨今の IoTや AIの普及、顧客行動に関するビッグデータの活用環境の変化などを背景に、多くの企業でデータドリブンな組織への変革が謳われている。顧客からの評価を得るために新しいコンセプトやテクノロジーを導入することは検討すべきだが、最終的にことの本質から外れてはならない。CX戦略の推進力として定義すべき5つの問題領域への対応は、企業文化の変革をともなうものである。

　これらの問題領域における自社の定義を明確にし、CX戦略を推進するための仕組みとして定着させることによって、最終的にはそれを組織の文化にまで引き上げていくことが求められているといえよう。

CX戦略の推進力は、5つの問題領域に対応することで獲得できる

　本章では、CX戦略を推進するための活動プロセス（①戦略と目標設定～⑥評価システムの体系化）において、多くの企業が直面している組織的なハードルについて議論した。組織的な障壁を乗り越えるための知識とスキルの体系を指す概念である推進力は、5つの問題領域に対応することで獲得できる。これは、評価と実行プロセスに関するものと組織的な対応に関するものに分けられる。それぞれ以下の問いに答えることを通じて、自社にとっての最適解を探索することが必要である。

評価と実行プロセス

Q1 成果の問題

　顧客評価の活用やアクションを通じた顧客満足やロイヤルティ向上の成果として、何を想定しているか。

　ここで大事なことは、最終的に顧客をどのような状態にしたいかのイメージを具体的にもつことである。また、そのためにどのような顧客価値を提供するのか。CX戦略の推進は、総論賛成に陥りやすい。WHY（なぜ）取り組むのか、FOR WHAT（何のために）に取り組むのかが曖昧になりがちである。自社の状況を振り返り、再度、問いかけてみるべきであろう。

Q2 可視化の問題

　あなたの組織では、顧客の評価に関して何をどのように測定しているか。その測定内容や方法の妥当性は十分に高いものか。

　データに基づく顧客評価の可視化は、現在の企業に求められる極めて重要な能力の一つである。論点は2つに分けられる。一つは、測定／収集手法の選択と目的である。①実態把握、②問題設定と仮説探索、③仮説検証など、目的に応じた最適な手法を選択する必要がある。もう一つは、測定／収集手法の体系化である。①自社基幹調査、②自社随時調査と外部調査の活用、③お客様の声（VOC 調査）、④従業員の自己認識とのギャップ調査など複数の手法やデータソースを連動・反映させながら顧客フィードバックデータの測定／収集方法を体系化することが「推進力」を高める土台となる。

Q3 活用の問題

　可視化された結果は、どのように社内で活用され、アクションにつなげること
を想定しているか。

　苦労して顧客フィードバックデータを収集し可視化したにもかかわらず、十分
に活かせていないケースが実は多い。なぜこのようなことが起こるのか。この問
題を自己評価する観点として、可視化自体のルーティン化、スコア結果のみに執着、
ボトルネック（インサイト）の探索不足、仮説不在、データの信頼性の問題、部門
間の溝（温度差、格差）などを紹介した。

組織的な対応

Q4 役割と責任

　自社の顧客の満足度を高めていくために、誰がどのような役割と責任をもつか
が組織として明確に共有されているか。

　顧客経験の流れ（カスタマージャーニー）は、企業側の都合で断絶してはなら
ない。カスタマージャーニーに関する十分な情報や知識、もしくは顧客感情につ
いての共通理解をもとに、各部門が連携しながら、企業全体として一貫性のある
顧客経験をどのように実現していくのか、その役割と責任を明確にすることが必
要である。

Q5 仕組み化の問題

　顧客ロイヤルティの向上における各部門の役割と責任を、効果的かつ効率的に
遂行するために必要な仕組みは整っているか。

　仕組み化の目的は、一連の活動の効率性の追求と継続性の担保である。特に後
者については、担当者の異動などによる活動の停滞が多くの企業で見られる。こ
れらを回避するための仕組み化（ツール導入だけではない）は、要件と手段の2軸で
整理される。顧客フィードバックデータの共有と活用スキル向上が求められる要
件である。そのための手段は、場の設定と支援ツールの開発に関する検討が必要
である。

第11章
CHAPTER 11

ハードル克服の
モデルケース

3ステップと9項目の活動スキーム

　第10章ではCX戦略を推進するために克服すべき社内組織の壁を、5つの問題領域に分けて議論した。次に必要なことは、自社の現状と課題に適合した実践的で具体的な活動に落とし込むことである。

　企業が構築すべき活動スキームは、自社の事業環境や過去の取り組み、また、その成熟度に応じて異なる。しかし、基本的な枠組みや押さえるべきポイントには、共通点がある（図表11 - 1）。全体の枠組みは、基本となる3ステップと9項目の具体的な活動群で構成される。CX戦略の推進力とは、これらを自社の実情に合わせた形で組み立て、実践していく力のことに他ならない。

　第11章では、どのようにして実践に移せばよいのか具体的なモデルケースを提示しながら議論してみたい。以下の事例と枠組みは、インテージがCX戦略の推進に関するコンサルティング業務で経験してきたものである。

1. 推進力を根づかせるための 3ステップ

　第10章で述べた組織的なハードルを克服し、CX戦略の推進力を高めて組織に根づかせていくためには、3ステップを理解することからはじまる。図表11 - 1に示した3ステップは、それぞれが "わかる化"（理解を促進すること）というキーワードで説明できる。段階を踏んで説明すると、

STEP 1　推進力を根づかせることが、なぜ、自社にとってクリティカルか、がわかる。
STEP 2　推進力を根づかせるために何をどう活動すべきか、がわかる。
STEP 3　活動の修正方法がわかる。

である。これらの "わかる化" については、後述する推進力を具体化する9項目の活動を機能させるために必要な枠組みである。そこで、ここでは各ステップ（3段階）の各活動（9項目）の概要と位置づけ、それぞれの関係性について事前に説明しておくことにする。まず、"わかる化" の各ステップについて説明する。続いて各活動の詳細について述べる。それぞれの活動はバラバラに実行されるわけではなく、各活動が有機的に結びついて一つのスキームを構成している。

図表11-1　推進力を生み出すための基本ステップと9項目の活動

基本ステップ		
STEP 1	**STEP 2**	**STEP 3**
Reason Why なぜ、必要かわかる	How to Act 何をどうすべきかわかる	Analysis & Evaluation どう修正すればよいかわかる

具体化するための活動群		
活動① 健全な危機意識の喚起 **活動②** ありたい姿（ビジョン）の可視化 **活動③** グランドデザイン（推進設計図）の検討	**活動④** 顧客価値の計画と可視化 **活動⑤** カスタマーKPIの体系化 **活動⑥** 顧客タイプ別サービスデザインの立案 **活動⑦** アクションプランの開発と顧客接点への接続	**活動⑧** フィードバック活動のデザイン **活動⑨** フィードバックループの設計

STEP 1　なぜ、それが必要か"わかる"

CX戦略の推進力が必要な理由

　企業のコンサルティングに多く携わっていると、なぜ、推進力が自社にとって必要か、全社的に議論されているケースが少ないことに気づく。顧客価値の向上が企業の生命線であることを考えると、これは意外なことであろう。

　そうした場合でも、実務上の取り組みはさまざま行われている。しかし、活動だけが先行しており、統一的な目標やゴールが設定されていないケースが多い。つまり、活動を通じて、組織内部にCX戦略を推進する力を根づかせるという意識の醸成やそのための取り組みが希薄なのである。

　結果として推進力が組織の能力として定着することはなく、最終的には活動そのものがじり貧となってしまうケースも多い。そのような状態では、持続的に顧客満足を獲得し続け、成長を成し遂げていくことはむずかしくなる。

　一方で、推進力が組織に備わったとして、自社がどのような企業になるのかについて、具体的なビジョンをもつことが必要である。同時に、そうしたビジョンを全社的に共有することが求められる。こうした組織能力をもつことは、他社の

模倣によって獲得できる類のものではない。自社の経営環境や業績、戦略や顧客の動向などを踏まえた上で、より具体的なものとしてつくらなければならない。

いい換えれば、どの顧客に対して、どのような価値を提供し、結果的に顧客をどのような状態にするのかについて、基本的な戦略フレームをもつことである。そのためのマネジメントのデザインはどうあるべきなのか。これらに関する方針を明確に定め、全社的な共有が必要であろう。

この問題にアプローチするために、具体的には、次のアクションが必要になる。

活動 ①	健全な危機意識の喚起
活動 ②	ありたい姿（ビジョン）の可視化
活動 ③	グランドデザイン（推進の設計図）の検討

STEP1で必要な活動とは？

個々の詳細については後にくわしく述べるが、ここでは各活動の関係性について触れておきたい。STEP1の最終ゴールは、グランドデザインを描くことである（活動③）。ひとことでいえば、CX戦略の推進力を組織に定着させるための設計図を作ることである。

この設計図は、後述する活動④から活動⑦まで（あるいは、活動⑨まで）の活動群で構成されている。ただし、設計図を描いただけでは、物事がうまく進展させる可能性は低いままである。それには、2つの前提条件がある。一つは、健全な危機意識を喚起すること（活動①）である。

もう一つは、ありたい姿・ビジョンを可視化すること（活動②）である。この2つの活動が整ってはじめて、STEP1の最終目標であるグランドデザイン（活動③）が機能する。多くの企業ではグランドデザインもさることながら、前提条件を整える活動が疎かになっていることが多い。そのための具体的な活動については、第2節で述べることにする。

STEP 2　何をどう活動すべきか"わかる"

顧客に提供すべき価値の検討

次の段階（STEP2）では、顧客のニーズや満足度を把握するための調査やさまざまなチャネルから寄せられる顧客の声を分析する。さらには、社内に蓄積され

る顧客毎の取引データ、それと関連する顧客に関するさまざまなデータを活用し、戦略や具体的な施策を考えたうえで計画を実行に移していく。これは昨今の企業にとっては、当たり前の取り組みになっているかもしれない。

　しかし、そこに明確な顧客戦略やサービス戦略が存在しており、なおかつ体系的な活動として取り組まれているケースは少ない。戦略がないまま個々の活動だけがルーチン化している。本来的に必要な活動が網羅されておらず、それぞれが断片的な状態になっていることが多い。推進力を高めて組織に根づかせるためには、顧客満足をマネジメントするという発想と、そのための「仕組みを体系化する」という考えを一貫してもち続けることが必要である。

　具体的には、以下の4つの活動から構成される。そのうちの1つか2つに取り組んでいる企業は多いと思われる。しかし、そうした企業であっても、各活動の連携を取りながら、有機的に推進することができている企業は少ないだろう。

活動 ④　**顧客価値の計画と可視化**
活動 ⑤　**カスタマー KPIの体系化**
活動 ⑥　**顧客タイプ別サービスデザインの立案**
活動 ⑦　**アクションプランの開発と顧客接点への接続**

STEP2で必要な活動とは？

　ここでは活動間の関連について、説明を加える。STEP2に含まれる活動は、まず、自社がどの顧客に対し、どのような価値を提供し、結果的に顧客をどのような状態にするのかについて、しっかりとした計画を定めるとこらからはじまる（活動④）。

　顧客価値の検討は、顧客セグメントごとのカスタマージャーニーの検討を通じて行うのが有効である（第7章参照）。これを可視化したものは、第10章でもすでに述べているが、カスタマージャーニーマップと呼ばれる。昨今では多くの企業で、顧客起点のマーケティング手法として取り入れられている。具体的な活用イメージや事例は後述する。

　カスタマージャーニーによって顧客に提供すべき価値を定めたら、次に必要なことは、それらを具体的な施策に展開することである。有効なアプローチは、大きく分けて2つある。

　一つは、指標化によるアプローチである。数多くある提供価値をカスタマーKPI（Key Performance Indicator）として体系化し、因果関係を把握する（活動⑤）。

　もう一つは、顧客ターゲット別に提供する「サービスの流れをパターン化する方法」である（活動⑥）。

　活動⑤は、フォーカスすべき提供価値を絞り込むことができるというメリットがある。一方で、活動⑥は、サービスの流れをあらかじめ決めておくので、より現場に落とし込みやすいという利点がある。組織の状況や課題によって、どちらか一つだけを選ぶこともできる。また、両者を適当に組み合わせて活用することでもよい。

　これらの活動によって施策への落とし込みができたら、次は具体的なアクションプランを顧客接点に接続する検討へと進む（活動⑦）。

STEP 3　どう修正すればよいか"わかる"

フィードバックの内実を追求する

　3つめのステップ（STEP3）のキーワードは、フィードバックである。フィードバックは、私たちがふつうに使っている一般的な言葉である。あえて顧客中心主義の経営を想定して定義し直すとすれば、フィードバックとは、「企業活動に対する顧客の反応や事業上の結果を踏まえて、当初の狙いや計画に立ち戻って活動の改善や調整を行うこと」といえる。

　問題は、「フィードバックを担当するのは誰で、フィードバックの目的が何か？」である。フィードバックには、情報を提供する側（フィードバックを行う側）と情報を受け取り実行に移す側（フィードバックを受けとる側）が存在している。多くの企業はフィードバックをする側の活動として、とらえられていることが多い。もしくは、そのように意識していなくても、フィードバックの活動が実際的に送り手側の仕事になっている可能性が高い。

　そのような場合、フィードバックについて重要なことが忘れられている。つまり、フィードバックは、顧客フィードバックデータの単なる"伝達"にとどまらないということである。つまり、フィードバック情報を受け取る側が、その情報を自分ごととして認識し、有効な次の打ち手を考えることである。

　受け取る側が情報を受け取った後で、高いモチベーションをもって活動を修正することができるように、フィードバックする側がさまざまなサポートを行うことが必要である。すなわち、受け手が状況の改善に主体的に関与するように仕組みを変えることを包含している。これが顧客中心主義の経営におけるフィードバッ

クの意義である。

フィードバックがうまく機能していない場合は、次のような場合である。

①苦労して得た顧客調査やデータ分析の結果について、経営上層部や関係部門、もしくは現場への"報告"だけで終わっていないだろうか？

②その後の具体的なアクションをフィードバックを受ける相手側に、一方的に投げて終わってしまってはいないだろうか？

③フィードバックの改善プロセスを相手の仕事と一方的に割り切っていないだろうか？

もし、これらがあてはまるならば、アクションがフィードバックの受け手に委ねられている状態をいかに脱却するかが、CX戦略を推進できるか否かの分水嶺といってもよい。

なお、フィードバックの対象となるのは、経営層、本社の各部門、支社や支店、顧客接点を担う現場の担当者など、組織の各階層のすべてである。フィードバックの活用は、CX戦略に関わるすべての社内ステイクホルダーの問題である。というわけで、第3のステップにおける具体的な活動は、以下の2つである。

活動 ⑧ フィードバック活動のデザイン
活動 ⑨ フィードバックループの設計

STEP3で必要な活動とは？

最後の段階（STEP3）の活動は大きくは2つである。それぞれに複雑な相互依存関係はなく、順を追って取り組めばよい内容である。

一つは、フィードバックの受け手の主体的な関与を引き出しながら、より有効なアクションの修正を行うための活動をデザインすることである（活動⑧）。これは、"場"を設定し、関係者が集まり議論を交わすことが望ましい。詳細な組み立て方は後述する。

もう一つは、その場で導かれたアクションの修正案などの情報が、その場限りにならないように、確実に実行に移されるようにするため、組織的にオーソライズする仕組みを整えることである（活動⑨）。ここでの仕組みには、顧客経験の改善に関する意思決定や投資予算の権限などをもった会議体や専門部署の設置なども含まれる。

2. 推進力を具体化するSTEP1

　ここからは、CX戦略を推進するために必要な具体的な9項目の活動について解説する。それぞれの段階（STEP1～STEP3）の別に、活動内容について、一つずつくわしくみていくことにする。自社の置かれた環境やそれまでの取り組みの進展度合いによって、各活動への取り組みの強弱はあってもよいだろう。しかし、推進力を獲得し、具体的な成果に結びつけるためには、これら9項目の活動のすべてをカバーすることが望ましい。

　なお、説明の便宜上、それぞれの活動が必要とされることを明確にするために、活動ごとに短いKey Question（問いかけ）からはじめる。

活動①　健全な危機意識の喚起

Key Question

CX戦略の推進力を高める改革に着手しなければ何が起きるか。

　健全な危機意識をいかにして全社的に醸成するかが、ここで対処すべき課題である。今日の厳しい市場環境で、推進力が弱いことへの問題意識をもつ企業は少なくない。ところが、それが全社レベルの危機感にまで引き上げられているかといえば、必ずしもそうはないケースがいたるところで見られる。

　たとえば、経営環境が悪化して、顧客満足やロイヤルティが長期的に低下し続けているとする。あるいは、競合企業と比べて、顧客満足やロイヤルティが低い水準のまま追いつけないでいるとしよう。顧客中心主義の経営の現状や競争的なポジションについて、健全な危機感をもつことは、組織に推進力とアイデアを生み出す。健全な危機感、すなわちCX戦略の推進力の必需意識を醸成する具体的な活動例を以下で紹介することにする。

ネガティブストーリー（他社事例）の活用

　CX戦略の推進力を失い業績が悪化したネガティブストーリーをケーススタディとして社内に示すことは、一つの方法である。CX戦略の推進は、企業業績を左右する死活問題である。推進力の改革に本気で着手しなければ、遠くない将来に何が起きるのか。経営層をはじめ、関係部門に対して、その影響の大きさをネガティ

ブな実例で提示するのである。

　たとえば、マクドナルドは、2013年頃から業績が低下しはじめ、2015年には深刻な水準まで顧客満足やロイヤルティも業績も落ち込んだ。その後、業績不振店の閉鎖などを含むリバイバルプラン（経営改革）によって、2016年以降は見事にV字回復を果たしている。

　ここでは、2013年頃から2015年にかけて起きた業績不振に着目する。顧客満足度やロイヤルティの低下と呼応するように、既存店売上高および客数が低下した（図表1章1-7）。これは数字上の単なる偶然ではない。小川（2015）によると、大きくは3つの構造的な要因が存在したことが明らかになっている。

　　①本部コントロールがおよばない出店スピードと管理体制
　　②戦略性のない集客施策（ターゲティング）
　　③QSC（Quality/Service/Cleanliness）の低下

①本部コントロールがおよばない出店スピードと管理体制

　約400もの店舗を一気にリニューアルし、メガフランチャイズ化を押し進めた結果、本部のコントロールが末端まで効かなくなってしまった。現場で起きることに対して本部が迅速に手を打てないまま、業績はつるべ落としのように低迷していった。本部の意向が十分に店舗まで浸透しない。つまり、店舗を訪れる顧客の要求に対して、組織的に手を打つことが困難な体制をつくってしまったのである。

②戦略性のない集客施策（ターゲティング）

　客数の獲得を狙ったクーポンや商品メニューの乱立も裏目に出た。当然、個々の商品やクーポンには想定ターゲットが存在しているはずである。しかし、それぞれには明確でも、会社あるいはブランド全体として、どのような顧客に来てほしいのかというメッセージが希薄になった。

　誰に向けての商品やブランドなのか、どのような価値が提供されるのかについての明確なメッセージがなければ、"自分向きのお店である"という認識が顧客の意識からなくなる。結果、主要な顧客（ファミリー層）が、ブランドから離反することになった。結局のところ顧客のためではなく、客数をとにかく増やしたいという企業側の都合が優先された結果である。

③ QSC（Quality/Service/Cleanliness）の低下

　サービス業の基本であるQSCが低下したことも、業績不振の原因となった。ま
ず、24時間営業を展開したが、店舗によっては従業員の負荷が高くなり、ブラン
ドの資産ともいえる"スマイル"を維持することはむずかしくなった。また、つ
くり置きせずに注文を受けてからつくりはじめる"メイド・フォー・ユー"という
システムと、会計から60秒以内に商品が提供されなければ、次回に使えるクーポ
ンがもらえるキャンペーンが並立したことも、QSCを低下させた要因であった。

　丁寧さとスピードの相反する価値の同時訴求は、提供価値の軸がぶれているだ
けでなく、従業員への負荷を増大させることとなった。ちなみに、この60秒キャ
ンペーンは時限的な施策であったが、QSCの劣化という顧客の体験は、自身の記
憶やSNSでの拡散を通じて同社の評価として広がったと推察される。

　このケースでは、顧客を中心にビジネスのストーリーを組み立てるという原則
からいつの間にか離れてしまったことが問題だった。顧客中心主義の経営が推進
されていれば、このような事態は避けられた可能性が高いことを示す事例である。

活動② ありたい姿（ビジョン）の可視化

Key Question

　CX戦略を推進する企業として、あるべき姿をどのように描くのか。

　健全な危機感と同時に大切なことは、どのような顧客志向の組織を目指すのか
についてのビジョン（あるべき姿）を明確に描くことである。顧客志向を実践した
結果、最終的にどのような組織になるのか。

　この議論を有効に進めるためには、ビジョン・オリエンティッド志向の浸透と
実際のビジョンをわかりやすく表現した可視化ツールの策定が有効である。

ビジョン・オリエンティッド志向を浸透させる

　ビジョン・オリエンティッド（vision-oriented）とは、現在の延長線上に組織や
事業のあるべき姿を求めるのではなく、組織や事業のあるべき姿、もしくはあり
たいと思う理想の姿を最初に描いたうえで、そこに至る道筋や対処すべき課題を
特定し、解決していくという発想やアプローチのことである。

これと似た考え方に、バックキャスティングという言葉もある。これは、当該企業（経営陣）がどういうビジョンをもち、何を戦略上の最優先課題として位置づけるべきかをより強調するアプローチである。

　企業を取り巻く環境が大きく変化する中、規定の路線では将来ビジョンを描くことがむずかしく、イノベーションを生み出しにくいことから、昨今多くの企業で浸透しつつある考え方である。顧客中心主義の経営を構築していくうえでも、このビジョン・オリエンティッドの考え方は有益である。

ビジョンの可視化ツールを策定する

　ビジョン・オリエンティッドの考え方を具体的なかたちに落とし込んだものを「可視化ツール」と呼ぶ。可視化ツールとは、どのような顧客中心主義の経営を目指すのか、ビジョン（あるべき姿）を達成するために組織として何をなすべきか、何をなすべきでないか、の判断基準（行動指針）をわかりやすくまとめたものである。

　自社の従業員向けに策定し、日常業務における CX戦略の推進のよりどころとなる。これによって企業姿勢を外部に示すために、その一部を公表する場合もある。

　可視化ツールで表現される内容は、多くの企業に存在する企業理念とは異なるものである。企業理念は、普遍的なものとして漠然と顧客志向を謳ったものや企業自身の価値観を表現したものが多い。それ自体は、企業にとって必要だが、顧客中心主義の経営においては、顧客の目線で表現すること（可視化すること）が重要である。つまり、主語を企業ではなく、あくまでも顧客を主語にして考えるのである。顧客を主語に置いて、自社が提供する商品やサービスによって、顧客が最終的にどのような状態になるのかを全社的に共有することが必要なのである。

　このような顧客を主語としたビジョンを、従業員にわかりやすく解説した可視化ツールの実例を紹介したい。

事例

高速道路サービスエリア・パーキングエリア事業の顧客満足経営
中日本エクシス株式会社

概要

　中日本エクシス株式会社は、2005年の道路公団民営化を契機に設立され、サー

ビスエリア・パーキングエリア（SAPA）のテナントリーシングと運営管理が主な事業である。

　最近のSAPAは大きく様変わりしている。おしゃれなフードコートやカフェ空間はもとより、簡易宿泊施設や観覧車に至るまで、多岐に渡る店舗構成やサービスを展開している。大規模なSAではデパ地下さながらに店が並び、賑わいを見せている。また、主要SAではコンシェルジュサービスも提供している。

　一昔前のSAPAのイメージから一新されたのは、このようなハード的な側面だけではない。SAPAのテナントはもとより、中日本エクシスの現場から本社の従業員すべてに浸透している"マインド"がそれである。ハードとソフトがうまく融合し、従来とはまったく異なるSAPA空間の演出に成功しているケースと考えられる。

エクシスマインドの策定と活用

　同社では、全従業員が顧客に直接／間接的に対応するときに常にもち続けるべき"共通のココロ"としてエクシスマインドを策定した。ここで掲げられたビジョンは、「オアシス」というひと言で表されている。

　高速道路はさまざまな目的で利用されるが、ほぼすべての顧客に共通するのは、運転の疲れを癒したいという基本ニーズである。この基本ニーズを、それぞれの顧客に合ったかたちで満たしていくことが日常業務である。同社では、そこに統一感と足並み、つまり、ぶれない活動を生み出すために、全従業員がオアシスのような空間や体験を提供するという共通の目標をココロに刻むという思いを込めている。

　こういった可視化ツールは、作成したあとの浸透と活用が肝要である。ツールをつくりっぱなしにして、何年か経つとその存在を知る従業員が数少なくなってしまったというケースは枚挙にいとまがない。同社が優れているのは、このエクシスマインドを単独のツールではなく、経営システムの中核に位置づけ、他の施策と密接に連動させながら機能させてきた点である。

　具体的には、SAPAにおけるサービス品質調査、現地エリアスタッフやマネージャーを対象としたCS活動に関するワークショップ、各種コンテスト、活動の成功事例の水平展開、外部有識者を交えた経営レベルのCS評価委員会などの諸活動の中核にエクシスマインドというコア・バリューがあり、そのことを全従業員が理解している状態を維持し続けている。エクシスマインドの初版が作成されたのは

図表11-2　ビジョンを可視化したツールの作成事例（中日本エクシスマインド）

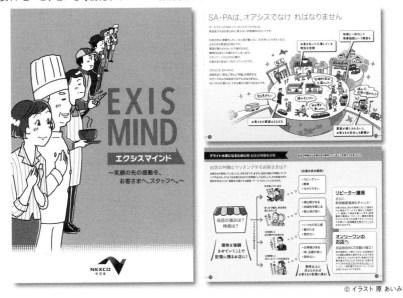

© イラスト 原 あいみ

2011年だが、2019年の深化版の発行を経て、いまなおその存在や役割はしっかりと経営から現場まで根づいている。

活動③　グランドデザイン（推進の設計図）の検討

Key Question

> CSIを活用した顧客マネジメントの体系をどのように描くべきか。

　グランドデザインとは、CX戦略の推進力を組織に定着させるための設計図である。これが STEP1のゴールになることは先にも述べた。ただし、設計図だけで、ものごとがうまく進むとはかぎらない。健全な危機意識の喚起（活動①）とありたい姿・ビジョンの可視化（活動②）という2つの土台が必要である。

　CX戦略の推進力は、CSIをうまく活用することによって大きな力を発揮する。つまり、経験や勘に頼ることなく、事実データを踏まえた客観的な判断に基づく

事業運営が可能になる。これが実現されると、組織の改編や担当者の異動などによって、活動が途切れることが大幅に低減される。結果的に、活動の継続性が担保され、企業としての推進力が備わっていくことになる。

　実現のためには、CSIを導入し、事業運営に活用するための設計図を描かなくてはならない。このモデルケースで描いた設計図は、後述する活動④以降によって構成される。再度、全体像を改めて掲載すると、図表11−3の通りである。

3. 推進力を具体化する STEP2

活動④ 顧客価値の計画と可視化

Key Question

顧客に提供すべき価値をどう設計し、可視化するか。

顧客価値とは何か

　成熟化した経済では、多くの顧客は製品やサービスそのものや機能だけでなく、それらを手にすることで得られる経験やそこから生まれる感情を求めている。つまり、これまでの企業発想からユーザー中心の発想に切り替えた提供価値、すなわち、顧客にとって価値ある経験を提供することが非常に重要な時代になっている。顧客の記憶や印象に残る価値を提供することによって、顧客満足、再購入・再利用、ひいては長期の取引につながることを期待することができる。

　典型的な例は、音楽再生プレイヤーである。顧客は本質的に何を買っているか？実際に顧客が手にする物は製品としてのデバイス（機器）である。しかし、それだけでは、遅かれ早かれ、模倣されてしまう可能性が高い。つまり、コモディティ化してしまう。

　顧客にとって真に価値があるのは製品よりも経験であるというとらえ方が必要である。たとえば、顧客は音楽再生プレイヤーという製品ではなく、「音楽を聴きながらジョギングをする」という経験を買っているのである。このように発想すれば、同じ製品を軸に、ジョギングとは別の経験を買う顧客を創造できるようになる。これが顧客に提供すべき価値をどう設計するか、という問いの意味である。

図表11-3　グランドデザイン（推進の設計図）

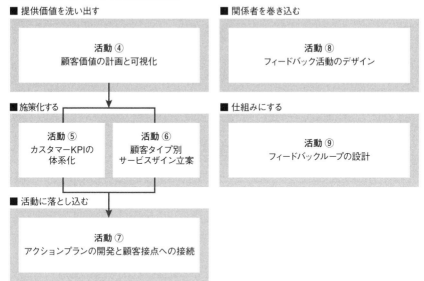

■ 提供価値を洗い出す

活動④
顧客価値の計画と可視化

■ 関係者を巻き込む

活動⑧
フィードバック活動のデザイン

■ 施策化する

活動⑤
カスタマーKPIの
体系化

活動⑥
顧客タイプ別
サービスザイン立案

■ 仕組みにする

活動⑨
フィードバックループの設計

■ 活動に落とし込む

活動⑦
アクションプランの開発と顧客接点への接続

　顧客にとって価値のある経験とはどのようなものか。その仮説をどのように導くことができるか。この問題に向き合い、仮説の検証を繰り返すことがCX戦略の推進に必要な取り組みである。

顧客価値を可視化するカスタマージャーニーマップの活用

　顧客に提供すべき価値をどのように明らかにするかが、次の問題である。この検討に有効なのが、カスタマージャーニーである。近年、カスタマージャーニーマップは多くの企業で採用されている。顧客ニーズや困りごとが発生し、商品やサービスを認知し、購買に至るまでの顧客の思考や行動、もしくは、感情の変化を時系列でとらえたものがカスタマージャーニーマップである。カスタマージャーニーマップは顧客行動をつぶさに観察し、価値提供の機会を探り、どのタイミングでどのような働きかけを行うべきかを検討するツールである。

　企業は顧客がその時に置かれた状況を事実に基づいて、理解することが求められる。カスタマージャーニーマップは、このような顧客へのアプローチ方法を紐解く可能性をもっている。

　図表11-4は、カスタマージャーニーマップの枠組みを例示している。なお、

カスタマージャーニーマップを策定し、活用するステップは大きくは4つある。

①カスタマージャーニーマップを作成するターゲットを設定する

　結果的に複数のターゲットを設定することもあるが、自社の顧客をどのように分類することがビジネスの成長につながるか、という戦略的な観点を顧客分類の議論の中心にとらえることがここのでのポイントである。

②顧客接点と行動を洗い出す

　価値提供の機会とタイミングを探り精緻に計画するために、顧客接点とそこでの顧客の行動を可能なかぎり網羅的に洗い出す。このために顧客の行動を入念に観察したり、フォーカス・グループ・インタビューや1on1インタビューなどを実施することも多い。

③提供すべき価値の仮説を立てる

　次に、各接点・タイミングで、顧客にとって価値のある経験とは何か、という問いかけに答える作業を行う。部署横断でメンバーを集めてワークショップ形式で実施したり、②の顧客インタビューの中で顧客から仮説（顧客にとってはニーズ）を引き出すなどの方法を取ることが多い。

④検証、解釈・活用する

　導いた提供価値に関する仮説が、統計的にも支持されるものであるかをデータで検証した後、解釈と活用へと進む。

　その際の視点として、まずは重要性の認識ギャップに着目する。顧客側にニーズがあるにも関わらず十分な価値提供ができていないポイントを探す。ここでは現状、提供している価値の見直しが主な論点となる。場合によっては、顧客との新しい接点そのものの開発が必要かもしれない。

　また、上手くいっている顧客接点の発見と強化という視点もある。ある特定の接点やタイミングで、特定の経験をした顧客は企業との取引関係が長期化する可能性が高いなど、ある種の成功パターンを見出すアプローチである。これによって他の顧客への展開を期待することもできる。

　最後に、保証水準の顧客対応の定義である。ペインポイント（痛点）の発見と呼ばれることもあるが、ある特定のネガティブな経験をした顧客は遅かれ早かれ、サービスの利用を減らすようになる。あるいは、何もしないまま放置しておくと、

図表11-4　カスタマージャーニーマップの枠組み

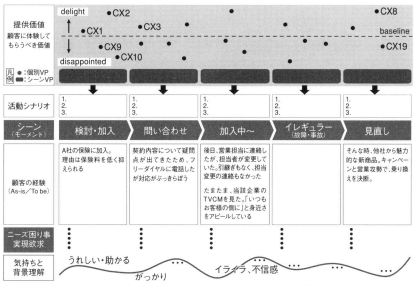

Copyright© INTAGE Inc. All Rights Reserved.

他社へ乗り換えてしまう可能性が高い。そのようなポイントを発見するために、カスタマージャーニーマップを活用するのである。

　以上のような観点から、顧客ターゲット別に全社的にもしくは部門としての方針をとりまとめ、活動を推進する。

活動⑤　カスタマーKPIの体系化

Key Question

価値設計に基づいた CSIの体系をどのように構築し、活用するか。

カスタマー KPIを階層化する

　カスタマージャーニーによって顧客への提供価値を定めたら、次にそれらを具体的な施策に展開する。先述の通り、有効なアプローチは大きくは2つある。

　一つは指標化によるアプローチ（活動⑤）、もう一つは顧客ターゲット別に提供

図表11-5　カスタマーKPI体系を活用した独自の価値設計の検討

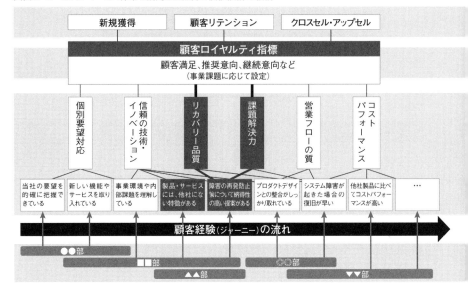

　するサービスの流れをパターン化する方法である（活動⑥）。本節では、まずは指標化によるアプローチについて説明することにしよう（活動⑤）。

　第10章冒頭の図表10-1では、スターバックスとカフェベローチェの戦略ロジックと顧客評価のパターンの違いについて説明した。結果として、両社はほぼ同水準の顧客評価を獲得していたが、その結果をもたらすプロセスはまったく異なっていた。これこそが着目すべきポイントである。つまり、両社はそれぞれの顧客価値を独自のプロセス（顧客経験の流れ）を組み立てることによって、高い評価に結びつけていると考えられる。

　このような検討を行う際に有効なのが、カスタマー KPI（Key Performance Indicator）を体系化するアプローチである。カスタマー KPIとは、顧客価値を具体的な指標（数値）として定めたものである。企業独自の価値設計を、カスタマーKPIを活用しながらデータを基に構築していく。適切な指標を使いながら、どのような顧客経験が高いロイヤルティをもたらすことに寄与するかを特定し、それらを満たすための施策を確実に実行する。

　図表11-5は、ICT（情報通信技術）の導入や運用を手がける BtoB企業のカスタマー KPIの体系図の事例である。顧客の評価がどのような要素から構成され、そ

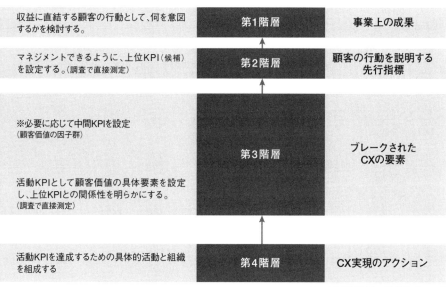

収益に直結する顧客の行動として、何を意図するかを検討する。	第1階層	事業上の成果
マネジメントできるように、上位KPI（候補）を設定する。（調査で直接測定）	第2階層	顧客の行動を説明する先行指標
※必要に応じて中間KPIを設定（顧客価値の因子群） 活動KPIとして顧客価値の具体要素を設定し、上位KPIとの関係性を明らかにする。（調査で直接測定）	第3階層	ブレークされたCXの要素
活動KPIを達成するための具体的活動と組織を組成する	第4階層	CX実現のアクション

れらがどのように影響しているかを指標ベースで表現している。この指標体系は4つの階層で構成され、各階層がそれぞれ、上下の階層の原因と結果という関係性をもつ。各階層を上から順に説明していく。

B2B企業のケースで見る4つの階層

第1階層は、事業の成果である。企業の戦略や事業環境などによって異なるが、この事例では、次の3つの成果を設定している。

成果指標1
サービスなどの評判によって新たな顧客が増える新規獲得
成果指標2
現在の顧客がこれからも利用し続けてくれる顧客リテンション
成果指標3
現在の顧客の利用の回数や幅が拡大するクロスセル・アップセル

実際には新規獲得からアップセルまで、3つの指標をすべて同時に追うのではな

く、戦略的にどの指標に重点を置くかを経営として判断する。この判断がぶれていたり、目標とする指標の定義が曖昧なままだと第2階層から先の検討や活動の焦点が定まりにくくなる。

第2階層は、顧客の行動を説明する先行指標である。このスコアが上昇すると、第1階層に貢献することを想定している。先述のスターバックスやカフェベローチェの例で示した指標は、この結果指標である（図表10−1）。JCSIの主要6指標やNPSなどの指標を採用することもあるが、重要なことは企業が対処すべきCX戦略上の課題に応じて、最適な指標を選択することである。

第3階層は、中間KPIと活動KPIの2つに分かれる。活動KPIとは、顧客への提供価値を直接的に指標化したものである。これは企業独自の価値をデザインするうえで、最も重要な要素である。もう一つの中間KPIは、企業内部で共通認識を持ちやすいように、因子分析などによって理解が容易ないくつかのグループに集約したものである。

活動KPIは、顧客にとって価値のある経験は何かという問いに対する解答である。仮説的に考えて、具体的な施策に直結するものを想起する。顧客セグメント別に活動KPIが設定される場合も多い。筆者の経験では、企業によってはその数が100を超えることもしばしばであった。そのような場合は、より集約化された指標である中間KPIを使うこともある。

第4階層は、活動KPIとして定義された価値を実際に顧客に提供する際の具体的なアクションプランに落とし込んだものである。アクションプランは、提供価値の内容に応じて各部署に担当が割り振られる。この段階で、実際の組織への落とし込みが検討される。

カスタマーKPIを活用する2つの視点

以上が、カスタマーKPIを階層化するときの基本的な考え方である。次は、これをどのように活用するかについて整理する。ここでポイントは2つある。

第1は組織横断的に俯瞰的な目線から、KPIを活用することである。ここで活動④のカスタマージャーニーによれば顧客の経験は点ではなく、複数の経験の連続体で表現される。したがって、顧客に対応する企業にとって、多くの場合、一つの部署で顧客への伴走が完結できない。もしくは単独の部署で対応を完結させることが、顧客にとって好ましくない場合が多い。

組織横断的な顧客対応が必要なことは、総論としては誰でも理解できる。しかし、現実にそれを実行するのは、むずかしいことが多い。企業としては取り組んでい

るつもりでも、顧客から見るとまともな対応ができていないことも少なくない。

　そこで上述のKPI体系が、重要な役割を果たすことになる。つまり、CX戦略の推進において、体系化されたKPIがあることで各部署の果たすべき役割を組織横断的かつ俯瞰的な目線で確認できるようになる。カスタマーKPIの体系は、組織の縦割りを打破し、真に必要な顧客経験を組織横断的に実現する突破口を提供する可能性をもっている。

　第2は、各階層の指標に関して因果関係を統計的に検証することである。KPIの体系化は、会議室での議論によってつくり上げることからスタートする。しかし、それが顧客の目からみて確からしいものかどうかについては、客観的な裏づけを確認しておくべきである。それがなければ、せっかくのKPI体系が信頼できる羅針盤となり得ない。

　たとえば、図表11-5では、縦関係のつながりの統計的な強さを線の太さで表現している。障害の再発防止策について納得性の高い提案があるという顧客価値が、リカバリー品質や課題解決力といった中間KPIの主たる要素となる。そして、その上位階層にある顧客ロイヤルティ指標に影響を与える構造となっていることがわかる。より上位の指標への強い“パス”を発見すれば、フォーカスすべき活動を絞り込み、企業側のリソースを発見した活動に重点的に投資する指針になる。このような検証は、定量的および定性的な調査を組み合わせて実施することが一般的である。

活動⑥　顧客タイプ別サービスデザインの立案

Key Question

顧客ごとに異なる期待をどのようにサービス設計に反映するか。

　カスタマージャーニーによる顧客への提供価値を具体的な施策に展開するアプローチの2つめは、顧客ターゲット別に提供するサービスの流れをパターン化する方法である（活動⑥）。これには、サービスの流れをあらかじめ決めておくので、より現場に落とし込みやすいという利点がある。

　この方法では、顧客を一定の考え方で分類し、分類した顧客タイプごとにその詳細な人物像（ペルソナ／persona）を描く。ペルソナとは、商品やサービスの顧

客の具体的な人物像で、マーケティングにおいて広く活用されている手法である。

　架空の人物をあたかも実在しているかのように、イラストや写真、文章を使って表現する。一般的なデモグラフィック属性だけでなく、趣味・嗜好や価値観、プライベートな時間の過ごし方までリアリティある詳細な情報を設定したものがペルソナである。

　このペルソナに対して、理想的なサービスの提供やコミュニケーションのプロセスを具体的に設定する。各プロセスで使用するパンフレットなどの顧客対応ツールの開発・整備、営業トークのスクリプトなどまでも綿密に準備しておく。たとえば、来店型保険ショップに訪れた顧客に対するサービスデザインを考えてみよう。

　顧客タイプ Aは、入りたい保険会社と具体的な商品の候補をあらかじめ自分で調べてから来店した顧客である。したがって、相談の冒頭からより具体的な商品比較や保険料に関する情報を提供することが望ましい。

　一方、顧客タイプ Bは、それとは対照的な特性をもったペルソナである。まだどのような保険に入るべきなのか、考えがはっきりと定まっていない。保険に入る必要はあるという漠然とした不安を抱えている顧客である。この場合、いきなり保険商品のスペックを話してもうまくいかない。まずは、どのようなニーズや背景があり不安に感じているのか、顧客の置かれた状況を丁寧に紐解いていくことが求められる。

　このように、異なる顧客タイプにスムーズに対応できるように、サービスの順番や提示する資料類などをあらかじめ決めておく。

　ここでポイントになるのが、どのように顧客のタイプを瞬時に識別するかという問題である。熟練した従業員であれば、経験と勘でこの問題にうまく対応できるかもしれない。しかし、目指したいのは、CX戦略の組織的な推進である。つまり、誰もがある程度は、対応できるようにしておかなければならないのである。

　このケースでは一つの方法として、Key Questionを用意する。つまり、一つか2つの簡単な質問だけで、おおよその顧客タイプを識別してしまおうという発想である。初診の際に病院で書く問診票が、それに近い役割を果たしている。この場合は、問診票ほど顧客に手間をかけさせることはできないので、簡単な質問を用意しておく。

　どのような質問を設定しておくかは、どのようなニーズ（困りごと）を持った顧客が訪れるのかを入念にリサーチして決定する。一般的には、顧客の期待値のパターンを把握するためのデータ分析やインタビューなどを踏まえて検討すること

が多い。

活動⑦ アクションプランの開発と顧客接点への接続

Key Question

有効な打ち手をどう開発し、顧客接点に展開していくのか。

活動⑤および活動⑥によって施策への落とし込みができたら、次は、いよいよ具体的なアクションである。ここでは主として顧客とのリアル接点をもち、人が多く介在するような企業を例にしてアクションプランの開発と顧客接点への接続について考えてみたい。なぜなら顧客接点の範囲が広く、かつ人が多く介在するほうがアクションの落とし込みがむずかしくなる傾向があるためである。

多くの企業のコンサルティングに携わる中で直面する事態は、さまざまなデータ分析をしても、それがなかなか有効な打ち手に結びつかないことである。あるいは、現場の意識や行動が変わらないといった悩みを上層部が抱えていることである。芳しくないケースでは、しばしばこのことを現場従業員の資質や能力の問題として片付けてしまう事例が見受けられる。

しかし、組織をよく見渡すと問題は現場にあるとはかぎらないことがわかる。現場に対して打ち手を効果的に接続するための手だてを、本社側が十分に検討し切れていない場合のほうが多い。この本社が手を打つべき有効な手だてとは、どのようなものなのだろうか。大きく分類すると、有効なアプローチ（手法）は、次の3つの構成要素から成り立っている。

アプローチ1　仮説を有効に活用する

たとえば、BtoBのビジネスを展開する企業で先述のカスタマージャーニーやKPI体系を踏まえて、「自社の課題にあった提案をタイムリーに提供してくれる」という顧客への提供価値を満たすアクションの検討を想定しよう。

まず行うべきことは、問いかけ（自問含む）による初期仮説の捻り出しである。「自社の課題にあった提案をタイムリーに提供してくれる」と、顧客に感じてもらうためにはどうすればよいだろうか、という問いかけをする。最初は単なる思いつきでもよいから、とりあえず仮の答えを導くためにチームで話し合い、いくつ

かの初期仮説を出し合ってみることである。

　問いかけは、分解して行うほうがうまくいくことが多い。この例であれば、3つに分解して問いかけることができる。つまり、「"自社の課題"にあった提案とは何か？」「"タイムリーさ"とはどのようなタイミングのことか？」「顧客にとって"ベストな提供方法"は何か？」である。このように問いかけを分解することで、検討がより進みやすくなり、かつ課題が具体的になる。

　このような問いかけを活用しながら、アイデア開発シートを用意し、そこに落とし込んでいくことも有効であろう。しかしながら、よくあるケースは、シートを埋めることに専念してしまい、肝心の問いかけやそれに誘発された議論が疎かになってしまうことである。そのためにも、この仮説想起のプロセスは、個人ではなくチームで取り組むことが推奨される。この際、適切なファシリテーターを任命して、取り組みを進めることが効果的である。

■アプローチ2　担当者が実践に移す確率を上げる発想法

　顧客接点を人的アプローチで担う場合は、最終的には、顧客に相対する担当者が具体的なアクションを起こさなければ顧客の問題を解決することはできない。しかし、現実には、担当者の力量の違いなどもあり、理想的な顧客対応が実現される可能性は必ずしも高くない。この問題は、以下に示す発想法によって解決を試みることが可能である。

　考え方は、非常にシンプルである。「それには何が必要か？」を3回程度繰り返すことだ。これは、トヨタの「5回のなぜ？」に近い。

　「自社の課題にあった提案をタイムリーに提供してくれる」という顧客価値を満たすためには？　という問いかけに対して、「提案相手・顧客の課題を理解する」という仮説を出したとしよう。これ自体が一つの正解を提供するのだが、これだけでは実際のアクション（行動）とはいえない。「理解する」というアクションプランは、具体的な行動を表していない。つまり、理解できるようにするためには、具体的に何が必要かという、次の問いかけを行う必要がある。

　この場合、たとえば、「いまよりもコンタクト回数を増やす」という答えが出てくる可能性がある。顧客課題の理解を深めるために、いまよりも多くチャンスを生かして顧客に会う努力をするということである。これによって、実際の行動に一歩近づくことになる。さらに、「いまよりもコンタクト回数を増やすためには、どうするのか？」と問いを続ける。

　このように、「（次々に）それには何が必要か？」を繰り返す。そのような発想を

うながすことで、行動シーンが映像が浮かぶくらいに具体的にイメージできるようになり、その結果として、実践の確率を高めることができる。これを行動シーンの具現化と呼ぶこともある。一見すると、地味な手法だが、時間をかけてやり切れば必ずや効果を発揮するアクションプランの発想法である。

アプローチ3　顧客接点に接続するステップをデザインする

ここまでに紹介したアクションプランの発想法とその具体的な実践が、組織の隅々にまでいきわたることが望ましい。それができるようになるまでには、通常いくつかの段階を踏みながら先に進んでいく。

したがって、CX戦略を組織的に推進するという観点に立てば、顧客接点への接続（落とし込み）のステップをデザインすることが必要であることが理解できるだろう。推進の進展度に合わせて、内部での打ち手を講じていくことが成功のカギとなる。顧客分析とそれに基づいて開発した新サービスの打ち手を想定してみよう。新サービスの社内的な認知・理解からはじまり、納得・共感、行動、定着、ブランド化と進む。最後のブランド化とは、自社が提供するブランド価値への誇りや提供を実感するなど、内部従業員のマインドにそのような感情が生まれている状態のことを指している。このステージに到達できれば、自社の提供価値に自信と誇りをもった多くの従業員が、いきいきと働いている組織へと近づくことが期待される。

多くの企業がそのような状態を目指す一方で、陥りやすい落とし穴がある。それは納得・共感が不十分な状態で、行動のフェーズに移行してしまうことである。行動フェーズの直前で、全社ないしは部門が推進しようとすることについて、"行動のHow"（つまり、組織としてやるべきこと）とその方法が発信されることである。

しかし、組織メンバーに納得・共感が十分ではないままにこれを行うと、途端に、やらされ感が組織に蔓延してしまう。こうした事態に陥ると、推進しようとする取り組みは頓挫して、回復に相当のエネルギーを費やすことになる。最悪のケースとして、プロジェクトが中止に追い込まれる可能性もある。それゆえしっかりと認知・理解から納得・共感のステップを経たうえで、行動に関する落とし込みを行うことが重要である。

このような枠組みを活用し、実際の浸透ステップと組織内部の打ち手をデザインした事例を図表11-6に示している。この事例では、対象となっている企業は、全国に店舗を展開している小売企業である。

図表11-6では、横軸が時間で、縦軸が浸透のステップである。浸透のステッ

図表11-6　顧客接点への接続ステップのデザイン

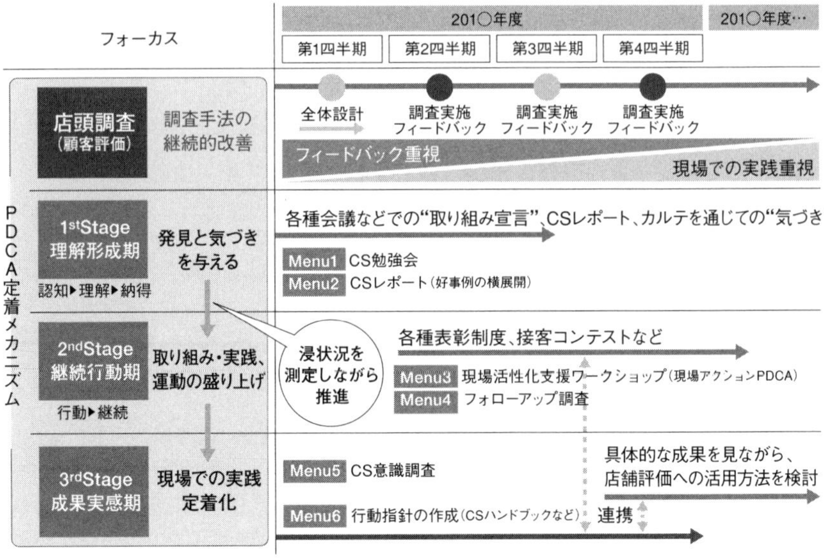

プは、第1段階の理解形成期、第2段階の行動継続期、第3段階の成果実感期に分けられている。最終的には、さまざまな取り組みによって成果が生み出され、そのことを従業員が実感できている状態（第3段階）を目指している。そこに至るプロセスとして、まずはCX戦略を推進していくことの必要性や意義を従業員がしっかりと理解・納得する状態をつくらなければならない。これが第1段階の理解形成期である。ここでは、勉強会などを通しての座学の習得、成功事例の共有による取り組みの意義を伝えていくことになる。

　理解形成期（第1段階）を終えたら、次は行動継続期（第2段階）に移る。ここでは、活動⑦で解説したようなアクションプランの有効化のための打ち手として、現場従業員が参加するワークショップなどを実施する。チームや個人の活動の詳細化を議論するためである。また、実際に行動に移せているか、あるいは、行き詰まっていることはないかなどを調べるフォローアップ調査も行われる。これらを経て最終的に成果実感期（第3段階）に到達するというシナリオである。

　この事例では、こうした全社的な活動以外にも、四半期毎に詳細な顧客調査を実施している。実際の顧客の反応を確認し、分析途中の情報をフィードバックしながら、取り組みを調整している。ここで注目すべきなのが、期間の前半と後半

で重点を変えることである。前半では、フィードバック情報を分析することに注力する。後半では、現場での実践を重視している。

　組織内への浸透がまだ浅い段階（第1段階）では、フィードバック、つまり提供する情報の量や内容に重点を置くことになる。顧客調査のフィードバックも、結果やその背景・理由の解説を中心に行う。ある程度、ステージが進むと、今度は実践や行動面にフォーカスした発信を行う。顧客調査のフィードバックも、結果とその理由というよりは、取り組みのヒントとなるような情報、たとえば、顧客の実体験やエピソードなどの情報を積極的に提供する。

　以上のように、組織内部の状態とその変化を的確にとらえながら、その時々に合った打ち手を繰り出すのである。

4. 推進力を具体化するSTEP3

活動⑧　フィードバック活動のデザイン

Key Question

活動の修正につながる有効なフィードバック方法とは何か。
（PDCA の C → A をつなぐ）

　第3のステップ（STEP3）では、フィードバックがキーワードとなる。CX戦略の推進におけるフィードバックでは、受け手が高いモチベーションをもって活動を修正することができるように、フィードバックを行う側からの積極的な支援が求められる。受け手の困難を改善できるかどうかが、推進力向上の分水嶺になる。

フィードバック活動のデザイン（ワークとステージの設定）

　顧客フィードバックデータを有効に活用し、具体的なアクションに結びつけることができていないと感じる企業は多い。つまり、PDCAの Checkを Actionにつなぎきれていない。この問題を解決するためには、フィードバックを有効化する活動（ワーク）の場を設定することが必要である。

　そこではフィードバックの実施側と受手側が同じ空間に集まり、それぞれの立場を超えて、アクションのために建設的な議論を交わすことになる。場の設定（プ

ロデュース）がうまくできれば、受け手側はもはや“受け手”ではなくなる。CX戦略の実行において、当事者として活動に主体的に関わることになる。

　具体的には、どのような場（舞台）を設定して、そこでどのような議論を行うのか。図表11-7に、標準的な枠組みを示してある。枠組みを作業の順番に並べると、①有効なFACTの抽出、②問題の発見、③課題の設定、④施策の立案の4つの要素で構成される。作業のプロセスを手順にしたがって見ていくことにしよう。

① 有効なFACTを抽出する

　フィードバックに活用できる情報やデータには、コールセンターやSNSに日々集まる顧客の生の声（要望・要求、クレーム、賞賛）やアンケートなどで、企業が自ら集めた調査データなどがある。ここで数多くある顧客フィードバックデータの“すべて”に対処する必要はなく、物理的にも困難である。何が自社にとって有効なFACT（事実）なのかを見極め、その中から重要なFACTだけを抽出する。

　その際、事実データの信頼性の見極めがカギとなる。例を挙げると、定量データの場合は統計的に確からしいのかどうか。定性データであれば、単なる声の大きい顧客の意見なのかどうか。それとも、一意見ではあるが見過ごすべきではない汎用性の高いものなのかどうかといったことを見極めなければならない。

　このときにポイントとなるのは、事前仮説（戦略性）との乖離という判断基準である。事前仮説とは、STEP2の各活動（④～⑥）で定めた顧客経験価値や施策の内容のことである。そこでは自社にとって重要と考える内容を設定したはずではあるが、実際には、顧客の認識と乖離しているということがしばしば起こる。このようなポイントを発見するのである。

　具体的には、想定外の事実（データの分析段階で発見される「思いもかけなかった顧客の意見や行動」）の抽出である。たとえば、事前に想定していた以上に、特定の顧客価値のスコアが低い（逆に高い）などである。また、そうしたケースでは、背後にある理由にも着目すべきである。これは、定量的なデータだけからではなく、定性的な観点からも抽出を行う。さらに、予想していなかった顧客の意見も見逃すべきではない。氷山の一角かもしれないが、事前仮説になかったのであれば、慎重に検討し、抽出しておくべきである。

② 問題を定義する

　顧客フィードバックデータから有効なFACT（事実）を抽出したら、次の段階では、FACTをもとに対処すべき問題を定義することである。

ここで言葉の整理をしておきたい。問題と課題の定義の違いである。問題とは、顧客が何かに困っていたり、何らかの解決策を求めている状態のことを指す。一方で課題とは、その問題に対して企業がなすべきことである。取り組み課題と表現するとわかりやすいかもしれない。たとえば、顧客がどの保険に入るべきか悩んでいる状態が問題であり、それに対して顧客の問題を解決すべく提案を考えることが課題である。

　それゆえ問題の定義で重要なのは、顧客目線で徹底的に考え抜くことである。顧客が抱えている困難な状況（問題）なのだから、相手の身になって考える（解決方法を提案する）のは当然である。

　対処すべき問題を顧客目線で考えるということは、いい換えれば、顧客にとって価値のある経験とは何なのかを整理して考えることである。また、それがどのように損なわれているのか（顧客経験の分析）を考え抜く。これを行うためによく実行されるのが、企業の実際のサービスを“覆面利用”することである。

　サービスの覆面利用は、しばしばミステリーショッパーと呼ばれる覆面調査員が一顧客として、実際にその商品を購入する。あるいは、当該企業が提供しているサービスを実際に体験して商品・サービスが適切に提供されているかをチェックするのである。

　具体的には、銀行であればローンの相談をしてみるとか、自動車ディーラーであれば新車購入をするために試乗体験をする、などである。飲食店であれば、時間帯を変えて複数回利用することもよくある。顧客サイドからの見え方と企業（提供者）サイドからの見え方では、まったく違う景色が広がっていることに気づきを得ることが期待される。

　また、顧客の声やアンケートデータがそのまま答えを出してくれるという誤解がある。顧客フィードバックデータはあくまで素材（インプット）であり、それをどう料理するかは料理人の腕に任せられている。このステップで真に正しい問題を定義することができるかどうかで、その後の成果が大きく左右される。解くべき問題を間違えると、正しい答え（施策）は出てこない。

③ 課題仮説を設定し、検証する

　課題仮説とは、ある問題がなぜ起きているのか。その原因について、考えうるかぎりのリストのことである。ある問題を解消するために取り除くべきことや新たに付加して充足すべきことは何なのかを仮説として列挙してみる。

　通常は、一つの問題に対して複数の課題が存在する。しかし、すべての課題を

図表11-7　顧客フィードバックデータを起点とした施策検討の枠組み

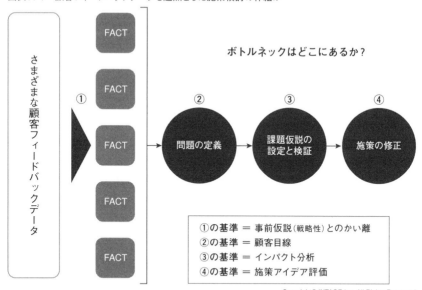

同時に解決することはリソースの問題からむずかしいことが多い。そのため優先順位をつけて、絞り込むことが必要となる。

　その際の考え方として、課題を克服した際のリターン（問題解消や顧客のロイヤルティ向上へのインパクトの大きさ）、あるいは、もし、克服できなかった場合のネガティブインパクトの見極めが基本的な観点となる。

　こうした検討に際しては、定量的にアプローチすることが望ましい。たとえば、IPA（重要度パフォーマンス分析）などの活用が有効である（第7章を参照されたい）。

④ 施策を修正する

　解決すべき課題を絞り込むことができれば、次は施策の修正についての議論に入る。具体的には、どのような手法が有効かのアイデア創出とその魅力度の事前評価を経て、選定・実行へと移される。施策修正のアイデアには、以下の要素を含むことが必要である。

アイデア 1

どの顧客の問題を解決するのか？　ターゲットの修正は必要か？

対処すべき顧客の困りごと（ニーズ）はこのままで良いか？

施策が実現されることで顧客にもたらされるベネフィットは有効か？

　施策アイデアの魅力度の事前評価では、そのアイデアがこれらの要素を満たすものかを確認できることが望ましい。つまり、想定したターゲット顧客が抱いている困りごとやニーズが、そのアイデアによって解決もしくは充足されそうだと顧客自身が感じることができるかどうかを調べることである。

　このように、顧客フィードバックデータが即施策やアクションの見直しにつながるわけではなく、ロジカルなステップを踏んだ検討作業が必要である。一見、時間がかかり遠回りをしている印象をもたれるかもしれないが、実際には数日から数週間程度の中でやり切ることも可能である。また、フィードバックの実施側と受け手側が、このような検討を一緒になって取り組むことが組織に定着してくれば、CX戦略の推進力は大きく前進するであろう。

活動⑨　フィードバックループの設計

Key Question

全社を巻き込んだ推進体制をどのように構築するか。

　活動⑧で導かれたアクションの修正案を実行に移す際、権限や予算、部門を跨いだ調整などさまざまな壁がある。場合によっては、お蔵入りするケースも、しばしば発生する。途中で頓挫しないためのカギは、組織として権限をオーソライズする仕組みを整えておくことである（活動⑨）。

　推進体制の設計は、フィードバックループの考え方をもとに検討する。フィードバックループとは、フィードバックを繰り返すことで、最終的に得たい成果のレベルが向上していくことである。有効に機能させるには、フィードバックループに2つの要件が必要になる。

図表11-8-(1)　フィードバックループの設計(四半期〜月次ベース)

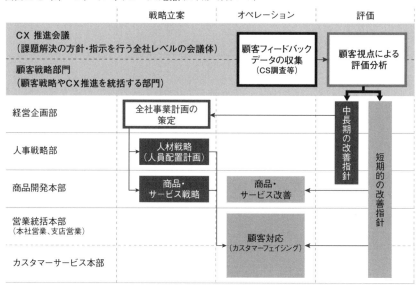

オーソライズ機関を社内に設置する

　フィードバックループを戦略的に設計していない場合は、組織内でフィードバックをする側とされる側の関係性は、通常1対nであることが多い。つまり、顧客のフィードバックデータ活用を推進する部署（事務局）は一つである。これに対してフィードバックデータを活用し、施策に反映していくことを期待される"ユーザー"は、複数存在する場合がほとんどである。そのため組織が大きくなれば、対象部署が10以上におよぶことも稀ではない。

　1対nの関係では、推進部署のリソース（人数や予算）が潤沢でないかぎり、顧客フィードバックデータの分析や報告に時間を費やすのが精一杯であろう。本書で取り上げる活動①〜⑨は、基本的にそのすべてを推進部署が事務局となって行うものであるから、リソースが不足していると、全社的な推進力を積極的に生み出していくことは困難になる。では、どう対処すべきか？

　方法は2つある。一つは、推進部署のリソースを増やすことである。しかし、これは簡単には解決できないかもしれない。

　もう一つの方法が、推進に関するオーソライズ機関の設置である。図表11-8-(1)は、ある企業の推進体制を例示している。この企業の推進部署（事務局）は、

顧客戦略部門と記されている。図表をよく見ていただきたい。顧客戦略部門が行う「顧客視点による評価分析」から出ている矢印は、中長期と短期の改善指針に向いている。それらの指針はオーソライズ機関であるCX推進会議とともにまとめられる。

この社内機関は、CX戦略を推進するために必要な課題解決の方針や指示を出す会議体である。顧客フィードバックデータに基づいた課題解決の方針は、長期的な検討課題と短期的な検討課題に仕分けされたのち、この会議体から各現場部署に対して示される。また、単に方針を示すだけでなく、実行するための予算や権限を実行部署に付与することも一定の範囲内で経営から任されている。

多くの企業が、「○○委員会」や「○○戦略会議」といった名称の会議体を設置している。しかし、しばしばその位置づけや役割は明確ではない。もしくは、予算権限がないなど、実効性が担保されていないケースが多い。会議体のメンバーが経営会議とほぼ同じで、単に報告を受ける場になっているなど、施策の議論が実質的になされず、意思決定ができないなど形骸化してしまうのである。実質的なオーソライズ機関とはいえない状況もある。それゆえ、顧客経験の改善に関する意思決定や投資予算の権限をもった機関を設置することは、CX戦略の推進力を担保するために欠かせない組織戦略である。

時間軸によってループを使い分ける（ダブルフィードバックループ）

図表11‐8‐(1)で説明したのは、四半期〜月次単位で運用されるフィードバックループである。この時間軸は、予算や部門間の調整がともなう場合など、一定の組織判断が必要なアジェンダを扱う場合に適している。しかし、日常的な業務の改善、特に担当者レベルでの活動の修正には向いていない。会議体での議論を顧客は待ってくれないからである。

そこで、図表11‐8‐(2)に示したような即時フィードバックの仕組みが必要になる。推進部署（事務局）の基本的な役割は変わらないが、組織の動かし方が変わる。顧客フィードバックデータのうち、現場の裁量と判断で修正できるものは、即座に現場の部署もしくは担当者個人にフィードバックする。

なお、顧客フィードバックのデータ量が多い場合など、実行は意外と困難をともなう。最近ではデジタルツールを活用し、顧客フィードバックデータの収集、分析、フィードバックまでを半自動化することもある。このように、顧客課題の解決に要する時間の長短によってループを使い分けるダブルフィードバックループの考え方は、顧客経験を最適化するための最短を模索する組織戦略の一つである。

図表11-8-(2)　フィードバックループの設計(即時ベース)

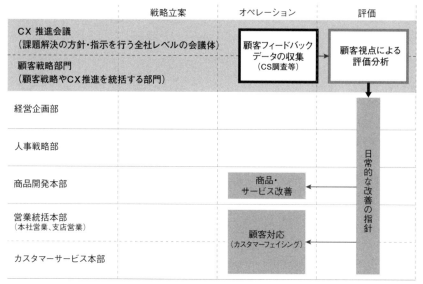

モデルケースにみる共通点

　本章は、前章で提示した課題解決の論点をより実践的な取り組みに落とし込んだ事例として紹介した。紹介したモデルケースに共通する枠組みは、組織的な推進力を根づかせる基本ステップと、推進力を具体化するための具体的な活動から構成される。

　STEP1の最終ゴールは、グランドデザインを描くことである（活動③）。これはCX戦略の推進力を組織に定着させるための設計図である。この設計図は、活動④から活動⑩で構成される。ただし、設計図を描いただけではうまくいくことは少なく、2つの前提条件が必要である。健全な危機意識を喚起させること（活動①）、ありたい姿・ビジョンを可視化すること（活動②）である。この2つが整ってはじめて、目標であるグランドデザイン（活動③）が機能する。グランドデザインもさることながら、前提条件を整える活動が不十分なケースが多い。

　STEP2では、CX戦略の推進力を高めて組織に根づかせるためには、顧客経験をマネジメントするという発想とそのための仕組みを体系化するという考えを一貫してもち続けることが必要であることに触れた。具体的な活動は4つである。活動④顧客価値の計画と可視化では、どの顧客に対し、どのような価値を提供すべきかの適切な計画をつくる。そして、それを実践に落とし込むための2つのアプローチを紹介した。活動⑤カスタマーKPIの体系化と活動⑥顧客タイプ別のサービスデザインの立案である。

　前者は、指標化によるアプローチで、数多くある提供価値をカスタマーKPIとして体系化し、因果関係を把握する。それによって重点化すべき活動とそれを担う組織間の関係性を整理する。後者では、サービスの流れをあらかじめパターン化しておく。これには、より現場に落とし込みやすいという利点がある。そして、活動⑦アクションプランの開発と顧客接点への接続では、人（従業員）が顧客とのリアル接点を中心的に担う企業におけるアクションプラン開発と現場への接続方法を紹介した。STEP2の目指すところは、顧客に提供する価値を洗い出し、それを施策化して具体的な活動に落とし込むことであった。

　STEP3のキーワードは、フィードバックである。CX戦略の推進におけるフィードバックは、受け手の高いモチベーションとエンゲージメントを最も重視する。一方通行のフィードバックではこれは成し得ない。フィードバックを行う側の積極的かつ組織的な支援が求められる。ここでの活動は2種類ある。活動⑧では、フィードバックを有効化するための活動をデザインする。そのプロセスとして、

①有効なFACTの抽出、②問題の発見、③課題の設定と検証、④施策の立案の4つのポイントを解説した。活動⑨は、フィードバックが施策として確実に実現されるために、組織的な権限をオーソライズする仕組みを整えておくフィードバックループの設計事例を紹介した。STEP3のゴールは、断絶することが極めて多いPDCAサイクルのC（check）とA（action）を確実につなぐための仕掛けを、組織のあらゆる階層に整えることである。

おわりに
Epilogue

　JCSI（日本版顧客満足度指数）は、単なるランキングではなく企業経営への活用が普及のカギであった。そこでサービス産業生産性協議会（SPRING）によって設けられた仕組みの一つが、利用推進パートナーである。SPRINGの活動パートナーとして、企業へのJCSIの提案活動や実践的な活用支援を行うことを目的としている。現在パートナーは3社だが、インテージはそのうちの1社で、このスキームの立ち上げ時から企業向けのデータ分析やCSIの経営活用の支援に携わってきた。

　また、JCSIの有用性や可能性をより多くの企業に知っていただくために、2013年から4年間にわたって顧客マーケティング共同研究会（インテージ社内）を立ち上げた。この研究会では、編著者の小野・小川両先生の多大なご協力を賜った。のべ40社以上が参加し、月1回、約半年間にわたり通常業務終了後の夜の時間帯に行われた。内容は、JCSIに関する基礎知識のレクチャーにはじまり、JCSIの実データ分析（仮説化と検証）、参加社の自社課題への応用など、実践さながらに取り組んだ。ビジネススクール形式で行われ、毎回、白熱した議論が展開された。本書の構想は研究会で取り上げた事例や分析手法に端を発している。

　また、JCSIの実査についても触れておかなければならない。10年以上にわたり、約400企業・ブランドのデータを、客観性と信頼性を担保しながら取得し続けることは容易ではない。この10年で、調査の回答デバイスがPCからスマートフォンへと大きくシフトした。この調査環境の変化に対応するため、回答画面のスマホ対応シフトに伴う回答傾向への影響を検証した。この検証は、アカデミックアドバイザリーグループの先生方のご助言をいただきながら慎重に進めた。

　企業経営に有益な示唆をもたらすJCSIのデータベースは、その構築と維持に関わってきたすべての方々の努力と使命感、および卓越した専門性の賜物である。

　これらを実務レベルで遂行するには、言葉で書き表すことができない数多くの困難があったことは想像にかたくない。それらに怯むことなく向き合い、乗り越えてこられたSPRINGとインテージのすべての担当者に多大なる感謝と敬意を表して、あとがきの締めくくりとしたい。

ＪＣＳＩ利用推進パートナー・インテージ　森川 秀樹

付属資料1　JCSI調査方法の概要

（1）調査対象業種と企業・ブランド（■正規調査、□特別調査）

	2009	2010	2011	2012	2013	2014	2015	2016	2017	2018	2019
百貨店	■	■	■	■	■	■	■	■	■	■	■
スーパーマーケット	■	■	■	■	■	■	■	■	■	■	■
コンビニエンスストア	■	■	■	■	■	■	■	■	■	■	■
家電量販店	■	■	■	■	■	■	■	■	■	■	■
生活用品/ホームセンター（生活雑貨・家具専門）	■	■	■								
ドラッグストア	■	■	■	■	■	■	■	■	■	■	■
衣料品店	■	■	■								
各種専門店				■	■	■	■	■	■	■	■
自動車販売店				■	■	■	■	■	■	■	■
通信販売	■	■	■	■	■	■	■	■	■	■	■
シティホテル	■	■	■	■	■	■	■	■	■	■	■
ビジネスホテル	■	■	■	■	■	■	■	■	■	■	■
飲食	■	■	■	■	■	■	■	■	■	■	■
カフェ	■	■	■	■	■	■	■	■	■	■	■
旅行	■	■	■	■	■	■	■	■	■	■	■
エンタテインメント（レジャー・イベント）	■	■	■	■	■	■	■	■	■	■	■
映画館										□	□
プロ野球									□	□	
国際航空	■	■	■	■	■	■	■	■	■	■	■
国内長距離交通	■	■	■	■	■	■	■	■	■	■	■
近郊鉄道	■	■	■	■	■	■	■	■	■	■	■
携帯電話	■	■	■	■	■	■	■	■	■	■	■
MVNO										□	■
宅配便	■	■	■	■	■	■	■	■	■	■	■
生活関連サービス				■	■	■	■	■	■	■	□
フィットネスクラブ	■	■	■	■	■	■	■	■	■	■	■
病院	■	■	■								
介護サービス	■	■	■	□							
エステティックサロン				□							
サービスステーション					■	■	■	■			
レンタカー/カーシェア									□		
教育サービス	■	■	■	■	■	■	■	■	■	■	■
銀行	■	■	■	■	■	■	■	■	■	■	■
銀行（借入・貯蓄・投資）									□	□	□
地方銀行											□
ノンバンク							□				
生命保険	■	■	■	■	■	■	■	■	■	■	■
損害保険	■	■	■	■	■	■	■	■	■	■	■
証券	■	■	■	■	■	■	■	■	■	■	■
クレジットカード	■	■	■	■	■	■	■	■	■	■	■
電力小売								□	□	□	□
ガス小売									□	□	□
キャッシュレス決済											□
事務機器	■	■	■	■	■	■	■	■	■	■	■
住設機器サービス			■		■		■		■		□
インターネットサービス					■	■	■				
自動車		■	■								
その他		■	■								
調査対象企業・ブランド	291	350	392	378	416	408	432	421	410	422	458
総回答者数（人）	105,127	105,697	125,144	123,218	132,392	128,150	132,929	129,372	127,600	131,129	139,451
正規対象企業・ブランド	288	332	363	359	384	375	386	355	353	343	335
総正規回答者数（人）	105,127	105,697	115,568	112,082	121,932	117,550	132,929	113,974	111,603	107,918	105,671

(2) 回答者スクリーニング条件と調査対象企業（2019年度）

	回答者スクリーニング条件	調査対象企業（2019年度）（※ランキング対象外）
百貨店	半年以内に2回以上 （会計を伴う）利用	伊勢丹、近鉄百貨店、西武百貨店（SEIBU）、そごう、大丸、髙島屋、東急百貨店、阪急百貨店、阪神百貨店、松坂屋、三越
スーパーマーケット	3ヶ月以内に2回以上 （会計を伴う）利用	アピタ、イオン、イトーヨーカドー、オーケー、コープこうべ、コープさっぽろ、コストコ、サミット、西友、ダイエー、東急ストア、トライアル、ドン・キホーテ、バロー、ベイシア、マックスバリュ、マルエツ、万代、ヤオコー、ゆめタウン、ヨークベニマル、ライフ、*イズミヤ、*カスミ、*業務スーパー、*成城石井、*ピアゴ、*平和堂、*ラ・ムー
コンビニエンスストア	1ヶ月以内に2回以上 （会計を伴う）利用	セイコーマート、セブン-イレブン、デイリーヤマザキ、NEWDAYS、ファミリーマート、ミニストップ、ローソン、*ナチュラルローソン
家電量販店	1年以内に2回以上 （会計を伴う）利用	エディオン、ケーズデンキ、ジョーシン、ビックカメラ、ヤマダ電機、ヨドバシカメラ
生活用品／ ホームセンター （生活雑貨・家具専門）	1年以内に2回以上 （会計を伴う）利用	IKEA、カインズ、Can☆Do、ケーヨー、コーナン、コメリ、Seria、DAISO、DCMホーマック、東急ハンズ、ナフコ、ニトリ、無印良品、LoFt
ドラッグストア	半年以内に2回以上 （会計を伴う）利用	welcia、カワチ薬品、CREATE、ココカラファイン、サンドラッグ、スギ薬局、SEIMS、ツルハドラッグ、ディスカウントドラッグコスモス、マツモトキヨシ*サツドラ、*ダイコクドラッグ
衣料品店	1年以内に2回以上 （会計を伴う）利用	カジュアル：earthmusic&ecology、H&M、GAP、ZARA、GU、しまむら、Honeys、UNIQLO、ビジネス・フォーマル：AOKI、はるやま、洋服の青山、*コナカ
各種専門店	1年以内に2回以上 （会計を伴う）利用	アルペン、イエローハット、オートバックス、GEO、ゼビオ、TSUTAYA、*ブックオフ、*ワークマン
自動車販売店	最近1年間に運転することがある乗用自動車（#）の修理（部品交換含む）・車検・点検（12ヶ月点検等）で利用 #トラック類除く4輪の自家用車	カローラ店、スズキ正規販売店、スバル正規販売店、ダイハツ正規販売店、トヨタ店、トヨペット店、日産正規販売店、ネッツ店、BMW正規ディーラー、フォルクスワーゲン正規ディーラー、ホンダカーズ、マツダ正規販売店、ミツビシ正規販売店、メルセデス・ベンツ正規ディーラー、レクサス店
通信販売	1年以内に2回以上 （会計を伴う）利用	Amazon.co.jp、QVC、ジャパネットたかた、SHOPCHANNEL、JoshinWebショップ、セシール、ZOZOTOWN、ディノス、ニッセン、ビックカメラ.com、ベルーナ、ベルメゾン、Yahoo!ショッピング、ヨドバシ.com、楽天市場、オルビス、サントリーウエルネスOnline、DHC公式onlineshop、ドクターシーラボ、FANCLonline、山田養蜂場、ユニクロオンラインストア、*ショップジャパン、*通販生活、*FUJIFILMビューティー&ヘルスケアOnline
シティホテル	以下の両方を満たすこと ・2年以内に2回以上利用 ・1年以内に利用し、かつ発生した料金を見聞きしたことがある	ANAクラウンプラザホテル、京王プラザホテル、帝国ホテル、プリンスホテル、ホテルオークラ、ホテル日航、ホテルニューオータニ、リーガロイヤルホテル、*ディズニーホテル、*東急ホテル、*ヒルトンホテル、*三井ガーデンホテル

ビジネスホテル	以下の両方を満たすこと ・2年以内に2回以上宿泊 ・1年以内に宿泊し、かつ発生した料金を見聞きしたことがある	アパホテル、コンフォートホテル、スーパーホテル、ダイワロイネットホテル、東横イン、ドーミーイン、ホテルサンルート、ホテルルートイン、リッチモンドホテル、*ワシントンホテル
飲食	半年以内に2回以上 （会計を伴う）利用	【レストランチェーン】かっぱ寿司、ガスト、木曽路、くら寿司、ココス、サイゼリヤ、ジョイフル、スシロー、デニーズ、はま寿司、バーミヤン、びっくりドンキー、ロイヤルホスト、*いきなり!ステーキ 【ファストフード（丼・麺・カレーを含む）】餃子の王将、ケンタッキーフライドチキン、幸楽苑、CoCo壱番屋、すき家、マクドナルド、松屋、丸亀製麺、モスバーガー、吉野家、リンガーハット、*日高屋
カフェ	半年以内に2回以上 （会計を伴う）利用	カフェ・ベローチェ、コメダ珈琲店、サンマルクカフェ、スターバックス、タリーズコーヒー、ドトールコーヒー、ミスタードーナツ、*カフェ・ド・クリエ
旅行	以下の全てを満たすこと ・1年以内に利用 ・最近2年間に2回以上利用 ・利用料金を見聞きした	一休.com、ANASales（ANA SKY WEB）、H.I.S.、近畿日本ツーリスト、クラブツーリズム、JTB、じゃらんnet、ジャルパック、日本旅行、阪急交通社、楽天トラベル、るるぶトラベル、*エクスペディア、*読売旅行
エンタテインメント （レジャー／イベント）	以下の両方を満たすこと ・1年以内に利用し、かつ発生した料金を見聞きしたことがある ・2年以内に、2回以上利用	劇団四季、宝塚歌劇団、東京ディズニーリゾート、東京ドームシティ、ナガシマリゾート、ユニバーサル・スタジオ・ジャパン、*ハウステンボス
映画館	以下の全てを満たすこと ・今年、映画館全体で6回以上利用 ・今年、当該映画館を利用 ・昨年〜今年、当該映画館を2回以上利用	AEON CINEMA、109 CINEMAS、TOHO シネマズ、MOVIX、UNITED CINEMAS（CINEPLEX）、*T・ジョイ、*バルト、*ピカデリー
国際航空	以下の全てを満たすこと ・最近1年間に2回以上利用 ・利用料金を見聞きした	アシアナ航空、ANA、キャセイパシフィック航空、JAL、シンガポール航空、大韓航空、タイ国際航空、デルタ航空、ユナイテッド航空、*チャイナエアライン
国内長距離交通	以下の全てを満たすこと ・最近1年間に2回以上利用 ・利用料金を見聞きした	・国内航空：AIR DO、ANA、ジェットスター・ジャパン、JAL、スカイマーク、スターフライヤー、ソラシドエア、Vanilla Air、Peach Aviation、*フジドリームエアラインズ／新幹線：九州新幹線、山陽新幹線、上越新幹線、東海道新幹線、東北新幹線、北陸新幹線、北海道新幹線
近郊鉄道	3ヶ月以内に2回以上（鉄道車両を）利用	Osaka Metro、小田急電鉄、近畿日本鉄道、京王電鉄、京成電鉄、京阪電車、京浜急行電鉄、相模鉄道、JR九州、JR東海、JR西日本、JR東日本、西武鉄道、東急電鉄、東京メトロ、東武鉄道、都営地下鉄、名古屋市営地下鉄、名古屋鉄道、南海電鉄、西日本鉄道、阪急電鉄、阪神電車

携帯電話	以下の両方を満たすこと ・3ヶ月以上利用を継続 ・最近1年間で「利用料金を見聞きした」もしくは「見聞きしていないが、支払いが自己負担」	・スマートフォン：au、ソフトバンク、ドコモ、Y! mobile／ケータイ・PHS：au、ソフトバンク、ドコモ、Y! mobile
MVNO	以下の両方を満たすこと ・3ヶ月以上利用を継続 ・最近1年間で ・「利用料金を見聞きした」もしくは「見聞きしていないが、支払いが自己負担」	RMobile（楽天モバイル）、IIJmio（みおふぉん）、OCNモバイルONE、mineo（マイネオ）、UQmobile
宅配便	1年以内に2回以上発送し、かつ利用料金を見聞きしたことがある	佐川急便、西濃運輸、日本郵便、福山通運、ヤマト運輸
生活関連サービス	半年以内に2回以上利用	うさちゃんクリーニング、白洋舎、ポニークリーニング、ホワイト急便、QBハウス、プラージュ
フィットネスクラブ	半年以内に2回以上利用	カーブス、コナミスポーツ、セントラルスポーツ、ティップネス、ルネサンス、エニタイムフィットネス、ジョイフィット、スポーツクラブNAS
教育サービス	以下の全てを満たすこと ・最近1年間に家庭で受講料を支払った ・受講料及び受講内容を回答者自身が見聞きした	学研教室、公文式、進研ゼミ、Z会、ヤマハ（音楽教室等）、*ECC
銀行	最近1年間以内に、口座を保有していたことがある、かつ、以下のいずれかの経験があること ・売買・取引 （投資信託・国債等） ・手続き （振込・定期・積立預金等） ・手続き （ローン・融資・借入等） ・活用 （ポイントプログラム等） ・資産に関する相談・アドバイス	埼玉りそな銀行、みずほ銀行、三井住友銀行、三菱UFJ銀行、りそな銀行、イオン銀行、JAバンク、じぶん銀行、ジャパンネット銀行、新生銀行、住信SBIネット銀行、セブン銀行、ソニー銀行、大和ネクスト銀行、ゆうちょ銀行、楽天銀行
銀行 （借入・貯蓄・投資）	最近1年間以内に、口座を保有していた事がある、かつ、以下のいずれかの経験があること ・手続き（ローン・融資・借入等） ・手続き（定期・積立預金等） ・売買・取引（投資信託・国債等）	新生銀行、住信SBIネット銀行、ソニー銀行、みずほ銀行、三井住友銀行、三菱UFJ銀行、楽天銀行、*ジャパンネット銀行）
地方銀行	昨年～今年に、あなた自身の名義の口座がある、かつ、以下のいずれかの経験があること ・店舗もしくはインターネットの窓口を利用した ・店舗もしくは出張所のATMを利用した	足利銀行、群馬銀行、七十七銀行、常陽銀行、第四銀行、千葉銀行、東邦銀行、八十二銀行、北海道銀行、武蔵野銀行、横浜銀行、*青森銀行、*秋田銀行、*岩手銀行、*きらぼし銀行、*荘内銀行、*千葉興業銀行、*筑波銀行、*東北銀行、*北越銀行、*北都銀行、*みちのく銀行、*山形銀行、*山梨中央銀行

生命保険	最近3年間で保険金 ・給付金 ・見舞金等の受取 ・支払請求の経験があること	アフラック、かんぽ生命、コープ共済、こくみん共済coop（全労済）、JA共済、住友生命、ソニー生命、第一生命、都道府県民共済、日本生命、明治安田生命、メットライフ生命 ※アクサ生命、フコク生命
損害保険 （自動車保険）	最近3年間で以下のいずれかの経験があること ・保険金等の受取 ・支払請求 ・保険のロードサービス	あいおいニッセイ同和損保、SBI損保、こくみん共済coop（全労済）、JA共済、セゾン自動車火災、ソニー損保、損保ジャパン日本興亜、東京海上日動、三井住友海上、三井ダイレクト損保 ※アクサダイレクト、チューリッヒ
損害保険 （住宅火災保険）	最近3年間で以下のいずれかの経験があること ・保険金等の受取 ・支払請求 ・契約変更手続き	こくみん共済coop（全労済）、JA共済、損保ジャパン日本興亜、東京海上日動、三井住友海上 ※あいおいニッセイ同和損保、都道府県民共済
証券	最近1年間以内に、口座を保有していたことがある、かつ、以下のいずれかの経験があること ・売買・取引（株式・FXなど） ・資産に関する相談・アドバイス	SMBC日興証券、SBI証券、カブドットコム証券、GMOクリック証券、大和証券、野村證券、松井証券、マネックス証券、みずほ証券、三菱UFJモルガン・スタンレー証券、楽天証券
クレジットカード	半年以内に2回以上利用	アメリカン・エキスプレス・カード、イオンカード、ANAカード、JCBカード、JALカード、セゾンカード、セディナカード（OMC含む）、dカード、DCカード、NICOSカード、VIEWカード、ファミマTカード、三井住友カード、Yahoo!JAPANカード、楽天カード
電力小売	今年、電気料金を支払った	ENEOSでんき、auでんき、大阪ガスの電気、J:COM電力、東京ガスの電気、*関西電力、*東京電力
ガス小売	今年、ガス料金を支払った	大阪ガス、カテエネガス、関電ガス、西部ガス、東京ガス、東邦ガス、*きゅうでんガス、*TEPCOの都市ガス
キャッシュレス決済	半年以内に2回以上利用	d払い、PayPay、メルペイ、LINEPay、楽天ペイ、*ICOCA、*Suica、*nanaco、*WAON
事務機器	以下の両方を満たすこと ・保守契約を1年以上継続して結んでいる事務機器が職場にある ・導入・契約の責任者 ・決定権者又は「機械の価格や保守費を把握	エプソン、キヤノン、シャープ、富士ゼロックス、リコー、*コニカミノルタ
住設機器サービス	1年以内に家電製品やガス機器の（修理・取付・設置など）工事の為に作業員が来た	エディオン、大阪ガス、ケーズデンキ、パナソニックショップ、東京ガス、東邦ガス、ヤマダ電機、*日立チェーンストール

References

序　章

小川孔輔(2014)『CSは女子力で決まる』生産性出版。
小川孔輔(2015)『マクドナルド失敗の本質：賞味期限切れのビジネスモデル』東洋経済新報社。
小野讓司(2010)『顧客満足[CS]の知識』(日経文庫)、日本経済新聞出版社。
嶋口充輝(1994)『顧客満足型マーケティングの構図－新しい企業成長の論理を求めて』有斐閣。

第１章

Anderson, Eugene W., Claes Fornell, and Roland T. Rust(1997), "Customer Satisfaction, Productivity, and Profitability: Differences Between Goods and Services," *Marketing Science,* 16(2), 129-145.

Blattberg, Robert C. and John Deighton(1996), "Manage Marketing by the Customer Equity Test," *Harvard Business Review,* 74(4), July-August, 136-144.

Blattberg, Robert C, Gary Getz, and Jacquelyn S. Thomas(2001), *Customer Equity: Building and Managing Relationships As Valuable Assets,* Harvard Business School Press.(ブラットバーグ、トーマス、ゲッツ著、小川孔輔、小野讓司監訳『顧客資産のマネジメント：カスタマーエクイティの構築』ダイヤモンド社, 2002年)

Fader, Peter(2020), *Customer Centricity: Focus on the Right Customers for Strategic Advantage,* Wharton Executive Essentials, Wharton School Press.

Gupta, Sunil and Donald Lehmann(2005), *Managing Customers as Investments: The Strategic Value of Customers in the Long Run,* FT Press(スニル・グプタ、ドナルド・R・レーマン著、スカイライトコンサルティング株式会社訳『顧客投資マネジメント』英治出版、2005年)

Kumar, V.(2019), *Profitable Customer Engagement: Concept, Metrics, and Strategies,* Sage Publications.

Mittal, Vikas, Eugene W.Anderson, Akin Sayrak, and Pandu Tadikamalla(2005), "Dual Emphasis and the Long-Term Financial Impact of Customer Satisfaction," *Marketing Science,* 24(4), Fall, 544-555.

小川孔輔(2015)『マクドナルド失敗の本質：賞味期限切れのビジネスモデル』東洋経済新報社.

Rust, Roland T., Valarie A. Zeithaml, and Katherine N. Lemon(2000), *Driving Customer Equity: How Customer Lifetime Value Is Reshaping Corporate Strategy,* Free Press(ラスト、ザイタムル、レモン著、近藤隆雄訳『カスタマー・エクイティ』ダイヤモンド社、2001年)

Sasser, W. Earl, Richard Paul Olsen, and D. Daryl Whyckoff(1978), *Management of Service Operations: Text, Cases and Readings,* Allyn & Bacon Inc.

第２章

American Society for Quality Contro(1995), American Customer Satisfaction Index: Methodology Report, Milwaukee, WI: American Society for Quality Control.

Andreassen, Tor W. and Bodil Lindestad(1998), "The effects of corporate image in the formation of customer loyalty," *Journal of Service Marketing,* 1, 82-92.

Andreassen, Tor W. and Lervik, Line (1999), "Perceived Relative Attractiveness Today and Tomorrow as Predictors of Future Repurchase Intention," *Journal of Service Research,* 2, 164-172.

Eklöf, Jan A. and Anders H. Westlund(2002), "The pan-European Customer Satisfaction Index Programme-Current Work and the Way Ahead," *Total Quality Management,* 13(8), 1099-1106.

Fornell,Claes(1992), "A National Customer Satisfaction Barometer:The Swedish Experience," *Journal of Marketing,* 56(January, 6-21.)

Fornell, Claes, Michael D. Johnson, Eugene W. Anderson, Jaesung Cha, and Barbara Everitt Bryant

(1996), "The American Customer Satisfaction Index: Nature, Purpose, and Findings," *Journal of Marketing,* 60(October), 7-18.

Johnson, Michael D., Anders Gustafsson, Tor Wallin Andreassen, Line Lervik, and Jaesung Cha (2001), "The Evolution and Future of National Customer Satisfaction Index Models," *Journal of Economic Phonology,* 22, 217-245.

南知惠子・小川孔輔(2010)「日本版顧客満足度指数(JCSI)モデル開発とその理論的な基礎」『マーケティング・ジャーナル』30(1)、4-19.

小野譲司(2010)「JCSIによる顧客満足モデルの構築」『マーケティング・ジャーナル』30(1)、20-34.

酒井麻衣子(2010)「顧客維持戦略におけるスイッチング・バリアの役割～JCSIを用いた業界横断的検討」『マーケティング・ジャーナル』30(1)、35-55.

Sheth, Jagdish, Banwari Mittal, and Bruch I. Newman(1999), *Customer Behavior: Consumer Behavior and Beyond,* Dryden Press.

Zeithaml,Valarie A.(1988), "Consumer Perceptions of Price, Quality, and Value:A Means-End Model and Synthesis of Evidence," *Journal of Marketing,* 52(3), 2-22.

第3章

Ailawadi, Kusum L., Scott A. Neslin, Y. Jackie Luan, Gail Ayala Taylor(2014), "Does Retailer CSR Enhance Behavioral Loyalty? A Case for Benefit Segmentation," *International Journal of Research in Marketing,* 31,156-167

Anderson, Eugene W. and Vikas Mittal(2000), "Strengthening the Satisfaction-Profit Chain," *Journal of Service Research,* 3(2), 107-120.

Augustín, Clara and Jagdip Singh(2005), "Curvilinear Effects of Consumer Loyalty Determinants in Relational Exchanges," *Journal of Marketing Research,* 42 (1), 96-108.

Barry, Brian(1974), "Exit, Voice, and Loyalty: Responses to Decline in Firms, Organization, and States by Albert O. Hirschman," *British Journal of Political Science,* 4(1), 79-107.

Bhattacharya, C. B. and Sankar Sen(2003), "Consumer-Company Identification: A Frameworkfor Understanding Consumer's Relationships with Companies," *Journal of Marketing,* 67(April) ,76-88.

Bolton, Ruth N., Katherine N. Lemon and Peter C. Verhoef(2004), "The Theoretical Underpinnings of Customer Asset Management: A Framework and Propositions for Future Research," *Journal of the Academy of Marketing Science,* 32(3), 271-92.

Boulding, William, Ajay Kalra, Richard Staelin, and Valarie A. Zeithaml (1993), "A Dynamic Process Model of Service Qual-ity；From Expectations to Behavioral Intentions," *Journal of Marketing Research,* 30 (February), 7-27.

Buel, Ryan W., Denis Campbell, and Frances X. Frei(2010), "Are Self-Service Customers Satisfied or Stuck?" *Production and Operations Management,* 19(6), November-December, 679-697.

Cadotte, Ernest R., Robert B. Woodruff, and Roger L. Jenkins(1987), "Expectations and Norms in Models of Consumer Satisfaction," *Journal of Marketing Research,* 14(August), 305-314.

Churchill, Gilbert A. and Carol Surprenant(1982), "An Investigation Into the Determinants of Customer Satisfaction," *Journal of Marketing Research,* 19(November), 491-504.

Coyne, Kevin (1989), "Beyond Service Fads-Meaningful Strategies or the Real World," *Sloan Management Review,* 30(Summer), 69-76.

Dick, Alan S. and Kunal Basu(1994), "Customer Loyalty: Toward an Integrated Conceptual Framework," *Journal of the Academy of Marketing Science,* 22(2), 99-103.

Dodds, William B., Kent B. Monroe, and Dhruv Grewal(1985), "Effects of Price, Brand, and Store Information on Buyer's Product Evaluations," *Journal of Marketing Research,* 28(August), 307-319.

Drotic, Matilda, Tammo H. A. Bijmolt and Peter C. Verhoef(2012), "Loyalty Programmes: Current

Knowledge and Research Directions," *International Journal of Management Reviews,* 14, 217-237.

Du, Shuili, C. B. Bhattacharya, and Sankar Sen(2011), "Corporate Social Responsibility and Competitive Advantage: Overcoming the Trust Barrier," *Management Science,* 57(9), 1528-1545.

Du, Rex, Wagner Kamakura, and Carl Mela(2007), "Size and Share of Customer Wallet," *Journal of Marketing,* 71, 94-113.

Fader, Peter S., Bruce G.S. Hardie, and Ka. Lok Lee(2005), "RFM and CLV: Using Iso-Value Curves for Customer Base Analysis," *Journal of Marketing Research,* 42, 415-30.

Finn, Adam(2012), "Customer Delight: Distinct Construct or Zone of Nonlinear Response to Customer Satisfaction?" *Journal of Service Research,* 15(1)99-110.

Frennea, Carly, Mittal, Vikas, and Robert A. Westbrook, Robert A. (2014), "The Satisfaction Profit Chain," in *Handbook of Service Marketing Research,* edited by Roland T. Rust and Ming-Hui Huang, Chap10, 182-218.

Fornell, Claes, Michael D. Johnson, Eugene W. Anderson, Jaesung Cha, and Barbara Everitt Bryant (1996), "The American Customer Satisfaction Index: Nature, Purpose, and Findings," *Journal of Marketing,* 60(October), 7-18.

Harmeling, Colleen N., Jordan W. Moffett, Mark J. Arnold, and Brad D. Carlson(2017), "Toward A Theory of Customer Engagement Marketing," *Journal of the Academy of Marketing Science,* 45, 312-335.

Henderson, Conor M., Joshua T. Beck, Robert W. Palmatier(2011), "Review of The Theoretical Underpinnings of Loyalty Programs, " *Journal of Consumer Psychology,* 21(3), July, 256-276.

Hoteling, Hrold(1929), "Stability in Competition," *The Economic Journal,* 39(153), 41-57.

Hirshman, Albert O. 1970, *Exit, Voice, and Loyalty: Responses to Decline in Firms, Organizations, and States,* Cambridge, Massachusetts: Harvard University Press.(矢野修一訳『離脱・発言・忠誠―企業・組織・国家における衰退への反応―』ミネルヴァ書房、2005年)

伊丹敬之(2001)『創造的論文の書き方』有斐閣。

Johnson, MichaelD., Anders Gustafsson, Tor Wallin Andreasen(2001), "The Evolution and Future of National Customer Satisfaction Index Models," *Journal of Economic Psychology,* 22, 217-245.

Kivetz, Ran, Oleg Urminsky and Yuhuang Zheng(2006), "The Goal-Gradient Hypothesis Resurrected: Purchase Acceleration, Illusionary Goal Progress, and Customer Retention," *Journal of Marketing Research,* 43(1),39-58.

Kumar, V.(2013), *Profitable Customer Engagement: Concept, Metrics and Strategies,* India: SAGE Publications.

Kumar, V., Girish Ramani, and Timothy Bohling(2004), "Customer Lifetime Value Approaches and Best Practice Applications," *Journal of Interactive Marketing,* 18, 60-72.

Kumar, V., Ilaria D. Pozza, J. Andrew Petersen, and Denish Shah(2009), "Reversing the Logic: The Path to Profitability through Relationship Marketing," *Journal of Interactive Marketing,* 23(2), 147-56.

Miller, John A.(1977), "Studying Satisfaction, Modifying Models, Eliciting Expectations, Posing Problems, and Making Meaningful Measurements," in *Conceptualization and Measurement of Consumer Satisfaction and Dissatisfaction,* H. Keith Hunt, ed., Cambridge, Mass, Marketing Science Institute, 72-91.

Mittal, Vikas, Eugene W. Anderson, Akin Sayrak, and Pandu Tadikamalla(2005), "Dual Emphasis and The Long-Term Financial Impact of Customer Satisfaction," *Marketing Science,* 24(4), 544-555.

Mittal, Vikas and Carly Frennea(2010), "Customer Satisfaction: A Strategic View and Guidelines for Managers" , MSI Fast Forward Series, Marketing Science Institute.

水越康介(2018)『ソーシャルメディアマーケティング』日経文庫、日本経済新聞出版。

Ngobo, Paul-Valentin(1999), "Decreasing Returns in Customer Loyalty: Does it Really Matter to Delight the Customers?" in *Advances in Consumer Research,* Vol. 26, Eric J Arnould and Linda M. Scott, eds. Provo. UT: Association for Consumer Research, 469-476.

Oliver, Richard L.(1980), "A Cognitive Model of the Antecedents and Consequences of Satisfaction Decisions." *Journal of Marketing Research,* 17(November): 460-469.

Oliver, Richard L.(2014), *Satisfaction; A Behavioral Perspective on the Consumer,* 2nd, Routledge.

Oliver, Richard L., Roland T. Rust, and Sajeev Varki(1997), "Customer Delight: Foundations, Findings, and Managerial Insight," *Journal of Retailing,* 73(3), 311-336.

小野譲司(2016)「サービスエクセレンスと顧客戦略：累積の顧客満足モデルによる分析」『流通研究』(日本商業学会)、18巻2号、3-31。

Petersen, J. Andrew, Leigh McAlister, David J. Reibstein, Russell S. Winer, V. Kumar, and Geoff Atkinson(2009), "Choosing the Right Metrics to Maximize Profitability and Shareholder Value," *Journal of Retailing,* 85, 84-94.

Rust, Roland T. and Ming-Hui Huan(2012), "Optimizing Service Productivity," *Journal of Marketing,* 76(March), 47-66.

Rust, Roland T., Anthony J. Zahorik, and Timothy L. Keiningham(1994), *Return on Quality: Measuring the Financial Impact of Your Company's Quest for Quality,* Chicago: Probus.

酒井麻衣子(2012)「サービス業におけるスイッチング・バリアの先行指標と成果指標」『流通研究』14(2/3), 17-53.

酒井麻衣子(2010)「顧客維持戦略におけるスイッチング・バリアの役割―JCSI(日本版顧客満足度指数)を用いた業界横断的検討―」『マーケティング・ジャーナル』30(1), 35-55.

Sen, Sankar and C. B. Bhattacharya(2001), "Does Doing Good Always Lead to Doing Better? Consumer Reactions to Corporate Social Responsibility," *Journal of Marketing Research,* 38(May), 225-243.

Szymanski, David M. and David H. Henard(2001), "Customer Satisfaction: A Meta-Analysis of the Empirical Evidence," *Journal of the Academy of Marketing Science,* 29(1), 16-35.

Tajfel, Henri and John C. Turner(1985), "The Social Identity Theory of Intergroup Behavior," in *Psychology of Intergroup Relations,* Steven Worchel and William G. Austin, eds. Chicago: Nelson-Hall, 6-24.

Van Doorn, Jenny, Katherine N. Lemon, Vikas V. Mittal, Stephen Nass, Doreen Pick, Peter Pirner, and Peter C. Verhoef(2010), "Customer Engagement Behavior: Theoretical Foundations and Research Directions," *Journal of Service Research,* 13(3), 253-266.

Venkatesan, Rajkumar and V. Kumar(2004), "A Customer Lifetime Value Framework for Customer Selection and Resource Allocation Strategy," *Journal of Marketing,* 68(4), 106-25.

Verhoef, Peter C., Rajkumar Venkatesan, Leigh McAlister, Edward C. Malthouse, Manfred Krafft, and Shankar Ganesan(2010), "CRM in Data-Rich Multichannel Retailing Environments: A Review and Future Research Directions," *Journal of Interactive Marketing,* 24(2), 121-137.

Westbrook, Robert A. and Michael D. Reilly(1983), "Value-Percept Disparity: An Alternative to The Disconfirmation of Expectations Theory of Consumer Satisfaction," *Advances in Consumer Research,* 10(1), 256-261.

Wirtz, Jochen and Valarie Zeithaml(2018), "Cost-Effective Service Excellence," *Journal of the Academy of Marketing Science,* 46(1), 59-80.

Zeithaml, Valerie(1988), "Consumer Perceptions of Price, Quality, and Value: A Means-End Model and Synthesis of Evidence." *Journal of Marketing,* 52(3), 2-22.

第4章

Bitner, Mary Jo, Bernard H. Booms and Mary Stanfield Tetreault(1990), "The Service Encounter: Diagnosing Favorable and Unfavorable Incidents," *Journal of Marketing,* 54(1) (January), 71-84.

Dixon, Matthew, Karen Freeman, and Nicholas Toman(2010), "Stop Trying to Delight Your Customers," *Harvard Business Review,* 88(7-8), 116-122.

Dixon, Mathew, Nick Toman, and Rick DeLisi(2013), *The Effortless Experience: Conquering The New Battleground for Customer Loyalty,* Penguin Group.

Farris, Paul W., Neil T. Bendle, Philip E. Pfeifer, and David J. Reibstein(2010), *Marketing Metrics: The Defining Guide to Measuring Marketing Performance,* USA: Pearson Education.

Fornell, Claes(2007), *The Satisfied Customer: Winners and Losers in the Battle for Buyer Preference,* Palgrave Macmillan.

Freed, Larry(2013), *Innovating Analytics: How the Next Generation of Net Promoter Can Increase Sales and Drive Business Results,* Wiley.

Haan, Evert de, Peter C.Verhoef, and Thorsten Wiesel(2015), "The Predictive Ability of Different Customer Feedback Metrics for Retention," *International Journal of Research in Marketing,* 32(2), 195-206.

Reichheld, Fred(2006), *The Ultimate Question: Driving Good Profits and True Growth,* Harvard Business School Press.(フレッド・ライクヘルド著、鈴木泰雄・堀新太郎訳『顧客ロイヤルティを知る「究極の質問」』ランダムハウス講談社、2006年)

Verhoef, Peter C., Edwin Kooge, and Natasha Walk(2016), *Creating Value with Big Data Analytics: Making Smarter Marketing Decisions,* Routledge.

Zeithaml, Valarie A., Mary Jo Bitner, and Dwayne D.Gremler(2018), *Services Marketing:Integrating Customer Focus Across the Firm,* McGraw-HIl.

Zeithaml, Valarie A., Ruth. N. Bolton, John Deighton, Timothy L. Keiningham, Katherine N. Lemon, and J. Andrew Petersen(2006), "Forward-Looking Focus: Can Firms have Adaptive Foresight?" *Journal of Service Research,* 9(2), 168–183.

第5章

Fornell, Claes, Michael D. Johnson, Eugene W. Anderson, Jaesung Cha, and Barbara Everitt Bryant (1996), "The American Customer Satisfaction Index: Nature, Purpose, and Findings," *Journal of Marketing,* 60 (October), 7-18.

小川孔輔(2014)『CSは女子力で決まる』生産性出版。

小野讓司(2015)「スマートエクセレンス:焦点化と共創を通した顧客戦略」『一橋ビジネスレビュー』東洋経済新報社、61(4)、56-75。

小野讓司(2016)「サービスエクセレンスと顧客戦略:累積的顧客満足モデルによる分析」『流通研究』(日本商業学会)、18巻2号、3-31。

第6章

Gilbert, Faye W. and William E. Warren(1995), "Psychographic Constructs and Demographic Segments," *Psychology & Marketing,* 12(3), 223-237.

Gourville, John T. and Dilip Soman(1998), "Payment Depreciation:The Behavioral Effects of Temporally Separating Payments from Consumption," *Journal of Consumer Research,* 25 (September), 160-174.

Griffiths, Merlyn A. and Mary C. Gilly(2012), "Dibs! Customer Territorial Behaviors," *Journal of Service Rsearch,* 15(2), 131-149.

Homburg, Christian and Annette Giring(2001), "Personal Characteristics as Moderators of the Relationship between Customer Satisfaction and Loyalty: An Empirical Analysis," *Psychology & Marketing,* 18(1), 43-66.

Laroche, Michael, Gad Saad, Mark Cleveland, and Elizabeth Browne (2000), "Gender Differences in Information Search Strategies for a Christmas Gift," *Journal of Consumer Marketing,* 17 (6), 500-24.

Mittal, Vikas and Wagner A. Kamakura(2001), "Satisfaction,Repurchase Intent, and Repurchase Behavior: Investing the Moderating Effect of Customer Characteristics," *Journal of Marketing Research,* 38(February), 131-142.

Mingyung, Kim, Jeeyeon Kim, Jeonghye Choi, and Minakshi Trivedi(2017), "Mobile Shopping Through Applications: Understanding Application Possession and Mobile Purchase," *Journal of Interactive Marketing,* 39, 55-68.

中川宏道・小野譲司(2016)「オンライン販売におけるロイヤルティ・プログラムの効果:リアル店舗との比較」『Direct Marketing Review』(日本ダイレクトマーケティング学会 学会誌), Vol.15, 5-32。

小野譲司・酒井麻衣子・神田晴彦(2020)「サービス・カスタマイゼーション:ハイタッチとハイテクによる個客対応」『マーケティング・ジャーナル』(日本マーケティング学会) Vol.40, No.1, 6-18。

Prelec, Drazen and George Lowenstein(1998) ", The Red and the Black:Mental Accounting of Savings and Debt," *Marketing Science,* 17(Winter), 4-28.

Verhoef, Peter C., Scott A. Neslin, and Björn Vroomen(2007), "Multichannel Customer Management: Understanding the Research-Shopper Phenomenon," *International Journal of Research in Marketing,* 24,129-148.

第 7 章

Babkus,Emin and Gregory W.Boller(1992), "An Empirical Assessment of the SERVQUAL Scale," *Journal of Business Research,* 24, 253-268.

Carman,J.(1990), "Consumer Perceptions of Service Quality:An Assessment of the SERVQUAL Dimensions," *Journal of Retailing,* 66(Spring), 35-55.

Cronin, J.Joseph Jr. and Stephen A.Taylor(1994), "SERVPERF Versus SERVQUAL Reconciling Performance-Based and Perceptions-minus-Expectations Measurement of ServiceQuality," *Journal of Marketing,* 58(January), 125-131.

Fornell,Claes(2007), *The Satisfied Customer:Winners and Losers in the Battle for Buyer Preference,* Palgrave Macmillan.

藤村和宏(2020)『「便益遅延性」が顧客満足・顧客参加に及ぼす影響』千倉書房。

Golder, Peter N., Debanjan Mitra, and Christine Moorman(2012), "What Is Quality? An Integrative Framework of Processes and States," *Journal of Marketing,* 76(4), 1-23.

Gustafsson, Anders and Michael D. Johnson(2004), "Determining Attribute Importance in A Service Satisfaction Model," *Journal of Service Research,* 7(2), 124-141.

Johnson, Michael D. and Anders Gustafsson(2000), *Improving Customer Satisfaction, Loyalty, and Profit: An Integrated Measurement and Management System,* Jossey-Bass Inc.. (マイケルD.ジョンソン+アンダース・グスタフソン著,西村行功訳『カスタマー・バリュー:クオリティと顧客満足を高め収益につなげる』ダイヤモンド社、2001年)

Lemon, Katherine N. and Peter C. Verhoef(2016), "Understanding Customer Experience Throughout The Customer Journey," *Journal of Marketing,* 80(6), 69-96.

Levitt, Theodore(1976), "Industrialization of Service," *Harvard Business Review,* September-October (セオドア・レビット「サービス活動の工業化」『ダイヤモンド・ハーバード・ビジネス』1977年2月号)

Mittal, Vikas and Carly Frennea(2010), "Customer Satisfaction: A Strategic View and Guidelines for Managers", MSI Fast Forward Series, Marketing Science Institute.

Peter, J. Paul, Gilbert A. Churchill, and Tom J. Brown(1992), "Caution in the Use of Difference Scores in Consumer Research," *Journal of Consumer Research,* 19(March), 655-662.

Parasuraman, A., Valarie A. Zeithaml, and Leonard L.Berry(1988), "SERVQUAL: A Multiple-Item Scale for Measuring Consumer Perceptions of Service Quality," *Journal of Retailing,* 64(1), 12-40.

Parasuraman, A., Valarie A. Zeithaml, and Leonard L. Berry(1994), "Reassessment of Expectations as a Comparison Standard in Measuring Service Quality: Implications for Further Research," *Journal of Marketing,* 58(January), 111-124.

Ritzer,George(1995), *The McDonaldization of Society:An Investigation into the Changing Character of Contemporary Social Life,* Pine Forge Pr(ジョージ・リッツァ著・正岡寛司監訳『マクドナルド化する社会』早稲田大学出版、1999年)

Rust, Roland T. and Richard L. Oliver(1993), "Service Quality: Insights and Managerial Implications from the Frontier," in *Service Quality: New Directions in Theory and Practice,* Sage Publications.

Rust, Roland T., Anthony J. Zahorik, and Timothy L. Keiningham(1996), *Service Marketing,* Harper Collins.

Rust, Roland T., Anthony J. Zahorik, and Timothy L. Keiningham(1994), *Return On Quality: Measuring the Financial Impact of Your Company's Quest for Quality,* Probus Publishing.

Teas, Kenneth R.(1994), "Expectations as a Comparison Standard in Measuring Service Quality: An Assessment of a Reassessment," *Journal of Marketing,* 58(January), 132-139.

山本昭二(1999)『サービス・クォリティ：サービス品質の評価過程』千倉書房。

Zeithaml, Valarie A.(2000), "Service Quality, Profitability, and the Economic Worth of Customers: What We Know and What We Need to Learn," *Journal of the Academy of Marketing Science,* 28(1), 67-85.

Zeithaml,Valarie A., A. Parasuraman,and Leonard L. Berry(1990), *Delivering Quality Service: Balancing Customer Perceptions and Expectations,* New York: The Free Press.

第8章

Anderson, Eugene W. and Vikas Mittal(2000), "Strengthening the Satisfaction-Profit Chain," *Journal of Service Research,* 3(2), November, 107-120.

Bhattacharjee, Amit and Cassie Mogilner(2013), "Happiness from Ordinary and Extraordinary Experiences," *Journal of Consumer Research,* 41(1),June,1-17.

Bolton, Ruth N., Anders Gustafsson, Janet McColl-Kennedy, Nancy J. Sirianni, and David K. Tse(2014), "Small Details that Make Big Differences* A Radical Approach to Consumption Experience as a Firm's Differentiating Strategy," *Journal of Service Management,* 25(2), 253-274

Dasu, Sriram and Richard B. Chase(2013), *The Customer Service Solution: Managing Emotions, Trust, and Control to Win Your Customer's Business,* McGrawHill Education.

Folkes, Valarie S.(1984), "Consumer Reactions to Product Failure: An Attributional Approach," *Journal of Consumer Research,* 10(March), 398-409.

Folkes, Valarie S., Susan Kolestky, and John L. Graham(1987), "A Field Study of Causal Inferences and Consumer Reaction: The View from the Airport," *Journal of Consumer Research,* 13(March), 534-539.

Hui, Michael and David Tse(1996), "What to Tell Consumers in Waits of Different Lengths: An Integrative Model of Service Evaluation," *Journal of Marketing,* 60(2), 81-90.

Hoffman, Douglas, Scott Kelly, and H. M. Rotalsky (1995), "Tracking Service Failures and Employee Recovery Efforts," *Journal of Services Marketing,* 9(2), 49-61.

Johnston, Robert and Adrian Fern(1999), "Service Recovery Strategies for Single and Double

Deviation Scenarios," *Service Industries Journal,* 19(2), 69-82.

Mittal,Vikas, William T.Ross, Jr. and Patrick M. Baldasare(1998), "The Asymmetric Impact of Negative and Positive Attribute-Level Performance on Overall Satisfaction and Repurchase Intentions," *Journal of Marketing,* 62(January), 33-47.

Oliver, Richard L., Roland T. Rust and S. Vark(1997), "Customer Delight: Foundations, Findings, and Managerial Insight," *Journal of Retailing,* 73(3), 311-336.

Russell,James A.(1980), "A Circumplex Model of Affect," *Journal of Personality and Social Psychology,* 39(6), 1161-78.

Rust,Roland T., Anthony J.Zahorik, and Timothy L.Keiningham(1994), *Return on Quality: Measuring the Financial Impact of Your Company's Quest for Quality,* Chicago, Probus.

Sivakumar, K., Mei Li, and Beibei Dong(2014), "Service Quality: The Impact of Frequency, Timing, Proximity, and Sequence of Failures and Delight," *Journal of Marketing,* 78(January), 41-58.

Smith, Amy K. and Ruth N. Bolton (2002), "The Effect of Customers' Emotional Responses to Service Failures on Their Recovery Effort Evaluations and Satisfaction Judgments," *Journal of the Academy of Marketing Science,* 30(1), 5-27.

Smith, Amy K. and Ruth N. Bolton (1998), "An Experimental Investigation of Customer Reactions to Service Failure and Recovery Encounter: Paradox or Peril?" *Journal of Service Research,* 1 (August), 65-81.

Smith, Amy K., Ruth N.Bolton, and Janet Wagner(1999), "A Model of Customer Satisfaction with Service Encounters Involving Failure and Recovery," *Journal of Marketing Research,* 36(3), 356-372.

高橋郁夫(2007)、「「サービスの失敗」とその後の消費者意思決定プロセス－衡平理論に基づいたサービス・リカバリーの役割に関する分析」『三田商学研究』第50巻第2号、p.19-33.

Wirtz, Jochen(2003)", Halo in Customer Satisfaction Measures: The Role of Purpose of Rating, Number of Attributes and Customer Involvement", *International Journal of Services Industry Management,* 14(1), 96-119.

Weun, Seungoog, Sharon E. Beatty, and Michael A. Jones (2004), "The Impact of Service Failure Severity on Service Recovery Evaluations and Post-Recovery Relationships," *Journal of Services Marketing,* 18 (2), 133-146.

第9章

Brown, Steven P. and Son K. Lam(2008), "A Meta-Analysis of Relationships Linking Employee Satisfaction to Customer Responses," *Journal of Retailing,* 84(3), 243-255.

De Keyser, Arne., Joroen Schepers, and Umut Konuş(2015), "Multichannel Customer Segmentation: Does the After-sales Channel Matter? A Replication and Extension," *International Journal of Research in Marketing,* 32(4), 453-456.

Fornell, Claes(2007), *The Satisfied Customer: Winners and Losers in the Battle for Buyer Preference,* Palgrave Macmillan.

Grewal, Rajdeep, Murali Chandrashekaran and Alka V.Citrin(2010), "Customer Satisfaction Heterogeneity and Shareholder Value," *Journal of Marketing Research,* 47(4), 612-626.

Heskett, James L., Thomas O. Jones, Gary W. Loveman, W. Earl Sasser, and Leonard A. Schlesinger (1994), "Putting the Service-Profit Chain to Work," *Harvard Business Review,* 72(March-April), 164-70(J. L.ヘスケット、T. O.ジョーンズ、G.W.ラブマン、W. E.サッサー、L. A.シュレジンガー著、小野讓司訳「サービス・プロフィット・チェーンの実践法」『DIAMONDハーバード・ビジネス・レビュー』1994年7月号)

Heskett, James L., W. Earl Sasser Jr., and Leonard A. Schlesinger(2003), *The Service Profit Chain:*

How Leading Companies Link Profit and Growth to Loyalty, Satisfaction, and Value, The Free Press. (J.L.ヘスケット、W.E.サッサー、Jr.、L.A.シュレシンジャー著、島田陽介訳『カスタマー・ロイヤルティの経営:企業利益を高めるCS戦略』日本経済新聞出版、1998年)

Homburg, Christian and Ruth M.Stock(2004), "The Link Between Salespeople's Job Satisfaction and Customer Orientation in a Business-to-Business Context:A Dyadic Analysis," *Journal of the the Academy of Marketing Science,* 32(2), 144-58.

Frennea, Carly,Vikas Mittal and Robert A.Westbrook(2014), "The Satisfaction Profit Chain," in *Handbook of Service Marketing Research,* edited by Roland T. Rust and Ming-Hui Huang, Edward Elgar, 182-218.

唐池恒二(2016)『鉄客商売 JR九州大躍進の極意』PHP研究所.

Kim, W. Chan and Renée A. Mauborgne(2015), *Blue Ocean Strategy How to Create Uncontested Market Space and Make the Competition Irrelevant,* Harvard Business School Press(W.チャン・キム、レネ・モボルニュ著、有賀裕子訳『ブルーオーシャン戦略』ダイヤモンド社、2015年)

小川孔輔(2011)『しまむらとヤオコー』小学館。

小野譲司(1998)「顧客の獲得と維持のバランス」嶋口充輝・竹内弘高・片平秀貴・石井淳蔵編『マーケティング革新の時代1 顧客創造』有斐閣、190-216.

Rust, Roland T., Anthony J. Zahorik, and Timothy L.Keiningham(1995), "Return on quality(ROQ): Making Service Quality Financially Accountable," *Journal of Marketing,* 59(April), 58-70.

山本梁介・金井壽宏(2014)『5つ星のおもてなしを1泊5120円で実現するスーパーホテルの「仕組み経営」』かんき出版.

Wirtz, Jochen and Valarie Zeithaml(2018), "Cost-Effective Service Excellence," *Journal of the Academy of Marketing Science,* 46(1), 59-80.

第 10 章

小野譲司(2010)『顧客満足[CS]の知識』(日経文庫)、日本経済新聞出版社。

第 11 章

小川孔輔(2015)『マクドナルド失敗の本質:賞味期限切れのビジネスモデル』東洋経済新報社。

索引

小野 譲司 （第1部・第2部） Joji Ono

青山学院大学 経営学部マーケティング学科教授、博士（経営学）（慶應義塾大学）。サービス産業生産性協議会（SPRING）にてJCSI開発ワーキンググループ主査（2007～2009年）、アカデミックアドバイザリーグループ（2010年～）を務める。主著として『顧客満足［CS］の知識』（日本経済新聞出版社）など。

小川 孔輔 （はじめに・序章） Kosuke Ogawa

法政大学経営大学院イノベーションマネジメント研究科教授。サービス産業生産性協議会（SPRING）にて、JCSI開発WG委員長を務める（2007～2009年）。著者は、『CSは女子力で決まる！』（生産性出版）『マクドナルド失敗の本質』（東洋経済新報社）など。

森川 秀樹 （第3部） Hideki Morikawa

株式会社インテージ コンサルティング部 部長。JCSI（日本版顧客満足度指数）事例開発プロジェクトに参画後（2009年）、同利用推進パートナーを務める（2010年～）。企業の顧客戦略・マーケティング支援・組織活性化を中心に、データ活用型のコンサルティングを多数行なっている。

［協力／サービス産業生産性協議会］
2006年の政府の経済成長戦略にて「サービス産業のイノベーションと生産性向上」を目指して発足が決定し、翌年、産学官が取り組む共通のプラットフォームとして、公益財団法人日本生産性本部内に設立された。JCSI（日本版顧客満足度指数）経営革新ツールなどの情報提供、知識共有の場づくり、会員同士の交流などを通して、サービス産業のダイナミックな成長を支援している。

サービスエクセレンス

2021年7月10日　初版第1刷©

著　　　者	小野 譲司・小川 孔輔 編著／森川 秀樹 著	
発 行 者	髙松 克弘	
編 集 担 当	村上 直子	
発 行 所	生産性出版 〒150-8307　東京都千代田区平河町2-13-12 日本生産性本部	
電　　　話	03（3511）4034 https://www.jpc-net.jp/	
装丁& 本文デザイン	hitoe	
印刷・製本	シナノパブリッシングプレス	

乱丁・落丁は生産性出版までお送りください。お取り替えします。
ISBN978-4-8201-2120-6